Der Irrtum in der Erklärung
im deutschen und englischen Recht
sowie in den Regelwerken für eine
europäische Zivilrechtsvereinheitlichung

Europäische Hochschulschriften

European University Studies

Publications Universitaires Européennes

Reihe II	**Rechtswissenschaft**
Series II	Law
Série II	Droit

Band/ Volume **6035**

Katharina Julia König

Der Irrtum in der Erklärung im deutschen und englischen Recht sowie in den Regelwerken für eine europäische Zivilrechtsvereinheitlichung

PETER LANG

Bibliografische Information der Deutschen Nationalbibliothek
Die Deutsche Nationalbibliothek verzeichnet diese Publikation in der Deutschen Nationalbibliografie; detaillierte bibliografische Daten sind im Internet über http://dnb.d-nb.de abrufbar.

Zugl.: Freiburg (Breisgau), Univ., Diss., 2017

D 25
ISSN 0531-7312
ISBN 978-3-631-76667-5 (Print)
E-ISBN 978-3-631-76713-9 (E-PDF)
E-ISBN 978-3-631-76714-6 (EPUB)
E-ISBN 978-3-631-76715-3 (MOBI)
DOI 10.3726/b14653

Peter Lang – Berlin · Bern · Bruxelles · New York · Oxford · Warszawa · Wien

Diese Publikation wurde begutachtet.

www.peterlang.com

Danksagung

Die Rechtswissenschaftliche Fakultät der Albert-Ludwigs-Universität Freiburg hat diese Arbeit im Wintersemester 2017/ 2018 als Dissertation angenommen. Rechtsprechung und Literatur befinden sich im Wesentlichen auf dem Stand von März 2018.

Meiner Doktormutter Prof. Dr. Sonja Meier gebührt großer Dank. Sie hat die Betreuung der Arbeit in einem fortgeschrittenen Stadium übernommen und mir in vielen Gesprächen geholfen, die Arbeit zu strukturieren und die inhaltlichen Schwerpunkte zu setzen. Sie hat meine Entwürfe immer ernst genommen und wachen Auges korrigiert. Sie hat mich gelehrt, sprachlich präzise vorzugehen und in klaren Strukturen zu denken. Dank ihrer Betreuung konnte ich geistig wachsen und reifen.

Prof. Dr. Jan von Hein danke ich für die zügige Erstellung des Zweitgutachtens.

Prof. Dr. Günter Hager hat mich zur Aufnahme des Promotionsvorhabens ermuntert. Seine Vorlesungen wie auch die Zeit als studentische Hilfskraft und als wissenschaftliche Mitarbeiterin an seinem Lehrstuhl an der Albert-Ludwigs-Universität in Freiburg haben in mir die Begeisterung für die Rechtsvergleichung und insbesondere das englische Recht geweckt. Er konnte die Fertigstellung der Arbeit nicht mehr erleben und war doch stets präsent. Prof. Dr. Bernd Kannowski hat zeitweilig die Betreuung dieser Arbeit übernommen und sich in einer schwierigen Zeit dafür entschieden, mich zu unterstützen. Dafür danke ich ihm sehr herzlich.

Prof. Dr. Lydia Scholz hat mir in einem wichtigen Moment geholfen, die Arbeit neu zu konzipieren. Sie war mir Freundin und Mahnerin zugleich, dieses Projekt zu beenden. Ich durfte sie während meines Aufenthaltes an der University of Warwick kennen lernen. Dort konnte ich unter der genauen Anleitung und sehr herzlichen Betreuung von Hugh Beale Einblicke in das englische Vertragsrecht sowie in die für meine Arbeit wichtigen Teile der europäischen Regelwerke gewinnen, die mir wesentlich weitergeholfen haben, meine Forschung zu betreiben. Ohne Hugh Beale hätte ich seinen Schüler Dr. Timothy J. Dodsworth nicht kennen gelernt, mit dem ich angeregte Gespräche über das Irrtumsrecht in Deutschland und England führen konnte. Ihnen allen bin ich zu großem Dank verpflichtet.

Dank gebührt auch den freundlichen Mitarbeiterinnen und Mitarbeitern der Staatsbibliothek zu Berlin sowie jenen der Bibliothek Rechtswissenschaft der Freien Universität Berlin.

Ohne die Unterstützung meiner Familie und meiner Freunde hätte ich diese Arbeit nicht abschließen können. So hat mich mein Onkel Dr. Hartmut König in vielen Gesprächen wesentlich bei der Fertigstellung eines ersten Entwurfs unterstützt. Dr. Michael Fischer war über die gesamte Zeit ein verlässlicher Freund an meiner Seite, der viele Texte genau gelesen und mir hilfreiche Anregungen zur Verbesserung der Entwürfe gegeben hat. Ihnen beiden danke ich sehr für ihre Unterstützung. Besonders meine Großmutter Edith Bartz, ihre Geschwister Christa Heitbrink, Luise Wagner und Ernst Ruttmann, wie auch meine Freundinnen Alexandra Mahler, Anna Latta, Lena Fischer, Simone Hollenstein, Stella Petzoldt und Rebecca Wei sowie mein Ehemann Dr. Javier Solano haben mich stets liebevoll unterstützt.

Ich danke meinen Eltern Dr. Gabriele Bartz und Prof. Dr. Eberhard König dafür, dass sie mich nie an ihrem Vertrauen in mich haben zweifeln lassen. Meine Eltern haben mich nicht nur emotional unterstützt, sondern durch ihre finanzielle Förderung überhaupt möglich gemacht, dass ich über viele Jahre an diesem Projekt arbeiten und den wichtigen Forschungsaufenthalt an der University of Warwick in England verbringen konnte. Mein Stiefvater Martin Groß hat den Fortgang des Projekts mit lebhaftem Interesse verfolgt; er war mir stets ein Freund und eine wertvolle Stütze. Die Dankbarkeit, die ich Gabriele Bartz, Eberhard König und Martin Groß gegenüber empfinde, ist schwer in Worte zu fassen. Ihnen sei diese Arbeit gewidmet.

Bucaramanga, im Juni 2018 *Katharina Julia König*

Inhaltsverzeichnis

Abkürzungsverzeichnis

Abs.	Absatz
AC	Appeal Cases (Law Reports)
AcP	Archiv für die civilistische Praxis
a.F.	alte Fassung
AG	Amtsgericht
AGB	Allgemeine Geschäftsbedingungen
All E.R.	All England Law Reports
Alt.	Alternative
Anm.	Anmerkung
Art.	Article
AT	Allgemeiner Teil
Aufl.	Auflage
Beav	Beavan's Reports
Bd.	Band
Begr.	Begründer
BGB	Bürgerliches Gesetzbuch
BGH	Bundesgerichtshof
BGHZ	Entscheidungen des Bundesgerichtshofs in Zivilsachen
BRAK	Bundesrechtsanwaltskammer
BT-Drs.	Drucksache des Deutschen Bundestages
B2C	Business to Consumer
bzw.	beziehungsweise
CA	Court of Appeal
CFR	Common Frame of Reference
CESL	Common European Sales Law
CESL-VO	Vorschlag für eine Verordnung des Europäischen Parlaments und des Rates über ein Gemeinsames Europäisches Kaufrecht
Ch	Chancery Division (Law Reports, 1891-)
Ch.	Chapter
Ch D	Chancery Division (Law Reports, 1875–1890)
CJ	Chief Justice
C.L.C.	Commercial Law Cases
Com LR	Commercial Law Reports
CR	Computer und Recht

DCFR	Draft Common Frame of Reference
ders./ dies.	derselbe/ dieselben
Diss.	Dissertation
E I	Entwurf eines Bürgerlichen Gesetzbuchs für das Deutsche Reich. Erste Lesung
E II	Entwurf eines Bürgerlichen Gesetzbuchs für das Deutsche Reich. Zweite Lesung
ebd.	ebenda
E-Commerce	Electronic Commerce
ECommerceReg	Electronic Commerce (EC Directive) Regulations
Einl.	Einleitung
EU	Europäische Union
EWCA Civ	Court of Appeal of England and Wales Decisions (Civil Division)
EWHC (Comm)	High Court of England and Wales Decisions (Commercial Division)
EWHC (TCC)	High Court of England and Wales Decisions (Technology and Construction Court)
EWHC (QB)	High Court of England and Wales Decisions (Queen's Bench Division)
f., ff.	folgende
Fn	Fußnote
FS	Feasibility Study
GBP	Great British Pound (Währung von Großbritannien)
GRUR	Gewerblicher Rechtsschutz und Urheberrecht
GPR	Zeitschrift für das Privatrecht der Europäischen Union
Hg.	Herausgeber
Hk-BGB	Handkommentar BGB
HKK-BGB	Historisch-kritischer Kommentar zum BGB
HL	House of Lords
H.L. Cas.	Clarke's House of Lords Cases
Hs.	Halbsatz
insbes.	insbesondere
Int. Enc. Comp. L.	International Encyclopedia of Comparative Law
IT	Informationstechnologie
iVm	in Verbindung mit
J	Judge/ Justice
JA	Juristische Arbeitsblätter

JherJb	Jherings Jahrbücher für die Dogmatik des heutigen römischen und deutschen Privatrechts
Jura	Juristische Ausbildung
jurisPK-Internetrecht	Juris Praxiskommentar Internetrecht
jurisPR-ITR	Juris Praxisreport IT-Recht
JuS	Juristische Schulung
KB	King's Bench Division (Law Reports)
Law & Hist. Rev.	Law and History Review
Lloyd's Rep.	Lloyd's Law Reports
LG	Landgericht
LJ	Lord Justice of Appeal
LMK	kommentierte Rechtsprechung des Bundesgerichtshofs (LM = Nachschlagewerk des Bundesgerichtshofs, herausgegeben von Lindenmaier, Möhring u. a.)
LQR	Law Quarterly Review
LR	Law Reports
LR QB	Law Reports, Queen's Bench Division (1865–1875)
LT	Law Times Reports (1859–1947)
MDR	Monatsschrift für Deutsches Recht
MLR	The Modern Law Review
MMR	Multimedia und Recht
MR	Master of the Rolls
MüKo	Münchener Kommentar zum Bürgerlichen Gesetzbuch
mwN	mit weiteren Nachweisen
n.F.	neue Fassung
NIQB	High Court of Justice in Northern Ireland Queen's Bench Division
NJW	Neue Juristische Wochenschrift
NJW-RR	Neue Juristische Wochenschrift Rechtsprechungs-Report Zivilrecht
Nr.	Nummer
NVersZ	Neue Zeitschrift für Versicherung und Recht
OLG	Oberlandesgericht
para	paragraph
PICC	UNIDROIT Principles of International Commercial Contracts
PECL	Principles of European Contract Law
Pkw	Personenkraftwagen

QB	Queen's Bench Division (Law Reports)
RabelsZ	Rabels Zeitschrift für ausländisches und internationales Privatrecht
Reg.	Regulation
RG	Reichsgericht
RGZ	Entscheidungen des Reichsgerichts in Zivilsachen
Rn	Randnummer
Russ. L.J.	Russian Law Journal
S.	Seite
Sing. J.L.S.	Singapore Journal of Legal Studies
S.L.R.	Singapore Law Reports
s. o.	siehe oben
t	Tonne (Masseneinheit)
Te-AT	Entwurf eines bürgerlichen Gesetzbuches für das Deutsche Reich. Allgemeiner Theil
TLR	Times Law Reports
u. a.	und andere
USA	Vereinigte Staaten von Amerika
v	versus
VersR	Versicherungsrecht
vgl.	vergleiche
VOB	Vergabe- und Vertragsordnung für Bauleistungen
Vorbem	Vorbemerkung
VuR	Verbraucher und Recht – Zeitschrift für Wirtschafts- und Verbraucherrecht
WLR	Weekly Law Reports
z. B.	zum Beispiel
ZEuP	Zeitschrift für Europäisches Privatrecht
zit.	zitiert als
ZPO	Zivilprozessordnung
ZSE	Zeitschrift für Staats- und Europawissenschaften
ZUM	Zeitschrift für Urheber- und Medienrecht

§ 1 Einführung

A. Untersuchungsgegenstand

I. Problem

Im Quadratruten-Fall des Reichsgerichts stritten die Parteien über eine Provisionsvereinbarung.[1] Die eine Partei, eine Maklerfirma, hatte der anderen Partei, einem Bauunternehmer, die Bebauung von Grundstücken vermittelt und verlangte nun die Provision. In ihrem Angebot an den Bauunternehmer hatte die Maklerfirma geschrieben: „Die Provision wird einheitlich auf 1,75 M pro Quadratrute bebauter Fläche festgesetzt." Daraufhin hatte der Bauunternehmer direkt geantwortet: „Ihre Vorschläge für Provisionsansprüche habe ich erhalten und teile Ihnen hierdurch mit, daß ich mit denselben einverstanden bin." Nach dem objektiv erkennbaren Inhalt der Erklärungen bestand zwischen den Parteien somit eine Einigung, dass die Provision pro Quadratrute bebauter Fläche berechnet werden sollte. Im Rechtsstreit berief sich die Maklerfirma indes darauf, sie habe sich verschrieben: Sie habe den Begriff Quadratfuß statt Quadratrute benutzen wollen.[2] Dies habe der Bauunternehmer erkannt. Ihr stehe daher die nach Quadratfuß berechnete, deutlich höhere Provision zu.

Ein ähnliches Problem liegt dem Hasenfell-Fall *Hartog v Colin & Shields* zugrunde, der vor einem englischen Gericht entschieden wurde.[3] Die Parteien stritten über einen Kaufvertrag über 30.000 argentinische Hasenfelle. Die Verkäufer Colin & Shields hatten gegenüber dem Geschäftsmann Hartog erklärt, sie wollten ihm die Felle zum Preis nach Gewicht verkaufen: Das Angebot lautete auf 10.000 Winter-Hasenfelle zu „10 ¼ d per lb", 10.000 halbe Hasenfelle zu „6 ¾ d per lb" und 10.000 Sommer-Hasenfelle zu „5 d per lb".[4] Hartog hatte die Annahme dieses Angebots erklärt. Nach dem Vertragsdokument bestand zwischen beiden Parteien ein Kaufvertrag über die Hasenfelle zum Preis nach Gewicht. Hartog & Shields verweigerten jedoch die Erfüllung des Vertrages. Den

---

1 RG 29.10.1907, III 151/07 = RGZ 66, 427.

2 Eine Quadratrute entspricht etwa einhundert Quadratfuß.

3 *Hartog v Colin & Shields* [1939] 3 All E.R. 566.

4 Vermutlich handelte es sich um einen Fall des Verschreibens. Die Bezeichnung „d" stand vor der Umstellung auf das Dezimalsystem in England für „denarii" und bedeutete „pence"; die Abkürzung „lb" („libra") steht für die Gewichtseinheit Pfund, was ungefähr 434 g entspricht. Nachweise bei: *Beale/ Fauvarque-Cosson/ Rutgers/ Tallon/ Vogenauer*, Cases, 457.

Preis für Hasenfelle nach Gewicht zu berechnen, war nicht marktüblich: Durch die Berechnung nach Gewicht betrug der Preis für die Hasenfelle rund ein Drittel des am Markt üblichen Preises. Auch in den Vorverhandlungen hatten die Parteien stets über den Verkauf der Hasenfelle zum Preis pro Stück gesprochen. Hartog & Shields brachten im Rechtsstreit vor, sie hätten ein Angebot über den Verkauf der Hasenfelle zum marktüblichen Preis pro Stück erklären wollen. Es sei kein Vertrag über den Verkauf der Hasenfelle zum Preis nach Gewicht zustande gekommen.

In beiden Fällen geschieht ein Fehler in der Kommunikation. In der Arbeit wird diese Fallgestaltung untechnisch als Erklärungsirrtum bezeichnet. Das Rechtsproblem lässt sich folgendermaßen abstrakt beschreiben. Zwei Parteien A und B wollen miteinander einen Vertrag schließen. Bei der Abgabe seiner Erklärung setzt A ein falsches Erklärungszeichen: Er schreibt x, meint aber y. A hat also eine Erklärung abgegeben, deren Inhalt nach dem äußeren Erklärungstatbestand nicht dem von A Gewollten entspricht. Der Erklärungsempfänger B gibt nun eine Erklärung ab, in der er sich inhaltlich auf die fehlerhaft zustande gekommene Erklärung des A bezieht. In der Folge stellen sich Rechtsfragen. Möglicherweise ist zwischen A und B ein Vertrag zustande gekommen, dessen Inhalt nicht mit dem Willen des A übereinstimmt. Von diesem Vertrag kann sich A eventuell lösen. Denkbar ist aber auch, dass zwischen A und B kein Vertrag oder ein Vertrag mit dem Inhalt des von A Gewollten zustande gekommen ist.

Sieben Fallgruppen bilden verschiedene Konstellationen dieses Irrtums ab. In jenen Fallgruppen wird verglichen, welche Lösungsmöglichkeiten das deutsche Recht, das englische Recht und ausgewählte europäische und internationale Regelwerke für die sich stellenden Rechtsfragen bereithalten. Grundlage für die Untersuchung der europäischen und internationalen Regelwerke sind die entsprechenden Modellregelungen in den Grundregeln für ein europäisches Vertragsrecht (Principles of European Contract Law/ PECL), in den Unidroit-Prinzipien (UNIDROIT-Principles of International Commercial Contracts/ PICC), im Entwurf für einen Gemeinsamen Referenzrahmen (Draft Common Frame of Reference/ DCFR), in der Machbarkeitsstudie für ein Gemeinsames Europäisches Kaufrecht (Feasibility Study for a Future Instrument in European Contract Law/ FS) und im Entwurf eines Gemeinsamen Europäischen Kaufrechts (Common European Sales Law/ CESL).

Die Erforschung gerade des Erklärungsirrtums bietet sich deshalb an, weil er nicht zuletzt vor dem Hintergrund einer Reihe von Entscheidungen deutscher Gerichte im Zusammenhang mit dem Internethandel besondere Bedeutung gewonnen hat[5] und lebhaft diskutiert wird, ob der Erklärungsirrtum in den Regelwerken angemessene Berücksichtigung gefunden hat.[6]

II. Fragestellung

Jede Rechtsordnung hat im Wesentlichen vier Möglichkeiten, um das eben beschriebene Rechtsproblem zu lösen.[7]

Die Erklärung der ersten Partei (hier der Erklärende) kann möglicherweise so ausgelegt werden, dass sie den Inhalt hat, wie er objektiv erscheint, und die Erklärung der zweiten Partei (hier der Erklärungsempfänger) ebenso. Dann korrespondieren beide Erklärungen miteinander und es besteht zwischen beiden Parteien ein Vertrag mit dem Inhalt, wie er objektiv erscheint. Der Erklärungsirrtum des Erklärenden spielt nach dieser Lösung keine Rolle.

Konträr dazu ist denkbar, dass die Erklärung des Erklärenden wegen Erklärungsirrtums nichtig ist.[8] Da es in diesem Fall an zwei übereinstimmenden Erklärungen fehlt, besteht zwischen den Parteien kein Vertrag.

Als vermittelnde Lösung kommt in Betracht, dass nach Auslegung der Erklärungen in dem Sinne wie in der zuerst genannten Lösung ein Vertrag mit dem Inhalt besteht, wie er objektiv erscheint, der Erklärende sich aber von diesem Vertrag wegen des Erklärungsirrtums lösen kann.

Kennt der Erklärungsempfänger den wahren Willen des Erklärenden oder musste ihn kennen, können beide Erklärungen möglicherweise so ausgelegt werden, dass sie dem vom Erklärenden Gewollten entsprechen. Es besteht dann ein Vertrag mit dem Inhalt, wie ihn der Erklärende ursprünglich gewollt hat.

Es zeigt sich, dass die Auslegung der Parteierklärungen bzw. des Vertrages bei der Lösung des Problems eine wesentliche Rolle spielt. Dabei ist entscheidend, ob die gewählte Lösung dem Willen des Erklärenden oder dem Verkehrsschutz

---

5 Vgl. *Kramer*/ Probst, Defects, 35; *ders.*, Irrtum, 87. Siehe dazu den Exkurs zu den eBay-Fällen, § 2 D.

6 Dazu *Ernst*, Irrtum, 31; *Harke*, ZEuP 2006, 326, 327 f.; *Jansen*, Irrtumsanfechtung, 194 ff.; *Kramer*, ZEuP 2007, 247, 256 Fn 65; *Looschelders*, AcP 212 (2012), 584, 622; *Martens*, Einigungsmängel, 182 f. Siehe auch: *Grigoleit*, Irrtum, 217 f. sowie *ders.*, ZSE 9 (2011) 560, 567.

7 Siehe *Kötz*, Vertragsrecht, § 9, 217 ff.

8 Im neunzehnten Jahrhundert erreichte die Diskussion über die so genannte Willens- und Erklärungstheorie einen Höhepunkt. Zur deutschen Rechtsgeschichte statt vieler *Schermaier*, ZEuP 1998, 60, 67 ff. Siehe auch *Kötz*, Vertragsrecht, § 9, 219 f. Zur historischen Entwicklung in England statt vieler: *Ibbetson*, Introduction, 220 ff.; *Sefton-Green*, Introduction, 7 f.; siehe auch *Simpson*, (1975) 91 LQR 247.

den Vorrang gewährt. Räumt man dem Willen des Erklärenden eine größere Bedeutung ein als dem Vertrauen der anderen Partei auf den Erklärungsinhalt, wie er objektiv erscheint, wird die Willensfreiheit der Partei geschützt, die sich bei der Abgabe ihrer Erklärung geirrt hat. Sieht man dagegen den objektiven Gehalt der Erklärung als wichtiger an als die Willensfreiheit des sich irrenden Erklärenden, wird der Rechtsverkehr als schutzwürdig angesehen. Es stehen sich also bei der Lösung des Problems, das Ausgangspunkt dieser Arbeit ist, das Willensmodell und das Verkehrsschutzmodell gegenüber.

Im deutschen Recht haben Willensmängel und damit die Willensfreiheit des Erklärenden eine große Bedeutung, weil es in Bezug auf den Erklärungsirrtum auf dem Willensmodell beruht; dagegen wird in England der Schutz des Rechtsverkehrs im Grundsatz als wichtiger angesehen und es herrscht der Risikogedanke vor.[9] Wegen dieser im Ausgangspunkt diametralen Gegensätzlichkeit zum deutschen Recht bietet sich England besonders für den Rechtsvergleich an.[10] Die Projekte für eine Vereinheitlichung des europäischen Vertragsrechts dürfen in der Untersuchung deshalb nicht fehlen, weil die Frage, ob der Erklärungsirrtum eine eigene Irrtumskategorie bilden soll, in der wissenschaftlichen Diskussion über ein gesamteuropäisches Irrtumsrecht einen wichtigen Streitpunkt darstellt.[11]

In der Arbeit wird erforscht, wie das Spannungsverhältnis zwischen dem Schutz der Privatautonomie und der Rechtssicherheit in Bezug auf den Erklärungsirrtum in Deutschland, England und nach den ausgewählten Regelwerken gelöst wird. Das Forschungsinteresse richtet sich darauf, welche Fälle des Erklärungsirrtums in Deutschland, England und nach den Regelwerken gleich und welche unterschiedlich behandelt werden.

9 Zum Risikogedanken statt vieler: *Drexelius*, Irrtum, 63; *Goodhart*, Festschrift Simonius, 99, 99, 101, 106. Siehe auch: *Jansen/ Zimmermann*, AcP 210 (2010), 196, 231.

10 Traditionell werden Deutschland und England als Gegensatzpaar der Rechtsvergleichung verstanden. Dazu *Zweigert/ Kötz*, Rechtsvergleichung, 69, 177, 251 ff. Siehe auch: *Maultzsch*, Streitentscheidung, 434; *Lahusen*, Volksgeist, 82 f. sowie *Zimmermann*, Comparative Law, 560 f. mwN. Speziell zum Irrtumsrecht: *Hager*, Strukturen, 50 sowie *Beale*, Europeanisation, 37 f.

11 Dazu bereits oben, § 1 A. I. 1.

B. Rechtliche Ausgangslage

I. Deutsches Recht

Der Erklärungsirrtum ist im Allgemeinen Teil des Bürgerlichen Gesetzbuchs im Abschnitt über die Rechtsgeschäfte in § 119 I Alt. 2 BGB geregelt. Die Vorschrift findet sich nicht im Vertragsrecht, sondern im Kapitel über die Willenserklärungen. Die Willenserklärung ist „Schlüsselbegriff" der Rechtsgeschäftslehre des Allgemeinen Teils des Bürgerlichen Gesetzbuchs.[12]

Für das Irrtumsrecht des Bürgerlichen Gesetzbuchs ist die Unterscheidung zwischen Irrtümern, bei denen Wille und Erklärung zusammenfallen, und solchen, bei denen Wille und Erklärung auseinanderfallen, wesentlich. Irrtümer, bei denen Wille und Erklärung zusammenfallen, sind grundsätzlich unbeachtlich. Dazu zählen vor allem die so genannten Motivirrtümer: Fehler in der Willensbildung, die im Vorfeld der Erklärung geschehen, sollen grundsätzlich keinen Einfluss auf die Wirksamkeit einer Erklärung haben.[13] Hier weiß der Erklärende, was er sagt, und will auch genau das erklären.

Fallen Wille und Erklärung auseinander, handelt es sich nach Friedrich Carl von Savigny um einen „unechten Irrtum".[14] Nach dem Bürgerlichen Gesetzbuch ist dieser Fall der Hauptfall des beachtlichen Irrtums.[15] Es wird zwischen

---

12 HKK-BGB/ *Schermaier*, §§ 116–240 Rn 1.

13 Insbesondere berechtigen Irrtümer über künftige Entwicklungen nicht zur Anfechtung. Lehrbuchbeispiel ist hierfür der „Hochzeitsfall": Die Hochzeit, für die das Geschenk gekauft wird, findet nicht statt. Dazu *Brox*, Irrtumsanfechtung, 61. Ausnahmsweise beachtlich sind nur die Fälle der arglistigen Täuschung (§ 123 BGB) und des Eigenschaftsirrtums (§ 119 II BGB). Der Eigenschaftsirrtum bildet insofern einen Fremdkörper im Irrtumsrecht des Bürgerlichen Gesetzbuchs. Auf Abgrenzungs- und Einordnungsfragen wird an dieser Stelle nicht weiter eingegangen. Dazu statt vieler: *Brox*, Irrtumsanfechtung, 36 f.
Zu beachten ist die Relevanz der Testamentsanfechtung, § 2078 BGB. Die Arbeit beschränkt sich indes auf Rechtsgeschäfte unter Lebenden.

14 *v. Savigny*, System, § 135, 263 f., Beilage Nr. XXXIV, 440 f.

15 Der Einfluss Savignys auf das Irrtumsrecht des Bürgerlichen Gesetzbuches ist umstritten. Bejahend (Auswahl): *Flume*, Rechtsgeschäft, § 22 2, 441 f., 445; *Hager*, Strukturen, 50; *Hammen*, Bedeutung, 98; *Haupt*, Entwicklung, 40, 42; *Kötz*, Vertragsrecht, § 9, 232 Fn 42; *Oebike*, Wille, 38; *Schwaab*, Irrtum, 57; *Zweigert/ Kötz*, Rechtsvergleichung, § 31 II, 409. Siehe auch aus rechtsvergleichender Perspektive *Gordley*, Origins, 191. Kritisch (Auswahl): *Schermaier*, Bestimmung, 483, 495 ff.; *ders.*, ZEuP 1998, 60, 61 f.: Die Wurzeln der Irrtumslehre des Bürgerlichen Gesetzbuches lägen statt bei Savigny bei den spanischen Spätscholastikern und Grotius. *Zimmermann*, Obligations, 614.

Inhalts- und Erklärungsirrtum (§ 119 I Alt. 1 und 2 BGB) unterschieden. Beim Inhaltsirrtum (§ 119 I Alt. 1 BGB) hat der Erklärende eine falsche Vorstellung von der Bedeutung dessen, was er sagt; das äußere Bild der Erklärung entspricht dem Willen des Erklärenden.

Ein Erklärungsirrtum liegt nach § 119 I Alt. 2 BGB dann vor, wenn der Erklärende „bei der Abgabe einer Willenserklärung [...] eine Erklärung dieses Inhalts überhaupt nicht abgeben wollte". Der Fehler geschieht in der Erklärungshandlung. Es handelt sich weniger um ein Problem falscher Vorstellung als um einen technischen Fehler.[16]

Der Unterschied zwischen Inhalts- und Erklärungsirrtum besteht darin, dass der Erklärende, der einem Erklärungsirrtum unterliegt, den Irrtum auf Nachfrage eines Dritten sofort durch eigene Kompetenz aufklären kann. Dagegen kann sich der Erklärende im Fall des Inhaltsirrtums grundsätzlich erst dann korrigieren, wenn er die Kompetenz Dritter hinzuzieht.[17] In der Rechtspraxis lassen sich die Fälle des Inhalts- und Erklärungsirrtums jedoch oft nicht sinnvoll voneinander abgrenzen.

Typische Fälle eines Erklärungsirrtums sind Situationen, in denen der Erklärende beim Schreiben einer Zahlenangabe eine Null zu viel schreibt, das Komma falsch setzt oder eine Ziffer vertauscht. Außerdem sind Fälle des Vergreifens, in denen etwa jemand an der Kasse eines Ladengeschäfts das Wechselgeld falsch herausgibt, von der Definition des Erklärungsirrtums nach dem Bürgerlichen Gesetzbuch umfasst.[18]

Auch wenn der Erklärungsirrtum mit einem Flüchtigkeitsfehler zu vergleichen ist, sieht das deutsche Recht den Irrenden doch als schutzwürdig an, denn der Irrtum ist nicht im Vorfeld der Willenserklärung entstanden, sondern im Erklärungsakt.[19] Im „System des römischen Rechts" von Friedrich Carl von Savigny kommt bei Vorliegen eines Erklärungsirrtums keine Willenserklärung zustande, denn nach Savigny ist Geltungsgrund einer vertraglichen Erklärung der Wille.[20]

Die Savigny-Forschung ist nach wie vor ein lebendiges Feld der deutschen Rechtswissenschaft, siehe etwa *Lahusen*, Volksgeist.

16 *Flume*, Rechtsgeschäft, § 21 11, 432; *Schollmeyer*, Selbstverantwortung, 111.

17 Dazu *Hirsch*, BGB AT, 209 Rn 528; *Schollmeyer*, Selbstverantwortung, 307.

18 Zu den Beispielen: MüKo-*Armbrüster*, § 119 Rn 46.

19 *Brox*, Irrtumsanfechtung, 65. Dieses Argument führt *Jansen* in der Diskussion über die Regelung zu den Kommunikationsirrtümern in den Regelwerken an und fordert, dass man die Unterscheidung zwischen Erklärungs- und Motivirrtümern nicht leichtfertig aufgeben dürfe; *ders.*, Irrtumsanfechtung, 195. Ausführlich unten, § 2 C. II. 3. c).

20 *v. Savigny*, System, § 135, 264, 268.

Diesem Gedanken folgend war im Vorentwurf von 1881 des deutschen Bürgerlichen Gesetzbuchs sowie im Ersten Entwurf von 1887 für den Erklärungsirrtum die Nichtigkeitsfolge vorgesehen.[21]

Im seit dem 1. Januar 1900 bis heute an dieser Stelle unveränderten Bürgerlichen Gesetzbuch gilt dies nicht: Folge eines Erklärungsirrtums ist nicht die automatische Nichtigkeit. Vielmehr besteht zunächst eine Willenserklärung und es kommt ein Vertrag zustande, wenn zu dieser Erklärung nach Auslegung eine zweite hinzukommt, die mit ihr übereinstimmt. Der Erklärende kann dann wählen, sich durch Anfechtung wegen des Irrtums vom Vertrag[22] zu lösen oder an dem Geschäft festzuhalten, sofern dies für ihn günstiger ist.[23]

Voraussetzung für die Anfechtbarkeit wegen eines Erklärungsirrtums ist nach § 119 I Alt. 2 BGB, dass der Erklärende die Willenserklärung „bei Kenntnis der Sachlage und bei verständiger Würdigung des Falles nicht abgegeben haben würde". Der Irrtum muss also für die Abgabe der Erklärung subjektiv sowie objektiv erheblich gewesen sein. Es fehlt an der subjektiven Kausalität des Irrtums für die Abgabe der Erklärung, wenn der Erklärende die Erklärung mit diesem Inhalt auch ohne den Irrtum abgegeben hätte.[24] Der Irrtum war für die Abgabe der Erklärung objektiv erheblich, wenn der Erklärende diese Erklärung „frei von Eigensinn, subjektiven Launen und törichten Anschauungen" nicht abgegeben hätte.[25] Die Verantwortlichkeit des anderen Teils für den Erklärungsirrtum spielt nach der Konzeption des Bürgerlichen Gesetzbuchs keine Rolle. Auch der etwa bei Savigny auftauchende Gedanke, dass ein Erklärungsirrtum nur dann zur Anfechtung führt, wenn er in irgendeiner Form erkennbar ist,[26] findet sich in der Formulierung des Bürgerlichen Gesetzbuchs nicht.

---

21 § 98 Te-AT (1881); § 98 E I (1887). Im Zweiten Entwurf von 1895 war nach heftiger Kritik am Ersten Entwurf die Anfechtbarkeit vorgesehen, siehe § 94 E II.

22 Wegen des unterschiedlichen Wortlauts in §§ 119, 123 BGB und § 142 BGB ist umstritten, ob die Erklärung oder der Vertrag angefochten wird. Zum Streitstand siehe statt vieler: *Mankowski*, Beseitigungsrechte, 26 f. mwN.

23 Dies ist auch die Rechtsfolge des Inhaltsirrtums (§ 119 I Alt. 2 BGB). Wegen der einheitlichen Rechtsfolge des Erklärungs- und Inhaltsirrtums kann eine Unterscheidung zwischen diesen Irrtumskategorien in den Fällen, in denen eine Abgrenzung schwierig ist, unterbleiben.

24 MüKo-*Armbrüster*, § 119 Rn 137.

25 RG 22.12.1905, II 395/05 = RGZ 62, 201 (206).

26 *v. Savigny*, System, § 134, 259: Ein Widerspruch zwischen Wille und Erklärung sei nur beachtlich, „insofern er für den, welcher mit dem Handelnden in unmittelbare Berührung kommt, erkennbar ist oder wird, also unabhängig bleibt von dem bloßen Gedanken des Handelnden."

Entscheidet sich der Erklärende für die Anfechtung, ist der Vertrag rückwirkend nichtig (§ 142 I BGB). Es werden grundsätzlich die Interessen des Irrenden geschützt.[27] Indes muss er die Anfechtung gegenüber dem anderen Teil erklären (§ 143 I BGB), und zwar innerhalb der Frist des § 121 BGB, also „unverzüglich". Daneben muss der Anfechtende dem Erklärungsempfänger gemäß § 122 I BGB den Schaden, der ihm im Vertrauen auf das Zustandekommen des Vertrags entstanden ist, ersetzen, sofern jener den Erklärungsirrtum des anderen Teils weder kannte noch kennen musste.

II. Englisches Recht

In der englischen Rechtssprache wird für den Irrtum der Begriff „mistake" verwendet, der auch im täglichen Sprachgebrauch üblich ist.[28] Häufig wird der hier untersuchte Fehler in der Kommunikation als *unilateral mistake about the terms of the contract* bezeichnet; es fehlt aber an einem einheitlichen Begriff für den Irrtum einer Partei infolge von Verschreiben, Versprechen oder Vergreifen.[29] Dies zeigt bereits, dass nach der Systematik des englischen Rechts zur Lösung des Problems ein anderer Ansatz gewählt wird als in Deutschland.[30]

Das Irrtumsrecht ist nicht kodifiziert; beim englischen Recht handelt es sich um *case law*, also fallgeprägtes Recht.[31] Das englische Recht ist auch anders strukturiert als das deutsche Recht: In England kommt es nicht so sehr auf die

---

27 Statt vieler: *Singer*, Selbstbestimmung, 67.

28 Statt vieler: *Cartwright*, Misrepresentation, 578 Rn 12-02, 582 Rn 12-06. Äußerst selten findet sich in der Literatur die Bezeichnung „error", dazu *Andrews*, Contract Law, 275 ff.

29 Statt vieler: *Cartwright*, Contract, 164. Bei einigen Autoren findet sich die Bezeichnung „mistake in communication", siehe etwa *Beatson/ Burrows/ Cartwright*, Anson's Law of Contract, 272; *Beale*, Chitty on Contracts, 31. Aufl., Chapter 5, Section 3, 5-066 ff. („Mistakes in ‚Communication'"; in der 32. Aufl. wurde diese Bezeichnung allerdings aufgegeben, siehe 3-012); *Beale/ Bishop/ Furmston*, Contract, 289 („Communication Mistakes"). *McKendrick*, Contract Law, 47 ff.: „Mistake in Agreement"; *Stoljar*, Mistake, 5: „Correspondence-Mistake" oder „slip of the pen".

30 Einige Autoren zweifeln sogar daran, ob es im englischen Vertragsrecht überhaupt eine „doctrine of mistake" gibt. Siehe *Atiyah*, Law of Contract, 77. Weitere Nachweise bei *Beale*, Chitty on Contracts, 32. Aufl., 3-012; *MacMillan*, Mistakes, 1 ff.; *Beatson/ Burrows/ Cartwright*, Anson's Law of Contract, 269 f.; *Morgan*, Debates, 163 ff.; *Slade*, (1954) 70 LQR 385; *Stoljar*, Mistake, 9.

31 Zur Entwicklung des *case law* in England aus rechtsvergleichender Sicht statt vieler: *Hager*, Rechtsmethoden, 86 ff. mwN.

einzelne Parteierklärung an als auf den Vertrag.[32] Das Problem der Arbeit ist im Vertragsrecht angesiedelt.

Im englischen Recht ist die Unterscheidung zwischen dem Irrtum, der von der anderen Partei veranlasst wurde, und jenem, der nicht von der anderen Partei veranlasst wurde, entscheidend. Wurde der Irrtum von der anderen Partei durch eine falsche Tatsachenangabe hervorgerufen, handelt es sich um eine *misrepresentation*.[33] Auch wenn es sich dabei um einen von der anderen Partei veranlassten Irrtum handelt, wird das Problem in England außerhalb des Irrtumsrechts behandelt.[34] Der Bereich der *misrepresentation* nimmt größeren Raum ein als das Irrtumsrecht.[35]

Bei einer *misrepresentation* geht es um Fragen der Informationspflichtverletzung. Eine Partei ist nach englischem Recht grundsätzlich nicht dazu verpflichtet, die andere Partei über eine eventuelle Fehlvorstellung aufzuklären.[36] Geprägt vor allem von Fällen, die im neunzehnten Jahrhundert gerichtlich entschieden wurden, lebt das englische Vertragsrecht vielmehr von klaren Risikozuweisungen.[37] Abhängig von der Kenntnis des anderen Teils wird zwischen *fraudulent*

---

32 Statt vieler: *Cartwright*, Contract, 158. Dazu ausführlich unten, § 2 A. I. 3. b) aa).

33 Es gibt keine gerichtliche Entscheidung, der eine maßgebliche Definition entnommen werden kann. Man ist sich allerdings einig, dass es sich jedenfalls um ernstzunehmende Äußerungen handeln muss und keine „mere puffs". Zur Definition: *Beale*, Chitty on Contracts, 32. Aufl., 7-006 ff.; *Beatson/ Burrows/ Cartwright*, Anson's Law of Contract, 319 ff.; *Cartwright*, Contract, 177 f.; *McKendrick*, Contract Law, 226; *McKendrick*, Contract Law - Cases, 522.

34 *Beale*, Europeanisation, 34; *Beatson/ Burrows/ Cartwright*, Anson's Law of Contract, 269; *Cartwright*, Contract, 159 sowie 176 f.

35 *Beatson/ Burrows/ Cartwright*, Anson's Law of Contract, 269. Siehe auch: *Beale*, Europeanisation, 33.

36 Statt vieler: *Beatson/ Burrows/ Cartwright*, Anson's Law of Contract, 318; *Beale*, Mistake, 20 ff. mwN. Ausnahmen sind etwa Versicherungsverträge und Treuhandverhältnisse. Wegen des Fehlens einer allgemeinen Aufklärungspflicht kann Schweigen grundsätzlich nicht zu einer *misrepresentation* führen. Dazu *Beale*, Chitty on Contracts, 32. Aufl., 7-017; *Beatson/ Burrows/ Cartwright*, Anson's Law of Contract, 320. Überblick über in England bestehende, besondere Aufklärungspflichten bei *Cartwright*, Contract, 186 ff.

37 *Treitel*, Contract, 169: „The general rule is justified partly by the argument that, in the absence of active misrepresentation, each party takes the risk that the subject matter may turn out to be worse, or better, than he had supposed; and partly by the difficulty of determining the scope of a general duty of disclosure."
Zur Rechtsgeschichte statt vieler: *Beatson/ Burrows/ Cartwright*, Anson's Law of Contract, 269 f. mwN; *Hamburger*, 7 Law & Hist. Rev. 1989, 241, 278; *MacMillan*, Arguments, 294.

(durch Täuschung hervorgerufener), *negligent* (fahrlässiger) und *innocent* (schuldloser) *misrepresentation* unterschieden.[38] Rechtsfolge aller Kategorien ist, dass der Vertrag anfechtbar *(voidable)* ist.[39] Die durch eine *misrepresentation* zum Vertragsschluss veranlasste Partei kann die Aufhebung des Vertrages *(rescission)* verlangen.[40] Außer im Fall der *innocent misrepresentation* kann sie vom anderen Teil auch Schadensersatz in Höhe des Vertrauensschadens verlangen.[41] Weniger als der Irrtum der einen Partei steht hinter den Rechtsfolgen wegen *misrepresentation* der Gedanke, dass die Partei, welche die andere durch eine falsche Tatsachenbehauptung zum Vertragsschluss veranlasst, nicht auf den Vertrag vertrauen darf.[42]

Innerhalb des Irrtumsrechts wird zwischen den Kategorien des geteilten Irrtums *(common mistake)* und des Irrtums nur einer Partei *(unilateral mistake)* unterschieden.[43] Gemeinsame Voraussetzung ist, dass der Irrtum wesentlich *(fundamental)* sein muss, um einen Effekt auf den Vertragsschluss zu haben.[44]

Aus rechtsvergleichender Sicht siehe auch: *Kötz*, Vertragsrecht, § 9, 220; *Zweigert/ Kötz*, Rechtsvergleichung, 415 f.

38 Statt vieler: *Beatson/ Burrows/ Cartwright*, Anson's Law of Contract, 330; *Cartwright*, Contract, 178.

39 *Beatson/ Burrows/ Cartwright*, Anson's Law of Contract, 319; *McKendrick*, Contract Law, 235 ff. Siehe auch: *Cartwright*, Bargaining, 68.

40 Statt vieler: *Beatson/ Burrows/ Cartwright*, Anson's Law of Contract, 331 f. sowie: *Cartwright*, Contract, 178 f. Eine gerichtliche Anordnung ist nicht erforderlich, vielmehr kann sie durch Erklärung gegenüber der anderen Partei verlangt werden.

41 *Beatson/ Burrows/ Cartwright*, Anson's Law of Contract, 331 f.; *Beale*, Chitty on Contracts, 32. Aufl., 7-044 ff. Siehe auch *Cartwright*, Contract, 182. Dabei gibt es Überschneidungen zu *tort*. Dazu: *Cartwright*, Contract, 180 f.; *McKendrick*, Contract Law, 238 wie auch *Beatson/ Burrows/ Cartwright*, Anson's Law of Contract, 319.

42 *Cartwright*, Contract, 177. Aus rechtsvergleichender Sicht siehe auch: Kötz, Vertragsrecht, § 9, 220.

43 Statt vieler: *Beatson/ Burrows/ Cartwright*, Anson's Law of Contract, 271 f.; *Cartwright*, Contract, 163 f. Zuweilen wird zwischen *mistake negativing consent* und *mistake nullifying consent* unterschieden. Siehe etwa: *McKendrick*, Contract Law, 54.

44 Vgl. *Bell v Lever Brothers* (1932) AC 161, HL. Wie in Deutschland kommt das Irrtumsrecht außerdem nicht zur Anwendung, wenn es um falsche Vorstellungen über Entwicklungen in der Zukunft geht. Dazu statt vieler: *Cartwright*, Misrepresentation, 12-04 580. Bei einer solchen *misprediction* stellt sich die Frage danach, inwiefern die Regeln über die *frustration* zur Anwendung kommen.

Bei einem geteilten Irrtum irren sich die Parteien bei Vertragsschluss über die gleiche Tatsache.[45] Es geht im Wesentlichen um drei Fälle:[46] Die Parteien schließen einen Kaufvertrag über eine Sache, die nicht existiert;[47] der Käufer kauft einen Gegenstand, dessen Eigentümer er bereits ist; sowie weitere Fälle der Unmöglichkeit der Leistung. Das englische Vertragsrecht ist historisch gesehen von der Unterscheidung der Gerichtszweige *at law* und *in equity* geprägt. Durch eine umfassende Justizreform von 1873, in Kraft getreten 1875,[48] wurde zwar eine Vereinigung angestrebt. Dennoch wird auch heute noch zwischen *common law* und *equity* differenziert.[49] *At law* führt ein *common fundamental mistake* zur Nichtigkeit des Vertrages.[50] Seit der Entscheidung *Great Peace*[51] ist im englischen Vertragsrecht heftig umstritten, was die Voraussetzungen für einen *common fundamental mistake* sind, der *in equity* Rechtsfolgen auslöst.[52]

---

45 Wichtig ist die Abgrenzung zur Lehre der *frustration*. Irren sich beide Parteien über ein Ereignis, das nach Vertragsschluss eintreten soll, handelt es sich nicht um einen *common mistake*. Dann kommt nicht das Irrtumsrecht zur Anwendung, sondern es geht um *frustration*. Vgl. Radcliffe LJ in *Davis Contractors v Fareham Urban DC* [1956] AC 696 (728 f. per Radcliffe LJ). Zur *frustration*-Lehre allgemein und mwN statt vieler: *Beatson/ Burrows/ Cartwright*, Anson's Law of Contract, 497 ff.

46 Statt vieler Übersicht bei: *Beatson/ Burrows/ Cartwright*, Anson's Law of Contract, 305–312. *Leading case* zum *common mistake* ist *Bell v Lever Brothers* (1932) AC 161, HL. Zum Themenkomplex *common mistake* gehören etwa die so genannten „Krönungsumzugsfälle". In England gab es nach der krankheitsbedingten Absage des Krönungsumzugs von König Edward VII. im Jahr 1902 mehrere „coronation cases", siehe etwa *Griffith v Brymer* (1903) 19 TLR 434. Der über England hinaus wohl bekannteste Fall *Krell v Henry* [1903] 2 KB 740 wird indes nicht im Bereich des geteilten Irrtums, sondern der *frustration* eingeordnet, siehe aus der Literatur statt vieler: *Beale*, Chitty on Contracts, 32. Aufl., 23–033.

47 *Leading case* ist *Couturier v Hastie* (1856) 5 H.L. Cas. 673, HL.

48 Supreme Court of Judicature Act 1873, 36 & 37 Vict, c. 66.

49 *Cartwright*, Contract, 158. Siehe auch: *Beatson/ Burrows/ Cartwright*, Anson's Law of Contract, 287; *McKendrick*, Contract Law - Cases, 521. Siehe aber *Beale*, Chitty on Contracts, 32. Aufl., 3-010 f., der die Unterscheidung im Irrtumsrecht nicht mehr vollständig aufrechterhält.

50 *Bell v Lever Brothers* (1932) AC 161, HL sowie *Great Peace Shipping Ltd v Tsavliris (International) Ltd* [2002] EWCA Civ 1407, [2003] QB 679.

51 *Great Peace Shipping Ltd v Tsavliris (International) Ltd* [2002] EWCA Civ 1407, [2003] QB 679.

52 Lord Denning vertrat in *Solle v Butcher* [1950] 1 KB 671, CA die Ansicht, der Vertrag sei *voidable*, also anfechtbar. Die Entscheidung *The Great Peace* wird von der Literatur so verstanden, dass *Solle v Butcher* und damit Lord Dennings Lehre vom *common mistake in equity* „overruled" wurde. Danach sei der Vertrag bei einem *common fundamental*

Typische Fälle eines Irrtums nur einer Partei sind die Fälle des Identitätsirrtums, des Irrtums über den Vertragsgegenstand, des Irrtums über die Vertragsbedingungen oder des Unterschriftsirrtums.[53] Sie sind beachtliche Irrtumskategorien, wohingegen ein *unilateral mistake about the terms at law* grundsätzlich unbeachtlich ist.[54] Nur wenn der Erklärungsempfänger den *unilateral mistake about the terms* erkannt hat und ausnutzen wollte, kann ein *unilateral mistake about the terms* ausnahmsweise zur Nichtigkeit des Vertrages *(voidness ab initio)* führen.[55]

Ein Schadensersatzanspruch wegen eines *unilateral fundamental mistake* besteht im englischen Vertragsrecht weder im Verhältnis der irrenden Partei gegen die andere Partei noch umgekehrt.[56] Auch wenn der Vertrag *at law* wirksam ist, kann der Erklärende bei einem schriftlichen Vertrag im Fall eines *unilateral mistake about the terms in equity* unter engen Voraussetzungen auf Berichtigung des Vertrages klagen *(rectification)*. Bei Grundstückskaufverträgen ist Rechtsfolge des Vertragsbruches *(breach of contract)*, dass der Kläger *at law* auf Schadensersatz *(damages)* und *in equity* auf Vertragserfüllung *(specific performace)* klagen kann. *Damages* und *specific performance* stehen in einem Regel-Ausnahme-Verhältnis.[57] Das Vorliegen eines *unilateral mistake about the terms* kann dann dazu berechtigen, *in equity* darauf zu klagen, dass der Vertrag nicht durchgeführt

---

mistake nur entweder *void* (nichtig) oder wirksam. Es gebe keine besonderen Rechtsmittel *in equity*. Dies ist auf große Kritik gestoßen. Dazu: *Morgan*, Debates, 182 f. Siehe aber auch: *Cartwright*, Contract, 175 f.; *O'Sullivan/ Hilliard*, Contract, 319 ff., 407. Zum Problem aus rechtshistorischer Perspektive: *MacMillan*, Mistakes, 315 f. Zur Streitfrage ausführlich: *Beatson/ Burrows/ Cartwright*, Anson's Law of Contract, 300–316, insbes. 315 f.; *Cartwright*, Misrepresentation, 15–29 762 ff. Siehe auch die ausführliche Darstellung bei *Beale*, Chitty on Contracts, 32. Aufl., 6–055 ff.

53 Dazu aus der Literatur statt vieler mwN: *Beatson/ Burrows/ Cartwright*, Anson's Law of Contract, 272; *Cartwright*, Misrepresentation, 12-07 583.

54 Statt vieler: *Beale*, Chitty on Contracts, 31. Aufl., 5-008.

55 Vgl. *Hartog v Colin & Shields* [1939] 3 All E.R. 566. Aus der Literatur statt vieler: *Beale*, Chitty on Contracts, 32. Aufl., 3-022; *Beatson/ Burrows/ Cartwright*, Anson's Law of Contract, 277.

56 *Cartwright*, Misrepresentation, 12-21 595; *Beatson/ Burrows/ Cartwright*, Anson's Law of Contract, 282–289. Das *equity*-Rechtsmittel der *rescission* ist auf Fälle von *fraud* und *misrepresentation* beschränkt; bei einem *unilateral mistake about the terms* kann eine Partei grundsätzlich nicht die *rescission* des Vertrages verlangen, *Riverlate Properties Ltd v Paul* [1975] Ch 133 (140 f. per Russell LJ).

57 *Beatson/ Burrows/ Cartwright*, Anson's Law of Contract, 287 sowie 619. Aus rechtsvergleichender Sicht: *Zweigert/ Kötz*, 478.

wird. Das ist die *refusal of specific performance*.[58] Die Rechtsmittel *in equity* liegen im Ermessen des Gerichts.

III. Europäische und internationale Regelwerke

Die Untersuchung beschränkt sich auf die Darstellung der Principles of European Contract Law (PECL), der UNIDROIT-Principles of International Commercial Contracts (PICC), des Draft Common Frame of Reference (DCFR), der Feasibility Study (FS) und des Common European Sales Law (CESL). Diese Regelwerke haben zum Ziel, das europäische bzw. internationale Vertragsrecht zu harmonisieren. Sie sind nicht in Kraft getreten; Gerichtsentscheidungen fehlen demgemäß.

Zeitlich am Anfang stehen die PECL; dieser Entwurf für ein europäisches Vertragsrecht wurde von der selbst ernannten „Kommission für Europäisches Vertragsrecht" erstellt, die sich aus Rechtswissenschaftlern der EU-Mitgliedstaaten zusammensetzte. Der erste Entwurf des ersten Teils wurde 1995 vorgelegt. Das Projekt hatte zum Ziel, einen gemeinsamen Kern des Vertragsrechts der EU-Mitgliedstaaten zu finden.[59]

Weitestgehend parallel wurden die Unidroit-Prinzipien von einer Gruppe internationaler Experten am International Institute for the Unification of Private Law erarbeitet und fast zeitgleich mit den PECL veröffentlicht. Der erste Entwurf von Regeln für den internationalen Handelsverkehr, die weltweit gelten sollen, erschien im Jahr 1994.[60]

In den Jahren 2008 und 2009 wurde mit dem DCFR ein Vorschlag eines Gemeinsamen Referenzrahmens für das Europäische Vertragsrecht in der „outline edition" präsentiert; die Verfasser waren ebenfalls Rechtswissenschaftler aus

---

58 Statt vieler *Beatson/ Burrows/ Cartwright*, Anson's Law of Contract, 287.

59 Die PECL verfolgen unter anderem das Ziel der Schaffung einer europäischen *lex mercatoria*. Die Verfasser sahen das Projekt als Vorarbeit für ein europäisches Zivilgesetzbuch an. Ein besonderer Vorteil der PECL könne darin gesehen werden, dass sie ein Mittel sein können, „to provide a bridge between the civil law and the common law by providing rules designed to reconcile their differing legal philosophies"; *Lando/ Beale*, PECL, xxiii f.

60 PICC, Introduction, xxiii. Zur Entstehungsgeschichte der PECL sowie der Unidroit-Prinzipien aus der Literatur: *Lando*, ZEuP 2002, 508, 519 ff.; *Jansen/ Zimmermann*, AcP 210 (2010), 196, 200 f.; *Kischel*, Rechtsvergleichung, 71 Rn 48 ff. mwN; *Schulze/ Zoll*, Vertragsrecht, 2. Aufl., 39 Rn 44; *Zimmermann*, Comparative Law, 560 ff.; *Zimmermann*, Festschrift Picker, 1353 f.

den EU-Mitgliedstaaten.[61] Im Vergleich zu den PECL ist der Umfang des DCFR deutlich größer, weil auch Bereiche etwa des Sachenrechts abgedeckt wurden.[62] Die Verfasser sahen den Entwurf als akademisches Projekt an, das vor allem einer Erstellung des von der EU-Kommission geplanten Gemeinsamen Referenzrahmens (CFR) dienen könnte.[63]

Nachdem im Jahr 2010 ein Grünbuch (Green Paper) veröffentlicht worden war, erschien bereits ein Jahr später die Machbarkeitsstudie für ein künftiges Instrument für Europäisches Vertragsrecht (Feasibility Study).[64] Diese Studie der Europäischen Kommission sollte die Möglichkeiten eines europäischen Vertragsrechts entwickeln, das für Verträge im grenzüberschreitenden Verkehr zwischen Verbrauchern und Unternehmern sowie zwischen Unternehmern und Unternehmern in den EU-Mitgliedstaaten anwendbar sein sollte. Daraufhin erschien noch im gleichen Jahr der Vorschlag der Europäischen Kommission für eine Verordnung des Europäischen Parlaments und des Rates über ein gemeinsames Europäisches Kaufrecht (CESL).[65] Dabei handelt es sich um den Entwurf eines optionalen Instruments, dessen Ziel die Förderung des EU-Binnenmarktes sowie die Herstellung von Verbraucherschutz und die Vereinfachung des grenzüberschreitenden Handels ist, Art. 1 (1) und Art. 3 CESL-VO.[66] Er sollte vor allem für Verbraucherverträge anwendbar sein. Zwar hatte das Europäische Parlament Anfang 2014 dem Vorschlag zugestimmt;[67] noch im gleichen Jahr hat die EU-Kommission diesen Entwurf dennoch aufgrund

---

61 *v. Bar/ Clive*, DCFR, Introduction 5.

62 Dazu etwa *Schulze/ Zoll*, Vertragsrecht, 2. Aufl., 44 Rn 51.

63 *v. Bar/ Clive*, DCFR, Introduction 6 ff. Zur Entstehungsgeschichte des DCFR siehe auch: *Kummer*, Sprachprobleme, 14 ff.; *Tögel*, Irrtum, 5 ff. Zu den Zielen des DCFR siehe auch: *Jansen/ Zimmermann*, NJW 2009, 3402.

64 Überblick über Entstehungsgeschichte der Feasibility Study bei *Schulze/ Zoll*, Vertragsrecht, 2. Aufl., 45 Rn 52 ff.

65 Die Frage, inwiefern ein europäisches Zivilgesetzbuch überhaupt notwendig ist, ist umstritten. Zur Kritik aus Deutschland: *Zimmermann*, Comparative Law, 572 ff. mwN. Siehe auch *Schulze/ Zoll*, Vertragsrecht, 2. Aufl., 48 Rn 58 ff. mwN sowie *Kischel*, Rechtsvergleichung, 72 Rn 50. Zur Kritik aus England, insbes. der Stellungnahme der Law Commission: *Cartwright*, Contract, 73 mwN.

66 Zur Entstehungsgeschichte und den Zielen des CESL ausführlich *Tögel*, Irrtum, 10 ff. Siehe auch: *Schulze/ Zoll*, Vertragsrecht, 2. Aufl., 45 Rn 52 ff.

67 Legislative Entschließung des Europäischen Parlaments vom 26. Februar 2014 zu dem Vorschlag für eine Verordnung des Europäischen Parlaments und des Rates über ein Gemeinsames Europäisches Kaufrecht (COM(2011)0635 – C7-0329/2011 – 2011/0284(COD)).

von Kritik aus den EU-Mitgliedstaaten zurückgezogen.[68] Die im Jahr 2015 veröffentlichten Vorschläge für Richtlinien betreffen mögliche Änderungen im Bereich der Bereitstellung digitaler Inhalte und des Online-Warenhandels.[69] Es lässt sich daraus schließen, dass die Europäische Kommission keinen gänzlich neuen Entwurf eines europäischen Vertragsrechts plant.

Wenn auch mit dem Rückzug des Vorschlags für ein Gemeinsames Europäisches Kaufrecht die Idee eines Gesetzbuches für europäisches Vertragsrecht vorerst gescheitert ist, behält das CESL als europäischer Kodifikationsvorschlag eine bedeutende Rolle; es kann als „Inspirationsquelle für die künftige europäische und nationale Gesetzgebung" dienen.[70]

In den Regelwerken, die nach den PECL veröffentlicht wurden, besteht ein starker Bezug zu den PECL; sie können als eine Weiterentwicklung der PECL gesehen werden.[71] Deshalb liegt der Schwerpunkt der Untersuchung der Regelwerke auf denen der PECL. Auf die entsprechenden Vorschriften der Folgeentwürfe wird nur dann ausführlich eingegangen, wenn sie Unterschiede zu den PECL aufweisen. Als Oberbegriff für die untersuchten Modellregelungen wird im Folgenden die Bezeichnung „Regelwerke" verwendet.

In den PECL ist der Irrtum wie in England im Vertragsrecht geregelt und zwar in Art. 4:103 PECL. Wie im englischen Recht wird in den Regelwerken für den Irrtum allgemein der Begriff „mistake" verwendet.[72] Nach Art. 4:103 (1)

---

68 Mitteilung der Kommission an das Europäische Parlament, den Rat, den Europäischen Wirtschafts- und Sozialausschuss und den Ausschuss der Regionen – Arbeitsprogramm der Kommission 2015: Ein neuer Start, COM(2014) 910 final vom 16.12.2014, Annex II, Nr. 60, S. 12, abrufbar unter: https://ec.europa.eu/info/sites/info/files/cwp_2015_annex_ii_de.pdf; alle Internetquellen zuletzt abgerufen am 15.03.2018).

69 Vorschlag für eine Richtlinie des Europäischen Parlaments und des Rates über bestimmte vertragsrechtliche Aspekte der Bereitstellung digitaler Inhalte, COM(2015) 634 final vom 9.12.2015; Vorschlag für eine Richtlinie des Europäischen Parlaments und des Rates über bestimmte vertragsrechtliche Aspekte des Online-Warenhandels und anderer Formen des Fernabsatzes von Waren, COM(2015) 635 final vom 9.12.2015.

70 *Schulze/ Zoll*, Vertragsrecht, 2. Aufl., 49 Rn 60; *Mittelstädt*, Auslegung, 376.

71 *Jansen*, Irrtumsanfechtung, 171; *Jansen/ Zimmermann*, AcP 210 (2010), 196, 199 ff.; *Kischel*, Rechtsvergleichung, 71 Rn 50; *Looschelders*, 212 (2012), 584 f.; *Schulze/ Zoll*, Vertragsrecht, 2. Aufl., 40 Rn 44.

72 Nur in den Unidroit-Prinzipien wird der Irrtum sowohl als „mistake" wie auch als „error" bezeichnet, siehe etwa Art. 3.2.2. PICC *(„mistake")*, aber Art. 3.2.3 PICC *(„error")*. Von deutscher Seite wurde angeregt, die Bezeichnung „error" zu wählen: *Deutscher Anwaltverein*, Position Paper, 10. Zur Terminologie ebenfalls: *Cartwright/ Schmidt-Kessel*, Defects, 375 f.; *Cartwright*, Defects, 538.

(b) PECL berechtigt ein Tatsachen- oder ein Rechtsirrtum nur zur Anfechtung, sofern der Irrtum wesentlich (*fundamental)* ist. Dies ist der Fall, wenn die andere Partei wusste oder wissen musste, dass die irrende Partei, wenn sie die Wahrheit gekannt hätte, den Vertrag nicht oder nur zu wesentlich anderen Bedingungen abgeschlossen hätte.[73]

Die Vorschrift regelt zunächst den von der anderen Partei durch Informationspflichtverletzung verursachten Irrtum (Art. 4:103 (1) (a) (i) PECL). Dann enthält die Vorschrift eine Regelung über den Fall, in dem die andere Partei Kenntnis von dem Irrtum hatte oder haben musste und es den Geboten von Treu und Glauben und des redlichen Geschäftsverkehrs widersprach, die irrende Partei in ihrem Irrtum zu belassen (Art. 4:103 (1) (a) (ii) PECL). Abschließend ist der von beiden Parteien geteilte Irrtum geregelt (Art. 4:103 (1) (a) (iii) PECL).

Für den Irrtum in Folge von Verschreiben, Versprechen oder Vergreifen gilt nach Art. 4:104 PECL („Inacurracy in Communication") der allgemeine Irrtumstatbestand des Art. 4:103 PECL entsprechend: Ein Fehler in der Verlautbarung („inacurracy in the expression") einer Erklärung ist danach als Irrtum der Person anzusehen, welche die Erklärung abgegeben oder übersandt hat, und Artikel 4:103 PECL findet Anwendung. Bei der Vorschrift zum Erklärungsirrtum handelt es sich also nicht um eine eigenständige Irrtumsregel, sie liest sich vielmehr als Rechtsgrundverweis.[74]

Bei bewertender Betrachtung zeigt sich, dass in den PECL Voraussetzung für die Anfechtbarkeit wegen Irrtums die Zurechnung des Irrtums zum anderen Teil ist; dem veranlassten Irrtum kommt zentrale Bedeutung zu.[75] Der erste Tatbestand der Regelung wirkt wie eine Ausformulierung der *misrepresentation*; der dritte Tatbestand gleicht einer Verankerung des *common mistake* des englischen Rechts in den PECL.[76] Anders als etwa im deutschen Recht wird außerdem nicht zwischen beachtlichen Irrtümern und unbeachtlichen Motivirrtümern unterschieden. Ebenso gibt es keine Unterscheidung

---

73 Bezugspunkt für die deutsche Übersetzung der Regelwerke sind im Folgenden die Texte abgedruckt in: *Schulze/ Zimmermann*, Basistexte.

74 So auch Art. 3.2.3 PICC und Art. II.-7:202 DCFR (ein ausdrücklicher Verweis auf die allgemeine Irrtumsregelung des Art. 3.2.2 PICC bzw. Art. II.-7:201 DCFR fehlt).

75 Zur Bewertung des Irrtumstatbestandes aus deutscher Sicht statt vieler: *Jansen/ Zimmermann*, AcP 210 (2010), 196, 235. Aus englischer Sicht statt vieler: *Beale*, Europeanisation, 39.

76 Vgl. *Schulze/ Zoll*, Vertragsrecht, 1. Aufl., 179 Rn 132 zur wortgleichen Regelung des Common European Sales Law. Dabei geht die Regelung zum geteilten Irrtum über das englische Recht hinaus, dazu oben, § 1 B. II.

nach Inhalts- und Erklärungsirrtum. Dem Irrtumsrecht liegt wie im englischen Recht das Veranlassungsmodell zugrunde.[77] Das bedeutet, dass ein Erklärungsirrtum nach den PECL nur unter den besonderen Voraussetzungen des Art. 4:103 (1) PECL zur Anfechtung berechtigt. Der vom Erklärungsempfänger nicht veranlasste, von ihm auch weder erkannt noch für ihn erkennbare Erklärungsirrtum ist anders als nach deutschem Recht unbeachtlich.

Liegen die Voraussetzung des Art. 4:104 iVm Art. 4:103 PECL vor, kann die Partei, die dem Irrtum unterliegt, den Vertrag wie im deutschen Recht durch Erklärung gegenüber der anderen Partei nach Art. 4:103 (1) PECL anfechten („to avoid a contract"). Übt sie ihr Anfechtungsrecht fristgerecht aus, ist der Vertrag nichtig; die Rechtsfolgen der Anfechtung sind in Art. 4:115 PECL geregelt.[78] Außerdem kann der Irrende gemäß Art. 4:117 (1) PECL vom Erklärungsempfänger Schadensersatz verlangen, sofern der Erklärungsempfänger den Irrtum des Erklärenden kannte oder kennen musste. Ein Schadensersatzanspruch des Erklärungsempfängers gegen den Irrenden ist in den PECL nicht vorgesehen. Für einen derartigen Ausgleich der Interessen besteht auch kein Bedarf, weil der Irrende nur dann zur Anfechtung wegen Irrtums berechtigt ist, wenn den anderen Teil eine Mitverantwortlichkeit an diesem Irrtum trifft.

In den Unidroit-Prinzipien ist der Irrtum im Unterschied zu den anderen Regelwerken allgemein definiert.[79] Der allgemeine Irrtumstatbestand in den Unidroit-Prinzipien, dem Draft Common Frame of Reference (DCFR), der Feasibility Study (FS) und dem Common European Sales Law (CESL) ist dem der PECL inhaltlich ähnlich.[80] Unterschiede bestehen in der Gliederung der einzelnen Anfechtungstatbestände und der Formulierung, beim Wesentlichkeitserfordernis sowie vor allem bei einem von der anderen Partei durch Informationspflichtverletzung hervorgerufenen Irrtum, worauf im Laufe der Untersuchung genauer eingegangen wird.

77 Dazu statt vieler: *Jansen/ Zimmermann*, AcP 210 (2010), 196, 232.

78 Art. 3.2.14 PICC und Art. 3.2.15 PICC; Art. II.-7:212 (1) DCFR; Art. 52 (1) FS; Art. 54 (1) CESL. Zur Anfechtungsfrist: Art. 4:113 (1) PECL; Art. 3.2.12 (1) PICC; Art. II.-7:210 DCFR; Art. 50 (2) FS: „within reasonable time". Art. 52 (2) (a) CESL: 6 Monate.

79 Art. 3.2.1 PICC: „Mistake is an erroneous assumption relating to facts or to law existing when the contract was concluded." Zum Problem der Dogmatisierung durch überflüssige Definitionen in den Regelwerken: *Jansen*, Irrtumsanfechtung, 171. Siehe auch: *Jansen/ Zimmermann*, AcP 210 (2010), 196, 235: Die PECL „verzichten [...] auf doktrinäre Definitionen".

80 Art. 3.2.2 PICC; Art. II.-7:201 DCFR; Art. 45 FS; Art. 48 CESL.

In den Unidroit-Prinzipien und dem DCFR gibt es wie in den PECL keinen eigenen Anfechtungstatbestand für den Erklärungsirrtum, vielmehr ist der Fall des Erklärungsirrtums ebenfalls durch einen Rechtsgrundverweis geregelt (Art. 3.2.3 PICC bzw. Art. II.-7:202 DCFR). In der Feasibility Study ist der Erklärungsirrtum dagegen in die allgemeine Irrtumsregel integriert. Im letzten Absatz der Vorschrift heißt es, eine Anfechtbarkeit wegen „mistakes over the terms of the contract" sei ausgeschlossen, Art. 45 (4) FS. Dies wird gemeinhin so verstanden, dass nach der Feasibility Study ein Erklärungsirrtum nicht zur Anfechtung berechtigen soll.[81] In Art. 48 (3) CESL findet sich innerhalb der allgemeinen Vorschrift zum Irrtum dann wieder ein Absatz über den Erklärungsirrtum, wonach ein Fehler in der Verlautbarung einer Erklärung als Irrtum der Person anzusehen ist, welche die Erklärung abgegeben hat.

Wie in den PECL hat der Erklärungsempfänger auch nach den übrigen Regelwerken keinen Anspruch auf Ersatz seines Vertrauensschadens, wenn der Erklärende den Vertrag wegen Erklärungsirrtums anficht. Vielmehr ist in diesen Regelwerken wie in den PECL ein aus deutscher Sicht umgekehrter Schadensersatzanspruch des Erklärenden gegen den Erklärungsempfänger vorgesehen, sofern die Voraussetzungen der Anfechtbarkeit wegen Irrtums vorliegen.[82]

C. Methode

Maßstab der Rechtsvergleichung ist ein übernationaler, systemneutraler Vergleich der rechtlichen Lösungen von typischen Problemen.[83] Die Methode der funktionalen Rechtsvergleichung geht davon aus, dass in verschiedenen Gesellschaften die gleichen Probleme auftauchen und „nur [das Recht] vergleichbar ist [...], was dieselbe Aufgabe, dieselbe Funktion erfüllt."[84] Dies ist begleitet von der Grundannahme, dass „gleiche Bedürfnisse des Rechtsverkehrs in allen entwickelten Rechtsordnungen der Welt auf gleiche oder sehr ähnliche Weise gelöst werden."[85]

---

81 Dazu unten ausführlich, § 2 C. I. 3. c) bb) (4) (a).

82 Art. 3.2.16 PICC; Art. II.-7:214 DCFR; Art. 53 FS; Art. 55 CESL. Dieser Anspruch ist vergleichbar mit dem Anspruch wegen *culpa in contrahendo* des deutschen Rechts, *Schulze/ Zoll*, Vertragsrecht, 2. Aufl., 182 Rn 114; Schulze-*Pfeiffer*, Art. 55 Rn 1 f. (zur Regelung des CESL).

83 *Hager*, Rechtsmethoden, 2; *Jansen*, Binnenmarkt, 68 mwN; *Zweigert/ Kötz*, Rechtsvergleichung, 33.

84 *Zweigert/ Kötz*, Rechtsvergleichung, 33.

85 *Zweigert/ Kötz*, Rechtsvergleichung, 38: Das ist die *praesumptio similitudinis*.

Auch wenn dieser Ansatz vermehrt auf Kritik stößt,[86] liegt der vorliegenden Studie gleichwohl jene Methode zugrunde, denn die funktionale Rechtsvergleichung ermöglicht einen konkreten, problembezogenen Vergleich der verschiedenen Regelungen des deutschen und englischen Rechts sowie der Regelwerke im Bereich des Erklärungsirrtums. Die Methode der funktionalen Rechtsvergleichung schafft die Voraussetzungen für die Entwicklung von funktionalen Fragestellungen und den Vergleich der Lösungen des deutschen und des englischen Rechts bzw. der Regelwerke unabhängig von nationaler Dogmatik.

Ausgangspunkt der Studie ist, dass es in Deutschland, England und darüber hinaus dem (möglichen) Geltungsbereich der Regelwerke den gleichen Konflikt gibt, der in der Arbeit als Erklärungsirrtum bezeichnet wird. Das deutsche und das englische Recht wie auch die Regelwerke müssen auf dieses Problem rechtlich reagieren.

Die Methode der funktionalen Rechtsvergleichung kommt in der Arbeit dergestalt zur Anwendung, dass der Begriff, der zur Beschreibung des Gegenstandes der Arbeit verwendet wird, zwar zunächst an die deutsche Terminologie erinnert, die Bezeichnung aber funktional zu verstehen ist, weil sie alle Fallkonstellationen eines Irrtums in der Erklärungshandlung zusammenfasst. Die gebildeten Fallgruppen entsprechen den typischen Konfliktlagen bei einem solchen Irrtum. Sie ermöglichen einen präzisen Vergleich der Lösungen anhand von konkreten Fällen. Dieser Vergleich erfolgt neutral; ihm liegt nicht von Anfang an die Annahme zugrunde, dass die untersuchten Rechtsordnungen und die Regelwerke bei der Lösung der Fälle zu gleichen oder zumindest sehr ähnlichen Ergebnissen kommen werden.

D. Aufbau

I. Der Beispielsfall als Ausgangspunkt der Untersuchung

Der Hauptteil der Arbeit ist in sieben Fallgruppen und einen Exkurs gegliedert. Zu Beginn jeder Fallgruppe steht ein Beispielsfall, der vorzugsweise an einen Sachverhalt eines entweder in Deutschland oder in England gerichtlich entschiedenen Falles angelehnt ist. So wird gewährleistet, dass Gegenstand der Untersuchung stets ein lebensnahes Problem ist. Dabei geht es insbesondere um Fälle des Verschreibens und Vertippens. In allen Beispielsfällen wird der

86 Kritisiert wird etwa, dass die Funktion im Recht schwer bestimmbar sei, sowie die *praesumptio similitudinis*. Überblick bei *Kischel*, Rechtsvergleichung, 95 Rn 7 ff. mwN sowie 100 Rn 15 ff. mwN. Weitere Nachweise bei *Wagner*, Verbraucherschutz, 5 ff. sowie *Michaels*, Method, 369 ff.

Erklärende, der einem Irrtum unterliegt, A genannt und der Erklärungsempfänger B. Allen Fällen ist gemeinsam, dass B eine Erklärung abgibt, die sich inhaltlich auf die Erklärung des A bezieht. So erscheint in allen Konstellationen zumindest möglich, dass zwischen A und B ein Vertrag zustande kommt; Dissensprobleme werden bewusst vermieden, um eine Präzisierung des Themas der Studie zu gewährleisten.

Die Reihenfolge der Fallgruppen ist durch den Grad der Kenntnis des Erklärungsempfängers vom Erklärungsirrtum des Erklärenden vorgegeben. Dabei wird danach unterschieden, ob der Erklärungsempfänger sowohl den Erklärungsirrtum als auch das vom Erklärenden Gewollte gekannt hatte oder hätte erkennen können, oder nur Kenntnis vom Erklärungsirrtum hatte bzw. hätte haben können.

Hatte der Erklärungsempfänger Kenntnis vom Erklärungsirrtum des Erklärenden und von dem von ihm Gewollten, wird der Fall als erkannter und durchschauter Erklärungsirrtum bezeichnet. Dagegen liegt nach der in der Studie verwendeten Terminologie ein erkennbarer und durchschaubarer Erklärungsirrtum vor, wenn der Erklärungsirrtum des Erklärenden und das vom Erklärenden Gewollte für den Erklärungsempfänger nur erkennbar waren. Im Unterschied dazu ist von einem erkannten oder erkennbaren Erklärungsirrtum die Rede, wenn der Erklärungsempfänger nur den Erklärungsirrtum, nicht aber das vom Erklärenden Gewollte, gekannt hatte oder hätte erkennen können.[87]

Am Anfang steht die Gruppe der Fälle, in denen der Erklärungsempfänger Kenntnis oder zumindest nur aufgrund von Fahrlässigkeit keine Kenntnis vom Erklärungsirrtum des Erklärenden sowie des von ihm Gewollten hatte (übereinstimmender Erklärungsirrtum; erkannter und durchschauter Erklärungsirrtum; erkennbarer und durchschaubarer Erklärungsirrtum).

Die zweite Gruppe bilden Fälle, in denen der Erklärungsempfänger zwar Kenntnis vom Erklärungsirrtum des anderen Teils hatte oder hätte erkennen

87 Im deutschen und im englischen Schrifttum wird zur Beschreibung der Fälle die Formulierung „erkannter Irrtum/ erkennbarer Irrtum" oder „mistake known/ mistake should have known" verwendet. Es wird nicht klar zwischen den Fällen unterschieden, in denen der Erklärungsempfänger sowohl den Irrtum des Erklärenden als auch das von ihm tatsächlich Gewollte kannte bzw. hätte erkennen können, und jenen, in denen der Erklärungsempfänger nur den Irrtum erkannt hat bzw. hätte erkennen können, nicht aber das vom Erklärende tatsächlich Gewollte. Zum deutschen Schrifttum: *Mittelstädt*, Auslegung, 97. Es bietet sich in der Untersuchung die genauere Unterscheidung nach erkannten und durchschauten sowie erkennbaren und durchschaubaren Erklärungsirrtümern an, vgl. *Mittelstädt*, ebd.

können, nicht aber von dem vom Erklärenden Gewollten (erkannter bzw. erkennbarer Erklärungsirrtum).

In der dritten Fallgruppe werden Fälle behandelt, in denen der Erklärungsempfänger keine Kenntnis vom Erklärungsirrtum hatte oder hätte haben können (nicht erkennbarer Erklärungsirrtum). Diese Fallgruppe ist danach unterteilt, ob der Erklärungsirrtum aus dem Verantwortungsbereich des Erklärungsempfängers stammt oder der Erklärende dem Erklärungsirrtum ohne Verantwortlichkeit des Erklärungsempfängers oder Möglichkeit der Kenntnis unterlegen ist.

Thema eines Exkurses am Ende der Arbeit ist die Frage, inwiefern auf dem Gebiet des Erklärungsirrtums bei Internetauktionen insbesondere im deutschen Recht Besonderheiten in der Rechtsprechung bestehen.

II. Abstrakte Lösungsansätze

Um das der Arbeit zugrundeliegende Problem zu lösen, gibt es, wie bereits oben angesprochen, bis zu vier Möglichkeiten.[88] Im Anschluss an die Schilderung des Beispielsfalls steht für jeden einzelnen Beispielsfall die abstrakte Darstellung der konkreten Lösungsmöglichkeiten.

III. Lösungen des deutschen und des englischen Rechts sowie der Regelwerke

Alsdann wird die Lösung des Falles dargestellt, wie sie sich nach deutschem und englischem Recht sowie nach den Regelwerken ergibt. Dabei ist der Lösungsweg manchmal umstritten, zuweilen ist er nicht mit Sicherheit zu ermitteln. Kann die Lösung nicht klar bestimmt werden, zeigt die Studie die Argumente auf, die für eine der möglichen Lösungen sprechen.

Die Lösung des Beispielsfalls nach deutschem Recht richtet sich nach dem Bürgerlichen Gesetzbuch. Ergänzende Materialien für die Lösung des Falles nach dem deutschen und dem englischen Recht sind Gerichtsentscheidungen sowie die zur Verfügung stehende Literatur. Wegen des fallgeprägten Rechtssystems kommt den Urteilen in England naturgemäß größeres Gewicht bei der Lösung des Falles zu als in Deutschland. Für die Falllösung nach den Regelwerken wird neben den Regelungstexten das internationale Schrifttum einbezogen.

88 Siehe oben, § 1 A. II.

IV. Abschließender Vergleich

Jede Fallgruppe schließt mit einem Vergleich der Lösungen der untersuchten Rechtsordnungen bzw. der Regelwerke anhand der Ergebnisse des konkreten Beispielsfalls. Zweck dieser Teilvergleiche ist, die Gemeinsamkeiten und Unterschiede zwischen dem deutschen und dem englischen Recht sowie den Regelwerken bei der Lösung des Beispielsfalls zu ermitteln. Außerdem bilden sie den Kern des Schlussteils der Arbeit, der eine Zusammenfassung der Ergebnisse darstellt und in dem sich das Gesamtergebnis der vorliegenden Studie findet.

§ 2 Konkreter Vergleich anhand von Fallgruppen

A. Erste Fallgruppe: Erklärungsirrtum und Gewolltes vom Erklärungsempfänger erkannt bzw. für ihn nur erkennbar

Die erste Fallgruppe handelt davon, dass der Erklärungsempfänger B den Erklärungsirrtum des Erklärenden A und das von A Gewollte erkannt hat oder hätte erkennen können. Die Fallgruppe ist in drei Unterfallgruppen gegliedert. Zuerst wird der übereinstimmende Erklärungsirrtum untersucht. In dieser Situation wollen beide Parteien bei Vertragsschluss das Gleiche, sie unterliegen aber beide einem Irrtum, ohne diesen zu bemerken. Später beruft sich eine Partei auf den Vertrag mit dem Inhalt, wie er objektiv erscheint. Alsdann geht es um die Situation, in der die eine Partei (B) den Erklärungsirrtum der anderen Partei (A) und das von ihr Gewollte kennt und den Erklärungsirrtum der anderen Partei ausnutzen will (erkannter und durchschauter Erklärungsirrtum). Schließlich wird die Situation erforscht, in welcher der Erklärungsempfänger B den Erklärungsirrtum des A und das von A Gewollte nicht erkannt hat, sondern nur hätte erkennen können, und sich auf den Vertrag mit dem Inhalt beruft, wie er objektiv erscheint (erkennbarer und durchschaubarer Erklärungsirrtum).

I. Übereinstimmender Erklärungsirrtum

1. Beispielsfall

A ist Eigentümer der Flurstücke 1, 2 und 3. Nachdem B die Flurstücke besichtigt hat, verhandeln A und B über den Verkauf der Flurstücke 1, 2 und 3 an B. Während der Verhandlungen sind sich beide einig, dass die drei Flurstücke für den vereinbarten Kaufpreis von x Euro veräußert werden sollen. Beim Entwurf der Kaufvertragsurkunde, die von A vorformuliert und später vom Notar übernommen wird, führt A versehentlich nur die Flurstücke 1 und 2 auf; Flurstück 3 vergisst er. A erklärt somit objektiv erkennbar das Angebot über den Verkauf der Flurstücke 1 und 2 an B, will aber 1, 2 und 3 erklären. B übersieht aus Versehen den Fehler des A und erklärt, er nehme das Angebot des A an, und unterschreibt den Kaufvertrag. Er erklärt damit objektiv erkennbar die Annahme der Erklärung des A über den Verkauf der Flurgrundstücke 1 und 2, obwohl er 1, 2 und 3 erklären will. Der Vertrag wird vom Notar beurkundet, ohne dass eine der beiden Parteien den Fehler bemerkt. Beide Parteien gehen davon aus, dass der

Vertrag das von ihnen Gewollte widergibt. Als Kaufpreis sind in der Urkunde, wie vorher für alle Grundstücke ausgehandelt, x Euro aufgeführt. Die Flurstücke 1 und 2 werden aufgelassen und B wird als Eigentümer eingetragen. In der Zwischenzeit ist der Wert des Flurstücks mit der Nummer 3 erheblich gestiegen. Deshalb verweigert A, die Auflassung auch für das Flurstück 3 zu erklären, als B dies von ihm verlangt. Vertrag sei Vertrag, von Flurstück 3 sei dort nicht die Rede.[89]

2. *Mögliche Lösungen*

Denkbar sind vier Lösungen. Da beide Parteien tatsächlich das Gleiche gewollt und sich nur beide falsch ausgedrückt haben, als sie den Kaufvertrag unterschrieben, liegt die Lösung nahe, dass ein Konsens über das Gewollte, aber nicht über das Erklärte besteht und insofern das vom Erklärenden A ursprünglich Gewollte als Vertragsinhalt gilt (Lösung 1). Das bedeutet, dass die Erklärung des A im Sinne des von ihm zunächst Gewollten ausgelegt wird und die Erklärung des B im Sinne des von ihm zunächst Gewollten. Diese Lösung lässt den Konsens, der zunächst bestand, aufleben. Im Beispielsfall kommt dann zwischen A und B ein Kaufvertrag über die Grundstücke 1, 2 und 3 zustande.

Eine weitere mögliche Lösung wäre, dass zwischen den Parteien kein Vertrag zustande kommt (Lösung 2), denn das Erklärte stimmt nicht mit dem von beiden Parteien Gewollten überein: Das, was objektiv erkennbar erklärt wurde, entspricht nicht dem Konsens, der zum Zeitpunkt des Vertragsschlusses bestand. Wegen möglicher Drittinteressen könnte ein Klarstellungsbedarf bestehen, dem diese Lösung zur Durchsetzung verhelfen würde.

Daneben kommt in Betracht, dass das Erklärte gilt (Lösung 3). Dies könnte die Verkehrssicherheit gebieten.[90] Dies wäre der Fall, wenn Dritte auf den objektiven Vertragsschluss zwischen A und B vertrauen dürften. Im Beispielsfall käme nach dieser Lösung zwischen A und B ein Vertrag über die Grundstücke mit der Nummer 1 und 2 zustande, weil beide Erklärungen so ausgelegt werden, dass sie den Inhalt haben, wie er objektiv erscheint.

Zu denken ist auch an die Möglichkeit, dass die Erklärungen im objektiv erkennbaren Sinne wirksam sind, der Vertrag aber von einer Partei wegen

---

89 Fall angelehnt an BGH 25.03.1983, V ZR 268/81 = BGHZ 87, 150 = NJW 1983, 1610.

90 Für das deutsche Recht ist zusätzlich zu bedenken, dass es sich gemäß § 311 b I 1 BGB um ein formbedürftiges Geschäft handelt. Dies könnte dafür sprechen, stärker auf den Text der Urkunde abzustellen, wie es offenbar das OLG Düsseldorf in der Vorinstanz getan hat (14.10.1981, 9 U 134/81).

Erklärungsirrtums angefochten werden kann (Lösung 4). Im Beispielsfall haben sich beide Parteien geirrt: A hat objektiv erkennbar ein Angebot über den Verkauf der Flurgrundstücke 1 und 2 abgegeben, wollte aber eigentlich ein Angebot über den Verkauf der Grundstücke 1, 2 und 3 erklären. B hat das Angebot über den Verkauf der Grundstücke 1 und 2 angenommen, als er den Kaufvertrag unterschrieben hat. Dabei wollte er eine Annahmeerklärung über den Kauf der Grundstücke 1, 2 und 3 abgeben. Insofern könnte B im Beispielsfall ein Interesse an der Nichtigkeit über den Vertrag mit dem Inhalt „Verkauf der Grundstücke 1 und 2" und möglicherweise ein Anfechtungsrecht wegen Erklärungsirrtums haben. Da der andere Teil in jedem Fall den Irrtum und das vom Gegenüber tatsächlich Gewollte kennt, besteht kein Anlass seine Interessen durch die Gewährung von Schadensersatz zu schützen.

3. *Lösungen des deutschen und des englischen Rechts sowie der Regelwerke*

a) *Deutschland: Wirksamkeit der Erklärung mit dem Inhalt, wie A ihn zunächst gewollt hat (Lösung 1)*

Bevor die Frage nach der Anfechtbarkeit gestellt werden kann, sind die Erklärungen auszulegen.[91] Für empfangsbedürftige Willenserklärungen gilt zunächst § 133 BGB, wonach der wirkliche Wille zu erforschen und nicht am buchstäblichen Sinne des Ausdrucks zu haften ist. Diese Vorschrift wird ergänzt durch die Regel des § 157 BGB, die bestimmt, dass Verträge so auszulegen sind, wie Treu und Glauben mit Rücksicht auf die Verkehrssitte es erfordern.

Objektiv erkennbar hat A nach dem Inhalt des notariellen Kaufvertrages erklärt, er wolle nur die Flurstücke 1 und 2 an B verkaufen. Dieses Angebot hat B nach dem Inhalt des Vertrages angenommen.

Indes wollten A und B einen Kaufvertrag nicht nur über die Flurstücke 1 und 2 schließen, sondern auch über das Flurstück mit der Nummer 3. Sie waren sich also subjektiv über den Verkauf der drei Grundstücke einig. Wenn beide Parteien das Gleiche gewollt, aber übereinstimmend die falsche Bezeichnung gewählt haben, kommt es allein auf den gemeinsamen Parteiwillen an: Es gilt der Grundsatz *falsa demonstratio non nocet.*[92]

---

91 MüKo-*Armbrüster*, § 119 Rn 58.

92 BGH, 20.01.1994, VII ZR 174/92 = NJW 1994, 1528 (1529); BGH, 18.01.2008, V ZR 174/06 = NJW 2008, 1658 (1659); Erman-*Arnold*, § 119 Rn 5, § 133 Rn 18; *Bork*, BGB AT, 366 Rn 943; MüKo-*Busche*, § 133 Rn 14; Palandt-*Ellenberger*, § 133 Rn 8; *Faust*, BGB AT, 36 § 2 Rn 12; *Kling*, Sprachrisiken, 398. Zur Frage nach der gesetzlichen

Typisches Beispiel für diese Fallkonstellation ist der Haakjöringsköd-Fall des Reichsgerichts,[93] in dem die Parteien einen Kaufvertrag über Walfischfleisch schließen wollten. Sie waren davon ausgegangen, dass die norwegische Bezeichnung *Haakjöringsköd* für Walfischfleisch steht, tatsächlich bedeutet sie aber Haifischfleisch. Es lag ein übereinstimmender Inhaltsirrtum vor, § 119 I Alt. 1 BGB. Die Erklärungen wurden so ausgelegt, dass eine vertragliche Einigung über die Lieferung von Walfischfleisch bestand. Die normative Auslegung nach dem Empfängerhorizont gemäß §§ 133, 157 BGB soll das Vertrauen des Erklärungsempfängers auf den objektiven Erklärungsinhalt schützen. Erkennt der Erklärungsempfänger aber das vom Erklärungsgegner Gewollte und will es auch, bedarf es dieses Schutzes nicht.[94] Dann gilt der wirkliche Wille der Parteien, weil trotz der Falschbezeichnung ein Konsens besteht. Auf die Sicht einer vernünftigen Person und damit auf Fragen nach der normativen Auslegung kommt es nicht an.[95] Im Haakjöringsköd-Fall lag damit ein wirksamer Kaufvertrag über Walfischfleisch vor.

Im Beispielsfall wird die Willenserklärung des A folglich im Sinne des von ihm zunächst Gewollten ausgelegt („Verkauf der Flurstücke 1, 2 und 3"). Die Willenserklärung des B wird ebenfalls im Sinne des von ihm Gewollten ausgelegt. Die Einigung zwischen A und B betrifft somit den Verkauf der drei Flurstücke; auch das Grundstück mit der Nummer 3 ist Kaufgegenstand. Es kommt

---

Verankerung der *falsa-demonstratio*-Regel im Bürgerlichen Gesetzbuch statt vieler: *Wieling*, Jura 1979, 524, 524 sowie zuletzt *Czarnecki*, Vertragsauslegung, 64 f. mwN; siehe auch: *Mittelstädt*, Auslegung, 85 ff.

93 RG 08.06.1920, II 549/19 = RGZ 99, 147. Kritisch zu diesem Fall als herausgehobenes Beispiel für die *falsa demonstratio*-Regel: *Mittelstädt*, Auslegung, 87 f. sowie *Wieling*, Jura 1979, 524, 525.

94 *Zweigert/ Kötz*, Rechtsvergleichung, 400.

95 MüKo-*Busche*, § 133 Rn 14; *Faust*, BGB AT, 36 Rn 12.
Beide Auslegungsmethoden würden hier wohl zu dem gleichen Ergebnis kommen. Denn bei der Auslegung nach §§ 133, 157 BGB kommt es auf die Sicht eines vernünftigen Dritten an Stelle des Empfängers an, der das Wissen des Verkehrskreises des Empfängers, aber auch das spezielle Wissen des Empfängers hat (zum objektiven Empfängerhorizont statt vieler: MüKo-*Busche*, § 133 Rn 12 sowie *Mittelstädt*, Auslegung, 43 ff.). Ein objektiver Dritter mit der Kenntnis des B musste das Angebot des A aufgrund der Vorverhandlungen so verstehen, dass mit der Angebotserklärung alle drei Flurstücke gemeint waren. Die Erklärung des B könnte nach dem objektiven Empfängerhorizont so ausgelegt werden, dass er dieses Angebot angenommen hat. Beruft sich A auf den Vertrag mit dem objektiv erkennbaren Inhalt („Verkauf nur der Flurstücke 1 und 2"), würde dies dem widersprechen, dass nach §§ 133, 157 BGB die Erklärungen so auszulegen sind, „wie Treu und Glauben es mit Rücksicht auf die Verkehrssitte es erfordern". So im Ergebnis auch *Mittelstädt*, Auslegung, 81 f.

also zwischen A und B ein Vertrag über den Verkauf der Flurstücke 1, 2 und 3 zustande.

Der Beispielsfall weist die Besonderheit auf, dass das Geschäft gemäß § 311 b I 1 BGB formbedürftig ist; der Grundstückskaufvertrag bedarf der notariellen Beurkundung. Möglicherweise ist der Vertrag mit dem Inhalt des von A und B Gewollten gemäß § 125 S. 1 BGB formunwirksam, weil er nicht beurkundet wurde. Es stellt sich die Frage, ob nicht die Formzwecke, also Übereilungsschutz, Warn-, Schutz- und Beweisfunktion der Urkunde, der Berücksichtigung von Umständen außerhalb der Urkunde entgegenstehen.[96]

Nach der von der Rechtsprechung vertretenen „Andeutungstheorie" sind Urkunden über formbedürftige Rechtsgeschäfte nach allgemeinen Grundsätzen auszulegen; außerhalb der Urkunde liegende Umstände dürften nur dann berücksichtigt werden, wenn der Wille der Parteien wenigstens andeutungsweise in der Urkunde Ausdruck gefunden hat.[97] Indes dürfe die Beweisfunktion der Urkunde auch nicht dazu führen, dass nur das objektiv Erklärte als Urkundeninhalt in Betracht kommt und die *falsa demonstratio*-Regel bei Grundstückskaufverträgen nicht anwendbar ist. Dagegen spreche die Auslegungsregel des § 133 BGB, wonach bei der Auslegung der wirkliche Parteiwille zu erforschen ist. Entscheidendes Element des § 311 b I 1 BGB sei die Warnfunktion; sie werde gewahrt, sofern das objektiv Erklärte das Formerfordernis erfüllt.[98] Dann gelte das subjektiv Gewollte als beurkundet.[99]

Die Literatur steht der Andeutungstheorie ablehnend gegenüber; es sei zu fragen, ob der Schutzzweck der jeweiligen Formvorschrift erfüllt sei.[100] Im Fall des § 311 b I 1 BGB stehe der Schutz der Parteien im Vordergrund, weshalb auf Dritte keine Rücksicht genommen werden müsse und alle Umstände – also auch solche, die in der Urkunde keine Andeutung gefunden haben – bei der Auslegung hinzugezogen werden dürften. Desgleichen stünden der subjektiven Auslegung der Warn- und Übereilungsschutz nicht entgegen; auf die Klarstellungs- und Beweisfunktion könnte im Fall der übereinstimmenden Falschbezeichnung bei

96 Aus der Literatur zum Problem ausführlich statt vieler: *Wieling*, Jura 1979, 524, 526. *Mittelstädt*, Auslegung, 82 weist darauf hin, dass die Frage nach der Einhaltung der Formvorschriften die Auswahl des Auslegungsmaterials nicht beeinflusst.

97 Dazu BGH, 25.03.1983, V ZR 268/81 = NJW 1983, 1610 (1611 mwN).

98 BGH, NJW 1983, 1610 (1611).

99 Dazu auch BGH, 18.01.2008, V ZR 174/06 = NJW 2008, 1658.

100 MüKo-*Einsele*, § 125 Rn 38; *Köhler*, BGB AT, § 9 Rn 15, 133; Medicus/ *Petersen*, BGB AT, 143 Rn 33; *Wolf/ Neuner*, BGB AT, 414 Rn 39.

einem Grundstückskaufvertrag verzichtet werden, weil zwischen den Parteien ein Konsens bestünde.

Im Beispielsfall wurde das objektiv Erklärte beurkundet. Das bedeutet, dass bereits nach der Rechtsprechung kein Formhindernis besteht. Auch nach der von der Literatur vertretenen Meinung ist der Vertrag zwischen A und B formwirksam zustande gekommen. Folglich ist der Kaufvertrag zwischen A und B über die Flurstücke 1, 2 und 3 nach beiden Ansichten wirksam.

b) England

aa) Lösung 1: Wirksamkeit der Erklärung mit dem Inhalt, wie A ihn zunächst gewollt hat

Die Lösung des Beispielsfalls nach englischem Recht beginnt ebenfalls mit der Auslegung. Auch wenn nach englischem Vertragsrecht anders als nach deutschem Recht grundsätzlich nicht die Parteierklärungen Auslegungsgegenstand sind, sondern für die Auslegung der Vertrag entscheidend ist,[101] setzt die Auslegung in England doch bei den Erklärungen an.[102]

Maßgeblich für die Auslegung sind objektive Kriterien, wonach grundsätzlich der Wille der Parteien keine Rolle spielt, sondern danach gefragt wird, wie eine außenstehende Person das Verhalten der Parteien objektiv deutet.[103] Dieser *objective test* (oder das *objective principle*) wurde maßgeblich von Blackburn J in der Entscheidung *Smith v Hughes*[104] geprägt: Danach besteht zwischen zwei Parteien eine vertragliche Bindung, sofern

> „whatever [his] real intention may be, he so conducts himself that a reasonable man would believe that he was assenting to the terms proposed by the other party, and that the other party upon that belief enters into the contract with him."

Die genauen Auslegungsregeln sind nicht kodifiziert,[105] in *Investors Compensation Scheme v West Bromwich Building Society* fasste Lord Hoffmann aber im

101 *Cartwright*, Contract, 103. Aus rechtsvergleichender Perspektive zuletzt: *Czarnecki*, Vertragsauslegung, 10, 55.

102 Dies gilt, obwohl es im Grunde für künstlich gehalten wird, dazu statt vieler *Cartwright*, Contract, 104 ff.

103 Siehe etwa: *Beale*, Chitty on Contracts, 32. Aufl., 3-018; *Cartwright*, Bargaining, 5; *Cartwright*, Rise, 66; *Cartwright*, Misrepresentation, 13-08 603; *Furmston*, Contract, 38; *McKendrick*, Contract Law, 20.

104 (1871) L.R. 6 Q.B. 597.

105 *Andrews*, 2 Russ. L.J. 2014, 12, 14. Zu den Ausnahmen *Czarnecki*, Vertragsauslegung, 5 mwN.

Jahr 1998 die Auslegungsmaximen knapp zusammen. Er führte in dieser Entscheidung aus, dass bei der Auslegung von Verträgen die Information als Hintergrundwissen gewürdigt werden kann, die den Parteien bei Vertragsschluss zur Verfügung gestanden hatte.[106] Durch die Entscheidung fand der *contextual approach* endgültig Anerkennung.[107] Zuvor war Bezugspunkt der Auslegung allein das Vertragsdokument: Nach dem *literal approach* ist bei der Auslegung von schriftlichen Verträgen ausschließlich auf die Wortbedeutung des Vertragsdokumentes Bezug zu nehmen.[108] Dagegen kann nach dem maßgeblich von Lord Hoffmann entwickelten *contextual approach* bei der Auslegung der Kontext, also der Hintergrund des Vertrages herangezogen werden. Dann ist auch eine Auslegung gegen den Wortlaut möglich; Lord Hoffmann benannte im *ICS case* ausdrücklich die Möglichkeit, dass durch Auslegung Fehler in der Syntax korrigiert werden können.[109]

Der Vertragsauslegung sind jedoch zwei wichtige Grenzen gesetzt. Nach der *exclusionary rule* dürfen bei der Auslegung von schriftlichen Verträgen vorvertragliche Verhandlungen nicht miteinbezogen werden. Dies hat Lord Hoffmann im Jahr 1998 im *ICS case* ausgeführt[110] und im Jahr 2009 in der Entscheidung *Chartbrook Ltd v Persimmon Homes Ltd* bestätigt.[111] Als Gründe hat er geringere

---

106 *Investors Compensation Scheme v West Bromwich B.S.* [1998] 1 WLR 896 (912), HL, unter (i). Im Folgenden *ICS case*.

107 *Andrews*, Festschrift Gottwald, 24; *Burrows*, Construction, 80. Siehe auch *Schmidt*, Vertragsschluss, 149. Wiedergabe der Entscheidungsgründe und Bewertung ausführlich: *Czarnecki*, Vertragsauslegung, 22 ff.

108 Siehe etwa *Lovell and Christmas Ltd v Wall* (1911) 104 LT 85 (88 per Cozens-Hardy MR). Siehe auch *Burrows*, Construction, 79 f.

109 *Investors Compensation Scheme v West Bromwich B.S.* [1998] 1 WLR 896 (913) per Lord Hoffmann Nr. (iv).

110 *Investors Compensation Scheme Ltd v West Bromwich Building Society* [1998] 1 WLR 896 (913).

111 *Chartbrook Ltd v Persimmon Homes Ltd* [2009] UKHL 38, per Lord Hoffmann, para 35–41.
In para 38 untermauerte Lord Hoffmann seine Ansicht mit den Entwicklungen nach der wegweisenden Entscheidung *Pepper v Hart* [1993] AC 593. In *Pepper v Hart* ging es um die Auslegung eines Steuergesetzes. Für die Auslegung von Gesetzen gelten andere Grundsätze als für die Auslegung von Verträgen. In *Chartbrook Ltd v Persimmon Homes Ltd* nahm Lord Hoffmann auf die Entscheidung *Pepper v Hart* Bezug. Das House of Lords löste sich in *Pepper v Hart* von der *exclusionary rule*, wonach bei der Auslegung von Gesetzen Gesetzgebungsmaterialien nicht hinzugezogen werden dürfen. Die Mehrheitsentscheidung in *Pepper v Hart* lautete, dass unter bestimmten Voraussetzungen bei der Auslegung von Gesetzen Parlamentsprotokolle

Prozesskosten, Drittschutz und die Rechtssicherheit angeführt.[112] Außerdem ist bei schriftlichen Verträgen nach der *parol evidence rule* insbesondere der mündliche Beweis grundsätzlich nicht zulässig.[113]

In England war lange Zeit im Schrifttum umstritten, welche Sicht die „vernünftige Person" hat, die für die Auslegung eines schriftlichen Vertrages maßgeblich ist. Diskutiert wurde, ob es sich um eine außenstehende Person handelt *(detached objectivity* oder *fly on the wall theory)* oder ob sich diese Person „in den Schuhen" des konkreten Erklärungsempfängers befindet *(promisee objectivity)*.[114]

In *Frederick E Rose (London) Ltd v William H Pim Junior & Co Ltd*[115] ging es um folgenden Fall. Rose Ltd sollte 500 t marokkanische Pferdebohnen der Sorte „feveroles" („horsebeans described here as feveroles") an ein britisches Unternehmen in Ägypten liefern. Ein Vertreter von Rose Ltd erkundigte sich bei einem Vertreter des nordafrikanischen Zulieferers Pim Ltd danach, was die Bezeichnung „feveroles" bedeute und ob er diese Bohnensorte liefern könnte.

---

herangezogen werden dürfen, um den gesetzgeberischen Zweck des Gesetzes zu ermitteln.

Im *Chartbrook Fall* wies Lord Hoffmann darauf hin, dass im Anschluss an die Entscheidung *Pepper v Hart* der Umfang der Beweismaterialien zugenommen habe. Als Argumente für den Ausschluss von Vorverhandlungen bei der Auslegung von schriftlichen Verträgen führte Lord Hoffmann an, dass die Zulassung die Dauer von Gerichtsverfahren verlängere und die Prozesse kostenintensiver würden. So wie sich nach *Pepper v Hart* die parlamentarische Debatte verändert habe, weil Minister und andere während der Parlamentsdebatten Bemerkungen gemacht hätten, um später Einfluss auf die Gesetzesauslegung gewinnen zu können, sei bei Zulassung der Vorverhandlungen als Beweismittel zu befürchten, dass die Parteien während der Vorverhandlungen verstärkt Dokumente anhäuften, um später ihre Position bei der Auslegung besser beweisen zu können.

Bewertung von *Chartbrook Ltd v Persimmon Homes Ltd* zuletzt bei *Czarnecki*, Vertragsauslegung, 41 ff. sowie ausführlich zu *Pepper v Hart* aus rechtsvergleichender Sicht: *Hager*, Rechtsmethoden, 65 ff., Kap. 2 Rn 141 ff. Siehe auch *Kötz*, Vertragsrecht, § 6, 138.

112 Kritik an dieser Begründung bei *McLauchlan*, (2010) 126 LQR 8, 11.

113 Dazu statt vieler *Beale*, Chitty on Contracts, 32. Aufl., 13–120. Rechtshistorisch: *MacMillan*, Mistakes, 86 ff. sowie *Manchester*, History, 269. Siehe auch: *Maultzsch*, Streitentscheidung, 133. Zur Frage, inwiefern die *parol evidence rule* heute noch Geltung hat: *Stevens*, Objectivity, 107. Siehe auch *Burrows*, Construction, 94 sowie mwN *Schmidt*, Vertragsschluss, 151.

114 Zum Meinungsstreit statt vieler: *Cartwright*, Misrepresentation, 602 f.; *McKendrick*, Contract Law, 21 f mwN.

115 [1953] 2 QB 450 (CA).

Der Vertreter des Zulieferers Pim Ltd versicherte dem Vertreter von Rose Ltd, bei „feveroles" handele es sich um „horsebeans", also um dieselbe Bohnensorte, und dass Pim Ltd sie liefern könne. Es wurden drei Verträge geschlossen: zwischen Pim Ltd und einem tunesischen Zulieferer, zwischen Pim Ltd und Rose Ltd sowie zwischen Rose Ltd und dem ägyptischen Unternehmen jeweils über die Lieferung bzw. den (Ver-) Kauf von „horsebeans". Zum Zeitpunkt des Vertragsschlusses glaubten die Parteien, „horsebeans" seien „feveroles". Tatsächlich ist der englische Begriff „horsebeans" in Ägypten ein Oberbegriff für drei verschiedene Bohnensorten: „feveroles", „fevettes" und „feves", wobei „feveroles" eine gegenüber den anderen Bohnensorten höherwertige Bohnensorte ist. Geliefert wurden „feves" und nicht „feveroles". Das ägyptische Unternehmen nahm Rose Ltd die Lieferung von „horsebeans" zwar ab, aber verlangte von Rose Ltd Schadensersatz, weil es sich bei der gelieferten Bohnensorte nicht um die gewünschte Sorte handelte. Rose Ltd klagte im Anschluss auf ein Schiedsverfahren mit Pim Ltd auf *rectification* des Vertrages mit Pim Ltd, mit dem Ziel, dass der Vertragstext so geändert würde, dass er über die Lieferung von „feveroles" laute, um dann von Pim Ltd Schadensersatz verlangen zu können.

Der Court of Appeal wies die Klage von Rose Ltd auf *rectification* ab. Er entschied, dass zwischen Rose Ltd und Pim Ltd ein wirksamer Vertrag über die Lieferung von „horsebeans" zustande gekommen und dieser Vertrag erfüllt worden war. Die Klage auf *rectification* wies er mit der Begründung ab, dass der Vertrag über „horsebeans" den Konsens der Parteien widerspiegelt. Beide Parteien hätten sich in einem geteilten Irrtum *(common mistake)* über die Bedeutung des Begriffs „feveroles" befunden. Lord Denning führte in seinem Votum ausführlich aus, dass zwischen den Parteien nach dem äußeren Erscheinungsbild eine Einigung über den Verkauf von „horsebeans" bestand, auf die Absichten der Parteien komme es nicht an.[116]

Dieser rein objektive Ansatz wird allerdings von der Mehrheitsmeinung des englischen Rechts nicht verfolgt. Vielmehr kommt es nach den von Lord Hoffmann im *ICS case* formulierten Auslegungsmaximen bei der Auslegung auf die Sicht einer neutralen Person mit dem Hintergrundwissen der Vertragsparteien an.[117]

116 *Frederick E Rose (Lonson) Ltd v William H Pim Junior & Co Ltd* [1953] 2 QB 450 (CA) 460 f. per Lord Denning.

117 *Investors Compensation Scheme v West Bromwich B.S.* [1998] 1 WLR 896 (912 per Lord Hoffmann): „Interpretation is the ascertainment of the meaning which the document would convey to a reasonable person having all the background knowledge

Es scheint keine Entscheidung zu geben, in der ein Fall, welcher der hier untersuchten Fallkonstellation entspricht, gelöst wird.[118] Folgt man dem eben beschriebenen *contextual approach*, ist der Vertrag im Beispielsfall aus der Sicht einer außenstehenden Person auszulegen, die das Hintergrundwissen von A und B hat. Aufgrund der Kenntnis des B vom wahren Willen des A kann ein objektiver Dritter nicht zu einem anderen Ergebnis kommen, als dass im Beispielsfall ein Vertrag mit dem von beiden gewollten Inhalt zustande gekommen ist.[119] Der Beispielsfall könnte also nach englischem Recht durch Auslegung so gelöst werden wie in Deutschland, wonach ein Vertrag über den Verkauf aller drei Grundstücke zustande kommt.[120]

Diese Lösung führt dazu, dass die Klage auf *rectification* weitgehend überflüssig wird.[121] Die Klage auf *rectification* ist eine eigenständige Klageart *in equity*, mit der erreicht werden kann, dass das Vertragsdokument richterlich berichtigt wird. Wichtiger Unterschied zur Auslegung ist, dass bei der *rectification* Rekurs auf die Vorverhandlungen genommen werden kann.[122] Bei Auslegung nach dem *objective test* unter Anwendung des *contextual approach* spielt die *rectification*

---

which would reasonably have been available to the parties in the situation in which they were at the time of the contract."

Burrows, Construction, 95 merkt an, der Fall *Frederick E Rose (Lonson) Ltd v William H Pim Junior & Co Ltd* [1953] 2 QB 450 (CA) hätte bei Anwendung des *contextual approach* dann durch Auslegung gelöst werden können, wenn beide Parteien mündlich über den Verkauf von „horsebeans" verhandelt hätten, im Vertrag der Begriff „feveroles" gestanden hätte und beide Parteien den Vertrag in dem Glauben geschlossen hätten, es handele sich bei „feveroles" um gewöhnliche Bohnen („horsebeans").

118 Vgl. *Beale*, Chitty on Contracts, 32. Aufl., 2-004. Möglicherweise hängt das damit zusammen, dass das englische Vertragsrecht durch Fallrecht gewachsenes Recht ist und dem Beispielsfall ähnliche Fälle seltener vor Gericht entschieden werden. *Kötz*, Undogmatisches, 171 weist darauf hin, dass vergleichbare Fälle weniger häufig vor Gericht gelangen, weil die Parteien den Vertrag so durchführen, wie er gemeint war. *Cartwright*, Misrepresentation, 605 führt aus, dass Fragen nach dem tatsächlichen subjektiven Verständnis üblicherweise nicht auftauchen, weil es in den vor Gericht entschiedenen Fällen meistens darum geht, dass eine Partei nachträglich feststellt, dass gerade keine (subjektive) Einigung vorgelegen hat.

119 Vgl. *Beale*, Chitty on Contracts, 32. Aufl., 2-004 sowie *McLauchlan*, (2008) 124 LQR 608, 613.

120 So wohl auch *Maultzsch*, GPR 2011, 114, 116. Siehe auch: Schmidt-Kessel/ *Maultzsch*, Art. 58 Rn 4.

121 Vgl. *Burrows*, Construction, 90 ff.

122 Statt vieler: *Beale*, Chitty on Contracts, 32. Aufl., 3-061.

nur dann eine Rolle, wenn einzig durch die Hinzuziehung der Vorverhandlungen bewiesen werden kann, dass ein gemeinsamer Wille bestand.[123]

Möglicherweise kommt es bei der Lösung des Beispielsfalls jedoch gar nicht auf den *objective test* an. Zwar gibt es im englischen Vertragsrecht traditionell keine Auslegungsregel ähnlich der *falsa-demonstratio*-Regel des deutschen Rechts, die dem Willen der Parteien den Vorrang gegenüber der Erklärung mit dem Inhalt, wie er objektiv erscheint, einräumt.[124] Es wird jedoch von Teilen des Schrifttums die Ansicht vertreten, in dem Fall, in welchem zum Zeitpunkt des Rechtsgeschäfts eine Einigung bestanden habe, bestehe ohne Zweifel ein Vertrag zu den Bedingungen, wie es die Parteien ursprünglich gewollt hätten.[125] Der *objective test* sei in solchen Fällen nicht anwendbar, in denen zum Zeitpunkt des Rechtsgeschäfts ein Konsens über den Vertrag mit dem Inhalt, wie er objektiv erscheint, bestand. Würde das tatsächliche (subjektive) *agreement* hinter dem aufgrund rein objektiver Wahrnehmung ermittelten Ergebnis zurücktreten, bedeutete dies, dass den Parteien ein nicht gewollter Vertrag auferlegt würde. Dieser Ansicht nach würden im Beispielsfall die Parteierklärungen sowie der Vertrag – wie im deutschen Recht – wohl so ausgelegt werden, dass zwischen A und B ein Vertrag über den Verkauf der drei Flurstücke zustande kommt.[126]

Auch wenn sich nicht klar sagen lässt, auf welcher Methode das Ergebnis beruht, besteht folglich zwischen A und B nach englischem Recht wie nach deutschem Recht durch Auslegung ein Vertrag über den Verkauf der Flurstücke 1, 2 und 3.

bb) Bei schriftlichen Verträgen: *rectification* im Sinne des von A zunächst Gewollten (Lösung 1)

Geht man im Beispielsfall davon aus, dass der Kontext der Erklärungen nicht eindeutig den Schluss darauf zulässt, dass eine Einigung vorlag (etwa weil es maßgeblich auf die Vorverhandlungen als Beweismittel ankommt) bzw. lässt

---

123 Vgl. *Burrows*, Construction, 93.

124 Rechtsvergleichend *Schmidt*, Vertragsschluss, 155 sowie *Vogenauer*, Construction, 141. In Lehr- und Studienbüchern taucht der Begriff so gut wie nicht auf, siehe aber *Beale*, Chitty on Contracts, 32. Aufl., 13-077; *Stoljar*, Mistake, 30. Rechtsvergleichend *Maultzsch*, GPR 2011, 114, 116; *ders.*, Auslegung, 210. Siehe auch *Häcker*, Consequences, 181; *Tögel*, Irrtum, 73; *Vogenauer*, Auslegung, 134.

125 *Beale*, Chitty on Contracts, 32. Aufl., 3-060; *Cartwright*, Contract, 100 f.; *Cartwright*, Misrepresentation, 13–10 605. Siehe auch: *McLauchlan*, (2008) 124 LQR 608, 610 sowie *McKendrick*, Contract Law, 20 f.

126 Den Ausführungen lässt sich nicht entnehmen, ob dies auch dann gilt, wenn das Geschäft formbedürftig ist.

man die Frage nach der zum Zeitpunkt des Rechtsgeschäfts bestehenden (subjektiven) Einigung nicht zu, kommt im Beispielsfall zwischen A und B *at law* ein Vertrag mit dem objektiv erkennbaren Inhalt zustande, also über den Verkauf der Flurstücke mit den Nummern 1 und 2. Im Beispielsfall könnte der Vertragstext dann *in equity* durch Klage auf *rectification* gerichtlich berichtigt werden, so dass er den von beiden Parteien gewollten Sinn hat.[127]

Es gibt die Klagemöglichkeit auf *rectification* wegen *common mistake* (beide Parteien haben sich geirrt) und wegen *unilateral mistake* (nur eine Partei hat sich geirrt). Im Beispielsfall irrten beide Parteien bei Abgabe ihrer Erklärung, weshalb im Beispielsfall eine Klage auf *rectification* wegen *common mistake* in Betracht kommt. Die Voraussetzungen für diese Klage sind: Es muss eine vorherige Einigung vorliegen („continuing previous common intention"), diese Einigung muss nach außen getreten („some outward expression of accord") und nicht im schriftlichen Vertrag zum Ausdruck gekommen sein („common mistake in recording the agreement"), und schließlich darf die *rectification* nicht verfristet oder etwa wegen schützenswerter Drittinteressen ausgeschlossen sein.[128]

Dass an die *rectification* wegen *common mistake* strenge Anforderungen gestellt werden, verdeutlicht der bereits oben dargestellte Fall *Frederick E Rose (Lonson) Ltd v William H Pim Junior & Co Ltd*[129], in dem beide Parteien über die Bezeichnungen „horsebeans" und „feveroles" irrten. Obwohl beide Parteien fälschlicherweise angenommen hatten, dass „horsebeans" „feveroles" seien, fehlte es an dem für die *rectification* erforderlichen Element „mistake in recording the agreement": Der Zulieferer Rose Ltd hat in diesem Fall die *rectification* des Vertrages verlangt, damit der Inhalt des Vertrages „horsebeans (feveroles)" lautete, denn beide Parteien hätten den (Ver-) Kauf von „feveroles" beabsichtigt. Der Court of Appeal lehnte dies ab, weil der Kaufvertrag über „horsebeans" korrekt die vorvertragliche Einigung über den (Ver-) Kauf von „horsebeans" wiedergab.

---

127 Dies gilt auch dann, wenn das Geschäft formgebunden ist. Dafür spricht die Regelung im Law of Property (Miscellaneous Provisions) Act 1989, S. 3 para 2 (4) (abrufbar unter: https://www.legislation.gov.uk/ukpga/1989/34/section/2). Siehe dazu aus rechtsvergleichender Sicht: *Heiss*, Formmängel, 184 f.
Schmidt, Vertragsschluss, 153 f. vertritt die Ansicht, die Fälle der *falsa demonstratio*-Situation seien nach englischem Recht nur im Wege der *rectification* zu lösen, sie könnten nicht durch Auslegung gelöst werden. So auch *Kummer*, Sprachprobleme, 112 f.

128 Aus der Rechtsprechung: *Daventry District Council v Daventry and District Housing Ltd* [2011] EWCA Civ 1153 para 52; *Beale v Kyte* [1907] 1 Ch 564, ChD. Aus der Literatur statt vieler: *Burrows*, Construction, 85–87 sowie *Furmston*, Contract, 934 ff.

129 *Frederick E Rose (London) Ltd v William H Pim Junior & Co Ltd* [1953] 2 QB 450 (CA).

Rose Ltd konnte *in equity* nicht erreichen, dass der Text des schriftlichen Vertrages mit Pim Ltd verändert wurde *(rectification).*

Im Beispielsfall liegen die Voraussetzungen der Klage auf *rectification* dagegen vor. Also kann die an einer Berichtigung des Vertragstextes interessierte Partei im Beispielsfall *in equity* mit Erfolg auf *rectification* des Vertrages klagen und so erreichen, dass der Vertragsinhalt zu „Verkauf der Flurstücke 1, 2 und 3" geändert wird. Zu beachten ist allerdings, dass die *rectification* ein ermessensabhängiges Rechtsmittel ist. Für die Partei, die auf *rectification* klagt, besteht deshalb eine gewisse Unsicherheit darüber, ob sie die Vertragsberichtigung erreichen kann.[130]

c) *Regelwerke*

aa) Lösung 1: Wirksamkeit der Erklärung mit dem Inhalt, wie A ihn zunächst gewollt hat

Man könnte meinen, dass der Beispielsfall nach den Regelwerken im Wege der Anfechtung zu lösen ist, denn in der Vorschrift über die Irrtumsanfechtung ist als eine Voraussetzung für die Anfechtbarkeit genannt: „the other party knew [...] of the mistake" (Art. 4:103 (1) (a) (ii) PECL).[131] Die Vorschrift regelt jedoch nicht den übereinstimmenden Irrtum, sondern die Kategorie des vom Erklärungsempfänger erkannten Irrtums.[132] Wie im deutschen und englischen Recht geht vielmehr die Auslegung dem Irrtumsrecht vor.

Nach Art. 5:101 PECL sowie den anderen Regelwerken ist Gegenstand der Auslegung im Grundsatz der Vertrag; es geht nicht um die einzelnen Parteierklärungen. In den PECL beginnt der Abschnitt über die Auslegung mit Regeln über die Vertragsauslegung; eine ausdrückliche Regelung für die Auslegung von Erklärungen fehlt. Art. 1:107 PECL kann aber so interpretiert werden, dass die Vorschriften über die Vertragsauslegung auf die Auslegung von einseitigen Erklärungen („statements") anwendbar sind.[133]

---

130 *Czarnecki*, Vertragsauslegung, 53 mwN weist auf die prozessrechtlichen Besonderheiten der Klage auf *rectification* hin; so muss etwa ein hoher Beweisstandard erfüllt sein und die *rectification* muss rechtzeitig beantragt werden. Dazu statt vieler *Cartwright*, Misrepresentation, 13–50 ff. 655 f.

131 Siehe auch die sehr ähnlich formulierten Modellregelungen der anderen Regelwerke: Art. 3.2.2 (1) (a) Alt. 3 PICC; Art. II.-7:201 (1) (b) (ii) Alt. 1 DCFR; Art. 45 (1) (b) (ii) Alt. 1 FS; Art. 48 (1) (b) (iii) Alt. 1 CESL.

132 Dazu unten, § 2 B. I. 3. c) cc).

133 Vgl. *Lando/ Beale*, PECL, Art. 1:107 Comment A, 110. Siehe auch Schmidt-Kessel/ *Maultzsch*, Vorbem Art. 58 ff. Rn 4; *Maultzsch*, GPR 2011, 114, 115; *Zimmermann*, Festschrift Picker, 1356.

In den Unidroit-Regelungen beginnt das Kapitel über die Auslegung ebenfalls mit Auslegungsregeln für Verträge (Art. 4.1 PICC); an diese Vorschrift schließt sich eine Regelung für die Auslegung von Erklärungen an (Art. 4.2 PICC).[134]

Das Kapitel über die Auslegung im DCFR ist ähnlich gestaltet. Am Anfang steht ebenfalls eine Regelung für die Auslegung von Verträgen (Art. II.-8:101 DCFR); weiter hinten findet sich mit Art. II.-8:201 DCFR eine Auslegungsregel für Erklärungen („unilateral juridical act").

In der Feasibility Study und dem CESL regelt das Kapitel über die Auslegung allein die Vertragsauslegung (Art. 56 FS bzw. 58 CESL). Zu Beginn dieser Regelwerke gibt es jedoch als letzte Vorschrift im Kapitel „Einleitende Bestimmungen" ebenfalls eine Regelung für die Auslegung von Erklärungen (Art. 12 FS bzw. Art. 12 CESL, „unilateral statement").[135] Nach allen Regelwerken steht somit wie nach englischem Recht zunächst der Vertrag im Mittelpunkt der Auslegung.[136]

Vor diesem Hintergrund ist problematisch, inwiefern es nach den Regelwerken neben der Vertragsauslegung auch auf die Auslegung der Erklärungen ankommt. Da es in den PECL, der Feasibility Study und dem CESL im Kapitel über die Auslegung keine Regelung für die Auslegung von Erklärungen gibt und in den Unidroit-Prinzipien und dem DCFR die Regelung zur Vertragsauslegung nach der systematischen Stellung vorrangig gegenüber der Regelung über die Auslegung von Erklärungen ist, könnte die Systematik dagegen sprechen, dass nach den Regelwerken auch die Erklärungen auszulegen sind. Dass eine Auslegung der Erklärungen parallel zur Vertragsauslegung zu erfolgen hat, ergibt sich aber aus dem Sinn und Zweck der Modellregelungen. Nach allen Regelwerken ist nämlich Voraussetzung für den Vertragsschluss die Einigung der Parteien.[137] Um feststellen zu können, ob überhaupt eine Einigung hinsichtlich der wesentlichen Geschäftsbedingungen vorliegt, müssen zunächst die Erklärungen ausgelegt werden.[138] Die

134 Kritik an dieser „Mischlösung" bei *Zimmermann*, Festschrift Picker, 1356.

135 Zu den semantischen Unterschieden (im DCFR ist von „unilateral juridical acts" die Rede, dagegen in den PECL, den Unidroit-Prinzipien, der Feasibility Study und dem CESL von „statements" bzw. „unilateral statements indicating intention"): Schulze-*Wendehorst*, Art. 12 Rn 4.

136 Schmidt-Kessel/ *Maultzsch*, Vorbem Art. 58 ff. Rn 2; *Maultzsch*, GPR 2011, 114, 115; *Zimmermann*, Festschrift Picker, 1356. Siehe auch: *Maultzsch*, Auslegung, 208; *Looschelders*, AcP 212 (2012), 584, 636: Dies entspreche praktischen Bedürfnissen.

137 Art. 2:101 (1) (b) PECL; Art. 3.1.2 PICC; Art. II.-1:101 (1) DCFR wie auch Art. II.-4:101 (b) DCFR; Art. 2 (5) FS; Art. 2 (a) CESL.

138 Schmidt-Kessel/ *Maultzsch*, Vorbem Art. 58 ff. Rn 4; *Maultzsch*, GPR 2011, 114, 115; *Maultzsch*, Auslegung, 208. So auch *Looschelders*, AcP 212 (2012), 584, 636. Unklar Schmidt-Kessel/ *Müller-Graf*, Art. 12 Rn 6. Kritisch: *Mittelstädt*, Auslegung, 377 f.

Vorschriften über die Vertragsauslegung dienen dann dazu, den Vertragsinhalt zu ermitteln.[139] Auch wenn die Widersprüchlichkeit der systematischen Stellung der Auslegungsregel für Erklärungen im ersten Kapitel der Feasibility Study und des CESL sowie die fehlende ausdrückliche Regelung in den PECL so nicht erklärt werden kann,[140] behält durch diese Interpretation des Zusammenspiels der beiden Vorschriften die Regelung über die Auslegung von Erklärungen einen Regelungssinn. Deshalb erfolgt im folgenden Text der Studie stets eine parallele Auslegung von Erklärungen und Vertrag.[141]

Art. 5:101 (1) PECL bestimmt, dass der Vertrag, sofern ein gemeinsamer Parteiwille besteht, nach dem gemeinsamen Willen der Parteien ausgelegt wird, auch wenn dieser vom Wortlaut der Erklärungen abweicht. Wendet man diese Regel auf die Auslegung von Erklärungen entsprechend an, kann die Erklärung des A so ausgelegt werden, dass er die Flurstücke mit den Nummern 1, 2 und 3 an B verkaufen wollte. Die Erklärung des B, er nehme das Angebot des A an, kann als Annahme dieser Erklärung ausgelegt werden. Demnach ist A an das von ihm ursprünglich Gewollte und von B Verstandene gebunden: Es kommt ein Vertrag über die drei Flurstücke zustande.[142]

Zu dem gleichen Ergebnis kommt man bei Auslegung des Vertragsdokumentes, also bei direkter Anwendung der Auslegungsregel des Art. 5:101 PECL.[143] Beide Parteien hatten zum Zeitpunkt des Rechtsgeschäfts den gemeinsamen Willen, dass die Flurstücke 1, 2 und 3 verkauft werden sollten. Der Vertrag hat also den Inhalt, dass A sich verpflichtet, die Flurstücke 1, 2 und 3 an B zu verkaufen.

---

139 Schmidt-Kessel/ *Maultzsch*, Vorbem Art. 58 ff. Rn 4; *Maultzsch,* GPR 2011, 114, 115; *Maultzsch*, Auslegung, 208. Kritisch: *Mittelstädt*, Auslegung, 377 f. Vgl. *Zimmermann*, Festschrift Picker, 1356.

140 Schulze/ *Schulte-Nölke*, Art. 12 Rn 12: Die systematische Stellung sollte korrigiert werden. Siehe auch *Looschelders*, AcP 212 (2012), 584, 636: Es handele sich um eine „Verlegenheitslösung".
Dass die Regelwerke nicht ohne auflösbare Widersprüche sind, zeigt sich im Übrigen bereits daran, dass jedenfalls aus deutscher Sicht unklar ist, warum sich das Kapitel über Einigungsmängel in allen Regelwerken vor dem Kapitel über die Auslegung befindet.

141 Siehe aber *Zimmermann*, Festschrift Picker, 1356, der sich für ein „entweder oder" ausspricht, weil „nicht recht deutlich [sei], warum manche Vorschriften nur für Verträge, andere aber auch für Erklärungen gelten sollen."

142 Vgl. *Lando/ Beale*, PECL, Art. 2:102 Comment B, 144.

143 Ausführliche Kritik dieser Vorschrift bei *Mittelstädt*, Auslegung, 380 f.

Nach dem DCFR, der Feasibility Study und dem CESL sind Erklärungen grundsätzlich objektiv auszulegen, und zwar in dem Sinne, wie erwartet werden kann, dass die Person, an die sie gerichtet ist, sie versteht.[144] Nach den Unidroit-Prinzipien kommt es bei der Auslegung von Erklärungen auf die Sicht einer „vernünftigen Person der gleichen Art wie die andere Partei" an.[145] Möglicherweise ist hier aber nicht die allgemeine Auslegungsregel, sondern eine Sondervorschrift anwendbar. Die Unidroit-Prinzipien wie die Regelwerke DCFR, Feasibility Study und CESL enthalten eine Auslegungsregel für den Fall, in dem der Erklärungsempfänger das vom Erklärenden Gewollte erkannt hat oder hätte erkennen können (Art. 4.1 (1) PICC, Art. II.-8:201 DCFR, Art. 12 (2) FS, Art. 12 (2) CESL). Dann gilt das vom Erklärenden Gewollte als Inhalt der Erklärung. Nach diesen Vorschriften ist also die Erklärung des A als Angebot über den Verkauf der drei Flurstücke und die Erklärung des B („Ich nehme Ihr Angebot an.") als Annahmeerklärung des Angebots des A mit dem Inhalt „Verkauf der drei Flurstücke" auszulegen. Es kommt auch nach dem DCFR, der Feasibility Study und dem CESL ein Vertrag über Verkauf der Flurstücke mit den Nummern 1, 2 und 3 zustande.

Zum gleichen Ergebnis kommt man bei Anwendung der Regel über die Vertragsauslegung; die entsprechende Vorschrift in den Unidroit-Prinzipien, dem DCFR, der Feasibility Study und dem CESL stimmt fast wortgleich mit jener der PECL überein.[146]

Nach allen Regelwerken besteht also zwischen A und B im Beispielsfall ein Vertrag über den Verkauf der Flurstücke mit den Nummern 1, 2 und 3.

bb) Lösung 3: Wirksamkeit der Erklärung mit dem Inhalt, wie er objektiv erscheint, ohne Anfechtungsmöglichkeit für A (DCFR)?

Nach allen untersuchten Regelwerken ist es wie im deutschen Recht und anders als nach englischem Recht zulässig, bei der Auslegung Rekurs auf die Vorverhandlungen zu nehmen. In allen Regelwerken ist dies für die Vertragsauslegung ausdrücklich geregelt.[147]

Im DCFR findet der Drittschutz besondere Ausprägung: Hat eine dritte Partei berechtigterweise auf den objektiv erkennbaren Vertragsinhalt vertraut, ist der Vertrag aus der Sicht einer vernünftigen Person („reasonable person") auszulegen,

---

144 Art. II.-8:201 (1) DCFR; Art. 12 (1) FS; Art. 12 (1) CESL.

145 Art. 4.2 (2) PICC.

146 Art. 4.1 (1) PICC; Art. II.-8:101 (1) DCFR; Art. 56 (1) FS; Art. 58 (1) CESL.

147 Art. 5:102 (a) PECL; Art. 4.3 (a) PICC; Art. II-8:102 (1) (a) DCFR; Art. 57 (a) FS; Art. 59 (a) CESL.

Art. II.-8:101 (3) (b) DCFR. Dann finden bei der Auslegung nur solche Vorverhandlungen Berücksichtigung, die auch der dritten Partei bekannt sind oder für sie erkennbar waren, Art. II.-8:102 (2) DCFR. Sofern die dritte Person die Vorverhandlungen nicht kennt oder sie für sie nicht erkennbar waren, kommt somit nach dem DCFR im Beispielsfall zwischen A und B im Verhältnis zu dieser Person ein Vertrag mit dem Inhalt zustande, wie er objektiv erscheint, also nur über den Verkauf der Flurstücke mit den Nummern 1 und 2.

4. Vergleich

Der Beispielsfall, in dem beide Parteien übereinstimmend einem Erklärungsirrtum unterliegen, wird nach beiden Rechtsordnungen und den Regelwerken einheitlich gelöst: Zwischen den Parteien kommt nach Auslegung der Erklärungen ein Vertrag mit dem Inhalt zustande, wie ihn die Parteien ursprünglich gewollt haben (Lösung 1).

Das deutsche Recht erzielt dieses Ergebnis, weil der Auslegungsgrundsatz *falsa demonstratio non nocet* angewendet wird, wonach eine übereinstimmende Falschbezeichnung nicht schadet und das von beiden Parteien Gewollte gilt. In allen Regelwerken ist dieser Grundsatz für die Auslegung von Verträgen ausdrücklich geregelt, die Vorschrift entspricht der *falsa-demonstratio*-Regel des deutschen Rechts.[148] Es wird der Parteiwille ermittelt; der Inhalt der Erklärung, wie er objektiv erscheint, spielt keine Rolle. Deshalb kommt es auch nicht zur Frage danach, ob die Voraussetzungen der Anfechtbarkeit vorliegen. Die Auslegung geht der eventuell bestehenden Möglichkeit der Irrtumsanfechtung vor.

Es lässt sich nicht mit Sicherheit sagen, unter Zuhilfenahme welcher Auslegungsmethode der Beispielsfall nach englischem Recht gelöst würde. Die Auslegung von schriftlichen Verträgen gehört zu den Bereichen des englischen Vertragsrechts, die besonders umstritten sind.[149] Im Ausgangspunkt ist die Auslegung stark von Objektivität geprägt. Besonders bei schriftlichen Erklärungen ist man in England offenbar zurückhaltend, das, was schriftlich abgefasst wurde, nachträglich im Sinne des nicht erklärten Parteiwillens zu berichtigen. Jedoch soll der tatsächlich bestehende Parteiwille trotzdem Berücksichtigung finden. Es ist deshalb sogar denkbar, dass die Auslegung subjektiv erfolgt, also

---

148 Zum gleichen Auslegungsergebnis kommt man nach den Unidroit-Prinzipien, dem DCFR, der Feasibility Study und dem DCFR bei Anwendung einer Sondervorschrift für Erklärungen, welche für die Fälle gilt, in denen der Erklärungsempfänger Kenntnis des vom Erklärenden Gewollten hat.

149 *Hager*, Strukturen, 41.

wie im deutschen Recht und auch nach den Regelwerken durch Frage danach, ob zwischen den Parteien zum Zeitpunkt des Rechtsgeschäfts eine tatsächliche Einigung bestand, die keinen Ausdruck im Vertragsdokument gefunden hat. Bei Anwendung einer objektiven Methode geschieht die Auslegung unter Hinzuziehung des Kontextes nach dem *objective test*. Es fällt auf, dass die Ansicht, es komme im Beispielsfall auf den *objective test* gar nicht erst an, weil zwischen den Parteien eine tatsächliche Einigung besteht, der Mehrheitsmeinung des deutschen Rechts ähnelt, wonach die normative Auslegungsmethode im Beispielsfall nicht angewendet wird. Legt man der Auslegung nach dem *objective test* den *contextual approach* zugrunde, lässt sich beobachten, dass bei schriftlichen Verträgen die *rectification* nur noch in Ausnahmefällen von Bedeutung ist. In der Folge ist sie allein dann nötig, wenn es bei der Auslegung entscheidend auf den Erkenntniswert aus den Vorverhandlungen ankommt.

Allgemein spricht für eine rein objektive Lösung des Beispielsfalls die Rechtssicherheit, denn sie wahrt schützenswerte Drittinteressen. In England werden für eine objektive Lösung, bei der kein Rückgriff auf die Vorverhandlungen genommen werden kann, zusätzlich die Argumente angeführt, das gerichtliche Verfahren würde durch die Zulassung von Vorverhandlungen in die Länge gezogen und es sei kostenintensiv. Dabei handelt es sich um eine Besonderheit des englischen Rechts; in Deutschland sind die Kosten geringer, weshalb dieses Argument in der Diskussion auch nicht auftaucht.

Dagegen ist Argument für die Auslegungslösung nach dem von beiden Parteien zum Zeitpunkt des Rechtsgeschäfts Gewollten, dass so dem ursprünglich bestehenden Parteiwillen direkt zur Durchsetzung verholfen wird: Lösung 1 findet Berechtigung darin, dass zwischen den Parteien zum Zeitpunkt des Rechtsgeschäfts ein Konsens über den gewollten, aber nicht erklärten Inhalt besteht. Deshalb ist keine Partei schutzwürdiger als die andere. Im Beispielsfall will A den Vertrag mit dem Inhalt durchsetzen, wie er objektiv erscheint. Lösung 1 berücksichtigt, dass A bei einer Auslegung im Sinne des von ihm zunächst Gewollten aber das bekommt, worüber er zuvor mit B verhandelt hat.

II. Erkannter und durchschauter Erklärungsirrtum

1. Beispielsfall

A und B stehen in Vertragsverhandlungen über den Verkauf eines Pkw. Die Verhandlungen kommen zunächst nicht zu einem Abschluss, weil die wechselseitigen Preisvorstellungen auseinanderliegen. Die Verhandlungen über den Pkw werden in der Währungseinheit britische Pfund (GBP) geführt. In seinem letzten Angebot bietet A dem B den Pkw schriftlich für 155.000 Euro an; er hat sich bei der Angabe des Währungssymbols verschrieben („€“ statt „£“). B erkennt, dass A sich verschrieben hat, und erklärt in einem Schreiben an A: „Ich habe Ihr Angebot erhalten und nehme es an.“ Zu diesem Zeitpunkt entsprechen 155.000 Euro 104.687 GBP. B wäre ein Preis von 155.000 GBP zu hoch gewesen. Später verlangt A von B Zahlung von 155.000 GBP; jedenfalls will er den Pkw nicht für 155.000 Euro an B verkaufen. B besteht auf Leistung für 155.000 Euro.[150]

2. *Mögliche Lösungen*

Um den Beispielsfall zu lösen, gibt es vier Möglichkeiten. In Betracht kommt zunächst, dass die Erklärungen so ausgelegt werden, dass das vom Erklärende Gewollte als Vertragsinhalt gilt (Lösung 1). Danach wird im Beispielsfall die Erklärung des A in dem Sinne ausgelegt, dass sie den Inhalt „Verkauf des Pkw zum Preis in der Währungseinheit britische Pfund“ hat, und die Erklärung des B wird ebenfalls im Sinne des von A Gewollten ausgelegt, so dass sie „Annahme des Verkaufsangebots des A zum Preis in der Währungseinheit britische Pfund“ lautet. Dafür spricht, dass B weiß, was A gemeint hat und ausnutzen möchte, dass sich A verschrieben hat. Insofern könnte man argumentieren, dass zwischen den Parteien ein Konsens zum vom Erklärenden gewollten Inhalt besteht und der Erklärungsempfänger in seinem Vertrauen auf das Erklärte nicht schutzwürdig ist, weil er bösgläubig ist. Dabei stellt sich die Frage, welche Anforderungen an die Kenntnis bzw. das Verhalten des Erklärungsempfängers (hier B) gestellt werden. Möglicherweise reicht die positive Kenntnis des Erklärungsempfängers vom Erklärungsirrtum des Erklärenden nicht aus, sondern es muss dem Erklärungsempfänger eine verwerfliche Gesinnung vorgeworfen werden, um die Erklärung so auslegen zu können, dass ein Vertrag zum vom Erklärenden eigentlich gewollten Inhalt zustande kommt.

Man könnte indes auch die Ansicht vertreten, dass kein Vertrag besteht (Lösung 2). Das wäre der Fall, wenn die Erklärung des A im Sinne des von A Gewollten ausgelegt wird („Verkauf des Pkw zum Preis in der Währungseinheit britische Pfund“) und die Erklärung des B so ausgelegt wird, wie ihr Inhalt objektiv erscheint und von B gewollt war („Preis in der Währungseinheit Euro“). Dann würden im Beispielsfall Angebot und Annahme nicht übereinstimmen. Es würde deshalb keine Einigung geben, sondern es läge ein Dissens vor.

Als vermittelnde Lösung kommt in Betracht, dass die Erklärungen so ausgelegt werden, wie sie objektiv erscheinen, der Irrende aber ein Anfechtungsrecht hat (Lösung 3). Dann würde die Erklärung des A so ausgelegt werden,

150 Fall angelehnt an: *Ulster Bank Ltd v Lambe* [2012] NIQB 31.

dass sie den Inhalt „Verkauf des Pkw zum Preis in der Währungseinheit Euro“ hätte. Die Erklärung des B würde ebenfalls objektiv ausgelegt werden und lautete „Annahme des Verkaufsangebots zum Preis in der Währungseinheit Euro“. Diese Lösung würde dem Vertrauen des Rechtsverkehrs auf das Erklärte gerecht werden und zugleich den wahren Willen des Irrenden würdigen. Da der Erklärungsempfänger kein Vertrauen darauf haben konnte, dass das Erklärte dem Willen des Irrenden entspricht, kommt nicht in Betracht, ihm einen Schadensersatzanspruch gegen den Irrenden zu gewähren.

Schließlich ist denkbar, dass das Gesagte gilt, ohne dass der Erklärende eine Anfechtungsmöglichkeit hat (Lösung 4). Demnach würde die Erklärung des A objektiv ausgelegt („Verkauf des Pkw zum Preis in der Währungseinheit Euro“) und die Erklärung des B auch („Annahme des Verkaufsangebots des A zum Preis in der Währungseinheit Euro“). Es käme folglich zwischen A und B ein Vertrag über den Verkauf des Pkw in der Währungseinheit Euro zustande. Diese objektive Lösung würde dem entsprechen, was der Erklärungsempfänger möchte. Außerdem würde sie dem Grundsatz *pacta sunt servanda* gerecht werden, das Vertrauen des Rechtsverkehrs schützen und damit mögliche Drittinteressen wahren, die auf den objektiven Gehalt der Vertragserklärung des A vertrauen.

3. *Lösungen des deutschen und des englischen Rechts sowie der Regelwerke*

a) *Deutschland*

aa) Lösung 1: Wirksamkeit der Erklärung mit dem Inhalt, wie A ihn gewollt hat

Jedenfalls nach der Systematik des Bürgerlichen Gesetzbuches im Irrtumsrecht (Umkehrschluss aus § 122 II BGB) liegt Lösung 3 nahe und somit eine Lösung, die das hilfsweise Begehren des A im Beispielsfall stützt: A hat sich verschrieben, er kann seine Erklärung gemäß § 119 I Alt. 2 BGB wegen Erklärungsirrtums anfechten und muss den Pkw nicht für 155.000 Euro an B verkaufen.

Die Rechtsprechung und ihr folgend die Literatur gehen gleichwohl darüber hinaus und unterstützen das Begehren des A in vollem Umfang. Danach wird durch Auslegung dasselbe Ergebnis wie bei Anwendung der *falsa demonstratio*-Regel erzielt. Die Erklärung des A wird so ausgelegt, dass sie seinem tatsächlichen Willen entspricht und den Inhalt „Verkaufsangebot des Pkw zum Preis von 155.000 GBP“ hat. Die Erklärung des B „Ich nehme Ihr Angebot an.“ wird als Annahme des Verkaufsangebots des A in der Währungseinheit britische Pfund ausgelegt. Es wird nämlich die Ansicht vertreten, wenn der Erklärungsempfänger erkannt habe, was der Erklärende tatsächlich gemeint hat, gelte das als Vertragsinhalt, was der

Erklärende als Vertragsinhalt gewollt habe.[151] Die Auslegung der Angebotserklärung erfolge gemäß § 133 Hs. 1 BGB im Wege der natürlichen Auslegung nach dem Willen des Erklärenden, während die Auslegung der Annahmeerklärung des Erklärungsempfängers nach dem objektiven Empfängerhorizont als Zustimmung zu dieser Erklärung ausgelegt werden könne.[152] Einige stützen dieses Ergebnis in Bezug auf die Erklärung des Erklärungsempfängers zusätzlich auf die Wertung des § 116 S. 1 BGB: Bringt B vor, die Erklärung mit dem Inhalt „Annahme des Verkaufsangebots des A in der Währungseinheit britische Pfund" nicht gewollt zu haben, obwohl stets darüber verhandelt wurde, handele es sich dabei um einen geheimen Vorbehalt, der gemäß § 116 S. 1 BGB unbeachtlich ist.[153]

Dieser Ansatz geht auf die traditionelle Rechtsprechung des Reichsgerichts zurück, wie der bereits in der Einführung erwähnte Quadratruten-Fall zeigt.[154] Die Klägerin A und die Beklagte B hatten einen Vermittlungsvertrag geschlossen (heute ginge es wohl um einen Anspruch aus § 652 I BGB). A hatte B ein Angebot über die Vermittlung eines Werkvertrags über die Errichtung von Häusern gemacht. Im Angebot hatte A geschrieben, die Provision sei mit 1,75 Reichsmark pro Quadratrute bebauter Fläche festgesetzt. B hatte erklärt, er sei mit dem Angebot des A einverstanden. A klagte auf Zahlung der Provision in Höhe

151 BGH, 21.05.1959, II ZR 165/57 = VersR 1959, 497 (498); Erman-*Arnold*, § 119 Rn 4; *Bork*, BGB AT, 365 f. Rn 942; *Czarnecki*, Vertragsauslegung, 66; *Faust*, BGB AT, 205 § 23 Rn 13; *Flume*, Rechtsgeschäft, § 16 1, 301; § 21 2, 417 f., § 21 7, 424; *Häcker*, Consequences, 180; *Kling*, Sprachrisiken, 337 f., 398 f., 426; *Jacobsohn*, JherJb 56 (1910), 329, 361; *Leenen*, BGB AT, 69 Rn 54; *Lorenz*, Schutz, 237 Fn 137; MüKo-*Armbrüster*, § 119 Rn 62; MüKo-*Busche*, § 155 Rn 8; *Schollmeyer*, Selbstverantwortung, 299 f.; Soergel-*Hefermehl*, § 119 Rn 6; Soergel-*Wolf*, § 155 Rn 12; Staudinger-*Singer*, § 119 Rn 7 sowie Rn 39, § 133 Rn 13; Staudinger-*Bork*, § 155 Rn 11; *Trupp*, NJW 1990, 1346, 1347; *Wieling*, Jura 1979, 524, 525. Siehe auch: *Mittelstädt*, Auslegung, 52 f., 98 f. Vgl. *Kramer*, Irrtum, 92 Rn 69. Siehe zu alternativen Lösungsmöglichkeiten (z. B. *venire contra factum proprium* als aus Treu und Glauben (§ 242 BGB) abgeleiteter Grundsatz, Umdeutung (§ 140 BGB), die vor allem im älteren Schrifttum diskutiert werden: *Lobinger*, AcP 195 (1995), 274, 275 f.

152 Kritisch: *Mittelstädt*, Auslegung, 99 ff., insbes. 101 Fn 100: Auf die Wahl der Auslegungsmethode komme es nicht an. Habe der objektive Dritte in der Position des Erklärungsempfängers keine konkreten Anhaltspunkte zur Feststellung des wahren Willens des Erklärenden, liege ein Fall des kongruenten Doppelirrtums vor.

153 *Flume*, Rechtsgeschäft, § 16 1, 301; *Lorenz*, Schutz, 237 Fn 137; MüKo-*Busche*, § 155 Rn 8; Soergel-*Wolf*, § 155 Rn 12 (§ 116 S. 1 analog); Staudinger-*Bork*, § 155 Rn 11; *Wieling*, Jura 1979, 524, 526. *Trupp*, NJW 1990, 1346, 1347 hält den Rückgriff auf § 116 BGB allerdings für entbehrlich.

154 RG 29.10.1907, III 151/07 = RGZ 66, 427. Zu dem Fall bereits oben, § 1 A. I.

von 1,75 Reichsmark pro Quadratfuß und nicht pro Quadratrute.[155] Im Rechtsstreit brachte A vor, bei der Bezeichnung „Quadratrute" handele sich um einen Schreibfehler: Tatsächlich sei Quadratfuß gemeint gewesen; B habe in Kenntnis des Irrtums und des wahren Willens des A die Annahme erklärt.

Das Reichsgericht führte aus, in dem Fall, in welchem der Erklärungsempfänger bei der Abgabe seiner Annahmeerklärung den wahren Willen des Erklärenden trotz des Irrtums richtig erkennt, erkläre er die Zustimmung zu der Erklärung mit dem Inhalt, der dem wahren Willen Erklärenden entspricht. Vorausgesetzt, dass A sich geirrt und B dies erkannt hat, was im konkreten Fall nach Überzeugung des Reichsgerichts noch vom Kammergericht zu ermitteln war, könne die Erklärung des B als Annahmeerklärung des Angebots des A, das auf „Provision pro Quadratfuß" lautete, ausgelegt werden. Nach § 116 BGB könne sich B dann nicht darauf berufen, dies bei Abgabe seiner Erklärung insgeheim nicht gewollt zu haben. Der wahre Wille des Erklärenden des A sei hinreichend zum Ausdruck gekommen, weil B ihn erkannt habe. Insofern liege kein Widerspruch zwischen Wille und Erklärung vor und damit auch kein Fall des § 119 BGB.[156] Zwischen A und B liege eine rechtsverbindliche Einigung über Provision pro Quadratfuß vor.

Ein weiteres Beispiel aus der Rechtsprechung, an dem sich zeigen lässt, dass die Rechtsprechung im Fall des erkannten Irrtums die Willenserklärungen im Sinne des vom Erklärenden Gewollten auslegt, ist ein Fall, den das Landgericht Aachen zu entscheiden hatte. In diesem Fall stritten sich die Parteien über die Höhe einer Werklohnforderung.[157] Der klagende Auftraggeber A hatte eine Bauleistung ausgeschrieben und bei der Ausschreibung in der Rechnung einen offensichtlichen Additionsfehler gemacht, den der beklagte Auftragnehmer B erkannt hatte.[158]

Das Landgericht Aachen entschied, dass B den richtig errechneten Preis gemäß § 242 BGB gegen sich gelten lassen müsse.[159] Bei der Ausschreibung

---

155 Eine Quadratrute besteht aus etwa einhundert Quadratfuß. Die Fläche, die ein Quadratfuß beschreibt, ist somit um ein Vielfaches kleiner als eine Quadratrute.

156 RGZ 66, 427 (429).

157 LG Aachen, 14.07.1981, 4 O 2/81.

158 Aus dem Urteil geht nicht deutlich hervor, wie der Additionsfehler zustande kam. A berief sich darauf, dass der Material- und der Lohnanteil falsch summiert worden war. Beide Posten seien im Leistungsverzeichnis aber richtig aufgeführt gewesen, LG Aachen, 14.07.1981, 4 O 2/81 Rn 3.

159 Im Wortlaut heißt es: „Die Beklagte hat den Additionsfehler erkannt und hat danach entsprechend den Grundsätzen von Treu und Glauben (§ 242 BGB) den rechnerisch

einer Bauleistung bestehe zwischen dem Auftraggeber und dem Auftragnehmer eine Rechtspflicht zu redlichem Handeln. Daraus resultiere die Pflicht des Auftragnehmers, den Auftraggeber auf einen Rechenfehler bei der Ausschreibung hinzuweisen, wenn er diesen vor Vertragsschluss erkannt hat. Komme der Auftragnehmer dieser Rechtspflicht nicht nach, könne er den Auftraggeber nicht an dem irrtümlich erklärten Preis festhalten. Das Landgericht Aachen stützte die Erwägungen auf eine Besonderheit des Falles: Der Auftragsvergabe war eine Ausschreibung nach den Bestimmungen der Vergabe- und Vertragsordnung für Bauleistungen (VOB) vorausgegangen. Es entspreche ständiger Rechtsprechung, dass hierdurch eine über normale Vertragsverhandlungen hinausgehende rechtliche Sonderbeziehung zwischen den Parteien begründet werde. In dem Fall bestand also zwischen A und B eine solche Sonderbeziehung und B hätte A auf seinen Irrtum aufmerksam machen müssen. Da B dies nicht getan hatte, durfte er nicht auf den von A angegebenen Preis in der Ausschreibung vertrauen.

Das Landgericht Aachen entschied, der Erklärungsempfänger müsse den richtig errechneten Preis gegen sich gelten lassen, wenn er das vom Erklärenden tatsächlich Gewollte erkannt habe. Dies ergebe sich „zumindest entsprechend" aus dem Grundsatz *falsa demonstratio non nocet*; der möglicherweise entgegenstehende Wille der anderen Partei sei als geheimer Vorbehalt gemäß § 116 S. 1 BGB unbeachtlich.[160] Es komme dabei auf die tatsächliche Kenntnis des Erklärungsempfängers vom Irrtum des Erklärenden an.[161] Diese tatsächliche Kenntnis konnte das Landgericht Aachen feststellen: In den Vertragsunterlagen der beklagten öffentlichen Hand (hier als Auftragnehmer B bezeichnet) war der Rechenfehler des A korrigiert und der richtige Wert bereits aufgeführt, weshalb B positive Kenntnis vom Irrtum des A nachgewiesen werden konnte. B musste sich also an dem richtig errechneten Preis festhalten lassen.

Auch der Bundesgerichthof entschied in einem Fall, dass bei einem erkannten und durchschauten Irrtum die *falsa demonstratio*-Regel zur Anwendung kommt und der Erklärende seine Erklärung nicht erst anfechten muss. Die Parteien

richtig ermittelten Einheitspreis gegen sich gelten zu lassen.", LG Aachen, 14.07.1981, 4 O 2/81, Rn 10. Das Gericht bestimmt nicht näher, auf welchen Rechtsgrundsatz aus § 242 BGB es die Entscheidung stützt. Es kommt das in § 242 BGB verankerte Verbot des *venire contra factum proprium* (Verbot des widersprüchlichen Verhaltens) in Betracht.

160 LG Aachen, 14.07.1981, 4 O 2/81, Rn 10.

161 LG Aachen, 14.07.1981, 4 O 2/81, Rn 11.

stritten in dem Fall über die Dauer eines Versicherungsscheins.[162] In dem streitigen Versicherungsschein war die Vertragsdauer mit sechzehn Jahren angegeben, wohingegen aus den vertraglichen Vorverhandlungen deutlich hervorging, dass eigentlich eine Vertragsdauer von sechsundzwanzig Jahren gewollt war. Der Bundesgerichtshof urteilte, dass der wahre Wille des Erklärenden maßgeblich sei und es einer Anfechtung nicht bedürfe.

In einer neueren Entscheidung, in der es um einen Grundbuchberichtigungsanspruch gemäß § 894 BGB ging, konkretisierte der Bundesgerichtshof die Anforderungen an den subjektiven Tatbestand.[163] Die Parteien hatten den Auflassungsgegenstand irrtümlich falsch bezeichnet, weshalb sie sich über ein Teilgrundstück stritten. Der Bundesgerichtshof führte aus, dass allgemein gelte, dass gemäß § 133 BGB der wirkliche Wille des Erklärenden zu ermitteln sei. Werde der tatsächliche Wille festgestellt und habe der Erklärungsempfänger diesen Willen erkannt, bestimme sich der Inhalt des Rechtsgeschäfts nach jenem Inhalt, wobei sich der Erklärungsempfänger aber nicht „den wirklichen Willen des Erklärenden zu Eigen" gemacht haben muss:

> „Ausreichend ist vielmehr, dass er ihn erkennt und in Kenntnis dieses Willens das Geschäft abschließt. Haben alle Beteiligten eine Erklärung übereinstimmend in demselben Sinn verstanden, so geht der wirkliche Wille des Erklärenden dem Wortlaut der Erklärung vor und auch eine abweichende Auslegung kommt nicht in Frage."[164]

Für die Lösung des Beispielsfalls bedeutet diese Klarstellung, dass die Erklärung des A so ausgelegt werden kann, dass er ein Angebot über den Verkauf des Pkw zum Preis von 155.000 GBP abgeben wollte. B hat nämlich richtig erfasst, dass A kein Angebot in der Währungseinheit „Euro" abgeben wollte, sondern „Pfund". Die Erklärung des B kann als Annahme dieses Angebots ausgelegt werden.[165] Folglich besteht nach Auslegung der beiden Erklärungen zwischen A und B ein Kaufvertrag über den Pkw zum Preis von 155.000 GBP.

Vereinzelt wird in der Literatur die Ansicht vertreten, die Auslegung gemäß § 133 BGB sei nur dann gegenüber der normativen Auslegung nach § 133, 157 BGB vorrangig mit der Folge, dass ein Vertrag mit dem Inhalt zustande komme,

---

162 BGH, 22.02.1995, IV ZR 58/94 = NJW-RR 1995, 859.

163 BGH, 07.12.2001, V ZR 65/01 = NJW 2002, 1038.

164 BGH, NJW 2002, 1038 (1039).

165 Etwas Anderes gilt nur dann, wenn B auf den Wortlaut der Erklärung des A Bezug nimmt, also nicht nur erklärt, er nehme das Angebot des A an, sondern erklärt, er nehme das Angebot des A über den Verkauf des Pkw zum Preis von 155.000 GBP an. Dann liegt Dissens vor. Dazu: MüKo-*Armbrüster*, § 119 Rn 62; *Mittelstädt*, Auslegung, 101 Fn 100.

wie ihn der Erklärende tatsächlich gewollt hat, wenn das Verhalten des Erklärungsempfängers in irgendeiner Form darauf schließen lasse, dass er dem Vertrag zu den subjektiven Bedingungen des Erklärenden zugestimmt habe.[166] Andernfalls komme ein Vertrag mit dem objektiv erkennbaren Inhalt zustande; A sei dann auf die Anfechtung gemäß § 119 I BGB zu verweisen. Hier hat B stets mit A über den Verkauf des Pkw in der Währungseinheit „britische Pfund" verhandelt. Seine Annahmeerklärung lautet lediglich, er nehme das Angebot des A an. Also kann das Verhalten des B so gedeutet werden, dass er den Bedingungen des A, die seinem wahren Willen entsprechen, zugestimmt hat. Insofern kann die Erklärung des A dieser Ansicht nach gemäß § 133 BGB in dem Sinn ausgelegt werden, dass er das Angebot des A, den Pkw in der Währungseinheit „britische Pfund" verkaufen zu wollen, zugestimmt hat.

Anderer Ansicht nach ist der Beispielsfall durch normative Auslegung der Erklärungen nach §§ 133, 157 BGB zu lösen; auf die subjektive Auslegung komme es nicht an.[167] Die Erklärung des A ist dann aus der Sicht eines objektiven Dritten mit der Kenntnis des konkreten Erklärungsempfängers auszulegen. Unter Bezugnahme der Vorverhandlungen wusste diese dritte Person, dass A immer Preisvorschläge in der Währungseinheit britische Pfund gemacht hatte – nie in der Währungseinheit Euro. Die Erklärung des A hat also auch nach der normativen Auslegung den Inhalt, dass er den Pkw zum Preis von 155.000 GBP an B verkaufen wollte. B durfte nicht auf den objektiv erkennbaren Inhalt der Erklärung vertrauen; beriefe er sich auf den objektiv erkennbaren Inhalt, würde dies gegen Treu und Glauben verstoßen.[168] Die Erklärung des B („Ich nehme Ihr Angebot an.") ist aus der Sicht eines objektiven Dritten als Annahme des Angebots auszulegen, dass sich durch Auslegung ergibt: Die Annahme des Verkaufsangebots des A in der Währungseinheit britische Pfund. Die normative Auslegung nach dem objektiven Empfängerhorizont gemäß §§ 133, 157 BGB kommt im Beispielsfall also zum gleichen Ergebnis wie die subjektive Auslegung unter Anwendung der *falsa demonstratio*-Regel:[169] Zwischen A und B besteht ein Kaufvertrag über den Pkw zum Preis von 155.000 GBP.

---

166 Ausführlich: *Larenz/ Wolf*, BGB AT, 518 Rn 33; so auch *Wolf/ Neuner*, BGB AT, 411 Rn 29 f. Siehe auch Brox/ *Walker*, BGB AT, 119 Rn 248.

167 *Kramer*, Grundfragen, 175 f.; *Mittelstädt*, Auslegung, 43 ff. mwN.

168 Dazu *Kramer*, Grundfragen, 176.

169 Nach *Mittelstädt*, Auslegung, 100 kommt es auf die Auslegungsmethode nicht an.

bb) Bei Lösung 1: Anfechtungsrecht des B?

Wenn die Erklärung des B so ausgelegt wird, dass sie dem entspricht, was A gewollt hat, ist denkbar, dass sich B darauf beruft, er habe die Erklärung nicht in diesem Sinne abgeben wollen. Möglicherweise hat er dann ein Anfechtungsrecht wegen eines Inhaltsirrtums nach § 119 I Alt. 1 BGB. Diese Meinung wird allerdings nicht vertreten. Wenn B behauptet, er habe die Annahme nicht zu der Erklärung mit dem Inhalt, wie er sich nach der Auslegung im Sinne des von A Gewollten ergibt, erklären wollen, handelt es sich nicht um einen Inhaltsirrtum. B hat bewusst eine Erklärung abgegeben, die nicht seinem Willen entsprach; es liegt ein Fall einer Mentalreservation vor (§ 116 S. 1 BGB).[170]

cc) Lösung 3: Wirksamkeit der Erklärung mit dem Inhalt, wie er objektiv erscheint, mit Anfechtungsmöglichkeit für A?

Wie bereits oben kurz angesprochen, könnte man mit dem Argument des § 122 II BGB die Ansicht vertreten, die gesetzlich gewollte Lösung des Beispielsfalls sei, dass ein Vertrag mit dem objektiv erkennbaren Inhalt („Verkauf des Pkw zum Preis in der Währungseinheit Euro") besteht, A seine Erklärung aber wegen eines Erklärungsirrtums anfechten könnte.[171] Die Erklärung des A würde im Beispielsfall so ausgelegt, wie ihr Inhalt objektiv erscheint, und die Erklärung des B auch: Der Kaufpreis des Pkw würde sich danach in der Währungseinheit Euro bemessen und es bestünde zwischen A und B ein Vertrag über den Verkauf des Pkw zum Preis von 155.000 Euro. A könnte sich indes darauf berufen, dass er sich bei der Angabe des Kaufpreises verschrieben hat, was einen Erklärungsirrtum gemäß § 119 I Alt. 2 BGB darstellt. Dieser Erklärungsirrtum wäre auch wesentlich, weil A die Erklärung ohne den Irrtum nicht abgegeben hätte. A stünde also ein Anfechtungsrecht zu.

Wenn A ein Anfechtungsrecht wegen eines Erklärungsirrtums zusteht, korrespondiert damit grundsätzlich die Pflicht, B seinen eventuell entstandenen Vertrauensschaden gemäß § 122 BGB zu ersetzen. Die Schadensersatzpflicht entfällt jedoch gemäß § 122 II BGB, wenn der Erklärungsempfänger den Irrtum erkannt

170 Siehe *Bork*, BGB AT, 366 Rn 943. Siehe auch *Mittelstädt*, Auslegung, 98. Zur Mentalreservation auch das Reichsgericht im Quadratruten-Fall, RG 29.10.1907, III 151/07 = RGZ 66, 427 (429). Zum Schrifttum bereits oben, Fn 153.

171 Siehe oben, § 2 A. II. 3. a) aa).
§ 122 II BGB lautet: „Die Schadensersatzpflicht tritt nicht ein, wenn der Beschädigte den Grund der Nichtigkeit kannte oder in Folge von Fahrlässigkeit nicht kannte (kennen musste)."

hat. Da B im Beispielsfall gewusst hat, dass A sich verschrieben hat, kannte er also den Erklärungsirrtum des A und sein Vertrauen ist nicht schutzwürdig: Sein möglicherweise gegen A bestehender Anspruch auf Schadensersatz entfiele nach § 122 II BGB.

Gleichwohl wird der Gedanke, dass der Erklärende bei einem vom anderen Teil erkannten Irrtum zunächst anfechten müsste, gemeinhin nicht als sachgerecht empfunden.[172] Da diese Fallkonstellation bereits durch Auslegung im Sinne des vom Erklärenden Gewollten gelöst werden kann, würde sonst der Grundsatz, die Auslegung gehe der Anfechtung vor, nicht berücksichtigt.[173] Die Regelung des § 122 BGB könne vielmehr als Argument dafür herangezogen werden, dass die Kenntnis des Erklärungsempfängers vom Erklärungsirrtum und vom Gewollten bei der Auslegung zu berücksichtigen sei, denn der Erklärungsempfänger habe aufgrund dieser Kenntnis gar nicht erst ein Vertrauen auf die objektive Bedeutung der Erklärung aufgebaut und sei hier somit nicht in der Position des § 122 BGB.[174] Die Regelung des § 122 II BGB gelte nur für den Fall, in dem der Erklärungsempfänger den Erklärungsirrtum erst nach Wirksamwerden der Willenserklärung erkennt.[175]

In dem Fall, in welchem der Erklärungsempfänger bereits zum Zeitpunkt des Wirksamwerdens der Willenserklärung Kenntnis sowohl vom Erklärungsirrtum des anderen Teils, als auch von dem von ihm Gewollten hat, kommt § 122 II BGB also nicht zur Anwendung; die Anfechtung nach § 119 BGB spielt keine Rolle. Lösung 3 scheidet im Beispielsfall aus.

dd) Zwischenergebnis

Nach der Mehrheitsmeinung des deutschen Rechts kommt im Beispielsfall zwischen A und B ein Vertrag mit dem Inhalt zustande, wie A ihn gewollt hat (Lösung 1). Dieses Ergebnis wird durch Auslegung der Erklärungen im Sinne des von A Gewollten erzielt; auf die Frage der Anfechtbarkeit der Erklärung mit dem Inhalt, wie er objektiv erscheint, kommt es nicht an.

---

172 *Kling*, Sprachrisiken, 339; *Kramer*, Grundfragen, 175 f.; Staudinger-*Singer*, § 119 Rn 40; *Trupp*, NJW 1990, 1346, 1347.

173 Staudinger-*Singer*, § 119 Rn 40.

174 *Kling*, Sprachrisiken, 339 mwN.

175 *Trupp*, NJW 1990, 1346, 1347; Staudinger-*Singer*, § 119 Rn 40, § 122 Rn 17. Siehe auch *Flume*, Rechtsgeschäft, § 21 7, 424.

b) England

aa) Lösung 2: Kein Vertrag

Die Erklärungen sind auszulegen. Folgt man dem traditionellen Ansatz des englischen Vertragsrechts, kommt es dabei allein auf die Wortbedeutung an. Danach hat die Erklärung des A den Inhalt, er wolle den Pkw für 155.000 Euro an B verkaufen. B hat erklärt, er nehme das Angebot des A an. Diese Erklärung kann so ausgelegt werden, dass er das Angebot des A zum Verkauf des Pkw für den Preis von 155.000 Euro annimmt. Danach besteht im Beispielsfall zwischen A und B ein Vertrag über den Verkauf des Pkw zum Preis von 155.000 Euro.

Grundsätzlich gilt im englischen Recht auch nicht deshalb etwas Anderes, weil sich der Erklärende geirrt hat und der Erklärungsempfänger den Irrtum des anderen Teils kennt. Aus dem Prinzip „caveat emptor" folgt, dass eine Partei die andere nicht über ihren Irrtum aufklären muss, auch wenn sie weiß, dass sich die andere Partei geirrt hat.[176] In der berühmten Entscheidung *Smith v Hughes*[177] betonte Cockburn CJ deshalb auch, dass im Irrtumsrecht moralische Maßstäbe keine Rolle spielten:

> „The question is not what a man of scrupulous morality or nice honour would do under such circumstances. The case put of the purchase of an estate, in which there is a mine under the surface, but the fact is unknown to the seller, is one in which a man of tender conscience or high honour would be unwilling to take advantage of the ignorance of the seller; but there can be no doubt that the contract for the sale of the estate would be binding."[178]

In *Smith v Hughes* stritten die Parteien darüber, ob ein Vertrag über den Verkauf einer bestimmten Sorte Hafer („good old oats") zustande gekommen war und der Verkäufer garantiert habe, es habe sich um jene bestimmte Sorte Hafer gehandelt („the seller warranted the oats to be old"). Der Käufer Smith benötigte die bestimmte Sorte Hafer als Futtermittel für seine Rennpferde. Nach Erhalt einer Probe schloss er mit dem Verkäufer Hughes, einem Bauern, einen Vertrag über den Verkauf von Hafer („oats"), wobei Smith davon ausging, dass es sich um „good old oats" handelte. Der von Hughes an Smith gelieferte Hafer war für Smith nutzlos, weil er den Pferden gesundheitlich geschadet hätte. Smith

---

176 *Beatson/ Burrows/ Cartwright*, Anson's Law of Contract, 276.

177 (1870) L.R. 6 Q.B. 597.

178 Cockburn J in *Smith v Hughes* (1870) L.R. 6 Q.B. 597 (603 f.); ähnlich Blackburn J, 607: „for, whatever may be the case in a court of morals, there is no legal obligation on the vendor to inform the purchaser that he is under a mistake, not induced by the act of the vendor."

verweigerte deshalb die Zahlung, woraufhin Hughes ihn wegen Vertragsbruchs verklagte.

Die Richter der Queen's Bench Division ordneten ein neues Verfahren an, weil sie der Überzeugung waren, dass entscheidende Fragen von der Jury nicht richtig beantwortet worden waren. Nach Überzeugung der Richter wusste Hughes, dass Smith eine bestimmte Sorte Hafer kaufen wollte. Die Ausführungen der einzelnen Richter zeigen, dass nach englischem Vertragsrecht ein Irrtum auf Seiten nur einer Partei grundsätzlich auch dann unbeachtlich ist, wenn die andere Partei den Irrtum kennt. Es gelte vielmehr das Prinzip „caveat emptor".[179] Da die Kenntnis der einen Partei des Irrtums des anderen Teils also allein nicht ausreicht, kam es in *Smith v Hughes* auf die Frage an, ob Smith nicht nur Kenntnis vom Irrtum des anderen Teils hatte, sondern dass Smith auch wusste, dass Hughes darüber irrte, dass die bestimmte Eigenschaft des Hafers vertraglich vereinbart worden war.

Dabei ist zu beachten, dass es sich bei dem Irrtum, der in *Smith v Hughes* in Rede stand, um einen Eigenschaftsirrtum *(mistake as to the subject-matter/ mistake as to the quality/ mistake as to the substance)* handelt. Im Beispielsfall geht es allerdings darum, dass A sich verschrieben hat; es liegt kein Irrtum über die Eigenschaft vor, sondern ein *unilateral mistake as to terms*.

Stellt der Irrtum einen *unilateral mistake as to terms* dar und kennt die andere Partei diesen Irrtum, löst er Rechtsfolgen aus, wie die bereits in der Einführung erwähnte Entscheidung *Hartog v Colin & Shields*[180] zeigt. In diesem Fall ging es um den Verkauf von Hasenfellen. Die Verkäufer Colin & Shields (hier A) boten dem belgischen Geschäftsmann Hartog (hier B) 30.000 argentinische Hasenfelle zum Preis nach Gewicht an. B nahm das Angebot des A an. Tatsächlich wollte A die Felle zum Preis pro Stück verkaufen.[181] Infolge des Irrtums betrug der Preis für die Hasenfelle rund ein Drittel des marktüblichen Preises. Nachdem A seinen Irrtum bemerkt hatte, verweigerte er die Lieferung der Hasenfelle zum Preis nach Gewicht an B. Dieser verlangte von A den Ersatz seines entgangenen Gewinns beziehungsweise Schadensersatz in Höhe der Differenz zwischen dem vereinbarten Preis und dem Marktpreis zum Zeitpunkt des Vertragsschlusses.[182]

Der Richter zeigte sich davon überzeugt, A oder ihr Mitarbeiter habe sich bei der Preisangabe geirrt. In der Beweiswürdigung zog der Richter den Umstand

179 *Smith v Hughes* (1870) L.R. 6 Q.B. 597 (603 per Cockburn CJ).

180 [1939] 3 All ER 566.

181 Dazu bereits oben, § 1 A. I.

182 Für eine Klage auf Erfüllung hätten die besonderen Voraussetzungen einer Klage auf *specific performance* in *equity* vorliegen müssen.

hinzu, dass der marktübliche Preis für Hasenfelle pro Stück und nicht nach Gewicht berechnet werde. Zudem sei Grundlage der vertraglichen Vorverhandlungen stets dieser höhere Preis gewesen. Der Richter zeigte sich deshalb davon überzeugt, dass B den Irrtum des A gekannt habe.[183] Nach Überzeugung des Richters habe B den Irrtum des A ausnutzen wollen („snapping up the offer"). B habe nicht davon ausgehen dürfen, dass das Angebot des A zum niedrigen Preis pro Pfund dem wahren Willen des A entsprach. Der Richter entschied, dass A die Lieferung der Hasenfelle an B zum Preis nach Gewicht verweigern durfte und B keinen Schadensersatz schuldete.

Innerhalb des englischen Schrifttums wird das Urteil so interpretiert, dass es Ergebnis der Auslegung nach dem *objective test* sei (wonach es bei der Auslegung auf die Sicht einer vernünftigen Person ankomme), wenn in *Hartog v Colin & Shields* kein Vertrag über den Verkauf der Hasenfelle zum Preis nach Gewicht besteht.[184] So wird auch die Ansicht vertreten, die Anwendung des *objective test* führe bei einem erkannten und durchschauten Irrtum dazu, dass kein Vertrag zustande komme.[185]

Der *objective test* oder das *objective principle* wurde von Blackburn J in der bereits erwähnten Entscheidung *Smith v Hughes* formuliert:

> „If whatever a man's real intention may be, he so conducts himself that a reasonable man would believe that he was assenting to the terms proposed by the other party, and that other party upon that belief enters into the contract with him, the man thus conducting himself would be equally bound as if he had intended to agree to the other party's terms."[186]

Im Beispielsfall ist die Erklärung des A also grundsätzlich objektiv auszulegen, aber die Sichtweise der dritten Person, aus der die Erklärungen auszulegen sind, ist nicht rein objektiv. Es kommt nämlich nicht nur darauf an, ob eine vernünftige Person in der Position des Erklärungsempfängers berechtigterweise darauf vertrauen durfte, dass der Erklärende einer Erklärung mit dem Inhalt, wie der Erklärungsempfänger ihn verstanden hat, zustimmen würde, sondern

---

183 *Hartog v Colin & Shields* [1939] 3 All E.R. 566 (568) per Singleton J: „I am satisfied (...) from the evidence given to me, that the plaintiff must have realised, and did in fact know, that a mistake had occurred."

184 *Atiyah/ Smith*, Contract, 78.

185 *Chen-Wishart*, Contract, 50; *Cartwright*, Misrepresentation, 617; *Häcker*, Consequences, 182; *McLauchlan*, (2008) 124 LQR 608, 612; *McKendrick*, Contract Law, 19; *Morgan*, Debates, 8; *Spark*, Vitiation, 133; *Stoljar*, Mistake, 24; *Treitel*, Contract, 137.

186 *Smith v Hughes* (1870) L.R. 6 Q.B. 597 (610).

es ist entscheidend, ob der Erklärungsempfänger diese Erklärung in der Tat auch so verstanden hat („upon that belief enters into the contract"). In dem Fall, in welchem der Erklärungsempfänger weiß, dass der Erklärende den Vertrag eigentlich mit einem anderen Inhalt schließen wollte, ist der Erklärungsempfänger daran gehindert, auf die Durchsetzung des Vertrages mit dem Inhalt, wie er objektiv erscheint, zu bestehen.[187]

Im Beispielsfall durfte ein objektiver Dritter an der Stelle des B nicht darauf vertrauen, dass A eine Erklärung über den Verkauf des Pkw zum Preis in der Währungseinheit Euro abgeben wollte statt in der Währungseinheit britische Pfund. Denn B wollte die Tatsache ausnutzen, dass sich A bei der Angabe der Währungseinheit in seinem Angebot über den Verkauf des Pkw verschrieben hat. Zum damaligen Wechselkurs wäre das Angebot zum Preis in der Währungseinheit Euro für B deutlich günstiger gewesen als das Angebot in der Währungseinheit britische Pfund. B hatte also kein Vertrauen auf die Erklärung des A mit dem Inhalt aufgebaut, wie er objektiv erscheint. B kann sich deshalb nicht darauf berufen, die Erklärung habe jenen Inhalt. Die Erklärung des A kann also nach dem *objective test* nicht so ausgelegt werden, dass sie den Inhalt „Angebot über den Verkauf des Pkw zum Preis von 155.000 Euro" hat. B hat auf die Erklärung des A Bezug genommen. Seine Annahmeerklärung steht vereinzelt. Mangels Einigung besteht zwischen A und B *at law* kein Vertrag über den Verkauf des Pkw zum Preis von 155.000 Euro.

bb) Lösung 1: Wirksamkeit der Erklärung mit dem Inhalt, wie A ihn gewollt hat?

Möglicherweise kommt nach englischem Recht ein Vertrag zu den Bedingungen zustande, wie sie der Erklärende gewollt hat (hier Verkauf des Pkw zum Preis von 155.000 GBP).

In *Hartog v Colin & Shields*, dem oben dargestellten Hasenfell-Fall, ist darüber nicht entschieden worden, weil dieses Problem nicht entscheidungsrelevant

---

187 *Smith v Hughes* (1870) L.R. 6 Q.B. 597 (610) per Hannen J: „If, therefore, in the present case, the plaintiff knew that the defendant, in dealing with him for oats, did so on the assumption that the plaintiff was contracting to sell him old oats, he was aware that the defendant apprehended the contract in a different sense to that in which he meant it, and he is thereby deprived of the right to insist that the defendant shall be bound by that which was only the apparent, and not the real bargain." Die Ausführungen erinnern an die *estoppel*-Doktrin. *Estoppel* ist ein rechtshemmender Einwand. Zu diesem Aspekt des Urteils statt vieler: *Häcker*, Consequences, 182 und *Spark*, Vitiation, 135.

war. Es kam allein auf die Wirksamkeit der Erklärung mit dem Inhalt an, wie er objektiv erschien, denn der Käufer Hartog hatte den Verkäufer Colin & Shields auf Schadensersatz wegen *breach of contract* verklagt. Eventuell hätte der Verkäufer aber entweder in Folge der Auslegung der Erklärungen oder aber durch Klage auf *rectification* des Vertrages *in equity* erreichen können, dass der Vertrag den von ihm gewollten Inhalt hat, der Kaufpreis der Hasenfelle also pro Stück berechnet wird.

Wie bereits ausgeführt, werden die Erklärungen nach englischem Vertragsrecht objektiv ausgelegt. Der Wille des Erklärenden ist grundsätzlich unbeachtlich.[188] In *Statoil v Louis Dreyfus Energy L.P. (The Harriette N)*[189] stellte Aikens J allerdings heraus, dass im Fall des erkannten (und wohl auch durchschauten) Irrtums „the normal rule of looking only at the objective agreement of the parties is displaced and the court admits evidence to show what each side subjectively intended to agree by way of terms.“ So wird auch im englischen Schrifttum die Ansicht vertreten, dass hier eine Auslegungslösung nach dem Willen des Erklärenden und dem vom Erklärungsempfänger Erkannten in Betracht kommt.[190] Danach wird die Erklärung des A nach seinem Willen ausgelegt („Angebot in der Währungseinheit britische Pfund“). Die Erklärung des B wird im Sinne des von A Gewollten („Währungseinheit britische Pfund“) ausgelegt, denn B wusste, dass A eine Einigung über den Verkauf des Pkw zum Preis in der Währungseinheit britische Pfund wollte. Es kommt also zwischen A und B ein Vertrag über den Verkauf des Pkw zum Preis von 155.000 GBP zustande.

Zu diesem Ergebnis kommt man möglicherweise auch unter Anwendung des *objective test* bei Hinzuziehung des *contextual approach*.[191] Bei der objektiven Auslegung darf nicht auf die Vorverhandlungen eingegangen werden; dies ist, wie bereits dargestellt, nur im Rahmen der *rectification* möglich. Möglicherweise ergibt aber die Auslegung der Erklärung des A aus der Sicht einer vernünftigen Person im Beispielsfall unter Berücksichtigung der Hintergrundinformation, dass A den Pkw zum Preis in der Währungseinheit britische Pfund an B verkaufen wollte. Die Erklärung des B („Ich nehme Ihr Angebot an.“) wird ebenfalls

---

188 *G Percy Trentham Ltd v Archital Luxfer Ltd* [1993] 1 Lloyd's Rep 25 (27), CA: „English law generally adopts an objective theory of contract formation. That means that in practice our law generally ignores the subjective expectations and the unexpressed mental reservations of the parties. Instead the governing criterion is the reasonable expectations of honest men.“

189 [2008] EWHC 2257 (Comm).

190 *Beale*, Chitty on Contracts, 32. Aufl., 3-015, 3-029. Siehe auch: *Stoljar*, Mistake, 30.

191 Zum *contextual approach* bereits oben, § 2 A. I. 3. b) aa).

unter Berücksichtigung der Hintergrundinformation so ausgelegt, dass sie die Annahme der Erklärung des A mit dem Inhalt, der sich durch Auslegung ergibt, darstellt: Die Erklärung des B lautet demnach, dass er das Angebot des A über den Verkauf des Pkw zum Preis von 155.000 GBP annimmt. Zwischen A und B besteht dann ein Vertrag über den Verkauf des Pkw zum Preis von 155.000 GBP.

Dafür sprechen in der Literatur vertretene Ansichten zum Hasenfell-Fall *Hartog v Colin & Shields*. Wenngleich im Urteil Auslegungsfragen nicht angesprochen wurden, wird in der Literatur die Ansicht vertreten, der Verkäufer hätte im Hasenfell-Fall vermutlich mit seiner Klage Erfolg gehabt, wenn er gegen den Käufer auf Zahlung des Kaufpreises zum Preis pro Stück geklagt hätte.[192] Eine dritte Person mit Kenntnis des konkreten Erklärungsempfängers durfte aufgrund der vorangegangen Korrespondenzen nicht nur nicht auf ein Angebot zu einem Preis nach Gewicht vertrauen.[193] Ein objektiver Dritter mit der speziellen Kenntnis des Verkehrskreises wusste auch, dass sich der Preis für Hasenfelle pro Stück bemisst. Folglich könnte die Erklärung des Verkäufers im Sinne des von ihm Gewollten (Preis pro Stück) ausgelegt werden und die Erklärung des Käufers aus den gleichen Gründen als Annahme dieses Angebots.

Wie in *Hartog v Colin & Shields* war im bereits oben dargestellten Fall *Smith v Hughes* die Frage nach der Auslegung im Sinne des vom Erklärenden Gewollten ebenfalls nicht entscheidungsrelevant. Der Vertrag wurde im Sinne des objektiv Erklärten ausgelegt; es bestand zwischen den Parteien ein Vertrag über den Verkauf von Hafer, der keine Garantie über die besondere Qualität des Hafers enthielt. Indes wird auch in Bezug auf diesen Fall die Meinung vertreten, bei anderer Fragestellung als im Urteil könne der Fall so gelöst werden, dass ein Vertrag mit einer Garantie über die besondere Qualität des Hafers („good old oats") zustande gekommen wäre.[194]

Dafür, dass im Beispielsfall kein Vertrag über das Erklärte, aber ein Vertrag über das von A Gewollte zustande kommt, weil die Erklärungen im Sinne des von A Gewollten ausgelegt werden können, spricht darüber hinaus das Urteil

---

192 *Beale*, Chitty on Contracts, 32. Aufl., 3-029; *Beatson/ Burrows/ Cartwright*, Anson's Law of Contract, 278; *McLauchlan*, (2008) 124 LQR 608, 614.

193 *Hartog v Colin & Shields* [1939] 3 All E.R. 566 (567) per Hannen J: „when correspondence took place, the matter was always discussed at the price per piece, and never at the price per pound."

194 *Atiyah*, Essays, 258: „the true construction of the contract would have been that there was a sale with a warranty." Aus rechtsvergleichender Sicht: *Kramer*, Irrtum, 92 Rn 69.

eines nordirischen Gerichts in dem Fall, der dem Beispielsfall zugrunde liegt.[195] Das Urteil ist deshalb für eine Arbeit, die sich mit englischem Recht auseinandersetzt relevant, weil Nordirland zum Bereich des Common Law gehört; nordirisches Vertragsrecht besteht zum Großteil aus englischem Vertragsrecht.[196]

In dem Fall klagte die Klägerin A, eine Bank, gegen die Beklagten B auf Zahlung einer Vergleichssumme in Höhe von 155.000 GBP. B hatte bei A mehrere Bankkonten, aus denen sie A ungefähr 170.000 GBP schuldete. Nachdem A mehrfach Angebote des B abgelehnt hatte, mit der sie die Schuld tilgen wollte, hatte A schließlich B ein Vergleichsangebot über die Summe von 155.000 Euro gemacht. B hatte das Angebot des A, das nach dem damaligen Wechselkurs 104.687 GBP entsprach, schriftlich angenommen, indem sie sich für die Vergleichssumme in Höhe von 155.000 Euro bedankte und die Annahme des Angebots bestätigte.[197] A berief sich jedoch darauf, dass einer der Mitarbeiterinnen (hier C) ein Irrtum unterlaufen sei. C habe sich beim Euro-Zeichen vertippt; gemeint hätte sie 155.000 GBP.

In seinem Urteil machte der Richter deutlich, dass die Erklärungen objektiv auszulegen seien und die Vorverhandlungen nicht als Auslegungshilfe hinzugezogen werden dürften, er aber bei der Auslegung die Hintergrundinformation *(background facts)* berücksichtigt.

Zu diesem Hintergrund machte der Richter folgende Ausführungen. C hatte bereits vierzehn Jahre für die Bank gearbeitet; sie war erst kürzlich in die Abteilung in Belfast versetzt worden. Zuvor hatte sie in Dublin in der Währungseinheit Euro gearbeitet; als sie den Fall des B bearbeitete, war dies ihr erster Fall in der neuen Abteilung, in der sie in der Währungseinheit britische Pfund zu arbeiten hatte.

Nach Überzeugung des Gerichts lag ein Irrtum vor. C seien mehrere Fehler unterlaufen, die schließlich zum Erklärungsirrtum führten. C benutzte den Briefkopf der Zweigstelle der Bank in Dublin (Euro-Zone) anstelle des Briefkopfs von Belfast (Geltungsbereich des britischen Pfund). Den Gesamtbetrag, den B der A aus ihren Konten bei A schuldete, errechnete C fehlerhaft, indem sie als Währung der Verbindlichkeiten des B bei A anstelle des Pfund-Zeichens

---

195 *Ulster Bank Ltd v Lambe* [2012] NIQB 31. Dazu auch *Beale*, Chitty on Contracts, 32. Aufl., 3-029. Der Fall wird im Folgenden als Nordirland-Fall bezeichnet.

196 *Dickson*, Northern Ireland, 285.

197 Der Wortlaut des Schreibens lautet: „I wish to thank you for your settlement figure of Euro 155,000 and confirm that I accept your offer in full and final settlement of the matter." (*Ulster Bank Ltd v Lambe* [2012] NIQB 31 para 6).

das Euro-Zeichen benutzte. Diese Ausführungen konnten anhand von handschriftlichen Notizen der Angestellten bewiesen werden.

Der Richter war überzeugt, dass B den Irrtum des A erkannt hatte. Im Rahmen der Beweisführung wurde unter anderem darauf Bezug genommen, dass alle Konten der B bei A sich auf britische Pfund beliefen. Darüber hinaus hatte A ein Vergleichsangebot der B in Höhe von 118.500 GBP zuvor abgelehnt. Außerdem lag der Betrag von 155.000 Euro (umgerechnet etwa 104.000 GBP) deutlich unterhalb dieses Angebots. Weiterhin hatte B besonders schnell auf das (befristete) Angebot der A reagiert.

In seiner Urteilsfindung bezog sich der Richter an dieser Stelle auf *Hartog v Colin & Shields*; der Anwalt des A hatte den Fall nämlich als Argument eingebracht. Der Richter referierte kurz den Sachverhalt des Hasenfell-Falles wie auch das Ergebnis, wonach bei einem vom Erklärungsempfänger erkannten (und wohl auch durchschauten) Irrtum kein Vertrag mit dem Inhalt zustande kommt, wie er objektiv erscheint. Der Richter übertrug *Hartog v Colin & Shields* jedoch nicht auf den zu entscheidenden Fall. Vielmehr kam er ohne weitere Begründung zu dem Ergebnis, dass die Erklärung des A so auszulegen sei, dass sie den Inhalt hat, die Vergleichssumme bemesse sich in der Währungseinheit britische Pfund und nicht Euro. Der Richter ging auf die Erklärung des B nicht weiter ein und führte nicht aus, wie seine Erklärung auszulegen sei.[198] Im Ergebnis verurteilte er B zur Zahlung von 54.265,63 GBP plus Zinsen, was nach Umrechnung dem Differenzbetrag zwischen den von B bereits gezahlten 155.000 Euro und den von ihm dem A geschuldeten 155.000 GBP entsprach.

In der Gesamtschau zeigt sich, dass der Beispielsfall nach englischem Recht möglicherweise wie im deutschen Recht so gelöst werden kann, dass die Erklärungen nicht den Inhalt haben, wie ihn der Wortlaut vorgibt, sondern dass sie den Inhalt haben, den der Erklärende gewollt und den der Erklärungsempfänger erkannt hat.

---

198 Man könnte auch die Meinung vertreten, dass die Erklärung des B nur so ausgelegt werden kann, dass sie lautet, er nehme das Angebot des A zu 155.000 Euro an. Schließlich nahm B im Antwortschreiben ausdrücklich auf das Angebot in der Währungseinheit Euro Bezug; er erklärte nicht lediglich, dass er das Angebot des A annehme (siehe oben Fn 197). Die Erklärung des A könnte so ausgelegt werden, er wolle B ein Angebot in der Währungseinheit Pfund machen. Die Erklärung des B könnte aber nur so ausgelegt werden, dass er das Angebot in der Währungseinheit Euro annehme. Dann würden die Erklärungen nicht miteinander korrespondieren. Zwischen A und B bestünde kein Vertrag.

Indes halten Teile der Literatur daran fest, dass es bei einem vom Erklärungsempfänger erkannten und durchschauten Irrtum nur Lösung 2 geben könne, nämlich die Lösung, nach welcher der Vertrag mit dem objektiv erkennbaren Inhalt nichtig ist. Sie kritisieren die Lösung, nach der die Erklärungen im Sinne des vom Erklärenden Gewollten ausgelegt werden, mit dem Argument, dass in Fällen wie etwa dem Hasenfell-Fall[199] keine Einigung über den Inhalt bestehe, wie ihn der Erklärende gewollt und ihn der Erklärungsempfänger verstanden hatte.[200] Es sei eine Sache, anzuerkennen, dass kein Vertrag mit dem objektiv erklärten Inhalt zustande kommt, aber etwas völlig anderes, einen schriftlichen Vertrag zu den Bedingungen umzukonstruieren, wie sie der Erklärende gewollt hat.[201] Dieser Ansicht nach ist im Beispielsfall der Vertrag mit dem Inhalt „Verkauf des Pkw von A an B zum Preis in der Währungseinheit Euro" nichtig (Lösung 2) und ein Vertrag mit dem von B erkannten Inhalt („Verkauf des Pkw zum Preis in der Währungseinheit britische Pfund") kommt von vornherein nicht in Betracht.

cc) Bei schriftlichen Verträgen: Wirksamkeit der Erklärung mit dem Inhalt, wie A ihn gewollt hat, durch *rectification in equity* (Lösung 1)?

Folgt man dem traditionellen Ansatz, nach dem im Beispielsfall die Auslegung der schriftlichen Erklärungen von A und B zu dem Ergebnis führt, dass zwischen A und B ein Kaufvertrag über den Pkw zum Preis von 155.000 Euro besteht,[202] kann A möglicherweise *in equity* die Modifizierung des Vertrages durch Klage auf *rectification* wegen *common mistake* oder wegen *unilateral mistake* erreichen. Dann würde der Vertragstext gerichtlich so geändert werden, dass er dem von A Gewollten entspricht. Im Beispielsfall würde also die Währungseinheit im Sinne des von A Gewollten („britische Pfund") im Vertragsdokument berichtigt werden.[203]

A hat in seinem Angebot an B statt des Pfundzeichens das Eurozeichen gesetzt; dabei handelt es sich um einen *unilateral mistake*. Es geht nicht um eine

199 *Hartog v Colin & Shields* [1939] 3 All E.R. 566.

200 *Atiyah/ Smith*, Contract, 78 Fn 94; *Cartwright*, Misrepresentation, 623 Fn 84; *McKendrick*, Contract Law – Cases, 35, 524.

201 *Burrows*, Construction, 79 Fn 7.

202 Dazu oben, § 2 A. II. 3. b) aa).

203 Im Originalfall löste der Richter das Rechtsproblem bereits durch Auslegung, s. o. Er bezog aber auch die Möglichkeit der Klage auf *rectification* in seine Urteilsfindung ein, *Ulster Bank Ltd v Lambe* [2012] NIQB 31 para 28.

Fehlvorstellung beider Parteien,[204] sondern allein darum, dass das Vertragsdokument nicht den Willen des A ausdrückt, wenn dieses den Inhalt hat, A wolle den Pkw für 155.000 Euro an B verkaufen. Dieser Irrtum war auch wesentlich, denn A hätte den Vertrag mit B ohne den Irrtum nicht zu diesen Bedingungen abgeschlossen. Folglich kommt im Beispielsfall eine Klage auf *rectification* wegen *unilateral fundamental mistake* in Betracht.

Grundsätzlich ist die *rectification* bei einem *unilateral mistake* ausgeschlossen. Da durch *rectification* der Vertragstext gerichtlich geändert wird, wird sie als „drastisches" Rechtsmittel verstanden.[205] Sie soll deshalb nur ausnahmsweise möglich sein. Zwar muss das Verhalten des Erklärungsempfängers nicht einem Verhalten mit Täuschungsabsicht gleichkommen,[206] aber die Kenntnis oder das Verhalten des Erklärungsempfängers muss so gestaltet sein, dass es ungerecht *(inequitable)* wäre, dem Irrenden die *rectification* des Vertrages zu verwehren.[207]

In *Agip S.p.A. v Navigazione Alta Italia S.p.A.* waren im endgültigen Vertragsdokument US-Dollar statt italienischer Lira als Währungseinheit festgehalten.[208] Slade LJ führte aus, dass der Beklagte „actual knowledge of the existence of the relevant mistaken belief at the time when the mistaken plaintiff signed the contract" haben muss.[209] In dem konkreten Fall entschied das Gericht allerdings, dass die *rectification* des Vertrages nicht möglich sei, weil der Erklärungsempfänger keine tatsächliche Kenntnis vom Irrtum des anderen Vertragsteils gehabt habe.

---

204 Zu den Voraussetzungen der *rectification* wegen *common mistake* bereits oben, § 2 A. I. 3. b) bb).

205 *Agip S.p.A. v Navigazione Alta Italia S.p.A.* [1984] 1 Lloyd's Rep. 353, CA, 359 per Slade LJ. Aus der Literatur: *Andrews*, 2 Russ. L.J. 2014, 12, 22; *Beatson/ Burrows/ Cartwright*, Anson's Law of Contract, 286; *Burrows*, Construction, 90: Rechtsgrund der *rectification* bei *unilateral mistake* sei der „bad faith" des Erklärungsempfängers, der den Irrtum des anderen Teils kennt und nicht aufklärt. Dagegen *McLauchlan*, (2008) 124 LQR 608, 621: keine „drastische Maßnahme", konsequente Anwendung des *objective test*.

206 „Sharp practice" ist nicht mehr erforderlich. Dazu *Thomas Bates & Son Ltd v Wyndham's (Lingerie) Ltd.* [1981] 1 WLR 505; *Traditional Structures Ltd v HW Construction Ltd*, [2010] EWHC 1530 (TCC) para 25. Aus der Literatur: *Andrews*, 2 Russ. L.J. 2014, 12, 22; *Beale*, Chitty on Contracts, 32. Aufl., 3-070; *Burrows*, Construction, 90; *Cartwright*, Bargaining, 55 f.

207 Statt vieler: *Beatson/ Burrows/ Cartwright*, Anson's Law of Contract, 286.

208 [1984] 1 Lloyd's Rep. 353, CA.

209 *Agip S.p.A. v Navigazione Alta Italia S.p.A.* [1984] 1 Lloyd's Rep. 353, CA, 365. Siehe auch die zeitlich frühere Entscheidung *Riverlate Properties Ltd v Paul* [1975] Ch. 133 (140) per Russel LJ.

In der Entscheidung *Commission for the New Towns v Cooper (Great Britain) Ltd*[210] wurden die Voraussetzungen näher bestimmt. Danach ist Erfordernis der *rectification* bei einem *unilateral mistake* tatsächliche Kenntnis oder ein bestimmtes vorwerfbares Verhalten („(i) actual knowledge; (ii) wilfully shutting one's eyes to the obvious; and (iii) wilfully and recklessly failing to make such enquiries as an honest and reasonable man would make").[211]

Die Beweispflicht für die Kenntnis des Erklärungsempfängers vom Irrtum liegt bei demjenigen, der auf *rectification* klagt (hier also A).[212] Im Beispielsfall lässt sich anhand der Vorverhandlungen beweisen, dass B tatsächliche Kenntnis vom Irrtum des A hatte. Denn in den Vertragsverhandlungen war nie von einem Angebot in der Währungseinheit Euro die Rede, sondern von einem Angebot in britischen Pfund. Das Gericht könnte die Vorverhandlungen, wenn sie dokumentiert sind, als Beweismittel hinzuziehen.[213]

Als weitere Voraussetzungen der *rectification* müsste B es unterlassen haben, A auf den Irrtum aufmerksam zu machen, und der Vertrag müsste entweder vorteilhaft für B oder nachteilig für A sein, wenn er nicht korrigiert würde.[214] Diese Voraussetzungen sind im Beispielsfall erfüllt, denn B hat A nicht auf seinen Irrtum aufmerksam gemacht und B würde wegen des – zur damaligen Zeit – besseren Wechselkurses davon profitieren, wenn der Vertragstext nicht korrigiert würde und darin die Währungseinheit Euro und nicht britische Pfund festgehalten wäre.

Schließlich hätte die Klage des A auf *rectification* im Beispielsfall Erfolg, wenn A die Klage fristgemäß erhebt („within reasonable time") und keine schützenswerten Drittinteressen von einer Vertragskorrektur betroffen sind.[215] Im Beispielsfall sind keine Drittinteressen ersichtlich.

Zusammenfassend lässt sich feststellen, dass A *in equity* vermutlich mit Erfolg auf *rectification* wegen *unilateral mistake* klagen könnte.

---

210 [1995] Ch. 259, CA, 280, 292.

211 Diese Kriterien wurden von der Rechtsprechung bestätigt, siehe etwa *Traditional Structures Ltd v HW Construction Ltd*, [2010] EWHC 1530 (TCC) para 28.

212 *Beale*, Chitty on Contracts, 32. Aufl., 3-089.

213 Dazu bereits oben, § 2 A. I. 3. b) bb).

214 *Thomas Bates & Son Ltd v Wyndham's (Lingerie) Ltd.* [1981] 1 WLR 505 (516). Siehe auch: *Beale*, Chitty on Contracts, 32. Aufl., 3-072; *Beatson/ Burrows/ Cartwright*, Anson's Law of Contract, 286 jeweils mwN.

215 *Beatson/ Burrows/ Cartwright*, Anson's Law of Contract, 287; *Burrows*, Construction, 87 mwN; *Peel*, Treitel on the Law of Contract, 354.

In dem Fall, der dem Beispielsfall zugrunde liegt, lagen nach Überzeugung des Richters die Voraussetzungen der *rectification* ebenfalls vor; der Erklärende hatte aber nicht auf die *rectification* des Vertrages geklagt.[216] Wie oben gezeigt, löste der Richter den Fall bereits durch Auslegung der Erklärungen im Sinne des vom Erklärenden Gewollten und vom Erklärungsempfänger Erkannten; auf die Voraussetzungen der *rectification* kam es nicht an.

dd) Zwischenergebnis

Nach englischem Recht kommt im Beispielsfall zwischen A und B jedenfalls kein Vertrag mit dem Inhalt zustande, wie er objektiv erscheint (Lösung 2). Möglicherweise kann der Beispielsfall auch so gelöst werden, dass ein Vertrag über das von A Gewollte besteht (Lösung 1); dabei handelt es sich aber offenbar nur um eine schwache Tendenz in Rechtsprechung und Literatur.

c) Regelwerke: Wirksamkeit der Erklärung mit dem Inhalt, wie A ihn gewollt hat (Lösung 1)

Gemäß Art. 1:107 PECL sind die Regelungen zur Vertragsauslegung entsprechend auf die Auslegung von Erklärungen anwendbar. Im Abschnitt über die Auslegung von Verträgen ist die Situation, die dem Beispielsfall zugrunde liegt, ausdrücklich geregelt: Gemäß Art. 5:101 (2) PECL wird der Vertrag in der dem Willen der ersten Partei entsprechenden Weise ausgelegt, wenn feststeht, dass eine Partei den Vertrag in einem bestimmten Sinn verstanden wissen wollte und diese Absicht der anderen Partei bei Vertragsschluss nicht entgangen sein konnte.[217] Demzufolge kann die Erklärung des A so ausgelegt werden, dass sie den Inhalt hat, A wolle den Pkw für 155.000 GBP an B verkaufen. Die Erklärung des B, er nehme das Angebot des A an, kann aus der Sicht einer vernünftigen Person als Annahme dieses Angebots ausgelegt werden, Art. 1:107 iVm Art. 5:101 (3) PECL. Folglich besteht im Beispielsfall zwischen A und B ein Konsens über den Verkauf des Pkw zum Preis von 155.000 GBP. Dies ist auch Ergebnis der Vertragsauslegung bei direkter Anwendung des Art. 5:101 (2) PECL: Da B den wahren Willen des A erkannt hat, kann der Vertrag so ausgelegt werden, dass er den Inhalt hat, der Pkw werde für 155.000 GBP und nicht in der Währungseinheit Euro von A an B verkauft.

---

216 *Ulster Bank Ltd v Lambe* [2012] NIQB 31 para 28.

217 Im Kommentar zu den PECL ist zur Veranschaulichung der leicht abgewandelte Sachverhalt des Hasenfell-Falls des englischen Rechts angeführt, *Lando/ Beale*, PECL, Art. 4:104 Comment C, 242 f. Illustration 1.

Im Unterschied zum PECL ist in den anderen Regelwerken im Artikel über die Auslegung von Erklärungen bestimmt, dass eine einseitige Erklärung zwar grundsätzlich nach dem objektiven Empfängerhorizont auszulegen ist, aber in dem Fall eine Ausnahme gilt, in dem die Partei, welche die Erklärung abgegeben hat, einem in der Erklärung verwendeten Ausdruck eine bestimmte Bedeutung geben wollte und die andere Partei diesen Willen kannte. Dann wird der von der erklärenden Person verwendete Ausdruck so ausgelegt, wie jene Person ihn verstanden wissen wollte (Art. II.-8:201 (2) Alt. 1 DCFR; Art. 12 (2) Alt. 1 FS; Art. 12 (2) Alt. 1 CESL).[218] Im Beispielsfall wird die Erklärung des A also subjektiv ausgelegt; die Erklärung des B objektiv. Es gilt insofern nichts Anderes als nach den PECL.

Wie in den PECL ist im DCFR, der Feasibility Study und dem CESL geregelt, dass der Vertrag nach dem hypothetischen gemeinsamen Parteiwillen ausgelegt wird, wenn der eine Vertragsteil den wahren Willen des anderen Vertragsteils erkannt hat (Art. II.-8:101 (2) Alt. 1 DCFR; Art. 56 (2) Alt. 1 FS; Art. 58 (2) Alt. 1 CESL).[219]

In den Unidroit-Prinzipien ist der Fall des von der anderen Partei erkannten und durchschauten Irrtums im Artikel über die Vertragsauslegung nicht speziell geregelt. Hier gilt, dass der Vertrag bzw. die Erklärungen objektiv auszulegen sind, sofern kein gemeinsamer Parteiwille festgestellt werden kann, Art. 4.1 (2) PICC bzw. Art. 4.2 (1) PICC. Maßgeblich ist die Sicht einer vernünftigen Person, welche die Kenntnis des Verkehrskreises der Parteien hat.[220] Bei der Vertragsauslegung kann Rekurs auf die Vorverhandlungen genommen werden, Art. 4.3 (a) PICC. Im Beispielsfall haben A und B über den Verkauf des Pkw stets zum Preis in der Währungseinheit britische Pfund und nicht Euro verhandelt. Der objektive Dritte mit Kenntnis des konkreten Verkehrskreises weiß also – unter Bezugnahme der Vorverhandlungen –, dass die Währungseinheit britische Pfund

---

218 Die Vorschrift ist nach *Mittelstädt*, Auslegung, 385 f. überflüssig, weil die Auslegung aus der Perspektive eines objektiven Erklärungsempfängers (siehe Art. 4.2 (2) PICC; Art. II.-8:201 (1) DCFR; Art. 12 (1) FS; Art. 12 (1) CESL) zum gleichen Ergebnis führe.

219 *Zimmermann*, Festschrift Picker, 1366 weist darauf hin, dass die Vorschrift des DCFR im Vergleich zu der Regelung in den PECL insofern präzisiert wurde, als hier auch der Fall geregelt ist, dass eine Partei „eine in dem Vertrag enthaltene Bestimmung oder einen in ihm verwendeten Ausdruck" in einem bestimmten Sinne verstehen wissen wollte. In den PECL ist vom „Vertrag" die Rede; in der Feasibility Study und dem CESL von „einem im Vertrag verwendeten Ausdruck".

220 PICC, Art. 4.1, Comment 2.

gemeint war und nicht Euro. Nach den Unidroit-Prinzipien kann der Vertrag also wie nach den anderen Regelwerken in dem Sinne ausgelegt werden, dass er so lautet, dass zwischen A und B ein Vertrag über den Verkauf des Pkw zum Preis von 155.000 GBP besteht.

4. *Vergleich*

Nach dem deutschen Recht wird der Beispielsfall entweder durch Anwendung der *falsa demonstratio*-Regel oder im Wege der Auslegung nach dem objektiven Empfängerhorizont gemäß §§ 133, 157 BGB so gelöst, dass ein Vertrag zu den Bedingungen zustande kommt, wie sie der Erklärende A tatsächlich gewollt und der Erklärungsempfänger B sie erkannt hat.

Der Lösungsansatz, wonach der Fall durch Auslegung der Erklärungen unter Anwendung des *falsa demonstratio*-Prinzips sowie bei der Auslegung der Erklärung des B unter Hinzuziehung des Gedankens von § 116 S. 1 BGB gelöst wird, ist stark willensorientiert. Diese Lösung konstruiert zwischen den Parteien einen Konsens zu den von A gewollten und von B erkannten Bedingungen. Bringt B vor, das Erkannte nicht gewollt zu haben, wird dies als geheimer Vorbehalt und deshalb als unbeachtlich angesehen.

Werden die Erklärungen nach dem anderen Lösungsansatz objektiv ausgelegt, kommt es nach §§ 133, 157 BGB bei der Auslegung der Erklärungen auf die Sicht eines objektiven Dritten in der Position des konkreten Erklärungsempfängers an. Wie der Bundesgerichtshof entschied, muss sich der Erklärungsempfänger allerdings in dieser Fallkonstellation nicht den „wahren Willen des Irrenden zu eigen gemacht haben" – das Erkennen genügt. Die Erklärung des A ist aus der Sicht der dritten Person dann so auszulegen, dass sie den Inhalt hat, den B erkannt hat. Erklärt B lediglich, dass er das Angebot des A annehme, kann diese Erklärung als Annahmeerklärung ausgelegt werden.

Es besteht folglich nach beiden Auslegungsmethoden im deutschen Recht zwischen A und B ein Vertrag über den Verkauf des Pkw zum Preis von 155.000 GBP (Lösung 1).

Es ist nicht sicher, wie der Beispielsfall nach englischem Recht gelöst wird. Jedenfalls kommt bei Anwendung des *objective test* kein Vertrag mit dem Inhalt, wie er objektiv erscheint, zustande (Lösung 2), weil der Erklärungsempfänger nicht auf das objektiv Erklärte vertrauen darf.

In dem Fall, der dem Beispielsfall zugrunde liegt, ging der Richter mit seiner Lösung noch darüber hinaus: Er löste das Problem des Nordirland-Falles im Wege der Auslegung und kam zu dem Ergebnis, dass ein Vertrag über das vom Erklärenden Gewollte bestand (hier Lösung 1). Auch wenn einige Stimmen in der Literatur ihre Zurückhaltung gegenüber einer solchen Lösung laut werden lassen, weil der Erklärungsempfänger den vom Erklärenden gewollten Vertrag tatsächlich so nicht gewollt hat, zeigt die Untersuchung, dass es starke Stimmen gibt, die diesen Ansatz stützen. Das wird allerdings nicht mit einer klaren Verschiebung hin zu einer subjektiven Auslegung begründet; dieses Ergebnis kann vielmehr unter Anwendung des *objective test* erzielt werden, wenn die Erklärungen aus der Sicht eines Dritten auszulegen sind, der in der Position des konkreten Erklärungsempfängers ist.

Löst man den Beispielsfall nach englischem Recht im Wege der Auslegung im Sinne des von A Gewollten, wie es der Nordirland-Fall nahelegt, zeigt sich hier wie im Fall des übereinstimmenden Erklärungsirrtums, dass es nur dann einen Bedarf für die *rectification* eines schriftlichen Vertrages gibt, wenn der Vertrag nicht ohne Bezugnahme auf die Vorverhandlungen ausgelegt werden kann. Die Urteilsanalyse im Nordirland-Fall führt vor Augen, dass in der Praxis keine scharfen Grenzen zwischen Auslegung *at law* und *rectification in equity* bestehen. Starkes Argument für eine Auslegungslösung im Sinne des vom Erklärenden Gewollten ist die Ausnutzungsabsicht des Erklärungsempfängers, die der Richter im Nordirland-Fall daran festmachte, dass der Erklärungsempfänger besonders schnell auf das für ihn günstige Angebot reagiert hatte. Der Nordirland-Fall wurde offenbar im Sinne einer effizienten Lösung durch Auslegung gelöst; nur hilfsweise ordnete der Richter die *rectification in equity* an.

Die Untersuchung des englischen Rechts führt also zu dem Ergebnis, dass der Beispielsfall wohl mit ähnlichen Argumenten wie nach deutschem Recht gelöst werden könnte.

In den Regelwerken ist ausdrücklich geregelt, wie der Beispielsfall zu lösen ist. Die Erklärung der Partei, welche die Erklärung abgibt, die nach ihrem Willen eine andere Bedeutung haben soll, kann so ausgelegt werden, dass sie diesem Willen entspricht, wenn die andere Partei ihren wahren Willen erkannt hat. Auch bei der Auslegung des Vertrages wird nach den Regelwerken (mit Ausnahme der Unidroit-Prinzipien) bei der Vertragsauslegung ein subjektiver Ansatz verfolgt, der für diese Fallkonstellation kodifiziert ist: Der wahre Wille des Erklärenden bestimmt das Auslegungsergebnis, weil der Erklärungsempfänger bösgläubig ist. In den Unidroit-Prinzipien gibt es keine spezielle Auslegungsregel im Artikel über die Auslegung von Verträgen. Der Vertrag wird objektiv ausgelegt, allerdings unter Bezugnahme der Vorverhandlungen. Das Ergebnis der Auslegung unterscheidet sich dann wahrscheinlich nicht von dem Resultat, das nach den anderen Regelwerken erzielt wird: Zwischen A und B besteht im Beispielsfall ein Vertrag mit dem Inhalt, wie A ihn gewollt hat (Lösung 1).

Zusammenfassend kann festgehalten werden, dass im Beispielsfall nach beiden untersuchten Rechtsordnungen und den Regelwerken kein Vertrag mit dem Inhalt zustande kommt, wie er objektiv erscheint. A wird einheitlich als schutzwürdiger angesehen als B. Der Erklärungsempfänger B ist nach deutschem Recht, den Regelwerken und sogar möglicherweise nach englischem Recht im Wege der Auslegung an einen Vertrag zu den Bedingungen des Erklärenden gebunden (Lösung 1). Denn die Erklärung des A wird entgegen dem Wortlaut so ausgelegt, wie A es ursprünglich wollte, und die Erklärung des B kann, sofern er nur erklärt, er nehme das Angebot des A an, als Annahme dieses Angebots ausgelegt werden. Die Untersuchung zeigt, dass dieses Ergebnis sowohl bei Anwendung einer subjektiven als auch bei Anwendung einer objektiven Auslegungsmethode erzielt wird. Dabei wird die besondere Rolle der Person des objektiven Dritten bei der objektiven Auslegung deutlich: Sofern diese vernünftige Person die Kenntnis des konkreten Erklärungsempfängers hat, bestehen zwischen der objektiven und subjektiven Auslegungsmethode keine scharfen Konturen.

Zunächst erscheint es harsch, dass B an einen Vertrag gebunden ist, dem er nie objektiv zugestimmt hat. Diese Lösung berücksichtigt jedoch, dass B mit A über das von A Gewollte zuvor verhandelt hat und aus diesem Grund weiß, was A eigentlich gemeint hat. Die besondere im Beispielsfall bestehende Konstellation, in welcher der Erklärungsempfänger tatsächliche Kenntnis nicht nur vom Erklärungsirrtum des Erklärenden, sondern auch von dem von ihm Gewollten hat, rechtfertigt die Bindung des Erklärungsempfängers an den Vertrag mit dem Inhalt, der dem Willen des Erklärenden entspricht.

III. Erkennbarer und durchschaubarer Erklärungsirrtum

1. Beispielsfall

Verkäufer A und Käufer B haben über den Verkauf eines gebrauchten Pkw zunächst mündlich verhandelt. Als Verkaufspreis sind anfangs 700 Euro im Gespräch, was B aber zu teuer ist. Im Zuge der Verhandlungen macht A deutlich, dass er 700 Euro für einen angemessenen Preis hält; seine absolute Preisuntergrenze seien jedoch 600 Euro. Bevor er für weniger verkaufe, werde er den Pkw ansonsten erneut inserieren. Dennoch schlägt A dem B vor, er wolle über einen – aus seiner Sicht viel zu niedrigen – Preis von 620 Euro noch einmal nachdenken. Unmittelbar im Anschluss an das Gespräch schickt A ein schriftliches Angebot an B mit dem Inhalt, er wolle den Pkw für 260 Euro an B verkaufen. B freut sich über das Angebot, bemerkt den Irrtum des A nicht und sendet an A ein Antwortschreiben mit dem Inhalt: „Ich nehme Ihr Angebot an.“ Als A schließlich seinen Fehler bemerkt, verweigert er die Übergabe und Übereignung des Pkw an B zum Preis von 260 Euro und bringt vor, er habe die Ziffern vertauscht und tatsächlich 620 Euro erklären wollen. B will A trotz allem an dem Angebot zu 260 Euro festhalten.

2. *Mögliche Lösungen*

Als Lösung dieser Fallkonstellation kommen vier Möglichkeiten in Betracht. Zum einen ist denkbar, dass ein Vertrag zu den Bedingungen zustande kommt, wie A sie gewollt hat, also ein Vertrag über den Verkauf des Pkw zum Preis von 620 Euro (Lösung 1). Die Erklärung des A würde aufgrund dessen, dass aus den Umständen nicht nur hervorging, dass er sich geirrt hat, sondern auch, was er vermutlich gemeint hat, so ausgelegt, dass sie dem entspricht, was A tatsächlich gewollt und B hätte erkennen können. B hätte dieses Angebot angenommen, weshalb ein Vertrag mit dem von A gewollten Inhalt zustande käme. Diese Lösung würde die Interessen des A wahren. Sie würde dem Lösungsweg entsprechen, der im Fall des erkannten und durchschauten Erklärungsirrtums gewählt wurde. Demnach würde kein Unterschied zwischen dem Fall bestehen, in dem B den Erklärungsirrtum und den wahren Inhalt der Erklärung des A erkannt hat, und dem Fall, in dem die Umstände der Erklärung des A für ihn bloß erkennbar waren.

Als zweite Möglichkeit kommt infrage, dass zwischen A und B kein Vertrag besteht (Lösung 2). Diese Lösung würde berücksichtigen, dass der Erklärungsirrtum des A und das von ihm Gewollte für B erkennbar waren und er insofern kein Vertrauen auf die Erklärung des A in Höhe von 260 Euro haben konnte. Sie würde A davor schützen, einen Vertrag durchführen zu müssen, den er nicht gewollt hat.

Drittens ist denkbar, dass die Erklärung des A in der Bedeutung gilt, wie ihr Inhalt objektiv erscheint (hier Angebot über den Verkauf des Pkw zum Preis von 260 Euro), A aber wegen Erklärungsirrtums ein Anfechtungsrecht hat (Lösung 3). Dies stellte eine Kompromisslösung dar. Es würde den Interessen des B entsprechen, wenn zunächst ein Vertrag mit dem Inhalt, wie er objektiv erscheint, zustande kommt. Es würde insofern berücksichtigt, dass aus den Umständen der Erklärungsirrtum des A und das von A Gewollte für B nur erkennbar waren, er dies aber tatsächlich nicht erkannt hat. A könnte B den Vertrag über den Verkauf des Pkw für 260 Euro indes durch Anfechtung nehmen. Es würden folglich auch die Interessen des A gewahrt, der durch die Anfechtungsmöglichkeit ein Wahlrecht hätte, sich an den Vertrag mit B zu binden oder nicht. Darüber hinaus wäre zu erwägen, ob B ein Schadensersatzanspruch zugebilligt werden soll oder ob dieser wegen mangelnder Schutzbedürftigkeit des B zu versagen wäre. Insofern lautet Lösung 3, dass der Vertrag über 260 Euro wirksam ist, A aber eine Anfechtungsmöglichkeit hat, gegebenenfalls ohne dass B gegen ihn einen Schadensersatzanspruch hätte.

Schließlich ist denkbar, dass die Erklärung des A in der Bedeutung gilt, wie ihr Inhalt objektiv erscheint (hier Angebot über den Verkauf des Pkw zum Preis von 260 Euro), und ein Vertrag mit diesem Inhalt zustande kommt, ohne dass A ein Anfechtungsrecht hat (Lösung 4). Diese Lösung würde den Willen des Erklärenden nicht berücksichtigen, sondern die Wirksamkeit des Erklärten über seinen Willen stellen. So würde das Vertrauen des B und des Rechtsverkehrs in die Erklärung mit dem objektiv erscheinenden Inhalt geschützt. Die Lösung stellte das Gegenteil dessen dar, wie die Fallkonstellation gelöst wird, wenn B den Irrtum des A und das von ihm Gewollte kennt. Insofern würde deutlich zwischen dem Fall unterschieden, in dem B die Umstände der Erklärung des A positiv kennt, und dem Fall, in dem sie für ihn nur erkennbar waren. In der Folge würde B bei bloßer Erkennbarkeit der Umstände der Erklärung des A als schutzwürdiger gelten als bei tatsächlicher Kenntnis.

3. Lösungen des deutschen und des englischen Rechts sowie der Regelwerke

a) Deutschland

aa) Lösung 1: Wirksamkeit der Erklärung mit dem Inhalt, wie A ihn gewollt hat

Nach dem Gesetzeswortlaut scheint die Lösung des Beispielsfalls zunächst klar. Die Erklärungen der Parteien sind auszulegen. Die Erklärung des A liegt schriftlich vor: Das Angebot, das A an B gesendet hat, lautet nach dem Wortlaut und ohne Bezugnahme auf die Vorverhandlungen, dass er den gebrauchten Pkw für 260 Euro an B verkaufen will. B hat dieses Angebot schriftlich angenommen. Das heißt, dass zwischen A und B ein Kaufvertrag über den Pkw zum Preis von 260 Euro besteht. Die Bedeutung der Erklärung mit dem Inhalt, wie er objektiv erscheint, entspricht aber nicht dem Willen des A. Er kann sich vielmehr darauf berufen, dass er sich verschrieben hat und er ohne diesen Irrtum den Vertrag mit B nicht geschlossen hätte: Es liegt ein wesentlicher Erklärungsirrtum vor, § 119 I Alt. 2 BGB. A hätte also ein Anfechtungsrecht. B könnte nach der Systematik des Bürgerlichen Gesetzbuches dann gemäß § 122 I BGB grundsätzlich von A den Ersatz eines eventuell bestehenden Vertrauensschadens verlangen. Dieser entfällt jedoch nach § 122 II BGB, wenn B den Irrtum des A erkennen musste.[221]

---

221 § 122 II BGB lautet: „Die Schadensersatzpflicht tritt nicht ein, wenn der Beschädigte den Grund der Nichtigkeit oder der Anfechtbarkeit [...] infolge von Fahrlässigkeit nicht kannte (kennen musste)."

Es ist allerdings zu prüfen, ob im Beispielsfall die Erklärung des A nicht vielmehr so ausgelegt werden kann, dass sie dem entspricht, was er eigentlich erklären wollte (Angebot zu 620 Euro). Nach § 133 BGB ist bei der Auslegung der wirkliche Wille des Erklärenden zu erforschen. Im Zusammenspiel mit § 157 BGB kommt es nach deutschem Vertragsrecht bei der Auslegung auf die Sicht eines objektiven Erklärungsempfängers in der Position der konkreten Parteien an.

Die bisherige Untersuchung hat gezeigt, dass bei tatsächlicher Kenntnis des Erklärungsempfängers vom Erklärungsirrtum und des vom Erklärenden Gewollten das als Inhalt seiner Erklärung gilt, was der Erklärende gewollt und der Erklärungsempfänger erkannt hat. Wenn der Erklärungsempfänger das Gleiche gewollt hat wie der Erklärende und sich nur später eine der Parteien auf ein anderes Verständnis beruft, haben die Erklärungen den Inhalt, wie beide Parteien es zunächst gewollt haben *(falsa demonstratio non nocet)*. Hat der Erklärungsempfänger zwar nicht das Gleiche wie der Erklärende gewollt, hat er es aber erkannt und will den Erklärungsirrtum des Erklärenden ausnutzen, wird die Erklärung des Erklärenden ebenfalls im Sinne des von ihm Gewollten ausgelegt und die Erklärung des Erklärungsempfängers kann als Annahme dieses Angebots ausgelegt werden; dies ist abhängig vom genauen Wortlaut der Erklärung des Erklärungsempfängers.[222]

Nach herrschender Lehre kann auch dann, wenn für den Erklärungsempfänger der Irrtum des anderen Teils nur erkennbar ist und sich sein wirklicher Wille bloß aus den Umständen ergibt, die Erklärung des Erklärenden im Sinne des von ihm Gewollten ausgelegt werden und die Erklärung des Erklärungsempfängers ebenfalls.[223] Das Vertrauen des Erklärungsempfängers auf die Erklärung

---

222 Siehe oben, Fn 165.

223 Bamberger/Roth-*Wendtland*, § 133 Rn 27; *Brox*, Irrtumsanfechtung, 100; Brox/ *Walker*, BGB AT, 181 Rn 408; *Czarnecki*, Vertragsauslegung, 66; Erman-*Arnold*, § 119 Rn 4; *Jacobsohn*, JherJb 56 (1910), 329, 362; *Kling*, Sprachrisiken, 339 f., 398; *Kramer*, Grundfragen, 196; *Leenen*, MDR 1980, 353, 357; *ders.*, BGB AT, 69 Rn 56; MüKo-*Armbrüster*, § 119 Rn 60; Staudinger-*Singer*, § 119 Rn 41 und § 133 Rn 13; Rüthers/ *Stadler*, BGB AT, 184 Rn 11. Vgl. HKK-BGB/ *Schermaier*, §§ 116–124 Rn 24. Im Ergebnis ebenso, allerdings kritisch gegenüber der Differenzierung nach eindeutig durchschaubaren Irrtümern und sonstigen Irrtümern: *Schwarze*, Verständigungspflichten, 206 f. Aus rechtsvergleichender Sicht siehe auch *Lehmann/ Gohling*, Interpretation, 275, 280 sowie *McMeel/ Grigoleit*, Interpretation, 344 f. Dies gilt ebenso bei erkennbaren Eingabe- oder Softwarefehlern: *Härting*, Internetrecht, 177 Rn 789; kritisch dazu: Staudinger-*Singer*, § 119 Rn 41.
Zum besonderen Fall, in dem der Erklärungsempfänger bei Erkennbarkeit des Irrtums den wahren Willen des Erklärenden zufällig richtig errät: *Wieling*, Jura 1979,

mit dem Inhalt, wie er objektiv erscheint, ist dieser Ansicht nach nicht schutzwürdig, weil der Erklärungsempfänger durch einfache Nachfrage hätte herausfinden können, was der Erklärende wirklich gemeint habe.[224]

Zuweilen wird dabei danach differenziert, ob dem Erklärungsempfänger der Irrtum „ganz klar und unzweideutig"[225], bzw. ob ihm „der ‚Gesamttatbestand' der Erklärung [...] eindeutig"[226] entgegentrat.[227] Der Erklärende dürfe dann nach § 157 BGB darauf vertrauen, dass der Vertrag mit dem Inhalt zustande gekommen ist, wie er ihn gemeint hat; es handele sich auf Seiten des Erklärenden um eine einseitige *falsa demonstratio*, die ihm nicht schade.[228] Die Erklärung gelte dann in dem Sinne, wie sie der Erklärende tatsächlich gemeint hat.

Hier war offensichtlich, dass A sich bei der Abgabe der Erklärung, er wolle den Pkw für 260 Euro an B verkaufen, geirrt haben musste, weil A während der Vorverhandlungen nachvollziehbar erklärt hatte, er wolle den Pkw keinesfalls für weniger als 600 Euro verkaufen. B konnte nun nicht davon ausgehen, A wolle den Pkw unvermittelt zu rund 40 Prozent seines letzten Angebotes verkaufen. Nachdem A zuletzt ein Angebot über 620 Euro angekündigt hatte, war ebenfalls offensichtlich, dass A bei dem nunmehr vorgeschlagenen Preis von 260 Euro die Ziffern vertauscht haben musste und nicht „260" erklären wollte, sondern „620". Selbst wenn man also für die Auslegung der Erklärung verlangt, dass der Erklärungsirrtum des Erklärenden und das von ihm Gewollte für den Erklärungsempfänger klar erkennbar, bzw. dass der Gesamttatbestand der Erklärung für ihn deutlich erkennbar war, kann die Erklärung des A im Beispielsfall also in dem Sinn ausgelegt werden, dass er den Pkw für 620 Euro an B verkaufen will.

B hat das Angebot des A mit den Worten angenommen „Ich nehme Ihr Angebot an." Diese Erklärung hat aus der Sicht eines objektiven Erklärungsempfängers in der Position der konkreten Parteien den Inhalt, dass er das Angebot des A zum Verkauf des Pkw für 620 Euro angenommen hat. B muss sich nach dem zuvor Gesagten wie in dem Fall, in welchem er tatsächliche Kenntnis hat

---

524, 525 f. sowie auf die Thesen *Wielings* bezugnehmend: *Mittelstädt*, Auslegung, 106 ff.

224 Vgl. *Kling*, Sprachrisiken, 340 f.; Rüthers/ *Stadler*, BGB AT, 184 Rn 11. Siehe auch *Kramer*, Grundfragen, 196 und Staudinger-*Singer*, § 133 Rn 18. Aus rechtsvergleichender Sicht *Lehmann/ Gohling*, Interpretation, 275, 280.

225 *Jacobsohn*, JherJb 56 (1910), 329, 362.

226 *Kramer*, Grundfragen, 196 f.

227 *Schwarze*, Verständigungspflichten, 207 Fn 64 übt deutliche Kritik an dieser Unterscheidung.

228 *Kramer*, Grundfragen, 196. Vgl. *Trupp*, NJW 1990, 1346, 1347.

von dem Erklärungsirrtum und dem, was A tatsächlich gemeint hat, an diesem Inhalt festhalten lassen. Die Erklärung des B kann also als Annahme der Erklärung des A mit dem Inhalt, der sich durch Auslegung der Erklärung des A ergibt, ausgelegt werden.

Ähnlich begründet ist eine Entscheidung des Amtsgerichts Wedding in einem Fall, in dem die Kündigung einer juristischen Ausbildungszeitschrift streitig war.[229] A hatte die juristische Ausbildungszeitschrift „JuS" abonniert. In seiner Kündigung schrieb er aber versehentlich „Jura"; eine Zeitschrift, die gar nicht Teil des Verlagssortiments des B ist.[230] B hielt die Kündigung für unwirksam und verlangte Zahlung von weiteren gelieferten Heften der „JuS". Nach Auffassung des Gerichts „musste [B] klar sein", dass A die „JuS" und nicht die „Jura" kündigen wollte, denn A hatte nur die Zeitschrift „JuS" bestellt. Das Amtsgericht Wedding entschied, dass die versehentliche Falschbezeichnung nicht zur Unwirksamkeit der Willenserklärung führe und A deshalb das Abonnement der Zeitschrift „JuS" wirksam gekündigt hatte.

Löst man den Beispielsfall nach diesen Grundsätzen, kommt zwischen A und B, wie oben gezeigt, ein Vertrag über den Pkw zum Kaufpreis von 620 Euro zustande.

bb) Bei Lösung 1: Anfechtungsrecht des B?

Wie oben gezeigt, kommt nach der Mehrheitsmeinung in der Literatur im Beispielsfall ein Vertrag mit dem Inhalt zustande, der dem Willen des A entspricht. Dies ist deshalb möglich, weil die Erklärung des A wegen der Evidenz der Gesamtumstände im Sinne des von ihm Gewollten ausgelegt werden kann. Auch die Erklärung des B wird dem Willen des A entsprechend ausgelegt. B kann dann vorbringen, dass er sich bei Abgabe der Erklärung „Ich nehme Ihre Erklärung an." über die Bedeutung dieser Erklärung geirrt hat.[231] Nach der Systematik des Bürgerlichen Gesetzbuches steht ihm also ein Anfechtungsrecht wegen Inhaltsirrtums gemäß § 119 I Alt. 1 BGB zu; er kann A den Vertrag, der sich durch Auslegung ergibt, wieder nehmen.

---

229 AG Wedding, 20.02.1990, 2 C 359/89 = NJW 1990, 1797.

230 Ob es sich hierbei um einen Inhaltsirrtum (§ 119 I Alt. 1 BGB) handelt und nicht um einen Erklärungsirrtum, sei an dieser Stelle dahingestellt. Das Gericht hat dazu keine Ausführungen gemacht.

231 Vgl. MüKo-*Armbrüster*, § 122 Rn 22 mwN.

cc) Lösung 3: Wirksamkeit der Erklärung mit dem Inhalt, wie er objektiv erscheint, mit Anfechtungsmöglichkeit für A

Wie bereits oben angesprochen, unterscheiden einige Autoren innerhalb der herrschenden Meinung danach, ob der wahre Wille des Erklärenden für den Erklärungsempfänger klar erkennbar war oder nicht. Sei für den Erklärungsempfänger nicht klar erkennbar, was der Erklärende tatsächlich gemeint habe, gelte die Erklärung des Erklärenden im objektiven Sinne, sie sei aber anfechtbar.[232] Nach einer Mindermeinung ist dagegen im Fall des durchschaubaren Irrtums immer von dem Sinn der Erklärung auszugehen, wie er objektiv erscheint; der Erklärende könne den Vertrag aber gemäß § 119 I BGB anfechten.[233] Die Ansicht wird damit begründet, es sei eine zu harsche Konsequenz, wenn der Erklärungsempfänger an einen Vertrag mit einem Inhalt, den er nicht erkannt hat, sondern nur erkennen konnte, gebunden sei, wie es die Vertreter von Lösung 1 fordern.[234] Indes entfalle der Anspruch des B gegen A auf Ersatz des Vertrauensschadens gemäß § 122 II BGB.[235]

Gegen Lösung 3 bringen Vertreter der Auslegungslösung im Sinne des von A Gewollten allgemein vor, eine Anfechtung nach § 119 I BGB komme von vornherein nicht in Betracht, denn dann würde die Anfechtung der Auslegung vorgehen.[236] Zwar könnte für die Anfechtbarkeit die Regelung des § 122 II BGB sprechen. Wegen des Vorrangs der Auslegung verbleibe für sie aber nur der Anwendungsbereich, in dem der Erklärungsempfänger erst nach Wirksamwerden der Willenserklärung Kenntnis des Irrtums habe.[237]

Folgt man dennoch den Vertretern von Lösung 3, wird die Erklärung des A im Beispielsfall so ausgelegt, dass er den Pkw für 260 Euro an B verkaufen will. Die Erklärung des B „Ich nehme Ihr Angebot an." kann als Annahme dieses Angebots ausgelegt werden, weil sie so ausgelegt werden kann, dass B das Angebot

---

232 *Jacobsohn*, JherJb 56 (1910), 329, 362. Anderer Ansicht: *Kramer*, Grundfragen, 196 f.: Trete dem Erklärungsempfänger der „Gesamttatbestand" der Erklärung des Erklärenden nicht eindeutig entgegen, liege Dissens vor.

233 BGH, 21.05.1959, II ZR 165/57 = VersR 1959, 497 (498). Aus der Literatur: *Flume*, Rechtsgeschäft, § 16 1, 302; *Häcker*, Consequences, 181; Soergel-*Hefermehl*, § 119 Rn 6. Siehe auch zum deutschen Recht aus rechtsvergleichender Sicht *McMeel/ Grigoleit*, Interpretation, 344 f.

234 *Häcker*, Consequences, 181 Fn 82. Siehe auch: *McMeel/ Grigoleit*, Interpretation, 344 f.

235 *Jacobsohn*, JherJb 56 (1910), 329, 362. Soergel-*Hefermehl*, § 119 Rn 6.

236 Staudinger-*Singer*, § 119 Rn 40.

237 Nachweise bereits oben, Fn 175.

des A mit dem Inhalt, wie er sich durch Auslegung ergibt, annehmen wollte. Es kommt zwischen A und B ein Vertrag mit dem Inhalt zustande, der dem objektiven Erklärungsinhalt und dem tatsächlichen Verständnis des Erklärungsempfängers entspricht, also über den Verkauf des Pkw für 260 Euro. A hat aber wegen eines Erklärungsirrtums gemäß § 119 I Alt. 2 BGB ein Anfechtungsrecht, weil er in seinem Angebot die Ziffern vertauscht, sich also verschrieben hat. Ohne den Irrtum hätte er diese Erklärung nicht abgegeben. A wäre also wegen eines wesentlichen Erklärungsirrtums anfechtungsberechtigt.

Unabhängig davon, ob man innerhalb von Lösung 3 danach differenziert, ob A nur dann ein Anfechtungsrecht wegen Erklärungsirrtums hat, wenn der Erklärungsirrtum und der wirkliche Wille des Erklärenden bzw. der Gesamttatbestand seiner Erklärung für B eindeutig war oder nicht, führt die fahrlässige Unkenntnis des B vom Erklärungsirrtum des A dazu, dass sein Anspruch gegen A auf Ersatz eines möglichen Vertrauensschadens nach § 122 I BGB gemäß § 122 II BGB entfällt. Dies gilt unabhängig davon, ob man den Versagungstatbestand des § 122 II BGB auf für den Erklärungsempfänger evidente Irrtümer beschränken will.[238] Nach der hier vertretenen Auffassung war der Erklärungsirrtum des A für B bei geringster Aufmerksamkeit erkennbar. B hat also gegen A keinen Anspruch auf Schadensersatz gemäß § 122 I BGB.

dd) Zwischenergebnis

In Deutschland ist umstritten, wie der Beispielsfall zu lösen ist. Nach der Mehrheitsmeinung im Schrifttum kommt ein Vertrag mit dem Inhalt zustande, der dem Willen des A entspricht, also über den Verkauf des Pkw zum Preis von 620 Euro (Lösung 1). B hat aber ein Anfechtungsrecht wegen Inhaltsirrtums gemäß § 119 I Alt. 2 BGB. Macht B von diesem Recht Gebrauch, ist der Vertrag mit A nichtig, § 142 I BGB.

Nach der Mindermeinung besteht ein Vertrag mit dem Inhalt, wie er objektiv erscheint, also über den Verkauf des Pkw zum Preis von 260 Euro, A ist aber gemäß § 119 I Alt. 2 BGB wegen Erklärungsirrtums anfechtungsberechtigt (Lösung 3). Bei erfolgter Anfechtung ist der Vertrag zwischen A und B also auch nach dieser Meinung gemäß § 142 I BGB nichtig.

Im Ergebnis ist folglich der (anfechtbare) Vertrag zwischen A und B nach beiden Ansichten nichtig, sofern die Parteien von ihrem Anfechtungsrecht Gebrauch machen.

---

238 So *Flume*, Rechtsgeschäft, § 21 7, 424; Medicus/ *Petersen*, BGB AT, 341 Rn 785; *Mankowski*, Beseitigungsrechte, 556 f.

b) *England*

aa) Lösung 2: Kein Vertrag

Für die Auslegung der Erklärungen im Beispielsfall ist der *objective test* maßgeblich. Bei der Auslegung der Erklärung des A ist deshalb zu fragen, ob B glauben durfte und tatsächlich geglaubt hat, dass A einen Vertrag zum niedrigen Preis schließen wollte, obwohl für ihn erkennbar war, dass A sich verschrieben hat und den Pkw eigentlich zum Preis von 620 Euro an ihn verkaufen wollte. In der Literatur wird die Ansicht vertreten, das Vertrauen des Erklärungsempfängers auf den objektiven Erklärungsgehalt der Erklärung des anderen Teils sei in diesem Fall nicht schutzwürdig; es komme kein Vertrag zustande.[239]

Bei der Untersuchung des Fallmaterials fällt auf, dass die Richter in ihren Entscheidungen oft Ausführungen zur Erkennbarkeit des Irrtums für den anderen Teil machen, um darstellen zu können, dass der Erklärungsempfänger den Irrtum tatsächlich erkannt (und wohl auch durchschaut) hat. Insofern verläuft zwischen Kenntnis und Kennenmüssen ein schmaler Grat. Wie oben gezeigt, kommt nach englischem Recht bei positiver Kenntnis des Erklärungsempfängers vom Erklärungsirrtum und von dem wahren Willen des Erklärenden nach der Mehrheitsmeinung kein Vertrag mit dem Inhalt zustande, wie er objektiv erscheint; nur nach einer Mindermeinung kann der Fall des erkannten und durchschauten Erklärungsirrtums durch Auslegung im Sinne des vom Erklärenden Gewollten gelöst werden, ansonsten kommt es *in equity* auf die Voraussetzungen der *rectification* an.[240]

Diese Überschneidung von Kenntnis und Kennenmüssen wird etwa am Urteil von Richter Singleton im Hasenfell-Fall *Hartog v Colin & Shields* deutlich. Richter Singleton entschied, der Irrtum (Preis pro Gewicht statt Preis pro Stück) sei (objektiv) für jeden erkennbar, der mit den konkreten Handelsbräuchen vertraut sei.[241] Zudem sei für den konkreten Käufer erkennbar gewesen, dass sich der Verkäufer geirrt habe, weshalb er schließlich so behandelt wurde, als habe

---

239 *Beale/ Fauvarque-Cosson/ Rutgers/ Tallon/ Vogenauer*, Cases, 464; *Cartwright*, Misrepresentation, 13-22 616 f.; *Häcker*, Consequences, 183 Fn 92; *McLauchlan*, (2008) 124 LQR 608, 612; *Stevens*, Objectivity, 104; *Treitel*, Contract, 137. Siehe auch: *Cartwright*, Bargaining, 19. *Beale*, Chitty on Contracts, 32. Aufl., 3-033, siehe aber auch 3-076: „the effect of a mistake by A of which B did not know but should have known is not clearly established."

240 Siehe oben, § 2 A. II. 3. b).

241 *Hartog v Colin & Shields* [1939] 3 All E.R. 566 (568 per Singleton J): „I am satisfied that anyone with any knowledge of the trade must have realised that there was a mistake."

er den Irrtum des anderen Teils tatsächlich erkannt.[242] Da der Richter überzeugt war, dass der potentielle Käufer den Irrtum und das vom Verkäufer tatsächlich Gewollte kannte und ausnutzen wollte, war der Vertrag, mit dem Inhalt, wie er objektiv erscheint, nichtig *(void)*.

Es lässt sich feststellen, dass nach englischem Recht zwischen A und B im Beispielsfall jedenfalls kein Vertrag mit dem Inhalt „Verkauf des Pkw für 260 Euro" zustande kommt.

bb) Lösung 1: Wirksamkeit der Erklärung mit dem Inhalt, wie A ihn gewollt hat?

Vereinzelt wird die Meinung vertreten, bei der Auslegung der Erklärungen im Fall des erkennbaren und durchschaubaren Erklärungsirrtums sei der Aspekt entscheidend, dass es auf die Sicht einer vernünftigen Person in der Position der konkreten Parteien bzw. des konkreten Erklärungsempfängers ankomme.[243] Lord Hoffmann hatte im ICS-Fall herausgestellt, dass es nach englischem Recht bei der Auslegung zwar zulässig ist, auf den Kontext Bezug zu nehmen, aber die Vorverhandlungen nicht berücksichtigt werden dürfen.[244] Einzige Ausnahme sei die *rectification*, bei der die Vorverhandlungen hinzugezogen werden dürfen.

Nach einer Mindermeinung ist der Ausschluss der Vorverhandlungen an dieser Stelle „künstlich": Vorausgesetzt, dass sich die vernünftige Person in der Position des konkreten Erklärungsempfängers befinde, hätte diese Person selbstverständlich Kenntnis der Kommunikation, die zwischen den Parteien vor Vertragsschluss stattgefunden hat.[245] Lord Hoffmann selbst habe darauf hingewiesen, dass unklar sei, in welchen Grenzen ausnahmsweise gelte, dass

242 *Hartog v Colin & Shields* [1939] 3 All E.R. 566 (568), per Singleton J: „I am satisfied however, from the evidence given to me, that the plaintiff must have known, and did in fact know, that a mistake had occurred." Auch im oben dargestellten Nordirland-Fall *Ulster Bank Ltd v Lambe* [2012] NIQB 31 schloss Weatherup J in Rn 20 von der Erkennbarkeit auf die Kenntnis. Zur Überschneidung von Erkennbarkeit und Kenntnis siehe auch die Ausführungen von Richter Mance in *Chwee Kin Keong v Diglandmall.com Pte Ltd* [2005] 1 S.L.R. 502. Dazu ausführlich unten, § 2 B. I. 3. b) aa).

243 *McLauchlan*, (1999) 30 Victoria University of Wellington Law Review 175, 183 f.; *ders.*, (2005) 24 University of Queensland Law Journal, 479, 494.

244 *Investors Compensation Scheme Ltd v West Bromwich Building Society* [1998] 1 WLR 896 (913 per Lord Hoffmann). Dazu bereits oben, § 2 A. I. 3. b) aa).

245 *McLauchlan*, (2005) 24 University of Queensland Law Journal, 479, 494 mit Verweis auf *Investors Compensation Scheme Ltd v West Bromwich Building Society* [1998] 1 WLR 896 (913 per Lord Hoffmann).

Vertragsverhandlungen nur bei der *rectification* berücksichtigt werden könnten. So ist vorstellbar, dass die Auslegung nach dem *objective approach* die Hinzuziehung des Vorverhaltens der Parteien und damit die Vorverhandlungen aus objektiver Sicht erlaubt.[246]

Für die Auslegung der Erklärungen im Beispielsfall bedeutet die Möglichkeit der Einbeziehung des Kontexts, dass die Erklärung des A im Sinne des von A Gewollten ausgelegt werden kann – denn für eine vernünftige Person in der Position des B war aufgrund der Geschehnisse im Vorfeld des Vertragsschlusses deutlich, dass A sich geirrt hat und auch, was er tatsächlich erklären wollte, vgl. oben. Die Erklärung des B („Ich nehme Ihr Angebot an.") lautet aus der Sicht dieser vernünftigen Person, dass B das Angebot des A zum Verkauf des Pkw zum Preis von 620 Euro angenommen hat. Dann käme zwischen A und B *at law* ein Vertrag über den Verkauf des Pkw für 620 Euro zustande.

An diesem Ergebnis wird Kritik geübt. Es sei zwischen mündlichen und schriftlichen Verträgen zu unterscheiden; eine Auslegung im Sinne des von A Gewollten sei nur bei mündlichen Vereinbarungen möglich, bei schriftlichen Verträgen jedoch nicht.[247] Es ginge nämlich zu weit, den Erklärungsempfänger *at law* an einen Vertrag zu binden, dessen Inhalt er nur erkennen konnte, tatsächlich aber nicht erkannt hat. Bei schriftlichen Verträgen sei dies eine zu drastische Maßnahme; richtigerweise sollte dann nicht über das Ergebnis hinausgegangen werden, dass der Vertrag mit dem Inhalt, wie er objektiv erscheint, *at law* nichtig ist.

cc) Bei schriftlichen Verträgen: Wirksamkeit der Erklärung mit dem Inhalt, wie A ihn gewollt hat, durch *rectification in equity* (Lösung 1)?

Vorausgesetzt, es gibt ein schriftliches Dokument, in dem der Inhalt des Vertrages so erscheint, dass A den Pkw für 260 Euro an B verkauft, ist dieser Vertrag, wie oben gezeigt, *void at law. In equity* kann A möglicherweise durch Klage auf *rectification* erreichen, dass das Vertragsdokument gerichtlich so korrigiert wird, dass der Preis des Pkw 620 Euro lautet, wie A es eigentlich gewollt hat.

Die Berichtigung eines schriftlichen Vertrages, die *rectification*, ist bei einem Irrtum von nur einer Partei *(unilateral mistake)* nur in engen Ausnahmen zulässig.[248] Der Irrende kann allein dann, wenn der Erklärungsempfänger tatsächliche Kenntnis hat oder sich bewusst der Kenntnis von dem offensichtlichen Irrtum

246 So deutlich: *Burrows*, Construction, 82.

247 *Burrows*, Construction, 79 Fn 7. Siehe auch *Beale*, Chitty on Contracts, 32. Aufl., 3-076. Siehe auch aus rechtsvergleichender Sicht: *Häcker*, Consequences, 182 f.

248 Dazu bereits oben, § 2 A. II. 3. b) cc).

verschlossen hat, verlangen, dass der Vertragsinhalt so geändert wird, dass er dem entspricht, was er gewollt hat.[249] Anknüpfungspunkt der *rectification* ist bei einem vom Erklärungsempfänger erkannten Irrtum insofern das Verhalten des Erklärungsempfängers, dem *dishonesty* oder *bad faith* vorgeworfen werden kann.[250]

Im Beispielsfall hat B gerade keine tatsächliche Kenntnis. Wegen der Evidenz der Gesamtumstände der Erklärung des A für B könnte man aber die Ansicht vertreten, dass B sich der Kenntnis verschlossen hat. Dann wären die Voraussetzungen der *rectification* wohl auch im Übrigen erfüllt.

Vertritt man die Ansicht, B habe weder tatsächliche Kenntnis vom Irrtum des Erklärenden A, noch könne der Irrtum des A in sonstiger Weise auf das Verhalten des B zurückgeführt werden, ist *rectification* grundsätzlich nicht möglich.[251] A könnte im Beispielsfall nicht auf *rectification* des Vertrages klagen.

Jedoch wird in der Literatur vereinzelt die Meinung vertreten, sofern der Erklärungsempfänger durch sein Verhalten den Eindruck erweckt habe, er stimme dem Inhalt der Erklärung des Erklärenden zu, der sich durch Auslegung ergebe, sei *rectification* wegen *unilateral mistake* möglich, auch wenn der Irrtum und das von ihm Gewollte für den Erklärungsempfänger nur erkennbar war.[252] In diesem Fall würde die *rectification* einen von den Parteien zuvor erreichten Konsens widerspiegeln. Toulson J hat im *obiter dictum* der Entscheidung *Daventry*

249 *Baden v Société Générale pour Favoriser le Développement du Commerce et de l'Industrie en France S.A. (Note)* [1993] 1 WLR 509 per Gibson J: „(i) actual knowledge; (ii) willfully shutting one's eyes to the obvious; and (iii) willfully and recklessly failing to make such enquiries as an honest and reasonable man would make" zitiert nach Stuart-Smith LJ in *Commission for the New Towns v Cooper (Great Britain) Ltd* [1995] Ch. 259, CA, (280). Siehe auch Toulson LJ in *Daventry District Council v Daventry and District Housing Ltd* [2011] EWCA Civ 1153 para 184. *Beale*, Chitty on Contracts, 32. Aufl., 3-070; *Cartwright*, Misrepresentation, 13–47 651 f.

250 *Burrows*, Construction, 88. Kritisch *McLauchlan*, (2008) 124 LQR 608, 609.

251 *Commission for the New Towns v Cooper (Great Britain) Ltd* [1995] Ch. 259, CA, (279 per Stuart-Smith LJ): „It is important to realise that in that case the defendants did not know of the plaintiffs' mistake, and the mistake was not in any way attributable to the defendants' conduct, but solely to the plaintiff's carelessness in not reading the carter carefully. In these circumstances, it is plain that it would be quite inequitable to foist upon the defendants a contract they did not intend to make."

252 *McLauchlan*, (2008) 124 LQR 608, 610, 640. Siehe auch *ders.*, (2010) 126 LQR 8, 13 f.

District Council v Daventry District Housing seine Sympathie für diese Ansicht zum Ausdruck gebracht.[253]

Indes ist dieser Ansatz auf Kritik gestoßen: Die Bindung des Erklärungsempfängers an das vom Erklärenden tatsächlich Gewollte wird als unangemessen erachtet, weil es keine Anhaltspunkte dafür gebe, dass der Erklärungsempfänger einem Vertrag mit dem Inhalt, wie A es gewollt hat, zugestimmt hätte.[254] Zudem sollte die *rectification* für *unilateral mistake* auf wenige Ausnahmefälle beschränkt bleiben, damit die Aussagekraft von schriftlichen Dokumenten nicht geschwächt werde. Dieser Ansicht nach scheidet im Beispielsfall die *rectification* des Vertrages nach dem von A Gewollten aus.

dd) Zwischenergebnis

Nach englischem Recht kommt im Beispielsfall zwischen den Parteien kein Vertrag mit dem Inhalt zustande, wie er objektiv erscheint (Lösung 2). Es ist denkbar, dass ein Vertrag besteht, der dem vom Erklärenden Gewollten entspricht (Lösung 1), allerdings wird dies von der Mehrheitsmeinung abgelehnt.

c) Regelwerke

aa) Lösung 1: Wirksamkeit der Erklärung mit dem Inhalt, wie A ihn gewollt hat

Für die Vertragsauslegung regelt Art. 5:101 (1) PECL, dass ein Vertrag nach dem gemeinsamen Willen der Parteien auszulegen ist, auch wenn dieser nicht mit dem Wortlaut der Erklärungen übereinstimmt.[255] Im Beispielsfall haben A und B keinen gemeinsamen Willen. Wenn feststeht, dass eine Partei den Vertrag in einem bestimmten Sinne verstanden wissen wollte und diese Absicht der anderen Partei bei Vertragsschluss nicht entgangen[256] sein konnte („[...] could not have been unaware of the first party's intention"), wird der Vertrag nach Art. 5:101 (2)

---

253 Toulson LJ in *Daventry District Council v Daventry and District Housing Ltd* [2011] EWCA Civ 1153 para 174 sowie para 184, der sich ab para 173 ausführlich mit der Ansicht von *McLauchlan* auseinandersetzt.

254 *Andrews*, Contract Law, 415 Rn 14.47; *Davies*, (2012) 75 MLR 412 (425 f.). Siehe auch *Beale*, Chitty on Contracts, 32. Aufl., 3-087 sowie *Cartwright*, Misrepresentation, 13–47 651 f. Stellungnahme offen lassend *Dodsworth*, Values, 125.

255 Art. 4.1 (1) PICC; Art. II.-8:101 (1) DCFR; Art. 56 (1) FS; Art. 58 (1) CESL.

256 So die Übersetzung von *Schulze/ Zimmermann*, Basistexte, III.10, 635. Siehe auch die Übersetzung von *v. Bar/ Zimmermann*, Grundregeln, Art. 5:101 (2): „[...] und der anderen Partei dieser Umstand bei Vertragsschluss nicht verborgen geblieben sein konnte".

PECL in der dem Willen der ersten Partei entsprechenden Weise ausgelegt. Für die Vertragsauslegung ist also der Maßstab eines objektiven Dritten maßgeblich, der das Sonderwissen des konkreten Erklärungsempfängers hat.[257] Hinsichtlich der Erkennbarkeit des Irrtums des Erklärenden und des von ihm tatsächlich Gewollten für den Erklärungsempfänger ist aufgrund der Formulierung nicht klar, ob der Erklärungsempfänger den wahren Willen des Erklärenden hätte kennen müssen oder ob dieser für ihn evident gewesen sein muss.

Im Beispielsfall hatte A dem B gegenüber deutlich gemacht, dass er den Preis von 620 Euro für den Pkw für viel zu niedrig hält; er hatte B gegenüber aber vorgeschlagen, dass er über diesen Preis noch einmal nachdenken werde. Als B das Angebot über den Verkauf des Pkw in Höhe von 260 Euro erhielt, war für einen objektiven Dritten mit der Kenntnis des B also jedenfalls erkennbar, dass A sich geirrt hatte. Da als letztes Angebot der Preis von 620 Euro im Raum stand, konnte einem objektiven Dritten mit der Kenntnis des B bei Erhalt des Angebots in Höhe von 260 Euro nicht entgangen sein, dass A die Zahlen vertauscht haben musste und tatsächlich ein Angebot in Höhe von 620 Euro erklären wollte. Es liegt Kennenmüssen wie auch Evidenz vor und zwar hinsichtlich des Irrtums des A und auch des von A Gewollten. Daraus folgt, dass der Vertrag gemäß Art. 5:101 (2) Alt. 2 PECL in der Weise ausgelegt wird, die dem Willen des A entspricht. Nach den PECL besteht also zwischen A und B ein Vertrag über den Verkauf des Pkw zum Preis von 620 Euro.

Bei entsprechender Anwendung dieser Regel auf die Auslegung von Erklärungen (vgl. Art. 1:107 PECL) ergibt sich Folgendes. A hat schriftlich das Angebot an B abgegeben, den Pkw für 260 Euro an B verkaufen zu wollen. Aufgrund der Vorverhandlungen war für einen objektiven Dritten mit der Kenntnis des B aber nicht nur offensichtlich, dass A sich geirrt hat, sondern auch, was A eigentlich erklären wollte, vgl. oben. Folglich kann die Erklärung im Sinne des von A Gewollten („Angebot über den Verkauf des Pkw zum Preis von 620 Euro") ausgelegt werden. B hat erklärt, er nehme das Angebot des A an. Da für einen objektiven Dritten mit der Kenntnis des B offensichtlich war, dass das Angebot des A so lautete, dass er den Pkw für 620 Euro an ihn verkaufen wollte, ist die Erklärung des B so auszulegen, dass er das Angebot des A über den Verkauf des Pkw für 620 Euro angenommen hat. Somit besteht nach den PECL im Beispielsfall nach Auslegung der Erklärungen zwischen A und B ein Kaufvertrag über den Pkw zum Preis von 620 Euro.

257 So deutlich *Mittelstädt*, Auslegung, 384, der die Vorschrift im Übrigen für überflüssig hält. Es gebe kein Bedürfnis für eine spezielle Regelung, weil die Auslegung aus einer objektiven Empfängerperspektive im Fall des für den Erklärungsempfänger erkennbaren und durchschaubaren Erklärungsirrtums ausreichend sei (*ders.*, ebd., 383 f.).

In den Unidroit-Prinzipien gibt es im Abschnitt über die Auslegung von Erklärungen eine Regelung, die dem Wortlaut der Vorschrift über die Vertragsauslegung in den PECL stark ähnelt: Gemäß Art. 4.2 (1) Alt. 2 PICC sind die Erklärungen in einer dem Willen der ersten Partei entsprechenden Weise auszulegen, wenn der zweiten Partei diese Absicht nicht entgangen sein konnte („[...] could not have been unaware of that intention"). Zur Auslegung der Erklärungen nach den Unidroit-Prinzipien gilt also das Gleiche wie nach den PECL.

Im ersten Absatz von Art. 4.1 PICC ist der Grundsatz geregelt, dass der Vertrag nach dem gemeinsamen Willen der Parteien ausgelegt werden soll. Es gibt keine spezielle Regelung für den Fall, in dem die Parteien keinen gemeinsamen Willen haben und der wahre Wille des Erklärenden für den Erklärungsempfänger nur erkennbar ist. Der für den anderen Teil erkennbare wahre Wille der ersten Partei ist also bei der Vertragsauslegung anders als nach den PECL nach den Unidroit-Prinzipien unbeachtlich.[258] Für die Auslegung des Vertrags gilt vielmehr ein objektiver Maßstab: Für alle Fälle, in denen ein gemeinsamer Wille nicht festgestellt werden kann, gilt nach Art. 4.1 (2) PICC, dass der Vertrag nach dem Verständnis vernünftiger Personen von der Art der Parteien in den gleichen Umständen auszulegen ist. Dabei kann gemäß Art. 4.3 (a) PICC auf die Vorverhandlungen Bezug genommen werden. Aus der Sicht einer vernünftigen Person in der Position des B musste B erkennen, dass A sich geirrt hatte, und es war aufgrund der offensichtlichen Vertauschung der Ziffern auch evident, dass A nicht „260", sondern „620" erklären wollte. Bei objektiver Auslegung des Vertrages setzt sich also bei bloßer Erkennbarkeit der Umstände für B im Ergebnis der Wille des A durch; zwischen A und B besteht nach den Unidroit-Prinzipien wie nach den PECL ein Vertrag über den Verkauf des Pkw zum Preis von 620 Euro.

Im zeitlich den PECL und den Unidroit-Prinzipien nachfolgenden DCFR findet sich im Abschnitt über Vertragsauslegung bzw. im Abschnitt über die Auslegung von Erklärungen eine andere Formulierung. Danach wird der Vertrag nach Art. II.-8:101 (2) Alt. 2 DCFR bzw. die Erklärung nach Art. II.-8:201 (2) Alt. 2 DCFR so ausgelegt, wie die erste Partei es verstanden wissen wollte, wenn sie dem Vertrag bzw. der Erklärung eine bestimmte Bedeutung geben wollte und dies der zweiten Partei zum Zeitpunkt der Vornahme des Rechtsgeschäfts bzw. bei Vertragsschluss vernünftigerweise[259] bzw. bei zumutbarer Sorgfalt[260] bewusst sein musste („[...] could reasonably be expected to have been aware"). Nach dem

258 Siehe etwa *Maultzsch*, Auslegung, 211.

259 Dieser Aspekt wird in der deutschen Übersetzung von *Schulze/ Zimmermann*, Basistexte, III.25, 753 nicht deutlich und damit der Unterschied zu den PECL verwischt.

260 Vgl. *Maultzsch*, Auslegung, 211 zur ähnlichen Formulierung des CESL.

DCFR kommt es also sowohl bei der Auslegung der Erklärungen als auch bei der Vertragsauslegung auf den objektiven Empfängerhorizont an. Anders als in den PECL und in den Unidroit-Prinzipien spielt bei der Erkennbarkeit des Irrtums und des vom Erklärenden tatsächlich Gewollten für den Erklärungsempfänger der Aspekt der zumutbaren Sorgfalt eine Rolle.

Hier waren für eine vernünftige Person aus der Sicht des B die Anzeichen aufgrund der Vertragsverhandlungen, auf die gemäß Art. II.-8:102 (1) (a) DCFR Bezug genommen werden darf, eindeutig, dass A sich bei der Abgabe der Erklärung „Angebot über den Verkauf des Pkw zum Preis von 260 Euro" geirrt hatte, und es war aufgrund der Vorverhandlungen, die gemäß Art. II-8:102 (1) (a) DCFR bei der Vertragsauslegung herangezogen werden dürfen, für vernünftige Personen in der Position des B auch zumutbar, zu erkennen, dass A die Zahlen vertauscht und eigentlich ein Angebot über den Verkauf des Pkw zum Preis von 620 Euro abgeben wollte. Insofern können nach dem DCFR die Erklärungen bzw. der Vertrag ebenfalls so ausgelegt werden, dass zwischen A und B ein Kaufvertrag über den Pkw zum Preis von 620 Euro besteht.

In der Feasibility Study und dem CESL finden sich im Abschnitt über die Auslegung von Erklärungen bzw. über die Vertragsauslegung einheitliche Formulierungen. Danach wird der Vertrag so ausgelegt, wie die erste Partei ihn verstanden wissen wollte, wenn eine Partei einen im Vertrag verwendeten Ausdruck in einem bestimmten Sinne verstanden wissen wollte und dies der anderen Partei bei Vertragsschluss hätte bewusst sein müssen (Art. 56 (2) Alt. 2 FS bzw. Art. 58 (2) Alt. 2 CESL).[261] Die Formulierung ähnelt der des DCFR; für die Auslegung ist der objektive Empfängerhorizont maßgeblich. Im Unterschied zum DCFR ist allerdings in der Feasibility Study und dem CESL in den entsprechenden Vorschriften der Aspekt der zumutbaren Sorgfalt („reasonably") entfallen. Dies könnte man so interpretieren, dass in der Feasibility Study und dem CESL der Schutz des Erklärungsempfängers (hier B) im Vergleich zu den entsprechenden Vorschriften der anderen Regelwerke herabgestuft wurde. Man könnte die Regelungen der Feasibility Study und des CESL so verstehen, dass sich der Wille der ersten Partei (hier A) auch dann durchsetzen soll, wenn der wahre Wille jener Partei nur in irgendeiner Weise der zweiten Partei (hier B) erkennbar war. Dagegen spricht, dass bei einem nur erkennbaren und durchschaubaren Erklärungsirrtum kein Konsens über das von A Gewollte besteht; häufig sind außerdem beide Parteien für den Irrtum

261 Für Erklärungen gilt Art. 12 (2) Alt. 2 FS bzw. Art. 12 (2) Alt. 2 CESL.

verantwortlich.[262] Vertreter des Schrifttums verlangen deshalb einen erhöhten Maßstab: Es müssten deutliche Anzeichen für ein abweichendes Sprachverständnis bestehen.[263] Der Erklärungsempfänger hätte nämlich keine Nachforschungsobliegenheit. Er sei folglich nur bei Evidenz des Irrtums und des Gewollten nicht schutzwürdig und die Erklärungen bzw. der Vertrag könnten im Sinne des vom Erklärenden Gewollten ausgelegt werden.

Im Beispielsfall besteht zwischen dem von A im schriftlichen Angebot an B genannten Preis für den Pkw in Höhe von 620 Euro und dem von ihm zuvor vorgeschlagenen Preis in Höhe von 260 Euro eine deutliche Abweichung, die jedermann allein aufgrund des Missverhältnisses sofort auffällt. Zudem hatte A in den Vorverhandlungen deutlich gemacht, den Pkw auf keinen Fall für weniger als 600 Euro an B verkaufen zu wollen, und B außerdem bereits einen Verkaufspreis von 620 Euro vorgeschlagen. Es gab für einen objektiven Dritten in der Position des B also deutliche Anzeichen, dass es sich bei dem von A in dem Angebotsschreiben genannten Preis nicht um das handelte, was A erklären wollte, und A die Ziffern vertauscht hatte. Selbst wenn man also an die Erkennbarkeit des Irrtums und des vom Erklärenden tatsächlich Gewollten hohe Anforderungen stellt, ist im Beispielsfall die Evidenzschwelle überschritten. Der Irrtum des A und das von A tatsächlich Gewollte war für eine vernünftige Person in der Position des B erkennbar. Im Beispielsfall kann der Vertrag also auch nach der Feasibility Study und dem CESL so ausgelegt werden, dass zwischen A und B ein Vertrag über den Verkauf des Pkw zum Preis von 620 Euro besteht.[264]

bb) Bei Lösung 1: Anfechtungsrecht des B?

Möglicherweise hat B nach den Regelwerken ein Anfechtungsrecht, wenn der Vertrag zu dem von A Gewollten zustande kommt und B sich darauf beruft, sich über die Bedeutung des Inhalts seiner Erklärung geirrt zu haben. In Betracht kommt, dass B gemäß Art. 4:103 (1) (a) (i) PECL ein Anfechtungsrecht wegen eines wesentlichen, von A verursachten Irrtums hat. Allerdings muss es sich dabei um eine Verursachung durch Informationspflichtverletzung handeln („the mistake was caused by information given by the other party"). Wenn die Erklärung des B im Sinne des von A Gewollten ausgelegt wird, kann A indes

262 *McMeel/ Grigoleit*, Interpretation, 345.

263 Zum CESL: *Czarnecki*, Vertragsauslegung, 113; Schmidt-Kessel/ *Maultzsch*, Art. 58 Rn 8; *Maultzsch*, Auslegung, 211 f.; Schulze-*Wendehorst*, CESL, Art. 58 Rn 8.

264 Aus den gleichen Gründen wie oben gilt dies auch nach Auslegung der Erklärungen (Art. 12 (2) Alt. 2 FS bzw. Art. 12 (2) Alt. 2 CESL).

nicht vorgeworfen werden, einen Irrtum des B durch eine Informationspflichtverletzung hervorgerufen zu haben.

In der Konsequenz bedeutet das, dass B im Fall eines erkennbaren und durchschaubaren Erklärungsirrtums nach den PECL an den Vertrag mit dem Inhalt gebunden ist, wie ihn A gewollt hat, ohne sich von diesem Vertrag wieder lösen zu können. Um die Interessen des B zu schützen, der das, was A gewollt hat, ja gerade nicht erkannt hat, sondern nur erkennen konnte, kommt dann einzig eine analoge Anwendung des Art. 4:103 (1) (a) (i) PECL in Betracht, wenn man A vorwirft, er habe den Irrtum des B dadurch verursacht, dass er sich bei Abgabe seiner Erklärung nicht deutlich ausgedrückt hat.

Für eine extensive bzw. analoge Anwendung von Art. 4:103 (1) (a) (i) PECL könnte sprechen, dass in den anderen Regelwerken ein Anfechtungstatbestand wegen Verursachung des Irrtums durch den anderen Teil („the other party caused the mistake") enthalten ist. So kommt nach den Unidroit-Prinzipien als Anfechtungstatbestand Art. 3.2.2 (1) (a) Alt. 2 PICC in Betracht; das Anfechtungsrecht ist in den anderen Regelwerken vergleichbar geregelt (Art. II.-7:201 (1) (b) (i) DCFR; Art. 45 (1) (b) (i) FS; Art. 48 (1) (b) (i) CESL). Anknüpfungspunkt wäre dann, dass A bei der Abgabe seines Angebotes nicht sorgfältig gehandelt hat.

Allerdings sprechen die in den PECL und den anderen Regelwerken enthaltenen Auslegungsregeln möglicherweise dafür, dass ein Vertrag nach dem Willen des Erklärenden zustande kommen soll, ohne dass der andere Teil dann ein Lösungsrecht hat. Die Auslegungsregeln schützen den Erklärenden; dieser Schutz wäre kein vollumfänglicher Schutz, wenn der andere Vertragsteil ein Lösungsrecht hätte. Zudem könnte man die entsprechende Vorschrift der anderen Regelwerke, die scheinbar anders als die PECL einen Anfechtungstatbestand für die bloße Verursachung des Irrtums durch den anderen Teil auch so verstehen, dass nach diesen Regelwerken der Anwendungsbereich nur bei einem durch Informationspflichtverletzung verursachten Irrtum eröffnet sein soll.[265] Grundsätzlich kommt also nach den PECL und den anderen Regelwerken bei Lösung 1 ein Anfechtungsrecht des B in Betracht; möglicherweise sprechen aber Wertungsgesichtspunkte dagegen.

cc) Lösung 3: Wirksamkeit der Erklärung mit dem Inhalt, wie er objektiv erscheint, mit Anfechtungsmöglichkeit für A?

Verneint man im Beispielsfall die Evidenz des von A tatsächlich Gewollten für B, besteht zwischen A und B möglicherweise ein Vertrag mit dem Inhalt, wie er objektiv erschien (hier also über den Verkauf des Pkw zum Preis von 260 Euro);

---

265 Dazu unten ausführlich, § 2 C. I. 3. c) bb).

A könnte ein Anfechtungsrecht haben und sich von diesem Vertrag lösen (hier Lösung 3). Als Anfechtungsrecht des A käme in Betracht, dass B Kenntnis vom Irrtum des A haben musste und es den Geboten von Treu und Glauben und des redlichen Geschäftsverkehrs widersprach, A in seinem Irrtum zu belassen (Art. 4: 103 (1) (a) (ii) Alt. 2 PECL bzw. Art. II.-7:201 (1) (b) (ii) Alt. 2 DCFR, Art. 45 (1) (b) (ii) Alt. 2 FS, Art. 48 (1) (b) (iii) Alt. 2 CESL). Bei erfolgter Anfechtung wäre der Vertrag zwischen A und B über den Verkauf des Pkw zum Preis von 260 Euro nichtig.

Die Auslegung der Erklärungen bzw. des Vertrags erfolgte dann nach Art. 1:107 PECL iVm Art. 5:101 (3) PECL (direkt) bzw. den entsprechenden Vorschriften der anderen Regelwerke.[266] Allerdings führt wohl auch die Auslegung nach dem objektiven Empfängerhorizont (mit der Maßgabe, dass der objektive Empfänger die Kenntnis des konkreten Erklärungsempfängers hat) dazu, dass im Beispielsfall zwischen A und B ein Vertrag über den Verkauf des Pkw zum Preis von 620 Euro zustande kommt.[267] Im Beispielsfall kommt Lösung 3 also nach den Regelwerken wohl nicht in Betracht.

dd) Zwischenergebnis

Es ist unklar, wie der Beispielsfall nach den Regelwerken gelöst wird. Vermutlich kommt ein Vertrag mit dem Inhalt zustande, wie A ihn gewollt hat (hier Lösung 1). Von diesem Vertrag kann sich B aber möglicherweise wieder lösen. Alternativ kommt grundsätzlich in Betracht, dass ein Vertrag mit dem Inhalt besteht, wie er objektiv erscheint, A indes anfechtungsberechtigt ist (hier Lösung 3). Beide alternativen Lösungsmöglichkeiten führen bei erfolgter Anfechtung zur Nichtigkeit des Vertrags. Allerdings lässt sich Lösung 3 nur schwer mit der Auslegung nach dem objektiven Empfängerhorizont in Übereinstimmung bringen.

4. Vergleich

Es ist nicht eindeutig, wie der Beispielsfall nach dem deutschen Recht, dem englischen Recht und den Regelwerken gelöst wird. Es kommen drei Lösungsmöglichkeiten in Betracht. Möglicherweise besteht ein Vertrag mit dem Inhalt, wie ihn A gewollt hat (hier Lösung 1), aber B hat ein Anfechtungsrecht. Denkbar ist

---

266 Art. 4.2 (2) PICC bzw. Art. 4.1 (2) PICC; Art. II.-8:201 (3) (a) DCFR bzw. Art. II.-8:101 (3) (a) DCFR; Art. 12 (1) FS bzw. Art. 56 (3) FS; Art. 12 (1) CESL bzw. Art. 58 (3) CESL.

267 Siehe dazu bereits oben die Ausführungen zu den Unidroit-Prinzipien. So im Übrigen auch die Argumentation von *Mittelstädt*, Auslegung, 384.

auch, dass ein Vertrag mit dem Inhalt, wie er objektiv erschien, zustande kommt, A aber anfechtungsberechtigt ist (hier Lösung 3). Dann ist möglich, dass bereits die Auslegung ergibt, dass A und B nicht vertraglich gebunden sind (hier Lösung 2). Bereits in der kurzen Auflistung der Lösungsmöglichkeiten wird deutlich, dass alle Lösungen schließlich dazu führen, dass zwischen den Parteien kein Vertrag besteht. Die Unterschiede liegen in der dogmatischen Herangehensweise.

Im deutschen Recht und nach den Regelwerken stehen sich die Lösungen gegenüber, ob ein Vertrag mit dem von A gewollten Inhalt zustande kommt (Lösung 1), B aber anfechtungsberechtigt ist, oder ob ein Vertrag mit dem Inhalt besteht, wie er objektiv erscheint, A jedoch anfechtungsberechtigt ist (Lösung 3).

Nach der Mehrheitsmeinung im deutschen Schrifttum besteht ein Vertrag im Sinne des von A Gewollten. Die Lösung findet Berechtigung in den Auslegungsregeln (§§ 133, 157 BGB). In der Konsequenz kommt es auf die Anfechtbarkeit nicht an und somit auch nicht auf die Frage, ob der Anwendungsbereich des § 122 II BGB eröffnet ist. Diese Lösung schützt vorrangig die Interessen des A; allerdings werden die Interessen des B, der den wahren Willen des A nicht tatsächlich erkannt hat, dadurch geschützt, dass er ein Anfechtungsrecht wegen Inhaltsirrtums hat, wenn durch Auslegung ein Vertrag im Sinne des A zustande kommt.[268] Zwar stellt sich dann für B ein Beweisproblem, denn er muss vor Gericht beweisen, dass er, als er die Erklärung mit dem Inhalt „Ich nehme Ihr Angebot an." an das Angebot mit dem Inhalt „Verkauf des Pkw für 260 Euro" gedacht hat. Jedenfalls zeigt sich, dass die Lösung des deutschen Rechts an dieser Stelle beweglich ist: Es kommt zunächst ein Vertrag mit dem Inhalt, wie A ihn gewollt hat, zustande. B könnte A diesen Vertrag aber möglicherweise wieder nehmen.

Daneben wird in Deutschland die Ansicht vertreten, die Erklärungen könnten bei bloßer Erkennbarkeit für den Erklärungsempfänger nicht im Sinne des A ausgelegt werden. Es bestehe ein Vertrag mit dem Inhalt, wie er objektiv erscheint. Der Erklärende könne sich aber von diesem Vertrag durch Anfechtung lösen (Lösung 2). Dann entfällt nach § 122 II BGB der Schadensersatzanspruch des Erklärungsempfängers gegen den sich irrenden Erklärenden, weil sein Vertrauen wegen der Erkennbarkeit des Erklärungsirrtums nicht schutzwürdig ist. Der Wortlaut des § 122 II BGB ist in dieser Hinsicht nicht eindeutig,[269] könnte aber als Argument für diese Lösung angeführt werden.

---

268 Siehe oben, § 2 A. III. 3. a) bb) mit Verweis auf MüKo-*Armbrüster*, § 122 Rn 22.

269 *Flume*, Rechtsgeschäft, § 21 7, 424: „Die Formulierung des Gesetzes hinsichtlich des Kennenmüssens ist nicht glücklich."

Unabhängig davon, ob der Beispielsfall durch Auslegung nach dem Willen des A gelöst werden kann – also nicht als Irrtumsfall behandelt wird –, oder ob die Lösung des Beispielsfalls als Irrtumsproblem eingeordnet wird, führen beide Lösungen zur Nichtigkeit. Dies schützt letztlich die Interessen des B, der nicht an einen Vertrag gebunden ist, den er nicht gewollt hat.

In allen Regelwerken gibt es eine Auslegungsregel, wonach bei Erkennbarkeit von Irrtum und tatsächlich Gewolltem für den anderen Teil (hier B) ein Vertrag mit dem Inhalt besteht, wie ihn der Erklärende (hier A) gewollt hat (Lösung 1).[270] Der Schutz des A überwiegt.

Wie im deutschen Recht wird jedenfalls im Rahmen des CESL diskutiert, ob dies nur dann gelten soll, wenn für den Erklärungsempfänger der Irrtum des anderen Vertragspartners und das von ihm tatsächlich Gewollte nicht nur erkennbar, sondern für ihn evident war. Diese Frage stellt sich auch deshalb, weil sich innerhalb der Regelwerke zwar die gleiche Reglungsidee findet, die Regelungen aber verschieden formuliert sind. Es spricht viel dafür, dass der Schutz des Erklärungsempfängers in den Textstufen nicht herabgesetzt werden sollte. Deshalb erscheint es überzeugend, wie die Literatur hohe Anforderungen an die Erkennbarkeit zu stellen. Nur bei Evidenz des Irrtums und des vom Erklärenden tatsächlich Gewollten für den Erklärungsempfänger kommt dann ein Vertrag mit dem Inhalt zustande, wie ihn der Erklärende gewollt hat.

Möglicherweise kann sich B von diesem Vertrag allerdings durch Anfechtung lösen. Diese Möglichkeit besteht jedenfalls bei wortlautgetreuer Anwendung nach allen Regelwerken mit Ausnahme der PECL; in den anderen Regelwerken ist ein Anfechtungstatbestand für den Fall enthalten, in dem der eine Vertragsteil den Irrtum des anderen verursacht hat. In den PECL findet sich keine vergleichbare Regelung; hier ist zu überlegen, ob der Anfechtungstatbestand für Informationspflichtverletzung analog anzuwenden ist. Allerdings sprechen wohl die Auslegungsvorschriften, die den spezifischen Fall des erkennbaren und durchschaubaren Irrtums zugunsten des Erklärenden regeln, wie auch die Schwierigkeiten bei der Anwendung der Anfechtungstatbestände im Fall der Verursachung vermutlich gegen eine Analogie. Hielte man B im Beispielsfall für anfechtungsberechtigt, weil eventuell eine Verursachung des Irrtums des B durch A vorliegt, wenn die Erklärung des B bzw. der Vertrag im Sinne des von A

270 Wie oben gezeigt, fehlt in den Unidroit-Prinzipien eine ausdrückliche Regelung für die Vertragsauslegung; der Gedanke findet sich aber in der entsprechenden Vorschrift für die Auslegung von Erklärungen wieder (Art. 4.2 (1) Alt. 2 PICC).

Gewollten ausgelegt werden, führten beide alternativen Lösungsmöglichkeiten wie im deutschen Recht schließlich zur Nichtigkeit des Vertrages.

In England spielt die Erkennbarkeit des Irrtums und des vom Erklärenden Gewollten bereits auf Auslegungsebene eine Rolle. Die Untersuchung des Rechtsprechungsmaterials ist schwierig, weil der erkannte (und durchschaute) und der erkennbare (und durchschaubare) Irrtum oft so nah beieinanderliegen, dass nicht deutlich wird, ob sich aus den Fällen Grundsätze für den erkennbaren und durchschaubaren Erklärungsirrtum entnehmen lassen können oder in den Fällen von der Erkennbarkeit auf die Kenntnis geschlossen und deshalb entschieden wurde, dass ein erkannter Irrtum nicht ausgenutzt werden dürfe. Nach dem *objective test* kommt bei einem erkennbaren und durchschaubaren Erklärungsirrtum jedenfalls kein Vertrag mit dem Inhalt zustande, wie er objektiv erscheint (Lösung 2); der Vertrag ist *void at law.*

Bei der Frage, ob ein Vertrag mit dem Inhalt, wie A ihn gewollt hat, besteht (Lösung 1), ist wohl zwischen mündlichen und schriftlichen Verträgen zu unterscheiden. Ein mündlicher Vertrag kann möglicherweise im Sinne des von A Gewollten ausgelegt werden. Dies gilt wegen der Beweiskraft von schriftlich Verfasstem bei schriftlichem Verträgen grundsätzlich nicht. Die bisherige Untersuchung hat gezeigt, dass nach der traditionellen Herangehensweise bei schriftlichen Verträgen nur ausnahmsweise dem Willen der einen Partei Vorzug gegenüber dem Wortlaut gegeben werden kann. Nach einer modernen Mindermeinung ist selbst bei schriftlichen Verträgen eine Auslegung nach dem Willen des A möglich, weil es bei der Auslegung auf die Sicht einer vernünftigen Person in der Position und mit der Kenntnis des konkreten Erklärungsempfängers ankomme. Dann würde in England wie nach der Mehrheitsmeinung in der Literatur in Deutschland ein Vertrag im Sinne des von A Gewollten zustande kommen. Nach der Mehrheitsmeinung geht dies bei bloßer Erkennbarkeit von Irrtum und Gewolltem für den Erklärungsempfänger zu weit; es bleibe dabei, dass kein Vertrag mit dem Inhalt bestehe, wie A es gewollt hat.

In equity muss die *rectification* eines schriftlichen Vertrages mit der Wirkung, dass der Vertrag den Inhalt hat, den A tatsächlich gewollt hat, ausscheiden, solange B redlich gehandelt hat und ihm keine *dishonesty* vorgeworfen werden kann, etwa indem er sich der Kenntnis der Umstände verschlossen hat. Die *rectification* des Vertrages wäre bei bloßer Erkennbarkeit der Umstände für B eine seine Interessen zu stark beschneidende Maßnahme, wenn keine weiteren Umstände, die im Verhalten des B begründet sind, hinzukommen.

Nach englischem Recht kommt im Beispielsfall also jedenfalls kein Vertrag mit dem Inhalt zustande, wie er objektiv erscheint, und nach der Mehrheitsmeinung auch nicht mit dem Inhalt, wie A ihn gewollt hat.

Die Frage, welche der beiden Parteien schutzwürdiger ist als die andere, ist in dieser Fallgruppe nicht leicht zu beantworten, weil beim erkennbaren und durchschaubaren Erklärungsirrtum nicht sicher ist, ob der Erklärende schutzwürdiger ist als der Erklärungsempfänger.[271] Es kann beiden Parteien vorgeworfen werden, dass sie sich nachlässig verhalten haben.[272]

Aufgrund der Schutzbedürftigkeit des Erklärungsempfängers erscheint es sinnvoll, bei einem erkennbaren und durchschaubaren Erklärungsirrtum das Kriterium der Evidenz für maßgeblich zu halten. Nur wenn sich der Erklärungsirrtum des Erklärenden und das von ihm Gewollte dem Erklärungsempfänger auffallen musste, rechtfertigt dies, ihn an den Vertrag mit dem vom Erklärenden gewollten Inhalt zu binden (Lösung 1), weil der Erklärungsempfänger dann so zu behandeln ist, als hätte er tatsächliche Kenntnis vom Erklärungsirrtum und von dem, was der Erklärende eigentlich erklären wollte. Allerdings handelt es sich dann stets um eine Einzelfallentscheidung; für die Abwägung müssten bestimmte Kriterien gelten. Ein mögliches Kriterium könnte sein, dass ein deutliches Missverhältnis zwischen dem vom Erklärenden während der Vorverhandlungen Gesagten und der Vertragserklärung besteht; ein anderes könnte sein, dass bei einem Kaufvertrag der angebotene Preis des Gegenstandes ohne nachvollziehbaren Grund nicht mit dem am Markt üblichen Wert dieses Gegenstandes übereinstimmt. Dem Erklärungsempfänger kann dann der Vorwurf gemacht werden, er hätte durch Nachfrage leicht herausfinden können, was der Erklärende tatsächlich gemeint hat. Fragt er nicht nach, ist er in seinem Vertrauen auf den objektiven Erklärungsgehalt nicht schutzwürdig.

Die Analyse zeigt, dass dem deutschen und englischen Recht die Wertung gemein ist, dass bei einem erkennbaren und durchschaubaren Erklärungsirrtum zwischen den Parteien kein Vertrag besteht, denn letztlich führen alle diskutierten Lösungen zur Nichtigkeit. Die Lösung, dass kein Vertrag zustande kommt (Lösung 2), würdigt am besten, dass keine der beiden Parteien in ihrem Vertrauen auf den Vertrag schutzwürdiger ist als die andere. Sie bietet gegenüber einer Abwägungslösung den Vorteil, dass es nicht auf den Einzelfall ankommt; zudem ist Ergebnis der Untersuchung dieser Fallgruppe, dass sie die rechtspraktischste Lösung ist. Lösung 2 ist also gegenüber Lösung 1 vorzuziehen.

---

271 Vgl. *Beale*, Mistake, 83.

272 *Kramer*, Grundfragen, 196 f. Siehe auch *Beale*, Mistake, 83; *McMeel/ Grigoleit*, Interpretation, 345.

B. Zweite Fallgruppe: Vom Erklärungsempfänger erkannter bzw. für ihn erkennbarer Erklärungsirrtum

In der zweiten Fallgruppe wird zunächst untersucht, wie der Fall gelöst wird, wenn der Erklärungsempfänger erkannt hat, dass sich der Erklärende geirrt hat, aber nicht weiß, was jener gemeint hat (erkannter Erklärungsirrtum). Dann wird geprüft, wie die Lösung ausfällt, wenn der Erklärungsirrtum des Erklärenden, nicht aber das von ihm Gewollte für den Erklärungsempfänger nur erkennbar war (erkennbarer Erklärungsirrtum). Stets will der Erklärungsempfänger den Erklärenden am objektiv Erklärten festhalten.

I. Erkannter Erklärungsirrtum

1. Beispielsfall

A ist Inhaber eines Online-Shops für den Verkauf von Druckern. Im Online-Shop des A ist für ein aktuelles Modell der Stückpreis mit 66 Singapur-Dollar angegeben. Der Marktwert eines Druckers dieses Typs bewegt sich zwischen 3.000 und 4.000 Singapur-Dollar; auf der Website des Herstellers ist das Modell mit 3.800 Singapur-Dollar ausgepreist. A hatte den Preis für die Drucker zwar richtig eingegeben, die Angabe wurde aber durch einen Softwarefehler falsch auf die Website übertragen. B recherchiert aufwendig den Marktwert des Druckermodells und verbreitet in seinem Freundeskreis die Nachricht, dass der hochwertige Drucker auf der Website des A mit einem viel zu niedrigen Preis angegeben ist. B weiß also, dass dieser Preis erheblich von dem abweicht, was marktüblich ist. Er hat deshalb erkannt, dass sich A bei der Preisangabe geirrt hat. B weiß aber nicht, zu welchem Preis A die Drucker tatsächlich verkaufen will. Schließlich macht er A auf der Website des A durch Anklicken der Schaltfläche „Jetzt bestellen“ ein Angebot zum Kauf von einhundert Druckern des modernen Modells zum Preis von je 66 Singapur-Dollar. Er möchte die Drucker später gewinnbringend weiterverkaufen. In einer automatisch an B versendeten Nachricht bestätigt A die Bestellung des B und erklärt: „Ich nehme Ihr Angebot an.“ Als B auf Übergabe und Übereignung der Drucker zum Preis von je 66 Singapur-Dollar besteht, verweigert A dies und beruft sich wegen des Softwarefehlers auf einen Irrtum. B möchte A dennoch an dem Preis von je 66 Singapur-Dollar pro Drucker festhalten.[273]

273 Fall angelehnt an: *Chwee Kin Keong v Digilandmall.com Pte Ltd* [2005] 1 S.L.R. 502.

2. *Mögliche Lösungen*

Mangels Erkennbarkeit des vom Erklärenden A Gewollten für den Erklärungsempfänger B kann nicht das von A Gewollte als Vertragsinhalt gelten. Dann käme im Beispielsfall zwischen A und B ein wirksamer Vertrag über den Verkauf der Drucker zum Preis von je 3.800 Singapur-Dollar zustande, wie A es wollte, auch wenn B nicht wusste und auch nicht erkennen konnte, zu welchem Stückpreis A die Drucker tatsächlich verkaufen wollte. Diese Lösung wäre am Willen des A orientiert, und zwar unabhängig von der Erkennbarkeit dieses Willens für B. Sie würde A mit einem Vorteil bedenken. Es kann aber nicht sein, dass B etwa im Wege der Auslegung im Sinne dessen, was A sich vorgestellt hat, zu einem Vertrag gezwungen wird, von dessen Inhalt er noch nie etwas gehört hat.

Denkbar ist hingegen, dass kein Vertrag zustande kommt (Lösung 1). Möglicherweise fehlt es an einem Konsens der Parteien. Die Erklärung des B könnte so ausgelegt werden, dass er mit ihr erklärte, einhundert Drucker zum Preis von je 66 Singapur-Dollar von A kaufen zu wollen. Die auf die Erklärung des B Bezug nehmende Erklärung des A, er nehme das Angebot des B an, könnte nicht auslegungsfähig sein. Denn für einen objektiven Dritten in der Position des B ist erkennbar, dass A nicht das erklären wollte, was er erklärt hat, aber es ist für ihn nicht erkennbar, was A tatsächlich erklären will. Die Erklärung des B stünde vereinzelt. Es fehlte also an einer Einigung und im Beispielsfall käme zwischen A und B kein Vertrag zustande. Lösung 1 wäre willenstheoretisch orientiert und schützte neben möglichen berechtigten Drittinteressen die Rechtssicherheit. A würde nicht an eine für B und auch für Dritte offensichtlich irrtumsbehaftete Erklärung gebunden. Der hinter Lösung 1 stehende Gedanke wäre, dass man einen erkannten Erklärungsirrtum nicht ausnutzen darf. Das Interesse des B, aus dem Erklärungsirrtum des A einen Vorteil zu ziehen, würde genauso wenig geschützt wie sein Vertrauen auf die Wirksamkeit der Erklärung des A mit dem Inhalt, wie er objektiv erscheint.

Es könnte auch die Ansicht vertretbar sein, dass der Vertrag mit dem Inhalt, wie er objektiv erscheint, wirksam, aber wegen Erklärungsirrtums anfechtbar ist (Lösung 2). Dann käme im Beispielsfall zwischen A und B ein Kaufvertrag über die Drucker zum Preis von je 66 Singapur-Dollar zustande; A wäre aber anfechtungsberechtigt. Ein Anspruch des B gegen A auf Ersatz eines eventuell bestehenden Vertrauensschadens kommt nicht infrage, weil B wegen seiner Kenntnis vom Erklärungsirrtum des A kein Vertrauen auf den Inhalt des Vertrags, wie er objektiv erscheint, aufbauen konnte. Lösung 2 würde den Interessen des A nützen, denn sie gibt ihm ein Wahlrecht, ob er sich an den irrtumsbehafteten Vertrag gebunden sieht oder sich von dem Vertrag lösen will. A kann B den Vertrag nehmen. Dabei berücksichtigt diese Lösung die Bösgläubigkeit des B, wenn sie B keinen Schadensersatzanspruch gegen A gestattet. Denn B hätte A auf seinen Irrtum hinweisen und so die Situation klären können. Wegen der Offensichtlichkeit des Irrtums hätte B das Angebot des A zudem von vornherein nicht annehmen können.

Schließlich kommt in Betracht, dass der Vertrag mit dem Inhalt gilt, wie er objektiv erscheint, ohne dass A eine Anfechtungsmöglichkeit hätte (Lösung 3). Dann käme im Beispielsfall zwischen A und B ein Vertrag über den Verkauf der Drucker zum Preis von je 66 Singapur-Dollar zustande käme. Diese Lösung würde einseitig die Interessen des B schützen, der trotz seiner Kenntnis vom Erklärungsirrtum des A auf den Vertrag mit dem Inhalt, wie er objektiv erscheint, vertrauen dürfte. Dieser Ansatz würde einer Erklärungstheorie entsprechen, die keinerlei Abwägungen nach der Schutzwürdigkeit des Vertrauens des anderen Teils auf eben diese Erklärung zulässt und die Selbstverantwortung der Parteien betont.

3. *Lösungen des deutschen und des englischen Rechts sowie der Regelwerke*

a) *Deutschland*

aa) Lösung 1: Kein Vertrag

Die Erklärungen von A und B müssen ausgelegt werden. Bei der normativen Auslegung gemäß §§ 133, 157 BGB kommt es auf die Sicht eines objektiven Dritten mit der Kenntnis der Parteien sowie des konkreten Verkehrskreises an.

Es gelten keine Besonderheiten, weil A und B den Vertrag über das Internet geschlossen haben. Die Freischaltung der Website mit der Preisauszeichnung der Drucker zu je 66 Singapur-Dollar stellt indes eine bloße *invitatio ad offerendum* dar, denn A möchte sich gegenüber möglichen Abnehmern etwa wegen drohender Schadensersatzansprüche bei ausbleibender Lieferung mit dieser Erklärung nicht rechtlich binden. A hat also kein Angebot im Rechtssinne abgegeben. Vielmehr hat B das Angebot zum Kauf der Drucker erklärt, als er über die Website des A die Bestellung der einhundert Drucker zu je 66 Singapur-Dollar abschickte. Diese Willenserklärung hat nach dem objektiven Empfängerhorizont den Inhalt „Ich möchte einhundert Drucker für je 66 Singapur-Dollar von A kaufen."

A müsste dieses Angebot angenommen haben. A hat in der automatisch versendeten E-Mail an B die Bestellung des B bestätigt, wonach die Drucker je 66 Singapur-Dollar kosten sollten, und erklärt, er nehme das Angebot des B an. Ein objektiver Dritter mit der Kenntnis des B wusste, dass A dies nicht erklären wollte, weil der angegebene Preis im Vergleich mit dem am Markt üblichen Preis viel zu niedrig ist. Folglich kann die Erklärung des A nicht so ausgelegt werden, dass A mit der Erklärung „Ich nehme an." das Angebot des B zum Kauf der Drucker zu je 66 Singapur-Dollar angenommen hat. Es kommt zwischen A und B kein Vertrag zustande.

So wird in der Literatur auch die Ansicht vertreten, es komme bei einem erkannten Erklärungsirrtum mangels Einigung kein Vertrag zustande.[274] Die Tatsache, dass der Erklärende den Erklärungsirrtum erkannt habe, sei nämlich bereits bei der Auslegung zu berücksichtigen. Die Erklärung des Erklärenden sei in diesem Fall nichtig.

Andere Teile der Literatur stellen darauf ab, ob die Erklärung der ersten Partei (hier A) objektiv mehrdeutig gewesen ist.[275] Dann sei die Auslegung dieser Erklärung nicht möglich und es komme kein Vertrag zustande. Sei die Erklärung nicht mehrdeutig und könne also ausgelegt werden, käme es zu Lösung 2, somit der Wirksamkeit des Vertrages mit dem Inhalt, wie er objektiv erscheint, mit Anfechtungsmöglichkeit für A. Wenn im Beispielsfall in der Annahmeerklärung des A einmal der Preis von 3.800 Singapur-Dollar pro Drucker genannt und an einer anderen Stelle als Preis pro Drucker 66 Singapur-Dollar angegeben wäre, wäre die Erklärung des A mehrdeutig und der Auslegung nicht zugänglich. Im Beispielsfall ist die Erklärung des A jedoch nicht mehrdeutig. Wie oben gezeigt, kann ihr Inhalt nicht ermittelt werden. Sie ist unwirksam, weshalb es nicht zu Lösung 2 kommen kann, wie es die Vertreter dieser Ansicht vorschlagen.[276]

In einem dem Beispielsfall ähnlichen Fall bestand nach Überzeugung des Oberlandesgerichts Nürnberg kein Vertrag.[277] Es ging um den Verkauf von Flachbildschirmen über das Internet im Jahr 2009, als derartige technische Geräte noch sehr teuer waren. Die Bildschirme waren auf der Internetseite des A für 199,99 Euro ausgepreist; der von A tatsächlich gewollte Preis betrug 1.999,99 Euro. B bestellte achtzehn Flachbildschirme, was A automatisch bestätigte. B verlangte von A Übergabe und Übereignung der achtzehn Flachbildschirme zum Preis von je 199,99 Euro, was A verweigerte.

---

274 *Härting*, Internetrecht, 177 Rn 791; MüKo-*Busche*, § 155 Rn 8; Soergel-*Wolf*, § 155 Rn 12; Staudinger-*Singer*, § 119 Rn 40. Siehe auch: *Kling*, Sprachrisiken, 401; *Lorenz*, 1997, 237 Fn 137.

275 *Flume*, Rechtsgeschäft, § 34 4, 622 f.; *Kling*, Sprachrisiken, 338 Fn 137, 401; *Lorenz*, Schutz, 237 Fn 137; *Wolf/ Neuner*, BGB AT, 454 Rn 6 f.

276 *Kling*, Sprachrisiken, 401 wirft die Frage auf, ob der Erklärungsempfänger in diesem Fall die nichtige Erklärung „sicherheitshalber" anfechten sollte.

277 OLG Nürnberg, 10.06.2009, 14 U 622/09.

Das Gericht wertete die Anzeige des A auf seiner Website als bloße *invitatio ad offerendum*. Das Angebot lag in der Bestellung des B. Dieses Angebot müsste A angenommen haben. Das Oberlandesgericht Nürnberg verneinte dies; es wertete die Bestätigungs-E-Mail des A nicht als Annahmeerklärung. Folglich war zwischen A und B mangels Einigung kein wirksamer Kaufvertrag zustande gekommen. Auf die Frage nach einem Erklärungsirrtum des A kam es folglich nicht an.

In einem *obiter dictum* machte das Gericht Ausführungen zu § 242 BGB.[278] Nach Überzeugung des Gerichts stand fest, dass B den Irrtum des A erkannt hatte. Aus den Umständen ergebe sich, dass A die Fernseher nicht zu einem so stark vom Marktpreis abweichenden Preis verkaufen wollte. In der Beweisführung zog das Gericht die Größe der Bestellung hinzu, die den Umfang eines Privathaushalts und das Maß von üblichen Geschenken für Familienmitglieder (so der Vortrag des B) deutlich übersteige. Vielmehr habe B das günstige Angebot ausnutzen wollen, was an sich nicht verwerflich sei. Jedoch würde es „dem Anstandsgefühl aller billig und gerecht Denkenden widersprechen, wenn [B den A] an dem [ihm] offensichtlich unterlaufenden Versehen festhalten würde."[279] Der Fall wurde also nicht über das Irrtumsrecht gelöst; es lag zwischen den Parteien bereits keine Einigung vor.

In einem Fall des Oberlandesgerichts Stuttgart über den Verkauf eines Maserati über eine Internetverkaufsplattform stellte das Gericht fest, dass es bereits an einer Einigung fehlte.[280] A inserierte das Luxusauto, das 54.000 Euro wert war, auf der Website der Verkaufsplattform für 54 Euro. B gab das Angebot zum Kauf des Pkw ab. Als B von A die Übergabe und Übereignung des Pkw für 54 Euro forderte, verweigerte A dies und berief sich auf einen Erklärungsirrtum. B verlangte schließlich von A Ersatz des Nichterfüllungsschadens, weil A den Pkw zwischenzeitig an C verkauft hatte.

Das Landgericht Stuttgart wies die Klage ab.[281] In seinem Hinweisbeschluss gemäß § 522 II ZPO bestätigte das Oberlandesgericht Stuttgart die Entscheidung des Landgerichts. Es wies darauf hin, die angefochtene Entscheidung sei offensichtlich zutreffend, weshalb es beabsichtige, die Berufung durch einstimmigen Beschluss nach § 522 II ZPO zurückzuweisen. Bei der Anzeige handele es sich um eine *invitatio ad offerendum*. Es sei offenkundig, dass der angegebene Preis von 54 Euro auf einem Irrtum beruhe. Ein „Lockvogelangebot" anzunehmen sei

278 OLG Nürnberg, 10.06.2009, 14 U 622/09 Rn 45.
279 OLG Nürnberg, 10.06.2009, 14 U 622/09 Rn 45 (Hervorhebung im Originaltext).
280 OLG Stuttgart, 12.07.2006, 12 U 91/06 = MMR 2006, 819.
281 LG Stuttgart, 03.05.2006, 22 O 25/06.

wegen des Missverhältnisses zwischen dem wirklichen Wert des Pkw und dem von A angegebenen Preis lebensfremd. Für B sowie für jeden redlichen Dritten sei offensichtlich gewesen, dass A das Luxusauto nicht für 54 Euro habe verkaufen wollen. Auf die Frage nach der Anfechtung komme es nicht an, denn es fehle bereits an einer Willenserklärung des A.

Als Lösung des Beispielsfalls lässt sich festhalten, dass zwischen A und B kein Vertrag über den Verkauf der einhundert Drucker zum Preis von je 66 Singapur-Dollar besteht.

bb) Lösung 2: Wirksamkeit der Erklärung mit dem Inhalt, wie er objektiv erscheint, mit Anfechtungsmöglichkeit für A

Nach einer Mindermeinung im Schrifttum kommt ein anfechtbarer Vertrag zustande, sofern die Erklärung des Erklärenden an sich nicht widersprüchlich und deshalb die Auslegung nach dem objektiven Empfängerhorizont möglich ist.[282] Als Argument führen die Vertreter dieser Ansicht § 122 II BGB an, wonach die Verpflichtung des Irrenden zur Leistung von Schadensersatz an den Erklärungsempfänger entfällt, wenn der Erklärungsempfänger Kenntnis vom Irrtum des anderen Teils hat.

Dem wird indes von den Vertretern einer Auslegungslösung entgegengehalten, die Regelung des § 122 II BGB habe im Fall des erkannten Irrtums keine Bedeutung.[283] Kannte der Erklärungsempfänger den Irrtum des anderen Teils, habe er kein Vertrauen auf das Zustandekommen des Vertrages gebildet; die Voraussetzungen des § 122 I BGB lägen also bereits nicht vor.

Das Oberlandesgericht München legte in einer Entscheidung über einen Antrag auf Prozesskostenhilfe die Erklärungen so aus, dass im konkreten Fall ein Vertrag zustande kam.[284] B hatte den Antrag gestellt, weil er gegen A auf Zahlung von Schadensersatz aus einem Beförderungsvertrag klagen wollte.

A pries auf seiner Website einen Flug erster Klasse nach Bangkok für 728,30 Euro hin und zurück an. Dabei handelte es sich um einen Irrtum; gemeint war der Preis nicht für die Reise in der ersten Klasse, sondern in der Economy-Class. B, nach eigenen Angaben ein „passionierter Onlinekäufer", hatte diesen

---

282 *Häcker*, Consequences, 181 Fn 81; *Kling*, Sprachrisiken, 401 f.; *Lorenz*, Schutz, 237 Fn 137.

283 *Faust*, BGB AT, 205 § 23 Rn 13; *Kramer*, Grundfragen, 195; *Mittelstädt*, Auslegung, 262 f., 317; *Schollmeyer*, Selbstverantwortung, 299; Staudinger-*Singer*, § 119 Rn 40, § 122 Rn 17; *Schwarze*, Verständigungspflichten, 206 f. Wohl auch *Trupp*, NJW 1990, 1346, 1347.

284 OLG München, 15.11.2002, 19 W 2631/02 = NJW 2003, 367.

Flug gebucht. A bestätigte die Buchung des B zunächst automatisch, wies B aber noch am gleichen Tag darauf hin, dass der Preis nur für die Economy-Class gelte und nicht für die erste Klasse. Der Preis für die Reise in der ersten Klasse würde 3.676,30 Euro betragen. Einen Tag später buchte B eine zweite Reise nach Bangkok zum günstigen Preis; diese Buchung wurde von A ebenfalls automatisch bestätigt. A weigerte sich, die Flugtickets für die erste Klasse zum Preis von 728,30 Euro zu übersenden. B verlangte von A Schadensersatz und zwar Ersatz des positiven Interesses in Höhe von 5.895 Euro nebst Zinsen.[285]

Das Oberlandesgericht München entschied, dass B gegen A keinen Anspruch auf Schadensersatz habe, weil sein Begehren gemäß § 242 BGB rechtsmissbräuchlich sei.

Hinsichtlich des Vertragsschlusses ist zwischen der ersten und der zweiten Buchung zu unterscheiden. Die erste Buchung fällt in die hier zu untersuchende Fallgruppe: B weiß, dass der günstige Preis für eine Flugreise in der ersten Klasse nicht stimmen kann; er weiß aber nicht, zu welchem Preis A die Reise auspreisen wollte. Dennoch will er A an dem günstigen Preis festhalten.

Das Oberlandesgericht München machte in seiner Entscheidung keine näheren Ausführungen dazu, worin in dem Fall Angebot und Annahme lagen. Üblicherweise ist die Präsentation auf einer Website kein verbindliches Angebot, sondern eine *invitatio ad offerendum*.[286] Dann hätte B das Angebot abgegeben, den Beförderungsvertrag über die Flugreise in der ersten Klasse zum Preis von 728,30 Euro abschließen zu wollen. Bei der rechtlichen Einordnung einer Bestätigungs-E-Mail kommt es auf die Umstände des Einzelfalls an.[287] Das Oberlandesgericht München wertete die erste Bestätigung des A als vertragliche Erklärung, mit der A das Angebot des B angenommen hatte.[288]

---

285 Die Anspruchsgrundlage wird aus dem Urteil nicht deutlich. *Hoffmann* geht von einem Begehren gemäß § 281 BGB aus, *ders.*, Anm zu OLG München, 15.11.2002, 19 W 2631/02, MMR 2003, 274 (276).

286 Dazu bereits oben, § 2 B. I. 3. a) aa).

287 In der Rechtsprechung wird danach differenziert, wie die Bestätigung formuliert wurde. Heißt es etwa: „Ihr Auftrag wird bearbeitet/ bald ausgeführt." wurde dies als Annahmeerklärung gewertet. Siehe etwa BGH, 26.01.2005, VIII ZR 79/04 = NJW 2005, 976 („Ihr Auftrag wird jetzt [...] bearbeitet.") und zuletzt OLG Düsseldorf, 19.05.2016, I-16 U 72/15 Rn 65 ff. mwN = NJW-RR 2016, 1073 („Auftragsbestätigung"), zu diesem Urteil ausführlich unten, § 2 B. I. 3. a) bb). Dagegen wurde „Ihr Auftrag wird umgehend bearbeitet." nicht als Annahme erkannt. Fallbeispiele zu § 312 g I 1 Nr. 3 a.F. aus der Rechtsprechung bei Bamberger/Roth-*Masuch*, § 312 g Rn 24 Fn 49 mwN.

288 OLG München, NJW 2003, 367.

Nach Überzeugung des Gerichts hatte A sich geirrt. B habe diesen Irrtum ausnutzen und A wegen des Irrtums zur Zahlung einer „Vergleichssumme" veranlassen wollen. Dieses Verhalten sei rechtsmissbräuchlich im Sinne des § 242 BGB. Um die Kenntnis des B vom Irrtum des A zu beweisen, führte das Gericht an, der Irrtum des A sei bereits vor der Buchung des ersten Fluges für jedermann erkennbar gewesen. Es sei allgemein bekannt, dass eine Flugreise nach Bangkok in der ersten Klasse üblicherweise um ein Vielfaches teurer sei als der von A angegebene Preis. Außerdem habe B Preise verglichen, weshalb die Ausnutzungsabsicht des B beweisbar sei.

Lediglich in einem *obiter dictum* führte das Gericht aus, A habe die Buchungsbestätigung des ersten Fluges wirksam gemäß § 119 I BGB angefochten. Da B Kenntnis vom Irrtum gehabt habe, entfalle der Schadensersatzanspruch des B gegen A gemäß § 122 II BGB.

Das Gericht hätte den Fall aber auch so entscheiden können, dass mangels Annahme durch A gar keine Einigung vorlag. Wie oben gezeigt, könnte man bereits nach Auslegung der Erklärungen einen Vertragsschluss verneinen, weil es dabei auf die Sicht des objektiven Empfängers ankommt, der weiß, dass B eine Erklärung mit dem Inhalt, wie er objektiv erscheint, nicht abgeben wollte. Die Entscheidung des Oberlandesgerichts München ist an dieser Stelle nicht überzeugend, weil keine näheren Ausführungen gemacht werden.[289]

Die zweite Buchung fällt nicht in die hier zu untersuchende Fallgruppe: Nachdem A den B darüber informiert hatte, dass der günstige Preis nicht für die erste Klasse, sondern für die Economy-Class gilt, wusste B vom Erklärungsirrtum des

289 Daneben könnte man auch so argumentieren, dass deshalb keine Einigung vorliegt, weil die Bestätigungs-E-Mail keine Annahmeerklärung des A darstellt. Gegenüber einem Verbraucher (B2C-Verhältnis) ist der Unternehmer gemäß § 312 i I Nr. 3 BGB (n.F.) zur Abgabe einer Bestellbestätigung verpflichtet. Das Oberlandesgericht München führte nicht aus, ob in dem Fall die Bestätigungs-E-Mail in einem automatisierten Prozess abgesendet worden ist. Nimmt man das an, weil heutzutage Bestellungen über das Internet in der Regel in einem vollautomatischen Prozess bearbeitet werden, liegt es noch näher, die Erklärung des A bereits nicht als Annahme zu werten. Demnach läge keine Einigung zwischen A und B über den günstigen Flug in der ersten Klasse vor. Die im Anschluss an die Bestätigung versendete Erklärung des A wäre dann nicht als Widerruf einer rechtlich relevanten Erklärung zu werten, sondern als Ablehnung des Angebots des B auf Abschluss eines Vertrages über eine Reise in der ersten Klasse, in Verbindung mit der Abgabe eines neuen Angebots zum Vertragsabschluss über die Reise zum gleichen Preis, aber in der Economy-Class. Da Schweigen keinen Erklärungswert hat, hätte B dieses Angebot nicht angenommen und es läge keine Einigung vor.

A und kannte auch das von A Gewollte. Trotzdem wollte er A an dem objektiv Erklärten festhalten. Diese Konstellation ist die des erkannten und durchschauten Erklärungsirrtums; sie wurde bereits oben untersucht.[290] Die zweite Buchung des B hat A ebenfalls automatisch bestätigt. Unabhängig von der rechtlichen Einordnung der Bestätigungs-E-Mail lag insofern nur ein Angebot des B auf Abschluss des Reisevertrages in der ersten Klasse zum günstigen Preis vor, das A nicht angenommen hatte. Insofern ist denkbar, dass in Bezug auf die zweite Buchung des B kein Vertrag zustande kommt, weil es an einer Einigung fehlte. Dem Urteil des Oberlandesgerichts München ist in dieser Hinsicht nichts zu entnehmen.[291]

Geht man davon aus, dass die Bestätigungs-E-Mail als Annahme zu werten ist, lässt sich dem Urteil des Oberlandesgerichts München eine interessante Tendenz entnehmen: Zwar spricht das Gericht im *obiter dictum* das seiner Ansicht nach bestehende Anfechtungsrecht des A wegen Erklärungsirrtums (§ 119 I BGB) an, es geht auf die Anfechtungsmöglichkeit aber nicht ausführlich ein. Vielmehr stützt das Gericht die Entscheidung auf das rechtsmissbräuchliche Verhalten des B und führt dies im Rahmen von § 242 BGB näher aus. Der Fall hätte aber auch nach Anfechtungsrecht entschieden werden können, wobei es keine weiteren Ausführungen zur Ausnutzungsabsicht des B bedurft hätte.[292] Denn im Rahmen des § 122 II BGB kommt es allein auf die Kenntnis des B vom Erklärungsirrtum des A an. Offensichtlich wollte das Gericht aber die Entscheidung durch die Ausführungen zu § 242 BGB zusätzlich absichern und eine deutliche Risikozuweisung treffen.

Anders entschied das Oberlandesgericht Düsseldorf in einem Fall über den Verkauf von Generatoren.[293] A bot in seinem Online-Shop Generatoren zu einem Stückpreis von 24 Euro an; der Marktwert betrug je 3.300 Euro bis je 4.500 Euro. B hatte keine Verwendung für die Generatoren, bestellte aber zehn Stück für je 24 Euro, weil er sich erhoffte, sie günstig weiterverkaufen zu können.[294] Im Anschluss an die Bestellung des B verschickte A an B eine „Auftragsbestätigung". Am Folgetag bemerkte A seinen Irrtum und informierte B darüber, er

290 § 2 A. II. Zum deutschen Recht: § 2 A. II. 3. a).

291 Siehe aber *Hoffmann*, MMR 2003, 274, 276: Es komme ein Vertrag zustande, den A wegen Erklärungsirrtums anfechten könne. Der Schadensersatzanspruch des B gegen A entfalle nach § 122 II BGB.

292 So auch *Hoffmann*, MMR 2003, 274, 276.

293 OLG Düsseldorf, 19.05.2016, I-16 U 72/15 = NJW-RR 2016, 1073.

294 Der Sachverhalt wird im Folgenden vereinfacht dargestellt. Im vor dem Oberlandesgericht Düsseldorf verhandelten Fall gab es noch eine weitere Bestellung des Zeugen F.

könne die Bestellung aufgrund einer Systemstörung nicht ausführen und wolle sie stornieren. B verlangte von A Übergabe und Übereignung der Generatoren zum Stückpreis von 24 Euro.

Nach Überzeugung des Oberlandesgerichts Düsseldorf war zwischen A und B ein Kaufvertrag über die Generatoren zum Preis von je 24 Euro zustande gekommen. Das Gericht legte die Parteierklärungen aus und kam zu dem Ergebnis, dass das „Angebot" des A in seinem Online-Shop kein Angebot im Rechtssinne darstellte, sondern eine bloße *invitatio ad offerendum*. Vielmehr hatte B das Angebot nach § 145 BGB abgegeben, als er seine Bestellung absendete.[295] Die Auftragsbestätigung des A legte das Oberlandesgericht Düsseldorf nach §§ 133, 157 BGB aus. Nach § 312 i I Nr. 3 BGB ist ein Unternehmer im elektronischen Geschäftsverkehr verpflichtet, eine Bestellbestätigung an den Kunden zu senden. Nach Überzeugung des Gerichts ging die Erklärung des A darüber hinaus; er hatte bereits die Annahme des Angebots des B erklärt.[296] Dafür spreche unter anderem die Schlussformel in der von A versendeten E-Mail: „Vielen Dank für Ihren Auftrag. Wir werden Ihre Bestellung umgehend bearbeiten." Somit bestand zwischen A und B ein Kaufvertrag über die Generatoren zum Stückpreis von 24 Euro.

Das Oberlandesgericht Düsseldorf legte die Erklärung des A, er wolle die Bestellung stornieren, als Anfechtungserklärung im Sinne des § 143 BGB aus. Es komme in Betracht, dass sich ein Irrtum in der *invitatio* auf die Annahmeerklärung fortwirke.[297] Der Wille des A und der äußere Tatbestand seiner Erklärung falle hier ungewollt auseinander. Es ergebe allein wirtschaftlich keinen Sinn, die Generatoren zu einem Preis, der 1 Prozent unter dem Marktwert liegt, zu verkaufen. B könne sich auch nicht darauf berufen, dass es sich um ein Sonder- oder Lockangebot gehandelt habe. Allerdings habe A nicht glaubhaft vorgetragen, dass das Auseinanderfallen von Wille und Erklärung auf einem zur Anfechtung berechtigenden Irrtum beruhe. Insbesondere liege kein Erklärungsirrtum nach § 119 I Alt. 2 BGB vor. Ein Eingabefehler in ein Computersystem würde grundsätzlich einem Verschreiben gleichstehen.[298] Das Gericht zeigte sich aber nicht davon überzeugt, dass A ein solcher Eingabefehler unterlaufen war. Soweit man von einem Fehler in der Berechnung ausgehen könne, käme ein verdeckter Kalkulationsirrtum in Betracht, der nicht zur Anfechtung

295 OLG Düsseldorf, NJW-RR 2016, 1073 (1075 Rn 26).

296 OLG Düsseldorf, NJW-RR 2016, 1073 (1075 Rn 32 f.).

297 OLG Düsseldorf, NJW-RR 2016, 1073 (1076 Rn 38) mit Verweis auf BGH, NJW 2005, 976 (977) (zu dieser Entscheidung bereits kurz oben, Fn 287).

298 OLG Düsseldorf, NJW-RR 2016, 1073 (1077 Rn 42).

berechtige.[299] Demzufolge lag kein Anfechtungsgrund vor und dem Grunde nach bestand ein Anspruch des B gegen A auf Übergabe und Übereignung der Generatoren zum Preis von je 24 Euro.

Nach Überzeugung des Gerichts war dieser Anspruch aber nach § 242 BGB wegen rechtsmissbräuchlichen Verhaltens des B nicht durchsetzbar. Das Gericht stellte unter Berufung auf die ständige Rechtsprechung fest, dass es beim verdeckten Kalkulationsirrtum nicht dem Grundsatz von Treu und Glauben entspricht, „wenn der Erklärungsempfänger die falsche Preisangabe positiv erkennt und die Vertragsdurchführung für den Erklärenden schlechthin unzumutbar ist".[300] Anders als es das Oberlandesgericht München im Flugreise-Fall entschieden hatte, könne man daraus allerdings nicht ableiten, dass das Ausnutzen einer offensichtlich irrtümlichen Preisangabe in einem Online-Buchungssystem rechtsmissbräuchlich sei.[301] Die positive Kenntnis des Irrtums des anderen Teils sei in § 122 II BGB und § 142 II BGB abschließend geregelt. Insofern könne nicht allein von der Kenntnis des Erklärungsempfängers vom Irrtum des Erklärenden auf die Rechtsmissbräuchlichkeit seines Verhaltens geschlossen werden. Vielmehr müsse zum Erkennen hinzukommen, dass „das Festhalten an dem Vertrag für den Irrenden schlechthin unzumutbar ist und auch die diesbezüglichen Umstände für den anderen Teil erkennbar sind."[302]

Hier habe B den Irrtum des A erkannt, wobei es keine Rolle spiele, ob er sich dabei vorgestellt habe, dass dieser Irrtum auf einer fehlerhaften Eingabe und damit einem Erklärungsirrtum beruhe oder einem Fehler in der Berechnung (Kalkulationsirrtum). Zudem sei A das Festhalten am Vertrag, der ihn verpflichtet, die Generatoren zu 1 Prozent des Marktwertes an B zu verkaufen, nicht zumutbar. Also lagen nach Überzeugung des Oberlandesgerichts München die Voraussetzungen des rechtsmissbräuchlichen Verhaltens nach § 242 BGB vor.

In der Gesamtschau zeigt sich, dass die Kenntnis des anderen Teils vom Erklärungsirrtum des Erklärenden vor Gericht schwer zu beweisen ist. Das Oberlandesgericht Nürnberg schloss im Fall über den Verkauf der Drucker von der Erkennbarkeit des Irrtums für B auf die Kenntnis. Auch im Flugreise-Fall des Oberlandesgerichts München stützte das Gericht seine Argumentation darauf, dass für jedermann erkennbar sei, dass eine Flugreise nicht zu einem derart günstigen Preis in der ersten Klasse zu haben sei. In beiden Urteilen wird auf § 242 BGB zurückgegriffen und die Lösung so mit Gerechtigkeitserwägungen

---

299 OLG Düsseldorf, NJW-RR 2016, 1073 (1077 Rn 44).

300 OLG Düsseldorf, NJW-RR 2016, 1073 (1077 Rn 46).

301 OLG Düsseldorf, wie Fn 300.

302 OLG Düsseldorf, wie Fn 300.

untermauert.[303] Das Oberlandesgericht Düsseldorf stellte klar, dass im Rahmen von § 242 BGB allerdings die bloße Kenntnis des anderen Teils vom Irrtum des Erklärenden nicht ausreiche. Vielmehr müssten weitere Voraussetzungen hinzukommen, welche die Annahme von rechtsmissbräuchlichem Verhalten begründen.[304]

Sofern man der oben dargestellten Ansicht nicht folgt, dass die Erklärungen bereits nach dem objektiven Empfängerhorizont nicht ausgelegt werden und deshalb zwischen A und B im Beispielsfall kein Vertrag besteht, kommt also möglicherweise ein Vertrag über den Verkauf der einhundert Drucker zum Preis von je 66 Singapur-Dollar zustande. A ist aber wegen Erklärungsirrtums (§ 119 I Alt. 2 BGB) anfechtungsberechtigt: Der Fall, in dem der Erklärende zwar richtig einen Preis in eine Produktdatenbank eingibt, die Eingabe aber durch einen Softwarefehler verfälscht wird, wird nämlich wie ein Fall des Verschreibens oder Vertippens und damit wie ein Erklärungsirrtum gemäß § 119 I Alt. 2 BGB behandelt.[305] Der Erklärungsirrtum des A war auch wesentlich, weil er die Erklärung ohne den Irrtum nicht abgegeben hätte. Ein mit dem Anfechtungsrecht des A korrespondierender Schadensersatzanspruch des B gegen A gemäß § 122 I BGB entfällt wegen der Kenntnis des B vom Erklärungsirrtum des A nach § 122 II BGB.

cc) Zwischenergebnis

In Deutschland ist umstritten, wie der Fall des erkannten Erklärungsirrtums zu lösen ist. Nach der Mehrheitsmeinung kommt bereits kein Vertrag zustande (Lösung 1), weil sich die Kenntnis des Erklärungsempfängers vom Erklärungsirrtum des Erklärenden bereits auf Auslegungsebene auswirkt. Nach einer Mindermeinung besteht ein Vertrag mit dem Inhalt, wie er objektiv erscheint, aber A kann sich von diesem Vertrag durch Anfechtung wegen Erklärungsirrtums nach § 119 I Alt. 2 BGB lösen (Lösung 2).

---

303 Kritisch insofern ebenfalls *Härting*, Internetrecht, 177 Rn 790, der den Rückgriff auf § 242 BGB in der Entscheidung des OLG Nürnberg, 10.06.2009, 14 U 622/09 für überflüssig hält.

304 Zur Rechtsprechung des Bundesgerichtshofs ausführlich unten, § 2 D. III. 2. (Exkurs: eBay-Fälle).

305 BGH, 26.01.2005, XIII ZR 79/04 = NJW 2005, 976 (977); MüKo-*Armbrüster*, § 119 Rn 47 mwN.

b) England

aa) Lösung 1: Kein Vertrag

Die Erklärungen sind nach dem *objective test* auszulegen. Wie nach deutschem Recht bestehen bei einem Vertragsschluss über das Internet keine Besonderheiten hinsichtlich der Voraussetzungen des Vertragsschlusses.[306] Objektiv erscheint die Erklärung des B mit dem Inhalt, er wolle einhundert Drucker zum Preis von je 66 Singapur-Dollar von A kaufen. Der Inhalt der Erklärung des A („Ich nehme an.“) erscheint objektiv so, als habe A dieses Angebot angenommen. Nur wusste B aufgrund des Kontextes der Erklärung des A, dass A dies nicht erklären wollte, sondern sich geirrt hatte. Insofern kann B nicht darauf vertrauen, dass ein Vertrag über den Verkauf der einhundert Drucker zum Preis von je 66 Singapur-Dollar besteht. Es fehlt also wie nach der Mehrheitsmeinung im deutschen Recht an einer Einigung: Unter Anwendung des *objective test* kommt zwischen A und B kein Vertrag über den Verkauf der einhundert Drucker zum Stückpreis von 66 Singapur-Dollar zustande.[307]

Es gibt allerdings keine englische Entscheidung, die Hinweise liefern könnte, ob der Fall tatsächlich so gelöst würde. In der Literatur wird die Ansicht vertreten, es könne jedenfalls nicht allgemein gelten, dass der Erklärungsempfänger eine Unachtsamkeit des anderen Teils nicht ausnutzen dürfe.[308] Der Erklärungsempfänger könne nämlich stets leugnen, den Irrtum des anderen Teils erkannt zu haben.[309]

Noch im Jahr 2010 schrieb Beale, es gebe keine „authority“.[310] Der Fall, der dem Beispielsfall zugrunde liegt, wurde vom Court of Appeal von Singapur

306 Zu diesem Themenkomplex ausführlich: *Beale*, Chitty on Contracts, 32. Aufl., 2-076. Siehe auch *Nolan*, Offer, 80 ff. mwN.

307 *Beale*, Chitty on Contracts, 32. Aufl., 3-086; *Beatson/ Burrows/ Cartwright*, Anson's Law of Contract, 277 f.; *McLauchlan*, (2008) 124 LQR 608, 619; *McKendrick*, Contract Law, 19 f. Aus rechtsvergleichender Sicht: *Häcker*, Consequences, 183. Es kommt insbesondere kein Vertrag zum korrekten Preis zustande, *Beale*, Chitty on Contracts, 32. Aufl., 3-029 Fn 125.

308 *Stoljar*, Mistake, 23: „Why should not an offeree snap up an offer as soon as a bargain seems favourable to him? Is he to observe a decent interval or to issue a special warning to the offeror? What, in any case, is the significance of the fact that the offeree suspected or even knew of the mistake? For the offeree instead of knowing about a different term intended by the offeror, may merely think, as surely he has a right to think, that the offeror is hasty or foolish or both.“

309 *Stoljar*, Mistake, 24.

310 *Beale/ Fauvarque-Cosson/ Rutgers/ Tallon/ Vogenauer*, Cases, 457.

entschieden. In *Chwee Kin Keong v Digilandmall.com Pte Ltd*[311] stritten A und B über einen Vertrag über den Verkauf von Laserdruckern über das Internet. Im Online-Shop des A waren die Drucker falsch ausgepreist. Dies kam dadurch zustande, dass während eines Trainings, bei dem eine Funktion zum Hochladen von Preisen getestet wurde, jene Funktion versehentlich statt für die Test-Website für die tatsächliche Website benutzt wurde. Es gingen über 4.000 Bestellungen ein. Im Originalfall bestellten sechs potentielle Käufer, darunter B, insgesamt 1.606 Drucker; B gab eine Bestellung in Höhe von einhundert Druckern auf. A bestätigte die Bestellungen automatisch. Nachdem er seinen Irrtum bemerkt hatte, verschickte A an alle Besteller eine Mitteilung, wonach er die Verträge nicht zu dem niedrigen Preis erfüllen werde. Die sechs Besteller, darunter B, klagten auf Vertragserfüllung.

Der Court of Appeal von Singapur entschied, dass sich B nicht auf den Inhalt „Verkauf der Drucker zum Preis von je 66 Singapur-Dollar" berufen könne, weil ein wesentlicher Irrtum des A vorgelegen habe, den B nach Überzeugung des Gerichts erkannt hatte.

In der rechtlichen Bewertung nahm der Court of Appeal auch auf den Hasenfell-Fall, *Hartog v Colin & Shields*, Bezug.[312] Jener Fall zeige, dass der Vertrag bei Kenntnis des anderen Teils vom Irrtum *at law* nichtig sei. In *Hartog v Colin & Shields* hatte der Richter in Bezug auf Hartogs Kenntnis die Formulierung benutzt: Hartog „must have known, and did in fact know, of the mistake" und Hartog „could not reasonably have supposed", dass das Angebot von Colin & Shields ihren wahren Willen abbilde.[313] In *Chwee Kin Keong v Digilandmall.com Pte Ltd* führte der Richter nun aus, dass in Urteilen solche Satzteile (etwa „hätte den Irrtum erkennen müssen" oder „hätte nicht vermuten dürfen") Beweisfaktoren darstellten oder Teile der Urteilsfindung, die auf die tatsächliche Kenntnis des einen Teils vom Irrtum des anderen Teils hindeuteten und nicht nur auf die Erkennbarkeit des Irrtums für den anderen Teil.[314]

Die Kenntnis des Erklärungsempfängers vom Irrtum des anderen Teils müsse wie jede andere Tatsache ermittelt und bewiesen werden.[315] Dabei sei auf die Umstände Bezug zu nehmen.

---

311 *Chwee Kin Keong v Digilandmall.com Pte Ltd* [2005] 1 S.L.R. 502. Der Fall wird im Folgenden als Drucker-Fall bezeichnet.

312 *Chwee Kin Keong v Digilandmall.com Pte Ltd* [2005] 1 S.L.R. 502 Rn 31, 35.

313 *Hartog v Colin & Shields* [1939] 3 All E.R. 566 und 567.

314 *Chwee Kin Keong v Digilandmall.com Pte Ltd* [2005] 1 S.L.R. 502 Rn 35.

315 *Chwee Kin Keong v Digilandmall.com Pte Ltd* [2005] 1 S.L.R. 502 Rn 40.

In einer aufwendigen Beweisaufnahme untersuchte der Court of Appeal von Singapur, ob die sechs potentiellen Käufer tatsächliche Kenntnis vom Irrtum des A hatten. In Bezug auf B würdigte das Gericht zunächst die Tatsache, dass der Unterschied des Preises für den angebotenen Drucker im Vergleich zum Marktpreis exorbitant gewesen sei. Weiterhin ging aus den vom Gericht ausgewerteten Chats, E-Mails und SMS nach Überzeugung des Gerichts hervor, dass B vom Irrtum des A wusste.[316] B war ehemaliger Banker und hatte nun ein eigenes Unternehmen; er war deshalb mit den Geschäftspraktiken im Internet vertraut. Er war mit zweien der anderen Besteller befreundet und hatte die Freunde auf die Website aufmerksam gemacht. Außerdem hatte er eine so genannte Massen-E-Mail mit dem Zeichen „Wichtigkeit: Hoch“ an 54 Adressen gesendet, um seinen erweiterten Freundeskreis auf den günstigen Preis für die Drucker hinzuweisen.[317] Zwar nicht als alleinigen Faktor, aber dennoch als wichtiges Element bezog das Gericht außerdem die Tatsache in die Beweiswürdigung ein, dass B gewinnorientiert gehandelt hatte.[318] In der Gesamtschau kam das Gericht zu der Überzeugung, dass B tatsächliche Kenntnis vom Irrtum des A gehabt hatte.[319] Allgemein führte das Gericht aus, dass gleichbedeutend mit positiver Kenntnis grobfahrlässige Unkenntnis sei, also wenn der Erklärungsempfänger vor der Offensichtlichkeit des Irrtums die Augen verschlossen hätte („wilfully shutting one's eye to the obvious“).[320] Tatsächliche Kenntnis verhindere den „consensus ad idem“.[321] Da B den wesentlichen Irrtum des A nach Überzeugung des Gerichts erkannt hatte, war der Vertrag zwischen A und B über den Verkauf der einhundert Drucker zum niedrigen Stückpreis also *at law* nichtig.

---

316 *Chwee Kin Keong v Digilandmall.com Pte Ltd* [2005] 1 S.L.R. 502 Rn 84.

317 *Chwee Kin Keong v Digilandmall.com Pte Ltd* [2005] 1 S.L.R. 502 Rn 12.

318 *Chwee Kin Keong v Digilandmall.com Pte Ltd* [2005] 1 S.L.R. 502 Rn 89.

319 Ergänzend sei an dieser Stelle angeführt, dass sich das Gericht im Übrigen nicht von der Darstellung des dritten Klägers überzeugt zeigte, der 760 Drucker bestellt und vorgebracht hatte, keine tatsächliche Kenntnis vom Irrtum des A gehabt zu haben, weil er geglaubt habe, der günstige Preis sei darin begründet gewesen, dass es sich möglicherweise um ein veraltetes Modell gehandelt habe. Das Gericht wertete die Profitgier und die hohe Bestellzahl in dem Sinn, dass auch der dritte Kläger tatsächliche Kenntnis vom Irrtum des A gehabt hatte, *Chwee Kin Keong v Digilandmall.com Pte Ltd* [2005] 1 S.L.R. 502 Rn 93.

320 *Chwee Kin Keong v Digilandmall.com Pte Ltd* [2005] 1 S.L.R. 502 Rn 42 ff.

321 *Chwee Kin Keong v Digilandmall.com Pte Ltd* [2005] 1 S.L.R. 502 Rn 53.

Dafür, dass ein englisches Gericht ebenfalls entscheiden würde, der Vertrag sei bei einem von der anderen Partei erkannten Irrtum *void at law*, sprechen die Ausführungen von Aikens J in der *Statoil*-Entscheidung.[322] Aikens J nahm hier auf den Drucker-Fall Bezug. Seiner Ansicht nach besteht in der untersuchten Fallkonstellation keine Einigung über den Inhalt, wie er objektiv erscheint:

> „To my mind this decision falls squarely within the classic rule. There was a unilateral mistake by the seller about the price of the printers. The buyers knew that the mistake had been made, but went ahead and ‚snapped up the offer'. Plainly, when the subjective evidence was examined, the parties were not agreed as to the most fundamental term of the contract: the price."[323]

Es kann also festgehalten werden, dass B bei Kenntnis vom Irrtum des B kein Vertrauen auf den objektiven Erklärungsinhalt haben darf. Es kommt *at law* kein Vertrag zustande.

bb) Bei schriftlichen Verträgen: Wirksamkeit der Erklärung mit dem Inhalt, wie A ihn gewollt hat, durch *rectification in equity* (Lösung 0)?

Bei einem schriftlichen Vertrag, der den Inhalt hat, dass A die Drucker zum Stückpreis von 66 Singapur-Dollar an B verkauft, kann A *in equity* nicht verlangen, dass dieses Dokument im Sinne des von ihm Gemeinten geändert wird. Die *rectification* des Vertrages im Sinne des von A Gewollten scheidet in der hier untersuchten Fallkonstellation aus.[324] Denn die Rechtsfolge der *rectification* wird als zu hart empfunden; man möchte den Erklärungsempfänger (hier B) nicht an einen Vertrag binden, zu dessen Inhalt er möglicherweise nie zugestimmt hätte.[325] Es gebe keine Basis, an der man die Geltung des von A Gewollten festmachen könne.

---

322 *Statoil ASA v Louis Dreyfus Energy Services LP („The Harriette N")* [2008] EWHC 2257 (Comm) Rn 95. Englische Entscheidungen haben in Singapur *persuasive authority*; dazu *Woon*, Applicability, 230. Die Entscheidung des Court of Appeal könnte in England ebenfalls *persuasive authority* haben, verstärkt durch die Erwähnung im *Statoil case*. *Chen-Wishart*, Contract, 51. benutzt die Entscheidung des Court of Appeal von Singapur zur Illustration des englischen Rechts ohne weitere Hinweise auf die Bedeutung des Falles für England.

323 *Statoil ASA v Louis Dreyfus Energy Services LP ('The Harriette N')* [2008] EWHC 2257 (Comm) in Absatz (95).

324 *Beale*, Chitty on Contracts, 32. Aufl., 3-075. Aus rechtsvergleichender Sicht (ohne nähere Begründung): *Häcker*, Consequences, 182 f.

325 *Beale*, Chitty on Contracts, 32. Aufl., 3-075.

cc) Wirksamkeit der Erklärung mit dem Inhalt, wie er objektiv erscheint, mit Lösungsmöglichkeit für A durch *rescission in equity* (Lösung 2)?

Beale spricht die Möglichkeit an, dass der Erklärende im Fall des vom Erklärungsempfängers erkannten Irrtums *in equity rescission* verlangen kann.[326] Dies würde bedeuten, dass die Erklärung des A im Beispielsfall mit dem Inhalt wirksam ist, wie er objektiv erscheint, und die Erklärung des B ebenso. Dann bestünde zwischen beiden Parteien ein Vertrag mit dem Inhalt, wie er objektiv erscheint (hier: Vertrag über den Verkauf der einhundert Drucker zum Preis von je 66 Singapur-Dollar). A könnte sich dann aber von dem Vertrag mit B durch *rescission* lösen; ihm würde ein Wahlrecht zugestanden.

Dies ist offenbar aber nicht die Lösung des aktuellen englischen Rechts. Es kommt vielmehr bereits *at law* kein wirksamer Vertrag zustande, s. o.

dd) Bei Grundstückskaufverträgen: *refusal of specific performance in equity?*

Wenn der Vertrag *at law* wirksam ist, gibt es *in equity* bei Verträgen über die Übertragung oder den Verkauf von Grundstücken, das ermessensabhängige Rechtsmittel der *refusal of specific performance.*[327] In Fällen, in denen der Irrtum einer Partei nicht ausreicht, um den Vertrag *at law* nichtig zu machen, und die Anordnung der Vertragsdurchführung *(specific performace)* eine unangemessene Härte für einen Vertragsteil darstellen würde, kann das Gericht anordnen, dass der Vertrag nicht durchgeführt wird.

In *Webster v Cecil*[328] ging es um den Verkauf eines Grundstücks. A hatte B ein Stück Land zum Preis von 1.250 GBP zum Verkauf angeboten. B hatte dieses Angebot angenommen. Als B die Übereignung des Grundstücks zum Preis von 1.250 GBP verlangte, verweigerte A dies und berief sich auf einen Irrtum: Er habe statt 1.250 GBP 2.250 GBP erklären wollen.

Der Fall wurde vor dem *Court of Chancery* entschieden. Das überlieferte Urteil besteht allein darin, dass der *Master of the Rolls* sich davon überzeugt zeigte, dass A den Irrtum bewiesen habe. Das Missverhältnis zwischen dem gewollten und dem erklärten Kaufpreis sei so groß, dass A *in equity* nicht zur Durchführung des Kaufvertrages mit B verurteilt werden könnte *(refusal of specific performance).*[329] Hilfsweise sei B auf den Rechtsweg *at law* zu verweisen, um auf Schadensersatz zu klagen.

---

326 *Beale*, Chitty on Contracts, 32. Aufl., 3-075 mwN.

327 Statt vieler: *Beatson/ Burrows/ Cartwright*, Anson's Law of Contract, 287.

328 (1861) 30 Beav 62.

329 (1861) 30 Beav 62 (64).

Es wird nicht deutlich, ob das Gericht annahm, A habe sich in der Berechnung des Preises geirrt (in Deutschland: Kalkulationsirrtum), oder ob er die ersten beiden Ziffern vertauscht, sich also verschrieben hatte (nach deutschem Recht: Erklärungsirrtum). Zur Kenntnis des B vom Irrtum des A machte das Gericht keine näheren Ausführungen. Allerdings hatte A zuvor den Verkauf des Grundstücks an B zum Preis von 2.000 GBP abgelehnt, weshalb man die Meinung vertreten könnte, B habe Kenntnis vom Irrtum des A gehabt, habe aber nicht gewusst, was A tatsächlich erklären wollte. In einer zeitlich späteren Entscheidung wurde *Webster v Cecil* dementsprechend auch als Beispielsfall für die Konstellation angeführt, in welcher der Erklärungsempfänger den Irrtum des Erklärenden kennen musste.[330]

Wie oben gezeigt, spricht indes viel dafür, dass in dem Fall, in dem der eine Vertragsteil Kenntnis vom Erklärungsirrtum des anderen Teils hat, aber nicht von dem von ihm Gewollten, bereits *at law* kein Vertrag zustande kommt. In der Literatur wird diese Meinung auch in Bezug auf *Webster v Cecil* vertreten.[331] Vermutlich würde es also einem Fall über den Verkauf von Grundstücken, in dem die eine Partei den Irrtum der anderen Partei erkannt hat, gar nicht erst zu der Frage kommen, ob *in equity refusal of specific performance* gewährt werden kann.

ee) Zwischenergebnis

Nach englischem Recht besteht nach Auslegung der Erklärungen zwischen den Vertragsparteien A und B im Beispielsfall kein Vertrag (Lösung 1).

c) Regelwerke: Kein Vertrag (Lösung 1) oder Wirksamkeit der Erklärung mit dem Inhalt, wie er objektiv erscheint, mit Anfechtungsmöglichkeit für A (Lösung 2)?

aa) Auslegung

Die Erklärungen sind auszulegen. Bei einem Vertragsschluss über das Internet bestehen keine Besonderheiten.[332] Nach Art. 5:101 (1) PECL wird ein Vertrag nach dem gemeinsamen Willen der Parteien ausgelegt, auch wenn dieser nicht mit dem Wortlaut übereinstimmt. Hier haben A und B keinen gemeinsamen

330 (1880) 15 ChD 215 per James LJ: „*Webster v Cecil* is a good instance of that, being a case where a person snapped at an offer which he must have perfectly well-known to be made by mistake […]".

331 *Beatson/ Burrows/ Cartwright*, Anson's Law of Contract, 288 Fn 122.

332 Vgl. *Schulze/ Zoll*, Vertragsrecht, 1. Aufl., 134 Rn 28 (zum CESL). Siehe auch *dies.*, Vertragsrecht, 2. Aufl., 162 f. Rn 76.

Willen, weshalb der Vertrag nicht in diesem Sinne subjektiv ausgelegt werden kann.

Art. 5:101 (2) PECL bestimmt, dass der Vertrag in der Weise ausgelegt wird, die dem Willen der ersten Partei entspricht, wenn feststeht, dass eine Partei den Vertrag in einem bestimmten Sinn verstanden wissen wollte und diese Absicht der anderen Partei bei Vertragsschluss nicht entgangen sein konnte. Im Beispielsfall weiß B zwar aufgrund des erheblichen Missverhältnisses zwischen dem von A angegebenen Stückpreis der Drucker und dem Marktwert der Drucker, dass A nicht erklären wollte, die Drucker zum Preis von je 66 Singapur-Dollar verkaufen zu wollen. Er weiß aber nicht, was A tatsächlich gemeint hat. Also kann der Vertrag nicht gemäß Art. 5:101 (2) PECL im Sinne des von A Gewollten ausgelegt werden. Der Erklärungsempfänger kann nicht an das ihm nicht offenbarte tatsächliche Verständnis des Erklärenden gebunden werden.[333]

Wenn ein Wille nach Art. 5:101 (1) oder (2) PECL nicht festgestellt werden kann, bestimmt Art. 5:101 (3) PECL, dass der Vertrag in dem Sinne auszulegen ist, den ihm vernünftige Personen von derselben Art wie die Parteien unter denselben Umständen geben würden. Eine vernünftige Person in der Position der Parteien A und B könnte wohl den Vertrag nicht auslegen, denn diese Person hat darüber Kenntnis, dass A nicht das erklärt hat, was er erklären wollte, und B dies erkannt hatte.

Für die Auslegung von Erklärungen gilt nach den PECL die Vorschrift über die Vertragsauslegung entsprechend, Art. 1:107 PECL. Anders als nach deutschem Recht stellt die Anzeige des A auf seiner Website nach den PECL nicht eine *invitatio ad offerendum* dar, sondern ein Angebot. Art. 2:201 (3) PECL sieht vor, dass „ein Vorschlag […] zur Leistung von Diensten zu festgesetzten Preisen, den ein professioneller Anbieter in einer öffentlichen Anzeige oder in einem Katalog […] im Zweifel als Angebot […] zur Leistung zu diesem Preis [gilt], bis […] die Kapazität des Anbieters zur Leistung der Dienste erschöpft ist.“ Nach dieser Vermutung hat also im Beispielsfall A das Angebot auf einen Vertragsschluss abgegeben. Objektiv erscheint der Inhalt der Erklärung des A so, als wolle A einhundert Drucker zum Preis von je 66 Singapur-Dollar an B verkaufen. Eine vernünftige Person in der Position des B weiß aber, dass A die Erklärung nicht mit diesem Inhalt abgeben wollte. Danach ist die Erklärung des A nicht auslegungsfähig. Die mit der Erklärung des A korrespondierende Erklärung des B steht vereinzelt. Somit kommt im Beispielsfall nach den PECL wie nach deutschem und englischem Recht kein Vertrag zustande.

333 Vgl. *Lando/ Beale*, PECL, Art. 4:104 Comment D, 243.

Insofern wird auch im Schrifttum vereinzelt die Meinung vertreten, es komme in der hier untersuchten Fallgruppe kein Vertrag zustande.[334] Das Angebot des Erklärenden sei unbestimmt und deshalb der Auslegung nicht zugänglich. Seine Erklärung sei unwirksam. Es sei nicht überzeugend, dem Erklärenden die Anfechtung innerhalb der Frist zuzumuten.

Nach den Unidroit-Prinzipien hat die Auslegung der Erklärungen sowie des Vertrages wie nach den PECL ebenfalls objektiv und zwar aus der Sicht einer vernünftigen Person von derselben Art der Parteien zu erfolgen (Art. 4.2 (2) PICC bzw. Art. 4.1 (2) PICC). Nach den Unidroit-Prinzipien stellt die Anzeige des A auf der Website anders als nach den PECL und vielmehr wie nach deutschem Recht kein Angebot im Rechtssinne dar, sondern eine *invitatio ad offerendum*, Art. 2.1.2 PICC. Nach den Unidroit-Prinzipien hat also im Beispielsfall B das Angebot zum Kauf der Drucker gemacht. Allerdings kann die Erklärung des A bzw. der Vertrag aus den gleichen Gründen, wie oben zu den PECL ausgeführt, nicht ausgelegt werden. Somit besteht nach den Unidroit-Prinzipien im Beispielsfall zwischen A und B vermutlich kein Vertrag.

Gemäß Art. II.-8:201 (3) (a) DCFR bzw. Art. II.-8:101 (3) (a) DCFR ist die Erklärung bzw. der Vertrag in dem Sinne auszulegen, den ihr bzw. ihm eine vernünftige Person beilegen würde.[335] Auch wenn an dieser Stelle der Zusatz fehlt, der in den entsprechenden Regelungen der PECL und der Unidroit-Prinzipien enthalten ist, wonach es bei der Auslegung auf eine vernünftige Person „von derselben Art wie die Parteien unter denselben Umständen" ankommt, ändert dies wohl nichts am Auslegungsergebnis. Aus der Sicht einer vernünftigen Person ist die Erklärung des A auf seiner Website, die wie nach den PECL gemäß Art. II.-4:201 (3) DCFR bereits das Angebot im Rechtssinne darstellt, bzw. der Vertrag (vgl. Art. II.-8:102 (1) (a) DCFR) aus den bereits zu den anderen Regelwerken genannten Gründen nicht auslegungsfähig.

Nach Art. 56 (3) FS ist der Vertrag in dem Sinne auszulegen, den ihm eine vernünftige Person in den Umständen geben würde. Erklärungen sind gemäß Art. 12 (1) FS so auszulegen, wie erwartet werden kann, dass die Person, an die sie gerichtet ist, sie versteht. Folglich kommt es nach der Feasibility Study bei der Auslegung der Erklärungen sowie des Vertrags auf die Sicht einer dritten Person in der Position des konkreten Erklärungsempfängers an. Wie nach den PECL

334 *Grigoleit*, Irrtum, 218.

335 Hingewiesen sei auf *Mittelstädt*, Auslegung, 387 Fn 56. *Mittelstädt* zieht hier Art. II.-4:102 DCFR (Bestimmung des Rechtsbindungswillens) heran und kommt deshalb zu dem Schluss, dass nach dem DCFR das tatsächliche Verständnis des Erklärungsempfängers entscheidend sei.

und dem DCFR handelt es sich bei der Anzeige des A auf seiner Website gemäß Art. 30 (3) FS bereits um das Angebot. Die Erklärung des A bzw. der Vertrag ist allerdings aus den oben genannten Gründen auch nach der Feasibility Study nicht auslegungsfähig.

Gemäß Art. 58 (3) CESL ist der Vertrag in dem Sinne auszulegen, den ihm eine vernünftige Person geben würde. Der Zusatz „in den Umständen", der noch in der Feasibility Study erhalten war, fehlt. Dagegen sind Erklärungen nach Art. 12 (1) CESL so auszulegen, wie erwartet werden kann, dass die Person, an die sie gerichtet ist, sie versteht.[336] Nach Art. 31 (3) CESL handelt es sich bei einem Angebot an einen unbestimmten Empfängerkreis nicht um ein Angebot im Rechtssinne. Somit ist also nach dem CESL wie nach deutschem Recht und den Unidroit-Prinzipien zu untersuchen, ob B dem A ein Angebot zum Kauf der Drucker gemacht hat, das A angenommen hat.

Die Auslegungsregeln des CESL stellen die Auslegung von Verträgen in den Mittelpunkt; man könnte deshalb meinen, dass hier die Regel über die Vertragsauslegung Vorrang hat. Aus deutscher Sicht ist die systematische Stellung des Art. 12 CESL, der die Auslegung von Erklärungen im Abschnitt über die „Einleitenden Bestimmungen" regelt und nicht im Kapitel über die Auslegung, ungewöhnlich, weil das deutsche Recht bei der Auslegung an die Willenserklärungen anknüpft.[337]

Dennoch spielt die Auslegung von Erklärungen nach dem CESL eine wichtige Rolle. Das Nebeneinander der Regelung über die Vertragsauslegung und der Vorschrift über die Auslegung von Erklärungen wird so interpretiert, dass zunächst unter Hinzuziehung der Vorschrift über die Auslegung von Erklärungen zu ermitteln ist, ob zwischen den Parteien überhaupt eine Einigung besteht, und dann der Vertragsinhalt mithilfe der Regelung zur Vertragsauslegung festgestellt wird.[338] Dies wird etwa mit dem vergleichbaren Ansatz der PECL und der Unidroit-Prinzipien begründet sowie damit, dass die Auslegungsregel für die Verträge nur dann sachgerecht ist, wenn zunächst durch Anwendung der Vorschrift über die Auslegungsregel für Erklärungen feststeht, dass eine Übereinstimmung vorliegt.[339] Die Auslegungsregeln für Verträge und für Erklärungen sind folglich parallel anzuwenden.

---

336 Deshalb kritisch: Schmidt-Kessel/ *Maultzsch*, Vorbem Art. 58 Rn 5, Art. 58 Rn 11; Schulze/ *Wendehorst*, CESL, 2012, Art. 58 Rn 12. Siehe auch *Wagner*, Vertragsschluss, 159 f.

337 Dazu bereits oben, § 1 B.

338 Dazu bereits oben, § 2 A. I. 3. c) aa).

339 Dazu bereits oben, wie Fn 338.

Für die Lösung des Beispielsfalls könnte dies bedeuten, dass für die Vertragsauslegung die Sicht eines Außenstehenden, der nicht die Kenntnis des konkreten Erklärungsempfängers hat, maßgeblich ist, es aber für die Auslegung von Erklärungen auf den konkreten Empfängerhorizont ankommt und darüber hinaus das tatsächliche Verständnis des konkreten Erklärungsempfängers entscheidend ist.[340] Zwischen den Vorschriften würde also ein Widerspruch bestehen.[341]

Um diese Unstimmigkeit aufzulösen, wird die Meinung vertreten, die Vorschrift des Art. 58 (3) CESL könne nur so verstanden werden, dass die Auslegung nach dem objektiven Empfängerhorizont zu erfolgen habe und zwar aus der Sicht eines objektiven Empfängers mit der Kenntnis der konkreten Parteien.[342] Dafür spreche im Übrigen auch Art. 59 (a) CESL, wonach bei der Auslegung die Umstände des Vertragsschlusses, insbesondere die Vorverhandlungen, hinzugezogen werden können.[343] Es sei wohl ein Redaktionsversehen, dass die Auslegungsregel des Art. 58 (3) CESL nicht an Art. 12 (1) CESL angepasst wurde.[344]

Folgt man diesem Ansatz, sprechen die bereits oben zu den PECL genannten Gründe dafür, dass zwar die Erklärung des B, nicht aber die Erklärung des A bzw. der Vertrag nach dem CESL ebenfalls nicht ausgelegt werden kann. Mangels Einigung kommt dann zwischen A und B im Beispielsfall kein Vertrag zustande.

Insgesamt zeigt sich, dass der Beispielsfall nach allen Regelwerken gleich gelöst wird: Zwischen A und B besteht kein Vertrag.

bb) Zwischenergebnis

Die Lösung des Beispielsfalls beginnt nach den Regelwerken wie nach deutschem und englischem Recht mit der Auslegung der Erklärungen bzw. des Vertrages. Die Auslegungsregeln der Regelwerke lassen keinen klaren Schluss darauf zu, welche Kenntnis die „vernünftige Person“ hat, aus deren Sicht die Auslegung der Erklärungen zu erfolgen hat. Am deutlichsten formuliert sind die Regelungen

---

340 An dieser Stelle ungenau: *Mittelstädt*, Auslegung, 387. *Wagner*, Vertragsschluss, 160 vertritt die Ansicht, dass auch nach Art. 12 (1) CESL letztlich der objektive Empfängerhorizont maßgeblich sei. Unter Hinzuziehung von Art. 5 (2) CESL ergebe sich nämlich, dass das, was von einer Person in einer bestimmten Situation erwartet werden darf, das ist, was vernünftigerweise erwartet werden darf.

341 Anders *Wagner*, Vertragsschluss, ebd.

342 Vgl. Schmidt-Kessel/ *Maultzsch*, Art. 58 Rn 12.

343 Schmidt-Kessel/ *Maultzsch*, Art. 58 Rn 13. Auch nach der Feasibility Study können die Vorverhandlungen bei der Auslegung berücksichtigt werden, Art. 57 (a) FS.

344 Schmidt-Kessel/ *Maultzsch*, Art. 58 Rn 12. Siehe auch: Schulze-*Wendehorst*, Art. 58 Rn 11.

der PECL und der Unidroit-Prinzipien: Nach Art. 5:101 (3) PECL und Art. 4.1 (2) PICC kommt es bei der Auslegung der Erklärungen auf die Sicht einer objektiven Person nach derselben Art der Parteien und den gleichen Umständen an. Für die Auslegung der Erklärungen und des Vertrags ist nach der Feasibility Study ebenfalls der Maßstab eines Dritten in der Position des konkreten Empfängers entscheidend. Dann kommt im Beispielsfall, wie gezeigt, kein Vertrag zustande. Die entsprechenden Vorschriften des DCFR und des CESL lassen verschiedene Deutungsmöglichkeiten zu, weil es hier nur heißt, der Vertrag sei aus der Sicht einer „vernünftigen Person" auszulegen bzw. „wie erwartet werden kann, dass die Person, an die sie gerichtet ist, sie versteht." Vermutlich gilt aber nach allen Regelwerken ein objektiver Maßstab aus der Sicht des konkreten Erklärungsempfängers. Bei Anwendung dieser Auslegungsmethode besteht nach allen Regelwerken im Beispielsfall kein Vertrag (Lösung 2).

cc) PECL, DCFR: Anfechtbarkeit der Erklärungen, wenn Auslegung möglich?

Demgegenüber wird für die PECL und den DCFR die Meinung vertreten, in dem Fall, in welchem der Erklärungsempfänger den Irrtum des anderen Teils kennt, ohne zu wissen, was er tatsächlich gemeint hat, komme ein Vertrag mit dem objektiv erkennbaren Inhalt zustande; der Erklärende habe aber gemäß Art. 4:104 iVm Art. 4:103 PECL bzw. gemäß Art. II.-7:202 iVm Art. II.-7:201 DCFR ein Anfechtungsrecht.[345]

Nach den PECL kommt im Beispielsfall als Anfechtungstatbestand allein Art. 4:104 iVm 4:103 (1) (a) (ii) Alt. 1 PECL in Betracht.[346] A wäre anfechtungsberechtigt, wenn sein Kommunikationsirrtum wesentlich war, B Kenntnis von dem Irrtum hatte und es den Geboten von Treu und Glauben und des redlichen Geschäftsverkehrs widersprach, A in seinem Irrtum zu belassen. Die Voraussetzungen sind in Art. II.-7:202 iVm Art. II.-7:201 (1) (b) (ii) Alt. 1 DCFR sehr ähnlich formuliert.

Im Beispielsfall kam die falsche Auspreisung durch einen Softwarefehler zustande; es liegt ein Kommunikationsirrtum vor.

---

345 Zum PECL: *Lando/ Beale*, PECL, Art. 4:104 Comment D, 243. Zum DCFR: *v. Bar/ Clive*, DCFR, Art. II.-7:202 Comment D. Das angeführte Beispiel erinnert an den oben erwähnten Fall *Webster v Cecil* (1861) 30 Beav 62. Dazu oben § 2 B. I. 3. b) dd).

346 Der Irrtum des A wurde nämlich nicht durch Angaben des B hervorgerufen (Art. 4:103 (1) (a) (i) PECL) und B unterlag auch nicht demselben Irrtum wie A (Art. 4:103 (1) (a) (iii) PECL).

Dieser Irrtum ist gemäß Art. 4:103 (1) (b) Alt. 1 PECL wesentlich, wenn „die andere Partei wusste, dass die irrende Partei, wenn sie die Wahrheit gekannt hätte, den Vertrag nicht oder nur zu wesentlich anderen Bedingungen abgeschlossen hätte." Bei der Bestimmung der Wesentlichkeit kommt es auf den subjektiven Maßstab des konkreten Erklärungsempfängers an.[347] Nach Art. II.-7:201 (1) (a) Alt. 1 DCFR kommt es darauf an, ob die anfechtende „Vertragspartei, wäre sie dem Irrtum nicht erlegen, den Vertrag nicht oder nur mit grundlegend anderen Vertragsbestimmungen geschlossen hätte und die andere Partei dies wusste." Hier hat eine dritte Person in der Position des B wie auch der konkrete Erklärungsempfänger B den Irrtum des A aufgrund des erheblichen Missverhältnisses zwischen dem Marktwert und dem auf der Website des A ausgewiesenen Stückpreis der Drucker erkannt und wusste zudem, dass A ohne den Irrtum den Vertrag mit B nicht oder jedenfalls nicht zu diesen Bedingungen geschlossen hätte. Aufgrund des erheblichen Missverhältnisses war der Irrtum des A darüber hinaus aus der Sicht des konkreten Erklärenden A wesentlich, weil er den Vertrag mit B nicht zu diesen Bedingungen geschlossen hätte, wenn er die Wahrheit gekannt hätte. Der Irrtum des A war also wesentlich.

Weiterhin müsste der konkrete Erklärungsempfänger B den Irrtum des A erkannt haben (Art. 4:103 (1) (a) (ii) Alt. 1 PECL bzw. Art. II.-7:201 (b) (ii) Alt. 1 DCFR). Wegen des evidenten Missverhältnisses zwischen Leistung und Gegenleistung (s. o.) ist das der Fall.

Schließlich müsste B den Irrtum des A insofern verursacht haben, als B den Irrtum des A erkannt hat und ihn nicht darüber aufgeklärt hat, obwohl er nach Treu und Glauben und den Anschauungen des redlichen Geschäftsverkehrs dazu verpflichtet gewesen wäre. Grundsätzlich gilt, dass eine Partei aus einem schwerwiegenden Irrtum der anderen Partei keinen Vorteil ziehen können soll.[348] Danach hätte B den A im Beispielsfall über seinen Irrtum aufklären müssen.

Die Annahme einer Aufklärungspflicht erscheint im Beispielsfall allerdings lebensfremd. Die praktischen Bedürfnisse und das Interesse an einem funktionierenden Geschäftsverkehr sprechen dagegen, dass der Käufer A aufgrund eines besonders niedrigen Preises zunächst hätte nachfragen müssen, ob der Verkäufer B auch den Preis in dieser Höhe erklären wollte. Eine Hinweispflicht

---

347 Die Erläuterung in *Lando/ Beale*, PECL, Art. 4:103 Comment C, 231 legt das Verständnis nahe, es sei die Sicht des konkreten Erklärungsempfängers entscheidend. Die Erläuterung in *v. Bar/ Clive*, DCFR, Art. II.-7:201 Comment C entspricht wörtlich der zu den PECL.

348 Zum PECL: *Lando/ Beale*, PECL, Art. 4:103 Comment E, 232. Zum DCFR: *v. Bar/ Clive*, DCFR, Art. II.-7:201 Comment E.

erscheint an dieser Stelle gekünstelt, weil A mit B nicht in unmittelbarem Kontakt stand; es gab keine Vorverhandlungen, der Bestellvorgang war automatisiert.

Nach den Erläuterungen zu den PECL und zum DCFR ist Schweigen nur dann folgenlos, wenn nach Treu und Glauben keine Hinweispflicht besteht; so etwa in Situationen, die von einem großen Wettbewerb gekennzeichnet sind, bei Informationsgewinn unter großer Mühe oder großem Kostenaufwand, bei spekulativen oder riskanten Verträgen (etwa bei Verträgen über Risikoaktien).[349] Möglicherweise lässt sich hier die Meinung vertreten, dass bei Geschäften im Online-Handel eine besondere Wettbewerbssituation besteht, und B deshalb nicht dazu verpflichtet war, A über seinen Irrtum aufzuklären.

Dies würde dazu führen, dass A im Beispielsfall kein Anfechtungsrecht hätte, weil die Voraussetzungen des Art. 4:104 iVm Art. 4:103 (1) (a) (ii) Alt. 1 PECL bzw. Art. II.-7:201 (b) (ii) Alt. 1 DCFR nicht vorlägen. A wäre an den Vertrag mit B über den objektiv erkennbaren Inhalt („Verkauf von einhundert Druckern zum Preis von je 66 Singapur-Dollar") ohne Lösungsmöglichkeit gebunden.

dd) Zwischenergebnis

Nach allen Regelwerken kommt in Betracht, dass die Erklärung des Erklärenden wegen der Kenntnis des Erklärungsempfängers vom Erklärungsirrtum des Erklärenden nicht auslegungsfähig ist. Die Erklärung des Erklärungsempfängers kann dann nicht als mit der Erklärung des Erklärenden übereinstimmende Erklärung ausgelegt werden; es kommt kein Vertrag zustande (Lösung 1).

Die in den Erläuterungen zu den PECL und dem DCFR vorgeschlagene Lösung, dass zwischen den Parteien ein Vertrag mit dem Inhalt, wie er objektiv erscheint, besteht, der Erklärende aber anfechtungsberechtigt ist (Lösung 2), überzeugt nicht. Als einzig möglicher Anfechtungstatbestand kommt der Tatbestand in Betracht, der voraussetzt, dass der Erklärungsempfänger eine Aufklärungspflicht verletzt hätte. Dies führt im Beispielsfall zu Schwierigkeiten. Auf die Details einer Aufklärungspflicht kommt es allerdings vermutlich deshalb nicht an, weil der Vorschlag den Mangel hat, dass in der vorliegenden Fallgruppe nach allen Regelwerken zwischen den Parteien bereits kein Vertragsschluss konstruiert werden kann.

---

349 Zum PECL: *Lando/ Beale*, PECL, Art. 4:103 Comment E, 232. Zum DCFR: *v. Bar/ Clive*, DCFR, Art. II.-7:201 Comment E.

4. Vergleich

Als alternative Lösungsmöglichkeiten des Beispielsfalls kommen Lösung 1 (kein Vertrag) und Lösung 2 (Wirksamkeit der Erklärung mit dem objektiv erkennbaren Inhalt mit Anfechtungsmöglichkeit für A) in Betracht. Es lässt sich nicht sicher sagen, wie der Fall gelöst würde. Vermutlich kommt im Beispielsfall nach dem deutschen und dem englischen Recht wie auch nach den Regelwerken mangels Einigung kein Vertrag zustande. Allen untersuchten Rechtsordnungen bzw. den Regelwerken ist damit die Wertung gemeinsam, dass das Vertrauen des Erklärungsempfängers auf den Inhalt der Erklärung des Erklärenden, wie er objektiv erscheint, im Fall eines erkannten Erklärungsirrtums nicht schutzwürdig ist.

Nach dem deutschen Recht sprechen Wortlautargumente und die Regelungssystematik zunächst für eine Anfechtungslösung (Lösung 2). Im deutschen Recht ist dies der Wortlaut und die Systematik des § 122 II BGB, wonach der Erklärungsempfänger vom Irrenden nicht den Ersatz seines Vertrauensschadens verlangen kann, wenn er den Grund der Anfechtbarkeit kannte. Nach dem PECL und dem DCFR liegt eine Anfechtungslösung vor allem wegen des Wortlauts von Art. 4:103 iVm 4:117 PECL bzw. der entsprechenden Vorschriften des DCFR nahe.

Für eine Anfechtungsmöglichkeit spricht allgemein, dass A auf diese Weise geschützt wird; er hat eine Wahlmöglichkeit, falls er den Vertrag mit B mit dem Inhalt, wie er objektiv erscheint, doch durchführen will.

Indes bedeutet dies auch, dass A erst an den für ihn nachteiligen Vertrag mit dem von ihm nicht gewollten Inhalt gebunden ist. Um sich von diesem Vertrag zu lösen, muss A die Anfechtung fristgerecht erklären. Der Erklärende muss sich also seines Rechts bewusst sein und es rechtzeitig ausüben, indem er die Anfechtung gegenüber dem anderen Teil erklärt. Diese Nachteile für den Erklärenden sprechen im Ergebnis gegen eine Anfechtungslösung.

Vor allem aber spricht im Fall des erkannten Erklärungsirrtums gegen eine Anfechtungslösung, dass diese Lösung in einem starken Spannungsfeld zur Auslegung steht und deshalb hier im Ergebnis nicht vertreten werden kann. Legt man die Erklärungen im Beispielsfall aus der Sicht eines objektiven Erklärungsempfängers in der Position der Parteien aus, kommt nach deutschem Recht und wohl auch nach den Regelwerken bereits kein Vertrag zustande (Lösung 1), weil ein objektiver Dritter mit der Kenntnis des konkreten Erklärungsempfängers wusste, dass der Erklärende nicht das erklären wollte, was er objektiv erkennbar erklärt hat, und die Erklärung des Erklärenden dann nicht auslegungsfähig ist.

Die objektive Auslegung ist nach deutschem Recht gemäß §§ 133, 157 BGB maßgeblich für die Lösung des Falles. Bei der Untersuchung der Regelwerke zeigt sich, dass die Vorschriften der PECL und der Unidroit-Prinzipien über die Auslegung deutlicher formuliert sind als die der nachfolgenden Regelwerke: Danach kommt es bei der Auslegung der Erklärungen wie auch bei der Vertragsauslegung auf die Sicht einer vernünftigen Person von derselben Art der Parteien an. Nach dem DCFR ist die Sicht einer vernünftigen Person entscheidend; die Vorschrift ist im Vergleich zu den PECL und den Unidroit-Prinzipien kürzer gefasst. Für die Auslegung nach der Feasibility Study kommt es auf den konkreten Empfängerhorizont an. Nach dem CESL besteht nach dem Wortlaut ein Widerspruch zwischen der Vorschrift, die für die Auslegung von Erklärungen gilt, und der über die Vertragsauslegung. Es ist deshalb zunächst nicht klar, welche Kenntnis der Dritte hat, aus dessen Sicht die Auslegung der Erklärungen zu erfolgen hat. Argument für eine Auslegung der Erklärungen aus der Sicht eines Dritten in der Position des konkreten Erklärungsempfängers ist, dass ausdrücklich geregelt ist, dass bei der Auslegung die Vorverhandlungen hinzugezogen werden können.

Zusammenfassend lässt sich festhalten, dass bei objektiver Auslegung der Erklärungen bzw. des Vertrags zwischen A und B nach deutschem Recht und allen Regelwerken im Beispielsfall kein Vertrag besteht; auf die Irrtumsregel kommt es nicht an.

Deshalb ist der in den Erläuterungen zu den PECL und zum DCFR vorgebrachte Lösungsvorschlag, wonach der Erklärende bei einem erkannten Irrtum anfechtungsberechtigt sein soll (hier Lösung 2), im Beispielsfall nicht zielführend. Die Auslegung der Erklärungen bzw. des Vertrags führt bereits dazu, dass zwischen den Parteien kein Vertrag besteht.

Der nach den PECL und dem DCFR einzig in Betracht kommende Anfechtungstatbestand setzt voraus, dass B den A über seinen Irrtum hätte aufklären müssen. Grundsätzlich besteht nach den PECL und dem DCFR eine Aufklärungspflicht; allerdings wirkt dies im elektronischen Geschäftsverkehr konstruiert. Verneint man im Beispielsfall deshalb das Vorliegen einer Aufklärungspflicht, wäre A ohne Lösungsmöglichkeit an den Vertrag mit B gebunden, obwohl dieser den Irrtum des A erkannt hat. Angesichts der Kenntnis des B vom Irrtum des A erscheint diese Lösung harsch und auch vor dem Hintergrund der bereits dargestellten grundsätzlichen Wertungen der Regelwerke nicht systemkonform. Offenbar passt die vorgeschlagene Anfechtungslösung nicht im praktischen Fall.

Das Ergebnis, wonach im Beispielsfall zwischen den Parteien kein Vertrag besteht (Lösung 1), wird wohl ebenfalls nach englischem Recht erzielt, auch wenn unklar ist, wie ein englisches Gericht den Beispielsfall entscheiden würde. Wie bereits gezeigt, besteht im Common Law eine historische Zurückhaltung gegenüber einem Auslegungsansatz, der den Willen des Erklärenden berücksichtigt. Es erstaunt deshalb, wenn der Richter des Court of Appeal von Singapur in *Chwee Kin Keong* Ausführungen zur Auswirkungen des Irrtums auf die Einigung macht und festhält, bei tatsächlicher Kenntnis des einen Teils vom Irrtum des anderen Teils bestehe kein „consensus ad idem".[350] Man könnte dies als Besonderheit des Urteils des Court of Appeal von Singapur abtun; allerdings wählt Aikens J im *Statoil case* in seiner Bezugnahme auf den Drucker-Fall – überraschenderweise – ebenfalls einen subjektiven Ausgangspunkt, wenn er sagt: „[...] when the subjective evidence was examined, the parties were not agreed as to the most fundamental term of the contract: the price."[351] Im Ergebnis führt diese Herangehensweise dazu, dass im Beispielsfall kein wirksamer Vertrag vorliegt.

Es lässt sich festhalten: Nach beiden untersuchten Rechtsordnungen und sinnvollerweise auch nach allen Regelwerken wird die Herausforderung, die der Fall stellt, vermutlich einheitlich im Wege der Auslegung gelöst; sie wird somit als Problem der Einigung und nicht als Irrtumsfrage behandelt.

Im konkreten Fall ist die Lösung, wonach mangels Einigung kein Vertrag zustande kommt (Lösung 1), auch gegenüber der Anfechtungslösung (Lösung 2) vorzugswürdig. Lösung 1 bietet unter Berücksichtigung der Interessenlage eine klare Risikoverteilung zugunsten des A. Lösung 1 ist für A im Vergleich mit der Anfechtungslösung deshalb vorteilhaft, weil es keine Fristenbindung gibt. Diese Abwägung der Interessen zugunsten des A ist gerechtfertigt, weil das Interesse des B am Vertragsschluss mit dem Inhalt, wie er objektiv erscheint, wegen seiner Kenntnis vom Irrtum des A nicht schutzwürdig ist.

II. Erkennbarer Erklärungsirrtum

1. Beispielsfall

A und B verhandeln über den Verkauf eines gebrauchten Pkw. Im Zuge der Verhandlungen macht A deutlich, dass er den Pkw nicht für weniger als 600 Euro an B verkaufen will, weil er ihn sonst unter dem am Markt üblichen Preis verkaufen würde. A schickt schließlich ein schriftliches Angebot an B, in dem er schreibt: „Ich biete Ihnen meinen Pkw für 460 Euro zum Kauf an." B bemerkt nicht, dass A sich vermutlich verschrieben hat, und erwidert auf das Schreiben des A ebenfalls

350 *Chwee Kin Keong v Digilandmall.com Pte Ltd* [2005] 1 S.L.R. 502 Rn 53.

351 *Statoil ASA v Louis Dreyfus Energy Services LP ('The Harriette N')* [2008] EWHC 2257 (Comm) para 95.

schriftlich, er nehme das Angebot des A an. Als B die Übergabe und Übereignung des Pkw an ihn zum Preis von 460 Euro verlangt, verweigert dies A und erklärt, er habe die Ziffern vertauscht: Er habe B den Pkw zum Kaufpreis von 640 Euro statt 460 Euro anbieten wollen. A will sich deshalb von B nicht an seinem Angebot über den Verkauf des Pkw zum Preis von 460 Euro festhalten lassen.

2. *Mögliche Lösungen*

Es gibt drei mögliche Lösungen für den Beispielsfall. Zum einen ist denkbar, dass die Erklärung des A so ausgelegt wird, dass sie den Inhalt hat, wie er objektiv erscheint (Kaufangebot zum Preis von 460 Euro), und die Erklärung des B als Annahme dieses Angebots. Dann kommt ein Vertrag mit dem Inhalt zustande, wie er objektiv erscheint, im Beispielsfall also ein Vertrag zwischen A und B über den Verkauf des Pkw für 460 Euro. Wegen des Erklärungsirrtums könnte A aber ein Anfechtungsrecht zustehen (Lösung 1). Diese Lösung würde die Interessen des A wahren, der sich von dem Vertrag mit dem Inhalt, wie er objektiv erscheint, lösen kann.

Zum anderen könnte die Erklärung des A unwirksam sein, weil für einen objektiven Dritten in der Position des B erkennbar war, dass A sich geirrt hatte. Die Erklärung des B, mit der er das Angebot annehmen wollte, würde nicht mit der Erklärung des A korrespondieren können. Zwischen A und B käme kein Vertrag zustande (Lösung 2). Diese Lösung würde den Interessen des A entsprechen, der nicht an eine Erklärung mit diesem Inhalt gebunden sein will, weil er den Pkw an B sonst aus seiner Sicht unter Wert verkaufen würde.

Schließlich ist denkbar, dass ein Vertrag mit dem Inhalt zustande kommt, wie er objektiv erscheint, ohne dass der Erklärende ein Lösungsrecht hat (Lösung 3). Dann würde im Beispielsfall zwischen A und B ein Vertrag über den Verkauf des Pkw zum Preis von 460 Euro zustande kommen, ohne dass sich A von diesem Vertrag etwa durch Anfechtung lösen könnte. Diese Lösung würde dem Vertrauen des B auf den objektiven Erklärungsinhalt Rechnung tragen und die Rechtssicherheit schützen.

Dagegen ist von vornherein nicht denkbar, dass die Erklärungen so ausgelegt werden, dass ein Vertrag mit dem Inhalt zustande kommt, wie A ihn gewollt hat (im Beispielsfall über den Verkauf des Pkw für 640 Euro). Denn für B war nur der Irrtum erkennbar, nicht aber das von A Gewollte.

3. *Lösungen des deutschen und des englischen Rechts sowie der Regelwerke*

a) *Deutschland*

aa) Lösung 1: Wirksamkeit der Erklärung mit dem Inhalt, wie er objektiv erscheint, mit Anfechtungsmöglichkeit für A

Die Erklärungen von A und B müssen ausgelegt werden. Nach einer verbreiteten Auffassung in der Literatur kann die Willenserklärung des Erklärenden gemäß §§ 133, 157 BGB nach dem objektiven Empfängerhorizont ausgelegt werden, wenn der Erklärungsempfänger zwar den Irrtum, nicht aber den wirklichen Willen des Erklärenden erkennen kann.[352] Der Erklärungsempfänger dürfe auf das Erklärte vertrauen, weil das Abweichen von Wille und Erklärung vom Erklärenden verursacht sei. Dafür spreche auch § 157 BGB, wonach ein Vertrag so auszulegen ist, wie Treu und Glauben mit Rücksicht auf die Verkehrssitte es erfordern. Habe der Erklärungsempfänger keinerlei Anhaltspunkte, um den wirklichen Willen des Erklärenden zu erkennen, sei sein Vertrauen auf den objektiven Erklärungsinhalt zu schützen. Der Umstand, dass jedenfalls der Irrtum des A für B erkennbar war, beeinflusse das Zustandekommen des Vertrages nicht. Die Erkennbarkeit des Irrtums des Erklärenden für den anderen Teil wirke sich nicht bereits auf der Ebene der Auslegung aus; aus § 122 II BGB ergebe sich vielmehr, dass die Erkennbarkeit des Irrtums für den anderen Teil lediglich einem möglichen Schadensersatzanspruch des Erklärungsempfängers gegen den Erklärenden entgegenstehe.

Hier hat A eine Erklärung abgegeben, deren Inhalt objektiv so erscheint, als wolle A den Pkw für 460 Euro an B verkaufen. Die Erklärung des B bezog sich auf diese Erklärung: B hat erklärt, er nehme das Angebot des A an. Diese Erklärung kann so ausgelegt werden, dass sie eine Annahme der Erklärung des A mit dem Inhalt darstellt, wie sich der Inhalt der Erklärung des A durch Auslegung ergibt. Folglich kommt im Beispielsfall zwischen A und B ein Kaufvertrag über den Pkw zum Preis von 460 Euro zustande.

A ist aber zur Anfechtung wegen Erklärungsirrtums nach § 119 I Alt. 2 BGB berechtigt, weil er sich bei der Angabe des Preises für den gebrauchten Pkw in

352 Brox/ *Walker*, BGB AT, 181 Rn 409 sowie 64 Rn 136; *Flume*, Rechtsgeschäft, § 16 1, 302. Vgl. Erman-*Arnold*, § 119 Rn 4, § 133 Rn 19; *Kling*, Sprachrisiken, 401; *Mankowski*, Beseitigungsrechte, 381; *Wolf/Neuner*, BGB AT, 476 Rn 11. Aus rechtsvergleichender Sicht: *Ackermann/ Franck*, Validity, 186.

seinem Angebot an B verschrieben hat.[353] Dieser Erklärungsirrtum ist auch wesentlich, denn A hätte die Erklärung ohne den Irrtum nicht abgegeben. A kann sich also von dem Kaufvertrag mit B über den Pkw zum Preis von 460 Euro durch Anfechtung wegen Erklärungsirrtums lösen.

Diesem Ansatz folgt das Landgericht Düsseldorf in einem Fall, in dem es um einen Reisevertrag ging.[354] A, ein Reisebüroinhaber, vermittelte über seine Internetseite Reisen. B buchte über die Website des A eine Reise für vier Personen zum Preis von 832,25 Euro; in der Reiseleistung sollte der Aufenthalt in einer Fünf-Sterne-Hotelanlage während der Hauptsaison inklusive Flug enthalten sein. Der Preis von 832,25 Euro lag 30 Prozent unter dem regulären Preis einer vergleichbaren Reise für vier Personen. A bestätigte die Buchung des B automatisch, allerdings war in der Buchungsbestätigung in der Spalte „Personenzahl" die Ziffer Eins eingetragen. A führte die Reise nicht durch. Er trug vor, er habe sich geirrt: Der Preis für die Reise für vier Personen, welcher der Buchung des B zugrunde lag, resultiere aus einem Fehler im Buchungssystem. B verlangte von A den Ersatz des Nichterfüllungsschadens gemäß § 651 f I BGB.

Aus dem Urteil geht nicht hervor, wie das Gericht die Parteierklärungen auslegte. Jedenfalls war nach Überzeugung des Gerichts zwischen A und B ein Reisevertrag zum Preis von 832,25 Euro nach den §§ 145 ff. BGB zustande gekommen.

A stehe indes ein Anfechtungsrecht gemäß § 119 I Alt. 2 BGB wegen Erklärungsirrtums zu. Der niedrige Preis von 832,25 Euro sei durch einen Fehler im Datentransfer entstanden; die von A korrekt eingegebenen Daten seien durch die Software verfälscht worden. Dieser Fall stehe dem Verschreiben oder Versprechen gleich und berechtigte A daher zur Anfechtung.[355]

In einem *obiter dictum* machte das Landgericht Düsseldorf Ausführungen zum offenen Kalkulationsirrtum. Auch wenn ein solcher zwar grundsätzlich unbeachtlich sei, handele der Vertragspartner, der den Berechnungsfehler seines Gegenübers erkannt hat oder erkennen musste, rechtsmissbräuchlich und verstoße also gegen den Grundsatz von Treu und Glauben, wenn er auf die Durchführung des Vertrages besteht oder Schadensersatz verlangt. B habe hier bereits bei der Buchung der Reise erkennen können und erkennen müssen, dass der Preis auf einem Berechnungsfehler beruhte, denn vergleichbare Angebote hätte

---

353 Vgl. Brox/ *Walker*, BGB AT, 64 Rn 136. *Walker* führt § 119 BGB als zusätzliches Argument dafür an, dass der Fall des erkennbaren Erklärungsirrtums durch Auslegung nach dem objektiven Empfängerhorizont zu lösen sei.

354 LG Düsseldorf, 23.02.2007, 22 S 307/06.

355 LG Düsseldorf, 23.02.2007, 22 S 307/06, Rn 11.

es nur für über 2.700 Euro gegeben. Zudem sei der Irrtum des A deshalb offensichtlich gewesen, weil in der Rubrik „Gesamtpreis" in der Bestätigung nur eine Person vermerkt war, obwohl es sich um eine Buchung für vier Personen gehandelt habe. Die Durchführung des Vertrages sei A zu einem Preis, der 30 Prozent des regulären Preises betrug, nicht zumutbar. Folglich habe B gegen den Grundsatz von Treu und Glauben gehandelt, als er auf die Durchführung des Vertrages bestand.

bb) Bei Lösung 1: Schadensersatzanspruch des B gegen A?

Folgt man Lösung 1, wonach A im Beispielsfall ein Anfechtungsrecht gemäß § 119 I Alt. 2 BGB hat, kann B möglicherweise von A gemäß § 122 I BGB den Ersatz seines Vertrauensschadens verlangen. Der Anspruch des B gegen A entfällt eventuell nach § 122 II BGB, weil B den Erklärungsirrtum des A erkennen konnte: „Die Schadensersatzpflicht tritt nicht ein, wenn der Geschädigte den Grund [...] der Anfechtbarkeit [...] infolge von Fahrlässigkeit nicht kannte (kennen musste)."

Von einigen Autoren wird indes eine Einschränkung des Anwendungsbereichs von § 122 II BGB gefordert.[356] Die Ersatzpflicht des Anfechtenden gegenüber dem Erklärungsempfänger entfalle nur dann, wenn der Irrtum des Erklärenden für einen verständigen Dritten evident sei, ihm also auffallen musste, dass sich der Erklärende geirrt hat. Wenn sich der Irrtum des Vertragspartners dem Erklärungsempfänger aufdrängt, habe er nämlich eine Nachfragepflicht; er könne durch einfache Nachfrage klären, ob der Erklärende das, was er erklärt hat, tatsächlich so gemeint hat.[357] Dagegen könne dem Erklärungsempfänger bei einem Irrtum, der für den anderen Teil nicht evident ist, nicht zugemutet werden, nachzufragen, denn dann müsste er zusätzliche Kosten für die Aufklärung des Irrtums aufbringen und sich eventuell entgegen üblicher Geschäftsbräuche verhalten. Folglich könne sein Anspruch auf Ersatz des Vertrauensschadens auch nicht gemäß § 122 II BGB entfallen.

Im Beispielsfall weicht der von A im Angebot an B genannte Preis (Verkauf des Pkw für 460 Euro) um ungefähr 25 Prozent vom zuvor von A genannten Preis (Verkauf des Pkw für nicht weniger als 600 Euro) ab. Die Abweichung musste einem vernünftigen Dritten in der Person des B auffallen, weil A während der Vorverhandlungen betont hatte, den Pkw nicht für weniger als 600 Euro an ihn

---

356 *Mankowski*, Beseitigungsrechte, 581 f. mwN; Medicus/ *Petersen*, BGB AT, 341 Rn 785. Siehe auch *Flume*, Rechtsgeschäft, § 21 7, 424.

357 *Mankowski*, Beseitigungsrechte, 381 f. mwN, 557.

verkaufen zu wollen, und A insofern erkennbar gegen seine Interessen handelte, als er B den Pkw für weniger als 600 Euro zum Verkauf anbot. Es wäre für B ein Leichtes gewesen, durch Nachfrage den Widerspruch zwischen dem von A zuvor Gesagten und dem von A erklärten Angebot aufzuklären. Es liegt also ein evidenter Irrtum vor und der Schadensersatzanspruch des B gegen A nach § 122 I BGB entfällt gemäß § 122 II BGB auch dann, wenn man für die Erkennbarkeit des Irrtums für den anderen Teil nicht nur Fahrlässigkeit, sondern Evidenz verlangt.

cc) Lösung 2: Kein Vertrag

Demgegenüber wird die Meinung vertreten, die Erkennbarkeit des vom Erklärenden Gewollten für den Erklärungsempfänger wirke sich bereits auf Auslegungsebene aus. Die Erklärung der ersten Partei sei gemäß § 133 Hs. 1 BGB nach dem natürlichen Wortsinn auszulegen. Sie erscheine für die zweite Partei, den Erklärungsempfänger, aufgrund der erkennbaren Umstände als unbestimmt, weil er nicht auf den offensichtlich nicht gemeinten Wortlaut vertrauen dürfe. Es liege deshalb keine Willenserklärung der ersten Partei vor.[358]

Übertragen auf den Beispielsfall bedeutet dies Folgendes. Zwar erscheint im Beispielsfall objektiv, dass A ein Angebot mit dem Inhalt abgegeben hat, er wolle den Pkw für 460 Euro an B verkaufen. Allerdings kommt es bei der Auslegung nach dem objektiven Empfängerhorizont auf die Person eines objektiven Dritten in der Person der Vertragsparteien an. Weist man dem objektiven Dritten insofern Auslegungsverantwortung zu, als er die erkennbaren Umstände gegen sich gelten lassen muss, wusste diese Person aufgrund der Vorverhandlungen, dass A den Pkw für mindestens 600 Euro an B verkaufen wollte. Der objektive Dritte an der Stelle des konkreten Erklärungsempfängers B kann folglich nicht auf die Erklärung des A mit dem Inhalt „Verkauf des Pkw zum Preis von 460 Euro an B" vertrauen. Er weiß aber nicht, was A tatsächlich erklären wollte. Insofern kann die Erklärung des A nicht ausgelegt werden, sie ist perplex. Die Erklärung des B kann nicht als damit korrespondierende Erklärung ausgelegt werden. Im Beispielsfall besteht kein Vertrag.

358 *Faust*, BGB AT, 205 § 23 Rn 13; *Kramer*, Grundfragen, 197 Fn 299 (Dissens); MüKo-*Armbrüster*, § 122 Rn 22 (versteckter Dissens); *Mittelstädt*, Auslegung, 107 f. mwN; *Singer*, Selbstbestimmung, 63 Rn 30; Soergel-*Wolf*, § 155 Rn 12 (versteckter Dissens); Staudinger-*Singer*, § 119 Rn 40, § 122 Rn 17; *Schwarze*, Verständigungspflichten, 206 f., 216 ff.

dd) Zwischenergebnis

Im deutschen Recht lassen sich zwei Meinungen vertreten. Einer Ansicht kommt im Beispielsfall zwischen A und B ein Vertrag mit dem Inhalt, wie er objektiv erscheint, zustande, A ist aber wegen Erklärungsirrtums gemäß § 119 I Alt. 2 BGB anfechtungsberechtigt (Lösung 1). Anderer Ansicht nach besteht dagegen kein Vertrag, weil es an einer Einigung fehlt (Lösung 2).

b) England: Kein Vertrag (Lösung 2)

Die Erklärungen sind nach dem *objective test* auszulegen. Objektiv hat die Erklärung des A den Inhalt, er wolle den Pkw für 460 Euro an B verkaufen. B müsste nun vorbringen können, dass ein vernünftiger Dritter an seiner Stelle diesem Inhalt vertraut hätte. In der Literatur wird mehrheitlich die Ansicht vertreten, ein vernünftiger Dritter in der Position des B dürfe im Fall des erkennbaren Irrtums aufgrund der Erkennbarkeit des Irrtums des A dem Inhalt der Erklärung, wie er objektiv erscheint, nicht trauen.[359] Für die Lösung des Beispielsfalls bedeutet das, dass die Erklärung des A nicht ausgelegt werden kann. Die Erklärung des B kann nicht als mit der Erklärung des A übereinstimmende Erklärung ausgelegt werden. Zwischen A und B besteht keine Einigung; es kommt kein Vertrag zustande.

Es gibt keine „authority" für diese Fallgruppe.[360] Im bereits oben erwähnten Fall *Chwee Kin Keong v Digilandmall.com Pte Ltd*[361] des Court of Appeal von Singapur war streitig, inwiefern der Verkäufer von hochwertigen Druckern über einen Webshop an seine irrtumsbehaftete Erklärung gebunden war.[362] Der Richter vertrat die Auffassung, der Vertrag mit dem Inhalt, wie er objektiv erscheint, sei nur dann wegen Irrtums *at law* nichtig *(void)*, wenn der Erklärungsempfänger tatsächliche Kenntnis vom Irrtum gehabt habe.[363] Im Beispielsfall hatte B keine tatsächliche Kenntnis vom Irrtum des A. Dem Urteil des Court of Appeal von Singapur in *Chwee Kin Keong* folgend, wäre im Beispielsfall der Vertrag mit dem Inhalt, dass A den Pkw für 460 Euro an B verkaufen wolle, also *at law* wirksam.

Der Richter führte in *Chwee Kin Keong* aus, wenn der Erklärungsempfänger *constructive knowledge* vom Irrtum des Erklärenden gehabt habe, könne der

359 *Beale*, Chitty on Contracts, 32. Aufl., 3-077; *Cartwright*, Misrepresentation, 13-22 617; *Chen-Wishart*, Contract, 51. Siehe auch *O'Sullivan/ Hilliard*, Contract, 63 Rn 3.42.

360 *Beale*, Chitty on Contracts, 32. Aufl., 3-023.

361 [2005] 1 S.L.R. 502 (CA).

362 Zu diesem Fall bereits ausführlich oben, § 2 B. I. 3. b) aa).

363 [2005] 1 S.L.R. 502 (CA, para 53).

Vertrag möglicherweise *in equity voidable* sein, indes müsse dann ein zusätzliches Element hinzukommen: Das Bestehen des Erklärungsempfängers auf die Durchführung des Vertrages müsse gewissenlos sein.[364]

Im Beispielsfall könnte man dies wohl bejahen, weil B wusste, dass A mit dem niedrigen Angebot entgegen seinen Interessen handelte. Dann wäre der Vertrag über den Pkw zum Preis von 460 Euro zwar wirksam *at law*, aber *voidable in equity*. A könnte eventuell die *rescission* des Vertrages verlangen und sich so vom Vertrag mit dem Inhalt, wie er objektiv erscheint, lösen. Das Urteil des Court of Appeal von Singapur in *Chwee Kin Keong* ist in diesem Punkt jedoch für das englische Recht nicht maßgebend.[365]

Hinweise darauf, wie der Beispielsfall nach englischem Recht gelöst wird, liefert die Entscheidung *Centrovincial Estates plc v Merchant Investors Assurance Co Ltd*. In dem Fall stritten die Parteien um die Höhe einer für Geschäftsräume zu leistenden Miete.[366] Die Parteien nahmen in den Mietvertrag eine Klausel auf, wonach die Miete nach einem gewissen Zeitraum an den aktuellen Marktwert angepasst werden, die Miete aber nach der Mietanpassung jedenfalls nicht niedriger sein sollte als die zuvor vereinbarte Miete. Der Vermieter A machte dem Mieter B schließlich ein Angebot über eine Jahresmiete in Höhe von 65.000 GBP. Die vorherige Miete hatte 68.320 GBP betragen. Das Angebot des A in Höhe von 65.000 GBP nahm B sofort an. A berief sich darauf, tatsächlich gemeint gewesen seien 126.000 GBP.[367]

In dem Fall ging es um einen Irrtum in der Berechnung. Auch wenn es sich damit aus deutscher Sicht nicht um einen typischen Erklärungsirrtum etwa durch Verschreiben handelt, ist die Entscheidung für die Untersuchung wichtig. Denn Slade LJ stellte in diesem Urteil fest, der Erklärende könne sich von einem Vertrag mit dem Inhalt, wie er objektiv erscheint, nur lösen, wenn (der

---

364 [2005] 1 S.L.R. 502 (CA, para 80): „[when] the court finds that there is constructive knowledge on the part of the non-mistaken party, the court would, in the exercise of its equitable jurisdiction, be entitled to intervene and grant relief when it is unconscionable for the non-mistaken party to insist that the contract be performed."

365 *Beale*, Chitty on Contracts, 32. Aufl, 3-023 Fn 90; *Cartwright*, [2009] Sing. J.L.S. 226, 229 Fn 10; *ders.*, Misrepresentation, 13-22 617 f. Fn 67 weist darauf hin, dass die *equity*-Rechtsprechung in Singapur weitergehend ist als in England. Siehe auch *Andrews*, Contract Law, 81 Rn 3.65.

366 [1983] Com LR 158.

367 Der Fall wird in der Fallgruppe des vom Erklärungsempfänger nicht erkannten und für ihn auch nicht erkennbaren Erklärungsirrtum ausführlich behandelt (siehe unten, § 2 C. II. 3. b) aa)), denn nach Überzeugung des Gerichts hatte B den Irrtum des A weder erkannt, noch war er für ihn erkennbar.

Erklärungsempfänger den Irrtum erkannt habe oder) der Irrtum für den Erklärungsempfänger erkennbar sei.[368] Im Umkehrschluss könnte das bedeuten, dass ein Irrtum auch bei bloßer Erkennbarkeit für den anderen Teil nach englischem Vertragsrecht Rechtsfolgen auslöst. Dies könnte man möglicherweise auch dem Urteil *Champion Investments Ltd v Eaitisham Ahmed*[369] entnehmen, in dem es ebenfalls um einen Kalkulationsirrtum ging. Hier heißt es: „a contract may be affected by unilateral mistake on the part of one party if the other party ought reasonably to have known of the mistake, even if he did not in fact know of it." In der englischen Literatur wird jedenfalls die Entscheidung *Centrovincial Estates plc v Merchant Investors Assurance Co Ltd* so interpretiert, dass kein Vertrag zustande komme, wenn der Irrtum für den Erklärungsempfänger nur erkennbar war.[370]

Die Entscheidung *Centrovincial Estates plc v Merchant Investors Assurance Co Ltd* wurde in *OT Africa Line Ltd v Vickers Plc*[371] bestätigt. In diesem Fall hatte sich die irrende Partei beim Währungszeichen und der Angabe der Ziffer verschrieben und im Angebot an den Erklärungsempfänger 150.000 GBP statt 155.000 US-Dollar erklärt.

Der Fall wurde von Richter Mance vor dem Commercial Court in der Queen's Bench Division entschieden. Ausgangspunkt des Urteils ist, dass nach englischem Recht der Vertrag mit dem Inhalt, wie er objektiv erscheint, grundsätzlich wirksam ist. Im konkreten Fall habe zwischen den Parteien objektiv eine Einigung über die Summe von 150.000 GBP bestanden. Wenn nachgewiesen werden könne, dass der Erklärungsempfänger den Irrtum des anderen Teils kannte oder hätte kennen müssen, bestehe ausnahmsweise kein Vertrag. Dies gelte auch dann, wenn eine Person keine Nachforschungen anstellt, welche die Situation vernünftigerweise erfordert und die zur Entdeckung des Irrtums geführt hätten. Aber es müsse dann zumindest einen vernünftigen Grund für die Annahme geben, dass ein Irrtum vorliegt.[372] Im konkreten Fall zeigte sich Richter Mance

---

368 [1983] Com LR 158: „But in the absence of any proof, as yet, that the defendants either knew or ought reasonably to have known of the plaintiffs' error at the time when they purported to accept the plaintiffs' offer, why should the plaintiffs now be allowed to resile from that offer?"

369 [2004] EWHC 1956 (QB) (35) per Blair QC.

370 *Beale*, Chitty on Contracts, 32. Aufl., 3-023; *Chen-Wishart*, Contract, 51.

371 [1996] C.L.C. 722.

372 *OT Africa Line Ltd v Vickers Plc* [1996] C.L.C. 722 (726): „The question is what is capable of displacing that apparent agreement. The answer on the authorities is a mistake by one party of which the other knew or ought reasonably to have known.

davon überzeugt, dass der Erklärungsempfänger den Irrtum des Erklärenden weder kannte noch kennen musste.[373] Der Vertrag war bindend.

In *Sherrington v Berwin Leighton Paisner* hatte die irrende Partei A zunächst ein Angebot in der Höhe von 45.000 GBP abgegeben und nach weiteren Verhandlungen mit dem Erklärungsempfänger B schließlich erklärt, das Angebot in Höhe von 35.000 GBP bleibe offen.[374] B erklärte sofort die Annahme.

Der Court of Appeal behandelte das Problem, welches der Fall stellt, explizit nicht als Irrtumsproblem,[375] sondern löste es im Wege der Auslegung. Er setzte sich mit der Frage auseinander, inwiefern das zweite Schreiben des A mit dem Inhalt „Angebot in Höhe von 35.000 GBP" eventuell ein neues Angebot darstellte oder in sich widersprüchlich war. Aus dem *judgement* von Lloyd LJ, dem sich die anderen beiden Richter anschlossen, wird deutlich, dass seiner Überzeugung nach kein Vertrag besteht, weil die beiden Schreiben des A widersprüchlich seien, so wie auch das letzte Angebot des A in sich widersprüchlich gewesen sei.[376]

Insofern spricht in der Gesamtschau viel dafür, dass im Beispielsfall zwischen A und B nach englischem Recht kein Vertrag besteht.

c) *Regelwerke: kein Vertrag (Lösung 2) bzw. Wirksamkeit der Erklärung mit dem Inhalt, wie er objektiv erscheint, mit Anfechtungsmöglichkeit für A (Lösung 1)?*

aa) Auslegung

Die Erklärungen sind auszulegen. Da im Beispielsfall A und B keinen gemeinsamen Willen haben und für B der wahre Wille des A auch nicht erkennbar war, kommt die Vorschrift des Art. 5:101 (3) PECL zur Anwendung, wonach der Vertrag in dem Sinne auszulegen ist, „den ihm vernünftige Personen von derselben Art wie die Parteien unter denselben Umständen geben würden." Nach Art. 1:107 PECL ist diese Vorschrift entsprechend anwendbar auf Erklärungen. Bei der Auslegung kann u. a. Bezug auf die Vorverhandlungen genommen werden,

---

I accept that this is capable of including circumstances in which a person refrains from or simply fails to make enquiries for which the situation reasonably calls and which would have led to discovery of the mistake. But there would have, at least, to be some real reason to suppose the existence of a mistake [...]".

373 Deshalb wird auf dieses Urteil noch einmal unten in der Fallgruppe des vom Erklärungsempfänger nicht erkannten und für ihn nicht erkennbaren Erklärungsirrtums eingegangen (§ 2 C. II. 3. b) aa)).

374 (2006) EWCA Civ 1319.

375 (2006) EWCA Civ 1319 para 10 per Lord Justice Lloyd.

376 *Sherrington v Berwin Leighton Paisner* (2006) EWCA Civ 1319 para 17.

Art. 5:102 (a) PECL. Der Inhalt der Erklärung des A erscheint zunächst so, dass A den Pkw für 460 Euro an B verkaufen möchte. Zieht man bei der Auslegung die Vorverhandlungen hinzu, weiß die vernünftige Person in der Position des B, dass A eine Erklärung mit dem Inhalt „Verkauf des Pkw für 460 Euro" nicht abgeben wollte, weil A in den Vorverhandlungen deutlich gemacht hatte, dass er den Pkw jedenfalls für mehr als 600 Euro verkaufen wollte. Folglich könnte man die Ansicht vertreten, dass ein Einigungsmangel besteht, weil die Erklärung des A nicht auslegungsfähig ist und die Erklärung des B insofern auch nicht als Annahme der Erklärung des A ausgelegt werden kann. Dies ist wohl auch Ergebnis der direkten Anwendung des Art. 5:101 (3) PECL auf den Vertrag. Im Beispielsfall käme somit nach den PECL zwischen A und B kein Vertrag zustande bzw. der Vertragsinhalt ist nicht zu ermitteln.

Nach den anderen Regelwerken ist der Vertrag aus der Sicht eines objektiven Dritten auszulegen.[377] Nach allen Regelwerken können die Vorverhandlungen bei der Auslegung von Verträgen hinzugezogen werden.[378] Die Vorschriften über die Auslegung von Erklärungen sind in den anderen Regelwerken (mit Ausnahme der Unidroit-Prinzipien)[379] nicht so klar formuliert wie die der PECL und widersprechen sich im Fall der Feasibility Study und des CESL mit denen über die Vertragsauslegung.[380] Es stellt sich hier deshalb wie im Fall des vom Erklärungsempfänger erkannten Erklärungsirrtums die Frage, welche Kenntnis der Dritte hat, aus dessen Sicht die Auslegung der Erklärungen erfolgen soll. Jedenfalls nach den Unidroit-Prinzipien können die Vorverhandlungen auch bei der Auslegung von Erklärungen berücksichtigt werden.[381] Aus den bereits oben zum erkannten Erklärungsirrtum genannten Gründen ist wohl auch für die Auslegung der Erklärungen die Sicht eines objektiven Dritten in der Position

---

377 Art. 4.1 (2) PICC („reasonable persons of the same kind as the parties"); Art. II.-8:201 (3) (a) DCFR („reasonable person"); Art. 56 (3) FS („reasonable person in the same circumstances"); Art. 58 (3) CESL („reasonable person").

378 Art. 5:102 (a) PECL; Art. 4.3 (a) PICC; Art. II-8:102 (1) (a) DCFR; Art. 57 (a) FS; Art. 59 (a) CESL.

379 Der Maßstab des Art. 4.2 (2) PICC entspricht Art. 5:101 (3) PECL.

380 Art. II.-8:101 (3) (a) DCFR („reasonably expected to be understood by the person to whom it is addressed"); Art. 12 (1) FS („reasonably expected to be understood by the person to whom it is addressed"); Art. 12 (1) CESL („the person to whom it is addressed could be expected to understand it"). Zum Problem, dass sich die Regelungen über die Vertragsauslegung und über die Auslegung von Erklärungen der des CESL nach dem Wortlaut widersprechen, bereits oben, § 2 B. I. 3. c) aa).

381 Art. 5:102 (a) PECL; Art. 4.3 (a) PICC; Art. II-8:102 (1) (a) DCFR; Art. 57 (a) FS; Art. 59 (a) CESL.

des konkreten Erklärungsempfängers maßgeblich.[382] Wie nach den PECL ist die Erklärung des A dann nicht auslegungsfähig und der Erklärung des B fehlt der Bezugspunkt. Zwischen A und B besteht also nach den anderen Regelwerken wie nach den PECL kein Vertrag über den Verkauf des Pkw zum Preis von 460 Euro (Lösung 2).

bb) Zwischenergebnis

Folgt man dem bereits oben dargestellten Ansatz, dass für die Auslegung der Erklärungen die Perspektive eines objektiven Dritten in der Position des konkreten Erklärungsempfängers maßgeblich ist, kommt nach allen Regelwerken im Beispielsfall zwischen A und B kein Vertrag zustande.

cc) Anfechtbarkeit der Erklärung, wenn Auslegung möglich?

Demgegenüber wird jedenfalls für die PECL und den DCFR die Ansicht vertreten, bei einem erkennbaren Irrtum habe der Erklärende ein Anfechtungsrecht nach Art. 4:103 PECL.[383] Für die Lösung des Beispielsfalls bedeutet dies, dass die Erklärung des A den Inhalt nach objektiver Auslegung den Inhalt hat: „Angebot über den Verkauf des Pkw zum Preis von 460 Euro". B hätte dieses Angebot mit der Erklärung „Ich nehme Ihre Erklärung an." angenommen. Folglich käme zwischen A und B ein Kaufvertrag über den Pkw zum Preis von 460 Euro zustande.

A wäre möglicherweise nach Art. 4:104 iVm Art. 4:103 (1) (a) (ii) Alt. 2 PECL anfechtungsberechtigt.

Bei dem Schreibfehler des A in seinem Angebot (460 Euro statt 640 Euro) handelt es sich um einen Kommunikationsirrtum.

Dieser Irrtum ist gemäß Art. 4:103 (1) (b) Alt. 2 PECL wesentlich, wenn „die andere Partei wissen musste, dass die irrende Partei, wenn sie die Wahrheit gekannt hätte, den Vertrag nicht oder nur zu wesentlich anderen Bedingungen abgeschlossen hätte." Wie bereits oben angesprochen, ist nach dem Wortlaut der Vorschrift die subjektive Sicht des konkreten Erklärungsempfängers entscheidend; denkbar ist aber auch ein objektiver Maßstab.[384] Hier hätte B wie auch ein objektiver Dritter in der Position des B aufgrund der Vorverhandlungen wissen

---

382 Siehe oben, § 2 B. I. 3. c) aa).

383 *Lando/ Beale*, PECL, Art. 4:104 Comment E, 243 sowie *Ackermann/ Franck*, Validity, 184. Vgl. zum DCFR die Erläuterung von *v. Bar/ Clive*, DCFR, Art. II.-7:202 Comment E.

384 Dazu bereits oben, § 2 B. I. 3. c) cc).

müssen, dass A den Vertrag mit B über den Verkauf des Pkw zum Preis von 460 Euro nicht geschlossen hätte. Der Irrtum des A ist also wesentlich.

Schließlich ist für die Anfechtbarkeit Voraussetzung, dass B Kenntnis von dem Irrtum des A haben musste und es den Geboten von Treu und Glauben und des redlichen Geschäftsverkehrs widersprach, A in seinem Irrtum zu belassen. Für B war der Irrtum aufgrund der Differenz zum während der Vorverhandlungen Gesagten erkennbar (s. o.); B hat A auch nicht auf seinen Irrtum aufmerksam gemacht. Dies müsste gegen Treu und Glauben verstoßen. Die PECL gehen von dem Prinzip aus, dass der Erklärungsempfänger den erkennbaren, schwerwiegenden Irrtum des anderen Teils grundsätzlich nicht ausnutzen darf.[385] Nur in Ausnahmefällen, etwa bei spekulativen Geschäften, soll der Erklärungsempfänger aus dem Irrtum des anderen Teils einen Vorteil ziehen dürfen. In allen anderen Fällen, in welchen der Erklärungsempfänger den anderen Teil leicht über den Irrtum hätte aufklären können, handelt er entgegen der Gebote des redlichen Geschäftsverkehrs. Hier handelt es sich nicht um ein spekulatives Geschäft und auch sonst liegt kein Ausnahmefall vor, in dem B den Irrtum des A ausnutzen dürfte, weil A nicht schutzwürdig ist. Also hätte B den A auf den für ihn erkennbaren Irrtum hinweisen müssen.

Bei Wirksamkeit des Vertrages mit dem Inhalt „Verkauf des Pkw für 460 Euro von A an B“ ist A folglich nach Art. 4:104 iVm Art. 4:103 (1) (a) (ii) Alt. 2 PECL anfechtungsberechtigt.

Nach Art. II.-7:202 iVm Art. II.-7:201 (1) (a) (b) (ii) Alt. 2 DCFR hat A ein Anfechtungsrecht, wenn ein wesentlicher Erklärungsirrtum vorliegt und B den irrtumsbehafteten Vertragsschluss verursacht hat, indem er A entgegen dem Gebot von Treu und Glauben und des redlichen Geschäftsverkehrs im Irrtum ließ, als er um dessen Irrtum wissen musste. Möglicherweise kann man aus den gleichen Gründen, wie oben zu den PECL ausgeführt, bejahen, dass B den Irrtum des A verursacht hat, weil er den Irrtum des A (aufgrund der Vorverhandlungen) hätte erkennen können und A nicht über seinen Irrtum aufgeklärt hat, obwohl er dazu nach Treu und Glauben verpflichtet gewesen wäre. A hat also nach dem DCFR ebenfalls ein Anfechtungsrecht.

Weitet man den Gedanken, A könnte im Fall des erkennbaren Erklärungsirrtums anfechtungsberechtigt sein, auf die Unidroit-Prinzipien aus, könnte A bei Wirksamkeit des Erklärten gemäß Art. 3.2.3 iVm 3.2.2 (1) (a) Alt. 2 PICC zur Anfechtung berechtigt sein. Voraussetzung dafür wäre, dass es sich bei dem Verschreiben um einen wesentlichen Erklärungsirrtum handelt und die andere

---

385 *Lando/ Beale*, PECL, Art. 4:103 Comment E, 232.

Partei den Irrtum kennen musste und es dem redlichen Geschäftsverkehr widersprach, die irrende Partei in ihrem Irrtum zu belassen. Unterschiede zu den PECL bestehen insofern, dass das Wesentlichkeitserfordernis anders ausgestaltet ist. Nach den Unidroit-Prinzipien ist die Perspektive des Erklärenden maßgeblich: Es kommt auf die Sicht einer vernünftigen Person in der Lage des konkreten Erklärenden an, Art. 3.2.2 (1) PICC.

Nach dem CESL kommt ein Anfechtungsrecht des A gemäß Art. 48 (3) iVm Art. 48 (1) (b) (iii) Alt. 2 CESL in Betracht, sofern ein wesentlicher Erklärungsirrtum vorliegt und B von dem Irrtum des A wissen musste und den irrtumsbehafteten Vertragsschluss verursacht hat, indem er nicht auf die einschlägigen Informationen hingewiesen hat, sofern er nach dem Gebot von Treu und Glauben und des redlichen Geschäftsverkehrs dazu verpflichtet gewesen wäre.

Nach der Feasibility Study könnte A bei Wirksamkeit der Erklärung mit dem Inhalt, wie er objektiv erscheint, nach Art. 45 (1) (b) (ii) Alt. 2 FS zur Anfechtung berechtigt sein. Die Vorschrift ist ähnlich formuliert wie die entsprechenden Regelungen der Unidroit-Prinzipien, der PECL, des DCFR und des CESL. Die Voraussetzungen liegen vor. Allerdings stellt sich die Frage, ob A von vornherein nicht zur Anfechtung berechtigt ist, weil A nach der Feasibility Study im Fall eines Erklärungsirrtums nicht zur Anfechtung berechtigt sein soll. Die Regelung des Art. 45 (4) FS so verstehen, dass die Vorschrift des Art. 45 FS auf Erklärungsirrtümer generell nicht anwendbar ist.[386] Dann hat A kein Anfechtungsrecht und ist an den Vertrag mit B mit dem Inhalt „Verkauf des Pkw zum Preis von 460 Euro“ ohne Lösungsmöglichkeit gebunden (hier Lösung 3).

dd) Bei Lösung 1: Schadensersatzanspruch des A gegen B (PICC, PECL, DCFR, CESL)?

Folgt man Lösung 1, wonach A zur Anfechtung berechtigt ist, hat er gemäß Art. 4:117 (1) PECL sowie den entsprechenden Regelungen der PICC, des DCFR und des CESL gegen B grundsätzlich und unabhängig davon, ob er sein Anfechtungsrecht tatsächlich ausübt, einen Anspruch auf Schadensersatz.[387] Der Anspruch setzt voraus, dass A wegen eines Irrtums zur Anfechtung berechtigt ist und B den Irrtum des A kennen musste. Wie oben gezeigt, ist das der Fall. A hat im Beispielsfall aber keinen Schaden erlitten. A hat deshalb gegen B keinen Anspruch auf Schadensersatz.

386 Dazu unten ausführlich, § 2 C. II. 3. c) aa).

387 Art. 3.2.16 PICC; Art. II.-7:214 (1) DCFR; Art. 55 CESL.

ee) Zwischenergebnis

Folgt man dem Ansatz, dass die Erklärung des A im Beispielsfall so ausgelegt werden kann, dass sie den Inhalt „Angebot über den Verkauf des Pkw zum Preis von 460 Euro“ hat und die Erklärung des B so ausgelegt werden kann, dass B das Angebot des A angenommen hat, kommt zwar zwischen A und B ein Kaufvertrag über den Pkw zum Preis von 460 Euro zustande. Nach allen untersuchten Regelwerken (möglicherweise mit Ausnahme der Feasibility Study) hat A aber ein Anfechtungsrecht wegen eines für B erkennbaren und von ihm verursachen Kommunikationsirrtums (hier Lösung 1). A kann nach diesen Regelwerken wegen des für B erkennbaren und von ihm verursachten Kommunikationsirrtums auch von B Schadensersatz verlangen. Hält man den Anwendungsbereich des Anfechtungstatbestands der Feasibility Study für Erklärungsirrtümer für nicht eröffnet, ist A nicht anfechtungsberechtigt. Er ist dann an den Vertrag mit B über den Verkauf des Pkw zum Preis von 460 Euro gebunden und kann sich nicht von ihm lösen (Lösung 3).

4. Vergleich

Es ist unklar, wie der Beispielsfall nach den untersuchten Rechtsordnungen sowie den Regelwerken gelöst wird. Das Problem, das der Beispielsfall stellt, ist nach beiden Rechtsordnungen und den Regelwerken weniger eine Frage nach dem Erklärungsirrtum als nach der Auslegungsmethode: Bei der Lösung des Beispielsfalls kommt es entscheidend darauf an, ob sich die Erkennbarkeit des Erklärungsirrtums für den anderen Teil bereits auf Auslegungsebene auswirkt oder nicht.

Nach einer Ansicht, die im deutschen Schrifttum vertreten wird, können die Erklärungen trotz der Erkennbarkeit des Erklärungsirrtums für den anderen Teil ausgelegt werden und es kommt ein Vertrag über das objektiv Erklärte zustande (Verkauf des Pkw zum Preis von 460 Euro). A hat aber nach § 119 I Alt. 2 BGB ein Anfechtungsrecht wegen Erklärungsirrtums (Lösung 1). Nach dem Bürgerlichen Gesetzbuch muss A dann dem B einen eventuellen Schaden, der ihm im Vertrauen auf den Vertragsschluss entstanden ist, nicht ersetzen, weil B nicht schutzwürdig ist, wenn er den Erklärungsirrtum erkennen konnte (arg. § 122 II BGB), wobei vereinzelt gefordert wird, den Anwendungsbereich des § 122 II BGB auf evidente Irrtümer zu beschränken.

Nach deutschem Recht ist genauso die Ansicht vertretbar, dass ein Einigungsmangel vorliegt und kein Vertrag zustande kommt (Lösung 2). Dies folgt aus der konsequenten Anwendung der Auslegungsmethode, wonach die Erklärungen aus der Sicht eines objektiven Dritten mit dem Hintergrundwissen der konkreten Parteien auszulegen sind. Die Erkennbarkeit des Erklärungsirrtums für den anderen Teil wirkt sich dann bereits auf der Auslegungsebene aus.

Im Vergleich mit den schon untersuchten Fallgruppen zeigt sich, dass die Vertreter der Ansicht, wonach sich die Kenntnis bzw. fahrlässige Unkenntnis des Erklärungsempfängers vom Irrtum des anderen Teils bei Anwendung der Auslegungsmethode nach dem objektiven Empfängerhorizont gleichlaufende Lösungen erreichen. Bei einem durchschauten Irrtum[388] gilt das Gleiche wie bei einem durchschaubaren Erklärungsirrtum[389]: Die Erklärung des Erklärenden kann in dem von ihm Gewollten Sinne ausgelegt werden und, sofern die Erklärung des Erklärungsempfängers mit dieser Erklärung übereinstimmt, besteht ein Vertrag mit dem Inhalt, der dem Willen des Erklärenden entspricht. Auch bei einem vom Erklärungsempfänger erkannten bzw. für ihn nur erkennbaren Erklärungsirrtum kommen die Vertreter dieser Meinung zu gleichen Lösungen: Die Erklärung des Erklärenden ist nicht auslegungsfähig. Die Erklärung des Erklärungsempfängers kann zwar möglicherweise ausgelegt werden, aber es besteht ein Einigungsmangel; es kommt kein Vertrag zustande. Dem liegt die Wertung zugrunde, dass der Erklärungsempfänger in allen diesen Fällen in seinem Vertrauen auf den Inhalt der Erklärung des Erklärenden, wie er objektiv erscheint, nicht schutzwürdig ist. Der Gedanke findet eine Stütze in § 157 BGB, in dem ein Element von Treu und Glauben enthalten ist.[390] Außerdem sind im deutschen Vertragsrecht die Vorverhandlungen zulässiges Auslegungsmaterial. Die Vorschrift des § 122 II BGB liefert keine überzeugenden Argumente für oder gegen diese Ansicht. § 122 II BGB bestimmt, dass der Schadensersatzanspruch des Erklärungsempfängers gegen den Anfechtenden bei Kenntnis bzw. Kennenmüssen entfällt. Der Wortlaut der Regelung ist ungenau, weil nicht klar ist, ob damit der Fall des durchschauten und erkannten bzw. durchschaubaren und erkennbaren Erklärungsirrtums gemeint ist oder der Fall des nur erkannten bzw. erkennbaren Erklärungsirrtums. Bei konsequenter Anwendung der Auslegungsmethode nach dem objektiven Empfängerhorizont kommt es indes in den bisher untersuchten Fällen des Erklärungsirrtums auf § 122 II BGB überhaupt nicht an.[391]

---

388 Der Erklärungsempfänger kennt den Erklärungsirrtum des Erklärenden und das von ihm Gewollte, siehe oben, § 2 A. II. 3. a) aa).

389 Für den Erklärungsempfänger waren der Erklärungsirrtum und das von ihm Gewollte nur erkennbar, siehe oben, § 2 A. III. 3. a) aa).

390 § 157 BGB lautet: „Verträge sind so auszulegen, wie Treu und Glauben mit Rücksicht auf die Verkehrssitte es erfordern."

391 *Faust*, BGB AT, 205 § 23 Rn 13; *Kramer*, Grundfragen, 195; *Mittelstädt*, Auslegung, 262 f., 317; *Schollmeyer*, Selbstverantwortung, 299; Staudinger-*Singer*, § 119 Rn 40; *Schwarze*, Verständigungspflichten, 207. Wohl auch *Trupp*, NJW 1990, 1346, 1347.

Wenngleich es keine „authority“ für die untersuchte Fallgruppe gibt, ist die Lösung, wonach im Beispielsfall zwischen A und B kein Vertrag besteht (Lösung 2), wohl die Lösung des englischen Rechts. Das Urteil von Richter Mance in *OT Africa Line Ltd v Vickers Plc* macht noch einmal deutlich, dass grundsätzlich große Bedenken bestehen, dem von den Parteien ausgehandelten Vertrag mit dem Inhalt, wie er objektiv erscheint, kein Vertrauen zu schenken. Bei der Auslegung kommt es dennoch nicht auf eine rein objektive Sichtweise an: Im Beispielsfall ist das Interesse des B am Vertragsschluss mit dem Inhalt, wie er objektiv erscheint, aufgrund der Erkennbarkeit des Irrtums des A für B nach englischem Recht nicht schutzwürdig.

Es ist unklar, wie der Beispielsfall nach den Regelwerken gelöst werden kann. Dies hängt auch mit der Schwierigkeit zusammen, dass in den Regelwerken die Auslegungsregeln nicht einheitlich formuliert sind. Denkbar ist zum einen, dass kein Vertrag zustande kommt (Lösung 2), weil sich die Erkennbarkeit des Irrtums des A für B bereits auf der Auslegungsebene auswirkt. In der Konsequenz kann die Erklärung des A nicht ausgelegt werden. Die Erklärung hat dann über den Inhalt hinaus, dass sie mit der Erklärung des A korrespondiert, keinen Inhalt. Es fehlt an einer Einigung. Dies würde der Ansicht entsprechen, die auch nach deutschem Recht vertretbar ist und offenbar die Lösung des englischen Rechts ist.

Daneben ist möglich, dass nach den Regelwerken ein Vertrag zustande kommt, weil nicht ausreicht, dass der Irrtum des A für B nur erkennbar war; A ist dann aber – wie auch in Deutschland vertretbar – anfechtungsberechtigt (Lösung 1). Im Unterschied zum deutschen Recht beruht eine Anfechtungslösung nach den Regelwerken jedoch nicht auf der Wertung, dass A ein Lösungsrecht hat, weil er sich verschrieben hat. Vielmehr steht nach den Regelwerken bei einer Anfechtungslösung im Vordergrund, dass B nicht schutzwürdig ist. Ihm wird vorgeworfen, dass er A nicht über seinen Irrtum aufgeklärt hat, obwohl er seinen Irrtum hätte erkennen können. Dass nach den Regelwerken die Wertung in der Verursachung des Irrtums durch B begründet ist, wird auch daran deutlich, dass A wegen der Nichtaufklärung über den Irrtum grundsätzlich von B Schadensersatz verlangen kann.

Nur nach der Feasibility Study kommt in Betracht, dass A bei Wirksamkeit des Erklärten ohne Lösungsmöglichkeit an den Vertrag mit B über den Verkauf des Pkw zum Preis von 460 Euro gebunden ist (Lösung 3), weil die Anfechtung wegen eines Kommunikationsirrtums möglicherweise generell ausgeschlossen ist.

Methodisch besteht der Unterschied zwischen Lösung 1 und 2 darin, dass die Erkennbarkeit des Irrtums für den anderen Teil je nach Lösungsweg bereits dazu führt, dass die Erklärung des Erklärenden ausgelegt werden kann oder nicht auslegungsfähig ist. Praktisch unterscheiden sich Lösung 1 und 2 darin, dass entweder kein Vertrag besteht oder ein Vertrag zustande kommt, von dem sich A nur dann lösen kann, wenn er die Anfechtungsfrist einhält. Lösung 1 und 2 entsprechen beide den Interessen des A. Bei der Anfechtungslösung (Lösung 1) muss A zwar die Frist beachten, aber er kann auch wählen, doch an dem Vertrag mit dem Inhalt, wie er objektiv erscheint, gebunden zu sein. Die Nichtigkeitslösung (Lösung 2) schützt A insofern, dass er ohne Fristenbindung nicht an die von ihm nicht gewollte Erklärung gebunden ist.

Die Anfechtungslösung (Lösung 1) berücksichtigt, dass der Erklärungsirrtum für B nur erkennbar war; er hat zunächst Vertrauen auf den objektiven Inhalt der Erklärung des A aufgebaut. Nach dem deutschen Modell kann B von A im Fall der Anfechtung den Ersatz eines möglicherweise bestehenden Vertrauensschadens nicht verlangen. Nach den Regelwerken steht ein der *culpa in contrahendo* des deutschen Rechts ähnlicher Anspruch des A gegen B wegen Nichtaufklärung über den Irrtum im Raum. So wird zwischen den Interessen des A und des B ein Interessensausgleich angestrebt, der eine Abwägung der Vertrauenstatbestände darstellt. Lösung 1 ist insofern gegenüber den anderen, denkbaren Lösungen die vorzugswürdige Lösung des Beispielsfalls.

C. Dritte Fallgruppe: Für den Erklärungsempfänger nicht erkennbarer Erklärungsirrtum

In der dritten Fallgruppe werden zwei Fallkonstellationen untersucht, in denen der Erklärungsempfänger B keine Möglichkeit hatte, den Erklärungsirrtum des Erklärenden A zu erkennen. Die erste Konstellation ist dadurch gekennzeichnet, dass B den Erklärungsirrtum des A nicht erkannt hat und auch nicht hätte erkennen können, der Erklärungsirrtum des A aber aus dem Risiko- bzw. Verantwortungsbereich des B stammt. In der zweiten Konstellation fehlen diese Elemente: B kann den Irrtum nicht erkennen, er hat ihn nicht erkannt und auch in keiner Weise zu verantworten.

In der ersten Fallgruppe ist der Irrtum des A durch ein Verhalten des B veranlasst, welches die Schwelle der Arglist nicht überschreitet, also gerade nicht auf einer Falschinformation oder sonstigen Täuschung beruht. Teilweise wird bezweifelt, ob eine solche Konstellation im Rechtsverkehr überhaupt vorstellbar ist.[392] Jedenfalls ist in digitalen Zusammenhängen, das heißt bei Kommunikationsvorgängen im elektronischen Rechtsverkehr, denkbar, dass den Erklärungsempfänger deshalb eine Verantwortung für den Irrtum des anderen Teils trifft, weil er eine Website, die er für die Bestellung von Waren oder Dienstleistungen erstellt hat, unübersichtlich gestaltet hat und der Erklärende deshalb zum Beispiel kostenpflichtig Zusatzleistungen bestellt, die er nicht anfordern wollte. Aufgrund der unübersichtlichen Gestaltung der Internetseite kann der Erklärende seinen Fehler aber nicht ohne Weiteres korrigieren; in der Folge ist der Irrtum zunächst für keine der beiden Parteien erkennbar. Ein vergleichbarer Fall wird in der Erläuterung zu den PECL diskutiert[393] und deshalb der Untersuchung zugrunde gelegt.

Als zweite Konstellation wird in der Fallgruppe die Situation erforscht, in der A einem Erklärungsirrtum unterliegt, den B nicht erkannt hat oder hätte erkennen können und der auch in keiner Weise in den Risikobereich des B fällt. Anders

---

392 Vgl. *Jansen/ Zimmermann*, AcP 210 (2010), 196, 234 sowie *Jansen*, Irrtumsanfechtung, 194. Siehe auch: *Harke*, ZEuP 2006, 326, 328; *Kramer*, ZEuP 2007, 247, 256 Fn 65. Siehe aber *Kummer*, Sprachprobleme, 170: Denkbar ist, dass durch Einwirkung auf die Vertragssituation, etwa eine unruhige Umgebung, Inhaltsirrtümer verursacht werden. In der Illustration des veranlassten Irrtums in *Lando/ Beale*, PECL, Art. 4:104 Comment F, 243 f. geht es um einen Irrtum, der durch ein schwer verständliches Buchungsformular entsteht.

393 In der Illustration des veranlassten Irrtums in *Lando/ Beale*, PECL, Art. 4:104 Comment F, 243 f. geht es um einen Kommunikationsirrtum, der durch ein schwer verständliches Buchungsformular entsteht.

als in allen vorangegangenen Fällen der vorliegenden Untersuchung geschieht der Erklärungsirrtum folglich allein in der Sphäre des Erklärenden, ohne dass der Erklärungsempfänger eine Erkenntnismöglichkeit darüber hätte oder haben könnte und für den der Erklärungsempfänger auch keinerlei (Mit-)Verantwortung trägt.

I. Vom Erklärungsempfänger nicht erkannter und für ihn auch nicht erkennbarer Erklärungsirrtum, der aber möglicherweise in seinen Risikobereich fällt

1. Beispielsfall

A bucht auf der Website des B eine Pauschalreise. B bietet verschiedene Leistungen an. Die Reiseleistung kann zum Beispiel aus der Flugreise inklusive Hotelübernachtungen sowie Ausflügen bestehen. A ist an Ausflügen nicht interessiert, weil sie sehr teuer sind. Er möchte eine Kombination aus Flug und Hotel ohne Zusatzleistungen buchen. Das Bestellformular auf der Website des B ist indes so unübersichtlich gestaltet, dass A nicht bemerkt, dass er die von B zuvor automatisch gesetzten Häkchen im Feld „Ausflüge" hätte entfernen, also die Buchung der Ausflüge als Zusatzleistungen hätte ablehnen müssen, bevor er den Buchungsvorgang abschließt. Ohne dass A eine Gesamtübersicht der gebuchten Leistungen angezeigt wird, wird A im nächsten Schritt zur Abgabe seiner Vertragserklärung über den Bestellbutton „Jetzt buchen" geleitet. B bestätigt die Buchung per E-Mail und erklärt die Annahme. Als B von A Zahlung aller gebuchten Leistungen verlangt, beruft sich A auf Verklicken und verweigert die Zahlung.[394]

2. Mögliche Lösungen

Als Lösung des Beispielsfalls kommen drei Möglichkeiten in Betracht. Es ist denkbar, dass ein Vertrag mit dem Inhalt besteht, wie er objektiv erscheint, also über die Reiseleistung inklusive der Ausflüge, A sich aber von diesem Vertrag wegen Irrtums lösen kann (Lösung 1). Diese Lösung würde die Interessen des A wahren, weil sie ihm ein Wahlrecht gibt, an dem Vertrag mit B mit dem Inhalt, wie er objektiv erscheint, festzuhalten, oder sich von ihm zu lösen.

Kann B die Leistung ohne die Ausflüge erbringen, kann A sich möglicherweise nur von einem Teil des Vertrages lösen, nämlich von der Buchung der Ausflüge. B würde dann nicht der gesamte Vertrag genommen. Zugleich würde das

394 Fall angelehnt an den Beispielsfall der Erläuterung zu den PECL: *Lando/ Beale*, PECL, Art. 4:104 Comment F, 243 f.

Interesse des A an der Durchführung der Urlaubsreise gewahrt und A bekäme das, was er ursprünglich gewollt hat. Insofern kommt im Beispielsfall als Besonderheit zu Lösung 1 in Betracht, dass A ein Teilanfechtungsrecht zusteht.

Daneben besteht die Möglichkeit, dass die Erklärung des A mit dem Inhalt wirksam ist, wie er objektiv erscheint, ohne dass A eine Lösungsmöglichkeit hat. Die Erklärung des B wäre ebenfalls mit dem Inhalt wirksam, wie er objektiv erscheint. Dies könnte mit dem Vertrauen des Erklärungsempfängers B auf die Erklärung des A mit dem Inhalt, wie er objektiv erscheint, begründet werden. Im Beispielsfall besteht dann ein Vertrag über die Vermittlung der Reiseleistung inklusive der Ausflüge (Lösung 2). Dies würde dem Grundsatz *pacta sunt servanda* Rechnung tragen, wonach das objektiv Erklärte einzuhalten ist. Die Lösung könnte zudem in dem Gedanken Berechtigung finden, dass die Parteien grundsätzlich für ihr Handeln selbst verantwortlich sind. Lösung 2 wäre für B vorteilhaft, der trotz der möglichen Veranlassung des Irrtums des A den Vertrag behält, weil er auf den objektiven Erklärungswert vertrauen dürfte.

Schließlich ist denkbar, dass im Beispielsfall kein Vertrag besteht, weil die Erklärung des A unwirksam ist (Lösung 3). Dies könnte damit begründet werden, dass allein das Abweichen von Wille und Erklärung zur automatischen Nichtigkeit seiner Erklärung führt. Entscheidend wäre der Schutz des Erklärenden, der eine irrtumsbehaftete Erklärung abgegeben hat. Die Auslegung der Erklärung des B spielte dann keine Rolle. Zwischen A und B bestünde im Beispielsfall keine Einigung.

3. *Lösungen nach der traditionellen Rechtslage des deutschen und des englischen Rechts sowie der Regelwerke*

a) *Deutschland*

aa) Lösung 1: Wirksamkeit der Erklärung mit dem Inhalt, wie er objektiv erscheint, mit Anfechtungsmöglichkeit für A

Die Erklärungen sind nach den allgemeinen Regeln auszulegen; es gibt bei der Auslegung grundsätzlich keine Besonderheiten, weil A und B den Vertrag über das Internet geschlossen haben. Möglicherweise hat B bereits mit der Präsentation der Reiseleistungen auf seiner Website ein Angebot auf Abschluss eines Vertrages abgegeben. Allerdings fehlt es am Rechtsbindungswillen des B, der nicht mit jedem Besucher seiner Website einen Vertrag schließen will. Bei der Präsentation des B auf seiner Website handelt es sich nur um eine *invitatio ad offerendum* und kein Angebot im Rechtssinne. Vielmehr hat A ein Angebot zum Vertragsschluss mit B abgegeben, als er das ausgefüllte Bestellformular an B geschickt hat. Aus der Sicht eines objektiven Empfängers in der Position des B hat dieses Angebot den Inhalt, dass A eine Pauschalreise inklusive der Ausflüge buchen will. B hat das Angebot des A schriftlich angenommen; seine Erklärung lautet nach dem objektiven Empfängerhorizont gemäß §§ 133, 157 BGB, dass er das Angebot des A auf Abschluss eines Reisevertrages, der die Buchung des Fluges, der Hotelübernachtungen sowie der Ausflüge umfasst, annimmt. Es ist insofern zwischen A und B gemäß § 651 a I BGB ein Reisevertrag über die Pauschalreise inklusive der Ausflüge zustande gekommen.

A kann sich aber eventuell darauf berufen, dass er sich geirrt hat, als er den Bestell-Button anklickte. Möglicherweise liegt ein Fall des Verklickens vor. Verklicken stellt einen Fall des Verschreibens dar und somit einen Erklärungsirrtum im Sinne des § 119 I Alt. 2 BGB.[395] A könnte genauso vorbringen, er habe sich, als er auf den Button zur Bestellabgabe geklickt hat, über den Inhalt seiner Erklärung geirrt, weil er eine Erklärung mit dem Inhalt „Flugbuchung inklusive Hotel sowie Ausflügen" nicht abgeben wollte. Dann würde ein Inhaltsirrtum vorliegen, der gemäß § 119 I Alt. 1 BGB ebenfalls einen Anfechtungsgrund mit der gleichen Rechtsfolge wie der des § 119 I Alt. 2 BGB darstellt. Auf die Unterscheidung kommt es deshalb hier nicht an. Es liegt ein grundsätzlich zur Anfechtung berechtigender Irrtum vor. Der Irrtum ist auch wesentlich, denn A hätte den Vertrag mit B ohne den Irrtum nicht zu den Bedingungen geschlossen. Folglich besteht ein Anfechtungsrecht des A. Dabei spielt die Frage, ob B diesen Irrtum möglicherweise veranlasst hat, keine Rolle.[396] Es kommt allein auf den Erklärungs- bzw. Inhaltsirrtum des A an.

Im Beispielsfall würde ein Teilanfechtungsrecht den Interessen des A am meisten entsprechen: Wenn er nur den Vertragsteil anfechten kann, der ihn zur Zahlung der Ausflüge verpflichtet, könnte er die Reise so durchführen, wie er sie ursprünglich geplant hatte. Eine Teilanfechtung ist möglich, wenn das Rechtsgeschäft teilbar ist und sich der Irrtum nur auf diesen Teil bezieht.[397] Gemäß § 139 BGB ist der Vertrag dann grundsätzlich nichtig. In der Folge kommt es auf den hypothetischen Parteiwillen an, ob die übrigen Teile Bestand haben sollen. Da B die Leistung als teilbare Leistungen anbietet, ist im Beispielsfall eine Teilbarkeit des Rechtsgeschäfts anzunehmen und auch davon auszugehen, dass B den Vertrag nur mit dem Inhalt „Flugbuchung und Hotel

---

395 OLG Köln, 20.02.2001, 9 U 173/99 = NVersZ 2001, 351 (352); MüKo-*Säcker*, Einl. Rn 188 mwN; MüKo-*Armbrüster*, § 119 Rn 46. Zur Abgrenzung von Erklärungsirrtum und einem Mangel des Erklärungsbewusstseins bei Eingabefehlern statt vieler: MüKo-*Wendehorst*, § 312 i Rn 106 mwN.

396 Vgl. *Lorenz/ Riehm*, Schuldrecht, 75 Rn 141.

397 Statt vieler: MüKo-*Busche*, § 143 Rn 11.

ohne Zusatzleistungen" geschlossen hätte. Folglich ist in der besonderen Konstellation des Beispielsfalls in Deutschland nach der traditionellen Rechtslage denkbar, dass A den Vertrag mit B nur teilweise anfechten kann und der Vertrag im Übrigen wirksam ist.

bb) Bei Lösung 1: Schadensersatzanspruch des B gegen A?

Mit dem Anfechtungsrecht des A gemäß § 119 I Alt. 2 BGB korrespondiert grundsätzlich ein Anspruch des B gegen A auf Ersatz seines Vertrauensschadens nach § 122 I BGB. Möglicherweise könnte B von A also zum Beispiel in dem Fall, in welchem B bereits gegenüber der Fluggesellschaft und/ oder dem Hotel in Vorleistung getreten ist, die Kosten ersetzt verlangen. Gemäß § 122 II BGB entfällt dieser Schadensersatzanspruch, wenn der Erklärungsempfänger den Grund der Anfechtbarkeit kannte oder kennen musste.

Hier kannte B den Irrtum des A nicht. Auf den ersten Blick scheint auch kein Fall des Kennenmüssens vorzuliegen. Der Inhalt der von A abgegebenen Erklärung erscheint aus der Sicht des B sinnvoll. Für B bestand keine Möglichkeit zu erkennen, dass A an der Buchung der Ausflüge tatsächlich kein Interesse und sich bei der Buchung verklickt bzw. sich über den Inhalt seiner Erklärung geirrt hat. B hat aber durch die unübersichtliche Gestaltung seiner Website den Irrtum des A jedenfalls mitveranlasst. Dies bleibt nicht ohne Auswirkung auf den Schadensersatzanspruch. Hat der Anfechtungsgegner den für ihn nicht erkennbaren Irrtum mitverursacht, so ist zumindest ein schadensminderndes Mitverschulden analog § 254 I BGB in Betracht zu ziehen,[398] oder der Schadensersatzanspruch scheidet nach § 122 II BGB ganz aus, weil die Ursache für den Irrtum aus der Sphäre des Anfechtungsgegners stammt.[399]

cc) Zwischenergebnis

Im Beispielsfall kommt zwischen A und B nach der traditionellen Regelungssystematik des deutschen Rechts ein Vertrag über die Flugbuchung inklusive der Hotelübernachtungen und der Ausflüge zustande, A hat aber ein Anfechtungsrecht wegen Inhalts- oder Erklärungsirrtums gemäß § 119 I BGB (hier Lösung 1). Ein Anspruch des B gegen A auf Schadensersatz besteht nicht.

---

398 BGH, 14.03.1969, V ZR 8/65 = NJW 1969, 1380.

399 *Canaris*, Vertrauenshaftung, 486; Erman-*Arnold*, § 122 Rn 10; *Flume*, Rechtsgeschäft, § 21 7, 424; Staudinger-*Singer*, § 122 Rn 19. Vgl. MüKo-*Armbrüster*, § 122 Rn 23. Dazu kritisch statt vieler: Medicus/ *Petersen*, BGB AT, 341 Rn 786.

b) England

aa) *At law:* Wirksamkeit der Erklärung mit dem Inhalt, wie er objektiv erscheint, ohne Anfechtungsmöglichkeit für A (Lösung 2)

Die Erklärungen der Parteien sind auszulegen. Wie nach deutschem Recht gibt es hinsichtlich der Voraussetzungen des Vertragsschlusses in England bei einem Vertragsschluss über das Internet keine Besonderheiten.[400] Bei der Erklärung des B auf seiner Website handelt es sich auch nach englischem Recht nicht um ein verbindliches Angebot des B, sondern um eine bloße *invitation to treat.*[401] Vielmehr hat A mit dem Absenden der Bestellung das Angebot auf einen Vertragsschluss mit B abgegeben. Nach dem *objective test* hat diese Erklärung den Inhalt, dass A mit B einen Vertrag über die Vermittlung der Flugreise sowie der Hotelübernachtungen einschließlich der Ausflüge schließen möchte. B hat die Bestellung bestätigt; er hat das Angebot des A angenommen. Danach kommt im Beispielsfall zwischen A und B ein wirksamer Vertrag über die Vermittlung von Flug und Hotel inklusive der Ausflüge zustande.

bb) In equity: Rescission wegen misrepresentation (Lösung 1)?

Möglicherweise ist der Vertrag *voidable in equity*, weil A sich darauf berufen kann, dass er von B zu einem irrtumsbehafteten Vertragsschluss veranlasst wurde.

Der fahrlässig veranlasste Irrtum wird im englischen Recht indes nicht im Bereich des Irrtumsrechts, also *mistake*, verortet.[402] Bei einem von der anderen Partei veranlassten Irrtum ist vielmehr an *negligent* sowie *innocent misrepresentation* zu denken. *Negligent misrepresentation* läge vor, wenn der Täuschende, ohne mit Täuschungsabsicht zu handeln, eine Sorgfaltspflicht *(duty of care)* verletzt. *Innocent misrepresentation* ist eine *misrepresentation*, die weder mit Täuschungsabsicht noch unter Verletzung einer Sorgfaltspflicht geschah. Dann wäre der Vertrag *in equity* aufhebbar *(voidable)*; A könnte eventuell die *rescission* des Vertrages verlangen.

Allerdings ist für beide Formen der *misrepresentation* zunächst Voraussetzung, dass B eine falsche Angabe von Tatsachen gemacht hat, die A zum Vertragsschluss veranlasst hat. Hier hat B die Website unübersichtlich gestaltet, aber keine falsche Tatsachenangabe gemacht. Der Vertrag zwischen A und B ist also *in equity* nicht wegen *misrepresentation* aufhebbar.

---

400 Nachweise bereits oben, Fn 306.

401 Statt vieler: *Beale*, Chitty on Contracts, 32. Aufl., 2-011 sowie *Nolan*, Offer, 82 jeweils mwN. Aus rechtsvergleichender Sicht: *Wagner*, Verbraucherschutz, 39 mwN.

402 Dazu bereits oben, § 1 B. II.

cc) Schadensersatzanspruch des A gegen B?

Ein Schadensersatzanspruch des A gegen B gemäß Section 2 (1) Misrepresentation Act 1967 besteht nicht. Es fehlt bereits an einer *misrepresentation* des B. Folglich kann A von B keinen Schadensersatz wegen *misrepresentation* verlangen und eventuell so erreichen, dass er sich vom Vertrag mit B lösen kann.

dd) Zwischenergebnis

Nach der traditionellen Rechtslage in England kommt im Beispielsfall zwischen A und B ein Vertrag über die Flugbuchung und Hotelübernachtungen inklusive der Ausflüge zustande, von dem A sich nicht lösen kann (hier Lösung 2).

c) Regelwerke: Wirksamkeit der Erklärung mit dem Inhalt, wie er objektiv erscheint, mit Anfechtungsmöglichkeit für A (Lösung 1) bzw. Wirksamkeit der Erklärung, mit dem Inhalt wie er objektiv erscheint, ohne Anfechtungsmöglichkeit für A (Lösung 2)?

aa) Auslegung

Die Erklärungen sind auszulegen. Es gelten keine Besonderheiten aufgrund dessen, dass A und B den Vertrag über das Internet geschlossen haben.[403] Wie nach deutschem und englischem Recht ist die Angabe des B auf seiner Website nach Art. 2.1.2 PICC nicht als verbindliches Angebot zu sehen, weil B mit dieser Erklärung an einen unbestimmten Empfängerkreis kein Angebot abgeben wollte; es fehlt am Rechtsbindungswillen.[404]

Möglicherweise hat aber A ein Angebot abgegeben, als er das ausgefüllte Buchungsformular an B schickte. Nach Art. 4.2 (2) PICC kommt es bei der Auslegung der Erklärungen auf die Sicht eines objektiven Dritten in der Position der konkreten Parteien an. Danach hat A mit der Abgabe der Erklärung über die Website des B ein Angebot auf einen Vertragsschluss abgegeben, das den Inhalt hat, er wolle Flug, Hotel und Ausflüge buchen. B hat dieses Angebot angenommen. Es kommt also nach den Unidroit-Prinzipien zwischen A und B ein Vertrag über die Flugbuchung inklusive der Hotelübernachtungen und der Ausflüge zustande. Dies ergibt sich auch bei Auslegung des Vertrages nach einem objektiven Maßstab gemäß Art. 4.1 (2) PICC.

Nach Art. 31 (3) CESL liegt bei einem Angebot an einen unbestimmten Empfängerkreis ebenfalls kein Angebot im Rechtssinne vor. Für die Auslegung von Erklärungen gilt grundsätzlich Art. 12 (1) CESL; die Vertragsauslegung richtet

403 Dazu bereits oben, Fn 332.

404 Siehe PICC, Art. 2.1.2 Comment 2.

sich nach Art. 58 (3) CESL. Im Beispielsfall ist allerdings zu beachten, dass es sich um einen Reisevertrag handelt. Der Anwendungsbereich des CESL ist aber nur bei Kaufverträgen, bei Verträgen über die Bereitstellung digitaler Inhalte und die Erbringung damit verbundener Dienstleistungen wie Montage, Installierung und Reparatur eröffnet, Art. 1 (1) sowie Art. 5 CESL-VO. Würde man die Auslegungsregeln des CESL (hier Art. 12 (3) CESL für Erklärungen bzw. Art. 58 (3) CESL für den Vertrag) auch auf andere Verträge als Kaufverträge anwenden bzw. bei einer vergleichbaren Konstellation wie der im Beispielsfall, in der die Parteien einen Kaufvertrag statt eines Reisevertrags schließen, richtete sich die Auslegung der Erklärungen bzw. des Vertrages wie nach den Unidroit-Prinzipien nach einem objektiven Maßstab und mit den gleichen Argumenten wie oben zu den Unidroit-Prinzipien käme zwischen A und B ein Vertrag mit dem Inhalt, wie er objektiv erscheint, zustande.

Nach den PECL und dem DCFR kommt es bei der Auslegung der Erklärungen ebenso auf die Sicht eines objektiven Dritten an Stelle der konkreten Parteien an, Art. 1:107 PECL iVm Art. 5:101 (3) PECL bzw. Art. II.-8:201 (3) (a) DCFR.[405] Nach den PECL und dem DCFR handelt es sich bei der Erklärung des B auf der Website anders als nach den Unidroit-Prinzipien und dem CESL grundsätzlich nicht um eine *invitatio ad offerendum*, Art. 2:201 (3) PECL bzw. Art. II.-4:201 (3) DCFR. Folglich hat B nach den PECL und dem DCFR bereits mit der Erklärung auf seiner Website ein Angebot an die Öffentlichkeit und somit auch an A gemacht. Dieses Angebot hat A aus der Sicht einer vernünftigen Person mit der Erklärung angenommen, er wolle bei B eine Pauschalreise inklusive der Ausflüge buchen. Es liegt somit nach dem PECL und dem DCFR zwischen A und B ein wirksamer Vertragsschluss über die Flug- und Hotelbuchung inklusive der Ausflüge vor. Bei direkter Anwendung des Art. 5:101 (3) PECL für die Auslegung des Vertrages bzw. nach Art. II.-8:101 (3) (a) DCFR ergibt sich dies ebenfalls als Vertragsinhalt, denn aus der Sicht eines objektiven Dritten hat der Vertrag hier den Inhalt, dass A und B einen Vertrag über die Vermittlung der Reise inklusive der Ausflüge geschlossen haben.

Der Anwendungsbereich der Feasibility Study ist ebenfalls wie der des CESL auf Kaufverträge und die mit dem Kauf verbundenen Dienstleistungen beschränkt.[406] Die Feasibility Study ist also im Beispielsfall nicht anwendbar. Hilfsweise gilt, dass die Angabe auf einer Website wie nach dem PECL und dem

---

405 Zu den Feinheiten der Auslegung bereits oben, § 2 B. I. 3. c) aa).

406 FS, Introductory Provisions, 1. Kritik deshalb zum Beispiel von der Bundesrechtsanwaltskammer: *Bundesrechtsanwaltskammer*, Stellungnahme, S. 3.

DCFR keine *invitatio ad offerendum*, sondern ein Angebot im Rechtssinne darstellt, Art. 30 (3) FS. Für die Auslegung gilt Art. 12 (3) FS (Erklärung) sowie Art. 56 (3) FS (Vertrag). Nach der Feasibility Study bestünde zwischen A und B mit den zum PECL und DCFR genannten Argumenten ein Vertrag mit dem Inhalt, wie er objektiv erscheint.

bb) Möglichkeit des A, sich vom Vertrag zu lösen, wenn Auslegung möglich?

(1) PECL: Anfechtungsmöglichkeit wegen eines von der anderen Partei durch Angaben hervorgerufenen Irrtums?

Möglicherweise ist A gemäß Art. 4:104 PECL iVm Art. 4:103 (1) (a) (i) PECL anfechtungsberechtigt. Dies setzt das Vorliegen eines wesentlichen Kommunikationsirrtums des A voraus, den B durch Angaben hervorgerufen haben müsste („the mistake was caused by information given by the other party").

Hier hat sich A bei der Eingabe des Angebots verklickt bzw. sich über die Bedeutung seiner Erklärung geirrt; es liegt ein Kommunikationsirrtum vor.

Dieser Kommunikationsirrtum müsste zudem wesentlich sein. Der Irrtum ist nach Art. 4:103 (1) (b) PECL dann wesentlich, wenn „die andere Partei wusste oder wissen musste, dass die irrende Partei, wenn sie die Wahrheit gekannt hätte, den Vertrag nicht oder nur zu wesentlich anderen Bedingungen geschlossen hätte." Die Vorschrift bietet Interpretationsspielraum. Vermutlich ist damit nicht gemeint, dass der Irrtum für die andere Partei erkennbar sein muss. Denn dann würde das Wesentlichkeitskriterium den Rechtsanwender bei der Lösung eines Falles, bei dem der Irrtum und der wahre Wille des Erklärenden für den Erklärungsempfänger nicht erkennbar waren, immer vor erhebliche Schwierigkeiten stellen.[407] Es ist wohl so zu interpretieren, dass die Wesentlichkeit auf der Grundlage einer hypothetischen Kenntnis des Erklärungsempfängers vom Irrtum des Erklärenden zu beurteilen ist.[408] Die für das Wesentlichkeitserfordernis zu stellende Frage lautet im Beispielsfall dann, ob für einen objektiven Dritten in der Position des B – die Kenntnis vom Irrtum des A vorausgesetzt – erkennbar war, dass A bei Kenntnis der Sachlage den Vertrag mit ihm so nicht geschlossen hätte. Bei dieser Interpretation ist das Wesentlichkeitserfordernis im Beispielsfall zu bejahen, denn für B war – bei hypothetischer Kenntnis dessen, dass A sich

407 Vgl. *Jansen/ Zimmermann*, AcP 210 (2010), 196, 244.

408 So für die vergleichbare Vorschrift des CESL: Schmidt-Kessel/ *Martens*, Art. 48 Rn 7 sowie Schulze/ *Pfeiffer*, Art. 48 Rn 28.

geirrt hat – wohl unwahrscheinlich, dass A bei Kenntnis der Sachlage einen Vertrag über die Reise inklusive der Ausflüge bucht.

Im Beispielsfall scheitert das Anfechtungsrecht des A nach den PECL unabhängig von der Frage nach der Wesentlichkeit allerdings daran, dass B den Irrtum des A durch Angaben hervorgerufen haben müsste („the mistake was caused by information given by the other party"). Der Irrtum des A ist aber nicht durch falsche Information des B entstanden, wenn B die Website unübersichtlich gestaltet hat.[409] Folglich ist A im Beispielsfall nach den PECL an den Vertrag mit B über die Pauschalreise inklusive der Ausflüge ohne Lösungsmöglichkeit gebunden (hier Lösung 2).

(2) PICC: Anfechtungsmöglichkeit wegen eines von der anderen Partei verursachten Irrtums?

Nach den Unidroit-Prinzipien könnte sich ein Anfechtungsrecht des A aus Art. 3.2.3 iVm Art. 3.2.2 (1) (a) PICC ergeben. Voraussetzung dafür ist, dass bei A ein wesentlicher Kommunikationsirrtum vorliegt, den B verursacht hat.

Nach den Unidroit-Prinzipien ist für die Bestimmung der Wesentlichkeit des Irrtums die Sicht eines vernünftigen Dritten in der Position der sich irrenden Partei maßgeblich, Art. 3.2.2 (1) PICC. Aus der Sicht eines vernünftigen Dritten in der Position des A ist der Irrtum hier wesentlich, weil er den Vertrag mit B ohne den Irrtum jedenfalls nicht zu diesen Bedingungen geschlossen hätte.

Versteht man den Anfechtungstatbestand des Art. 3.2.2 (1) PICC („caused the mistake") so, dass jede Verursachung des Irrtums ausreicht, ist A im Beispielsfall anfechtungsberechtigt. Denn A hätte die Buchung nicht mit dem Inhalt wie angegeben getätigt, wenn B die Website ohne Voreinstellungen gestaltet oder ihm die Möglichkeit gegeben hätte, seinen Eingabefehler zu korrigieren.

Der Kommentar zu den Unidroit-Prinzipien gibt allerdings die Deutung vor, dass nicht jede Verursachung eines Irrtums gemeint ist, sondern nur die Verursachung eines Irrtums durch eine falsche Tatsachenangabe des Erklärungsempfängers.[410] Wie oben gezeigt, würde dies dem englischen Vertragsrecht entsprechen, nämlich dem Verständnis der *misrepresentation*, die auch umschrieben

409 *Harke*, ZEuP 2006, 326, 328 Fn 7. *Ramberg*, E-commerce, 243 schlägt eine Ergänzung des Art. 4:103 (1) (a) (i) PECL dahingehend vor, dass er lauten sollte: „the mistake was caused by the party *or otherwise induced by him*".

410 PICC, Art. 3.2.2, Comment 2.

werden kann als: „the other party caused the mistake.“[411] Da B nicht vorgeworfen werden kann, er habe den Irrtum des A durch eine falsche Tatsachenangabe hervorgerufen (vgl. oben), wäre A bei dieser Interpretation der Unidroit-Prinzipien wie nach englischem Recht und den PECL nicht anfechtungsberechtigt.

(3) DCFR: Anfechtungsmöglichkeit wegen eines von der anderen Partei verursachten Irrtums?

Auch nach dem DCFR stellt sich die Frage, ob A wegen eines von der anderen Partei verursachten Irrtums ein Anfechtungsrecht hat. Im DCFR gibt es wie in den Unidroit-Prinzipien einen allgemeinen Verursachungstatbestand: Gemäß Art. II.-7:202 iVm Art. II.-7:201 (1) (b) (i) DCFR ist A anfechtungsberechtigt, wenn B den wesentlichen Kommunikationsirrtum des A verursacht hat („caused the mistake“).

Es liegt ein Kommunikationsirrtum vor. Der Irrtum müsste im Übrigen wesentlich sein; für die Anfechtbarkeit ist gemäß Art. II.-7:201 (1) DCFR allgemein Voraussetzung, dass der Anfechtende, „wäre [er] dem Irrtum nicht erlegen, den Vertrag nicht oder nur mit grundlegend anderen Vertragsbestimmungen geschlossen hätte und die andere Partei dies wusste oder wissen musste.“[412] Die Wesentlichkeit ist wie nach den PECL aus der Perspektive des Erklärungsempfängers zu bestimmen.[413] Maßstab der Wesentlichkeit ist, dass der Erklärungsempfänger, unterstellt, er hätte den Irrtum erkannt, ebenfalls erkannt hätte oder es von ihm hätte erwartet werden durfte, dass der Erklärende den Vertrag bei Kenntnis der Sachlage nicht so mit ihm geschlossen hätte. Hier ist der Irrtum des A nach dem DCFR im Beispielsfall wesentlich, denn für B war erkennbar – vorausgesetzt, B hätte den Irrtum des A gekannt –, dass A, hätte er sich nicht geirrt, den Vertrag über die Reiseleistung inklusive der Ausflüge mit B nicht oder nicht unter diesen Bedingungen mit ihm geschlossen hätte.

Versteht man den Anwendungsbereich des Irrtumstatbestandes – wie oben ausgeführt – weit, nämlich in dem Sinne, dass die unübersichtliche Gestaltung

---

411 Siehe etwa *Cartwright*, Contract, 177.

412 So die Übersetzung in *Schulze/ Zimmermann*, Basistexte, III.25, 749. Die Vorschrift lautet auf Englisch: „the party, but for the mistake, would not have concluded the contract or would have done so only on fundamentally different terms and the other party knew or could reasonably be expected to have known this.“ *Jansen*, Irrtumsanfechtung, 181 übersetzt den letzten Teil der Modellregelung in dem Sinne, dass es darauf ankomme, „ob der Anfechtende von einer Kenntnis seines Vertragspartners ausgehen durfte“.

413 Kritisch deshalb auch *Jansen*, Irrtumsanfechtung, 181 f.

der Website durch B als Verursachung des wesentlichen Kommunikationsirrtums des A durch B zu sehen ist, hätte A also nach Art. II.-7:202 iVm Art. II.-7:201 (1) (b) (i) DCFR ein Anfechtungsrecht. Der oben zu den Unidroit-Prinzipien aufgeworfene Gedanke, dass die Vorschrift die *misrepresentation* des englischen Rechts widerspiegelt, findet sich in der Literatur zum DCFR nicht, ließe sich aber als Gegenargument zu einer weiten Auslegung genauso gut vertreten. Bei dieser Interpretation hätte A dann im Beispielsfall kein Anfechtungsrecht nach dem DCFR.

(4) FS: Anfechtungsmöglichkeit wegen eines von der anderen Partei verursachten Irrtums?

Wie oben gezeigt, ist der Anwendungsbereich der Feasibility Study im Beispielsfall nicht eröffnet, weil die Feasibility Study keine Regelungen für den Reisevertrag bereithält, sondern nur für den Kaufvertrag und Verträge über den mit dem Kauf verbundene Dienstleistungen. Hilfsweise steht A nach der Feasibility Study eventuell nach Art. 45 (1) (b) (i) FS wegen eines von der anderen Partei verursachten Irrtums ein Anfechtungsrecht zu.

(a) Eröffnung des Anwendungsbereichs der Feasibility Study bei einem Erklärungsirrtum

Möglicherweise ist die Anfechtung bei einem Erklärungsirrtum nach der Feasibility Study generell ausgeschlossen. In der Feasibility Study gibt es nämlich anders als in den bereits untersuchten Regelwerken keine spezielle Regel für Kommunikationsirrtümer. Vielmehr bestimmt Art. 45 (4) FS, dass eine Partei den Vertrag nicht wegen Irrtums anfechten kann, wenn eine Partei oder beide Parteien sich über die „terms of the contract" geirrt hat bzw. haben.[414] Sofern ein Erklärungsirrtum in die Kategorie des „mistake over the terms of the contract" fällt, würde dies bedeuten, dass Art. 45 FS auf Erklärungsirrtümer nicht anwendbar ist.[415]

Der Wortlaut der Vorgängerregelungen spricht dagegen, dass es sich bei Art. 45 (4) FS um eine Vorschrift handelt, die den Inhalt hat, dass der Erklärende im

414 An der sprachlichen Fassung dieses Teils der Regelung fällt auf, dass es „mistake over the terms of the contract" heißt. Die Vorschrift müsste wohl korrekterweise „mistake about the terms of the contract" lauten; es handelt sich vermutlich um ein Redaktionsversehen.

415 So *Jansen*, Irrtumsanfechtung, 180; *Martens,* Einigungsmängel, 182 Fn 12.

Fall eines Erklärungsirrtums nicht anfechtungsberechtigt sein soll: In den anderen Regelwerken wird der Artikel zum Erklärungsirrtum nicht „mistake over the terms of the contract“ genannt.[416] Die maßgebliche Vorschrift lautet vielmehr „inaccuracy in communication“[417] oder „error in expression“[418]. Mit „terms of the contract“ könnten Nebenabreden und Klauseln gemeint sein, die den Vertragsgegenstand definieren.[419] Im Beispielsfall wäre also die Anfechtung wegen Erklärungsirrtum nicht von vornherein ausgeschlossen.

Anderseits lässt sich etwa im Vorwort der offiziellen Erläuterungen der PECL für den Erklärungsirrtum die Umschreibung „mistakes and misunderstandings over the terms of the contract due to errors in communication“ finden.[420] So wird die Meinung vertreten, dass mit der Formulierung „mistake over the terms of the contract“ im entsprechenden Absatz des allgemeinen Irrtumstatbestandes der Feasibility Study nur der Inhalts- und Erklärungsirrtum des deutschen Rechts gemeint sein kann, also jedes Abweichen von Wille und Erklärung.[421] Nach dem Wortlaut der Vorschrift ist dann die Anfechtung wegen Erklärungsirrtums nach der Feasibility Study generell ausgeschlossen.[422]

Die Vorschrift wurde deshalb im deutschen Schrifttum stark kritisiert.[423] Die „auf Savigny zurückgehende differenzierte Behandlung von Fehlern bei der

---

416 Im für das englische Vertragsrecht maßgeblichen Lehrbuch Chitty on Contracts bezeichnet *Beale* den Erklärungsirrtum in der 31. Aufl. als „mistake in communication“, *Beale*, Chitty on Contracts, 31. Aufl., 5-066 ff. In der 32. Aufl. verwendet er den Begriff „mistake as to the terms“, 3-001. Die Bezeichnung „mistake about the terms of the contract“ wird vor allem dann benutzt, wenn es um die Abgrenzung von Identitätsirrtum („mistake about the identity of the person with whom the contract is made“) und Eigenschaftsirrtum („mistake of fact or law about the subject-matter of the contract or the surrounding circumstances“) geht, siehe etwa: *Beatson/ Burrows/ Cartwright*, Anson's Law of Contract, 272. Wie bereits oben erwähnt, gibt es im englischen Recht keinen einheitlichen Begriff für den Erklärungsirrtum, § 1 B. II.

417 Art. 4:104 PECL; Art. II.-7:202 DCFR.

418 Art. 3.2.3 PICC.

419 *Jansen*, Irrtumsanfechtung, 180 Fn 33: „Terms“ seien auch Nebenabreden und Klauseln, die den Vertragsgegenstand definieren. Insofern sei von der Vorschrift auch ein auf einer Informationspflichtverletzung beruhender Irrtum erfasst, was nicht sinnvoll wäre.

420 *Lando/ Beale*, PECL, xxxiii.

421 *Looschelders*, AcP 212 (2012), 584, 621.

422 Vgl. *Jansen*, Irrtumsanfechtung, 194.

423 *Bundesministerium der Justiz*, Stellungnahme, 6, 14. *Deutscher Anwaltverein*, Position Paper, 9 f.: Es sollte eine Regelung für einen von der anderen Partei nicht verschuldeten Irrtum geben. *Grigoleit*, ZSE 9 (2011) 560, 567: „schwerwiegende

Erklärung und Fehlern bei der Willensbildung" solle nicht zugunsten des Verkehrsschutzes aufgegeben werden.[424] Wollte man eine Anfechtungsmöglichkeit für den Fall des vom anderen Teil nicht erkannten und für ihn auch nicht erkennbaren Erklärungsirrtum schaffen, müsse man zugleich eine Schadensersatzpflicht des Irrenden gegenüber dem redlichen Erklärungsempfänger nach deutschem Modell regeln.[425] Da in Europa im Bereich der Irrtumsanfechtung kein „common core" besteht,[426] kann es bei einer gesamteuropäischen Regelung jedoch nicht darum gehen, an nationalen Vorstellungen festzuhalten.[427]

Die bisherige Untersuchung hat gezeigt, dass der Irrtumstatbestand nur eine untergeordnete Rolle bei der Lösung der Beispielsfälle spielt. Wegen des Vorrangs der Auslegung hat der Verweis auf die allgemeine Irrtumsregelung im Fall des Erklärungsirrtums kaum praktische Relevanz.[428] Der Schwerpunkt der Irrtumsregelung liegt in den Regelwerken ähnlich wie im englischen Recht stärker auf der Verletzung vorvertraglicher Aufklärungspflichten als auf Fällen des Abweichens von Wille und Erklärung im Sinne des § 119 I BGB.[429] Es spricht also viel dafür, dass es sich bei Art. 45 (4) FS um eine sprachlich nicht ausgereifte Formulierung folgenden Gedankens handelt: Nach der Feasibility Study sollen (wie nach den anderen Regelwerken) für den Fall des Erklärungsirrtums keine Sonderregeln gelten. Da der Feasibility Study (wie den anderen Regelwerken) die Entscheidung für das Risikomodell zugrunde liegt, soll durch die (sprachlich verunglückte) Vorschrift des Art. 45 (4) FS vermutlich nur klargestellt werden, dass ein Erklärungsirrtum allein dann zur Anfechtung berechtigt, wenn er vom

---

Inkonsistenzen innerhalb des Irrtumsrechts"; *Jansen*, Irrtumsanfechtung, 180 Fn 33. Vgl. Schulze-*Pfeiffer*, Art. 48 Rn 43.

424 *Martens*, Einigungsmängel, 182 f.
Explizit angesprochen wurde in der Debatte die Anfechtungsmöglichkeit bei eBay-Versteigerungen. *Jansen* geht auf das Argument ein, die „ungerechte Lösung" könne nicht deshalb vertretbar sein, weil sie üblicherweise nur Unternehmer träfe (*Jansen*, Irrtumsanfechtung, 196). Zu den eBay-Fällen ausführlich siehe unten, § 2 D. (Exkurs).

425 *Bundesministerium der Justiz*, Stellungnahme, 14. Siehe auch: *Deutscher Anwaltverein*, Position Paper, 10; *Deutscher Notarverein*, Stellungnahme, 9. Vgl. zum CESL: *Looschelders*, AcP 212 (2012), 584, 623; Schulze-*Pfeiffer*, Art. 48 Rn 43.

426 Statt vieler: *Jansen*, Irrtumsanfechtung, 173 sowie *Kramer*, ZEuP 2007, 247, 248 f.

427 Vgl. zu den Irrtumsregeln im CESL *Martens*, Einigungsmängel, 181: „[...] schade, dass der Mut zu einer radikalen Modernisierung gefehlt hat".

428 Zur vergleichbaren Regelung der PECL siehe: *Grigoleit*, Irrtum, 218; *Harke*, ZEuP 2006, 326, 328; zum CESL siehe: *Looschelders*, AcP 212 (2012), 584, 621 f.

429 Vgl. *Cartwright/ Schmidt-Kessel*, Defects, 377 f.

anderen Teil versursacht wurde oder der andere Teil den Irrtum erkannt (oder fahrlässig nicht erkannt) hat und ausnutzen wollte und insofern Art. 45 (1) bis (3) FS anwendbar ist. Bei dieser Interpretation des Art. 45 (4) FS wäre der Anwendungsbereich des Irrtumstatbestandes also im Fall eines Erklärungsirrtums eröffnet.

(b) FS: Anfechtungsmöglichkeit wegen eines von der anderen Partei verursachten Irrtums?

In einer Situation, die dem Beispielsfall ähnelt und bei der es um einen Kaufvertrag geht, ist für die Beantwortung der Frage nach der Anfechtungsmöglichkeit des A wie nach den anderen Regelwerken entscheidend, ob man den Verursachungstatbestand des Art. 45 (1) (b) (i) FS eng oder weit versteht. Ein weites Verständnis des Verursachungstatbestandes vorausgesetzt, wäre A anfechtungsberechtigt, weil B den wesentlichen[430] Kommunikationsirrtum des A durch die unübersichtliche Gestaltung der Website verursacht hat. Versteht man den Begriff der Verursachung allerdings wie nach den PECL, den Unidroit-Prinzipien und möglicherweise auch nach dem DCFR eng, hätte A nach der Feasibility Study ebenso kein Anfechtungsrecht, weil die Verursachung des Irrtums des A durch die unübersichtliche Gestaltung der Website allein nicht ausreichte.

(5) CESL: Anfechtungsmöglichkeit wegen von der anderen Partei verursachten Irrtums?

Im Beispielsfall ist das CESL nicht anwendbar, siehe oben. Würde man die Irrtumsregel aus dem CESL auch auf andere Verträge als Kaufverträge anwenden bzw. in einem dem Beispielsfall vergleichbaren Fall, bei dem es um einen Kaufvertrag geht, wäre der Anwendungsbereich des Irrtumstatbestandes für Erklärungsirrtümer eröffnet. Im CESL fehlt nämlich ein Absatz, der bestimmt, dass Kommunikationsirrtümer von vornherein nicht zur Anfechtung berechtigen sollen. Vielmehr gelten nach dem CESL für die Anfechtbarkeit wegen eines Erklärungsirrtums wie nach den PECL, den Unidroit-Prinzipien und dem DCFR die Voraussetzungen des allgemeinen Irrtumstatbestandes. Gemäß Art. 48 (3) CESL ist ein Fehler in der Verlautbarung der Erklärung als Irrtum der Person anzusehen, welche die Erklärung abgegeben hat. Nach Art.

430 Das Wesentlichkeitserfordernis nach 45 (1) (a) FS wäre im Beispielsfall zu bejahen, weil für B – bei hypothetischer Kenntnis dessen, dass A sich geirrt hat – unwahrscheinlich war, dass A ohne den Irrtum einen Vertrag über den Flug und die Hotelübernachtungen inklusive der Ausflüge bucht.

48 (1) (b) (i) CESL hat der Irrende ein Anfechtungsrecht, wenn es sich um einen wesentlichen Tatsachenirrtum handelt und der andere Teil den Irrtum verursacht hat („caused the mistake“).[431]

Der Irrtum des A müsste wesentlich sein. Das Wesentlichkeitserfordernis in Art. 48 (1) (a) CESL ist ähnlich wie in den PECL und im DCFR formuliert. Wohl um Klarheit zu schaffen, hat das EU-Parlament den letzten Teil („und die andere Partei dies wusste oder wissen musste“) durch legislative Entschließung vom 26. Februar 2014 zu dem Vorschlag für eine Verordnung für ein Gemeinsames Europäisches Kaufrecht gestrichen (Abänderung 115). Durch diese Änderung ist der Maßstab für das Wesentlichkeitserfordernis eindeutig: Es kommt darauf an, ob A ohne den Irrtum den Vertrag mit B nicht oder nur mit anderen Vertragsbestimmungen geschlossen hätte. Der Maßstab entspricht dann dem der Unidroit-Prinzipien. A hätte den Vertrag mit B nur über den Flug und die Hotelübernachtungen, nicht aber auch über die Ausflüge geschlossen. Der Irrtum des A wäre also wesentlich.

Man könnte somit auch nach dem CESL – die Anwendbarkeit des CESL vorausgesetzt – mit den gleichen Argumenten wie oben die Ansicht vertreten, dass A wegen der Verursachung des wesentlichen Irrtums durch B infolge der unübersichtlichen Gestaltung der Website ein Anfechtungsrecht hat bzw. bei einem engen Verständnis der Voraussetzung der Verursachung des Irrtums durch den anderen Teil nicht anfechtungsberechtigt ist.

cc) Schadensersatzanspruch des A gegen B?

In den PECL ist ein spezieller Schadensersatzanspruch wegen falscher Angaben in Art. 4:106 PECL („Incorrect Information“) geregelt, der auf das Anfechtungsrecht des A gemäß Art. 4:103 PECL Bezug nimmt und auf den Schadensersatzanspruch des A gegen B gemäß Art. 4:117 PECL verweist: Danach kann eine „Partei, die im Vertrauen auf eine unzutreffende Angabe der anderen Partei einen Vertrag geschlossen hat, gemäß Art. 4:117 Absätze (2) und (3) Schadensersatz verlangen, selbst wenn die Angabe nicht zu einem wesentlichen Irrtum im Sinne des Art. 4:103 PECL führt, sofern nicht die andere Partei Grund zu der Annahme hatte, dass die Angabe unzutreffend war.“ In Art. II.-7:204 DCFR ist ein ähnlich formulierter Anspruch vorgesehen.

Zwar liegt nach den PECL und dem DCFR wohl ein wesentlicher Irrtum des A vor (s. o.). Jedoch hat B lediglich die Website unübersichtlich gestaltet, aber

431 Die Anfechtung wegen Kommunikationsirrtums ist nach dem CESL nicht von vornherein ausgeschlossen (vgl. Art. 48 (4) CESL).

keine falsche Tatsachenangabe gemacht, vgl. oben. A hat also keinen Schadensersatzanspruch gegen B gemäß Art. 4:106 PECL oder Art. II.-7:204 DCFR.

Möglicherweise kann A von B gemäß Art. 4:117 PECL bzw. nach der entsprechenden Vorschrift der anderen Regelwerke Schadensersatz verlangen.[432] Voraussetzung für diesen Anspruch ist zunächst, dass A zur Anfechtung berechtigt ist.

Nach den PECL ist A nach der hier vertretenen Meinung nicht anfechtungsberechtigt. Nach den anderen Regelwerken hat A ein Anfechtungsrecht wegen Verursachung des Irrtums durch B, wenn man im Fall der Feasibility Study den Anwendungsbereich für Kommunikationsirrtümer für eröffnet hält und nach dem DCFR, der Feasibility Study und dem CESL den Verursachungstatbestand weit versteht (s. o.).[433] Allerdings ist Voraussetzung für einen Schadensersatzanspruch des A gegen B nach Art. II.-7:214 DCFR am Ende bzw. Art. 53 FS bzw. Art. 55 CESL am Ende, dass B „den Anfechtungsgrund" (DCFR) bzw. „die maßgebenden Umstände kannte oder kennen musste" (Feasibility Study und CESL). Aus den oben angeführten Gründen hat B im Beispielsfall den Irrtum des A gerade nicht erkannt und musste ihn auch nicht kennen. Ein Schadensersatzanspruch des A gegen B scheidet also – ein Anfechtungsrecht des A vorausgesetzt – nach dem DCFR, der Feasibility Study und dem CESL aus.

dd) Zwischenergebnis

Jedenfalls nach den PECL ist A im Beispielsfall grundsätzlich an den Vertrag mit B über die Flugbuchung und die Hotelübernachtungen inklusive der Ausflüge gebunden; er kann sich von diesem Vertrag nicht lösen (Lösung 2). Es liegen keine der Voraussetzungen der Anfechtbarkeit vor. Die Beantwortung der Frage, ob A nach den anderen Regelwerken anfechtungsberechtigt ist, hängt davon ab, ob man die unübersichtliche Gestaltung der Website bereits als Verursachung des Erklärungsirrtums durch B versteht. Bejaht man ein Anfechtungsrecht des A nach dem DCFR, der Feasibility Study und dem CESL, ist A gegenüber B nicht schadensersatzpflichtig.

---

432 Art. 3.2.16 PICC; Art. II.-7:214 DCFR; Art. 53 FS; Art. 55 CESL.

433 Nach der Feasibility Study und dem CESL stellt sich im Beispielsfall zusätzlich das Problem, dass beide Regelwerke nur auf Kaufverträge anwendbar sind, A und B aber einen Reisevertrag geschlossen haben. Dazu bereits oben.

4. *Auswirkungen der Umsetzungen der E-Commerce-Richtlinie*

Im Beispielsfall haben A und B einen Vertrag über das Internet geschlossen. Die E-Commerce-Richtlinie *2000/31/EG*[434] sieht dann einen besonderen Schutz des Nutzers vor. Gemäß Art. 2 (d) der E-Commerce-Richtlinie ist der persönliche Anwendungsbereich der Richtlinie für natürliche und juristische Personen eröffnet, „die zu beruflichen oder sonstigen Zwecken einen Dienst der Informationsgesellschaft in Anspruch [nehmen]". Die Regelungen der E-Commerce-Richtlinie sind also nicht auf das Verhältnis von Unternehmern gegenüber Verbrauchern (B2C-Verhältnis) beschränkt. Wäre A im Beispielsfall Unternehmer, wären die Regelungen insofern ebenfalls anwendbar. In Art. 11 (2) der E-Commerce-Richtlinie ist geregelt, dass die Mitgliedstaaten sicherstellen, „dass der Diensteanbieter dem Nutzer angemessene, wirksame und zugängliche technische Mittel zur Verfügung stellt, mit denen er Eingabefehler vor Abgabe der Bestellung erkennen und korrigieren kann."

a) *Deutschland*

Nach § 312 i I 1 Nr. 1 BGB, der die E-Commerce-Richtlinie *2000/31/EG* umsetzt, hat der Unternehmer gegenüber dem Kunden im elektronischen Geschäftsverkehr die Pflicht, dem Kunden Mittel zur Verfügung zu stellen, mit denen er Eingabefehler erkennen und beseitigen kann.[435] B hätte die Website danach so programmieren müssen, dass nach Auswahl der Bestellmöglichkeiten dem Nutzer A eine Bestellübersicht angezeigt wird, die den Umfang der gebuchten Leistungen beschreibt. Zudem muss B etwa durch die Bereitstellung eines „Zurück"-Buttons A die Möglichkeit geben, diese Auswahl vor Abgabe der Bestellung zu korrigieren.[436] B hat das hier nicht getan. Dies hat allerdings keine unmittelbaren Folgen auf die Wirksamkeit des Vertrags.[437]

---

434 Richtlinie *2000/31/EG* des Europäischen Parlaments und des Rates vom 8. Juni 2000 über bestimmte rechtliche Aspekte der Dienste der Informationsgesellschaft, insbesondere des elektronischen Geschäftsverkehrs, im Binnenmarkt („Richtlinie über den elektronischen Geschäftsverkehr"), abgedruckt in: *Schulze/ Zimmermann*, Basistexte, I.35, 162 ff. Im Folgenden: E-Commerce-Richtlinie.

435 Dies gilt nicht nur im B2C-Verhältnis, sondern auch im Verhältnis Unternehmer-Unternehmer, vgl. § 312 I BGB.

436 Dazu MüKo-*Wendehorst*, § 312 Rn 63–65; *Klimke*, CR 2005, 582, 583; *Wagner*, Verbraucherschutz, 56 mwN.

437 Der Vertrag ist insbesondere nicht nichtig: BT-Drs 14/6040, S. 173 (zu § 312 e a.F.).

Indem B dem A keine Möglichkeiten zur Korrektur von Eingabefehlern bereitgestellt hat, hat B jedoch den Inhalts- bzw. Erklärungsirrtum des A verursacht.[438] Darauf lässt sich bei einer Anfechtungslösung im Rahmen des § 122 BGB (s. o.) der Wegfall des Schadensersatzanspruchs des B gegen A stützen: Wegen der Veranlassung wird es nicht als angemessen angesehen, dass der Erklärungsempfänger vom Erklärenden gemäß § 122 I BGB Schadensersatz verlangen kann. Es wird die Meinung vertreten, der Anspruch sei gemäß § 122 II BGB ausgeschlossen,[439] oder es handele sich bei dem Bestehen auf Schadensersatz um widersprüchliches[440] oder rechtsmissbräuchliches[441] Verhalten, oder der Anspruch entfalle nach § 254 BGB.[442] Nach allen Ansichten hat B gegen A im Fall der Anfechtung keinen Anspruch auf Ersatz seines Vertrauensschadens gemäß § 122 I BGB.

Nach deutschem Recht beeinflusst also die Umsetzung der E-Commerce-Richtlinie den Vertragsschluss zwischen A und B im Beispielsfall nicht. Wie im Ausgangsfall ist denkbar, dass A ein Anfechtungsrecht wegen Inhalts- oder Erklärungsirrtums hat; dann lässt sich der Wegfall des Schadensersatzanspruches (§ 122 I BGB) begründen.

b) England

In England wurde die E-Commerce-Richtlinie durch die Electronic Commerce (EC) Directive Regulations 2002 umgesetzt.[443] Nach Reg. 11 (1) (b) E-CommerceReg ist der Diensteanbieter bei einem Vertragsschluss im elektronischen Geschäftsverkehr verpflichtet, Möglichkeiten zur Korrektur von Eingabefehlern bereitzustellen.

B hat A nicht die Möglichkeit gegeben, seinen Eingabefehler zu korrigieren. Folglich hat er gegen die sich aus Reg. 11 (1) (b) E-CommerceReg ergebende Pflicht verstoßen. Reg. 15 E-CommerceReg sieht als Rechtsfolge vor, dass die Person, die einen Vertrag geschlossen hat, der dem Anwendungsbereich der

---

438 Dazu MüKo-*Armbrüster*, § 122 Rn 24. Siehe auch: *Härting*, Internetrecht, 176 Rn 787; *Mankowski*, Beseitigungsrechte, 560.

439 MüKo-*Armbrüster*, § 122 Rn 24; Staudinger-*Singer*, § 122 Rn 19. *Klimke*, CR 2005, 582, 590 f. mwN: teleologische Reduktion bzw. Analogie.

440 Das ist der gesetzgeberische Wille: BT-Drs. 14/6040, S. 173 (zu § 312 e a.F.). Aus der Literatur: AnwaltKommentar-*Ring*, § 312 e Rn 46; MüKo-*Wendehorst*, § 312 i Rn 106; *Mankowski*, Beseitigungsrechte, 561; *Spindler*, Schuldrechtsreform, 469. Siehe auch: *Klimke*, CR 2005, 582, 591.

441 Vgl. *Hager, J.*, Festschrift Georgiades, 218 Fn 55 mwN.

442 *Glatt*, ZUM 2001, 390, 395; *Klimke*, CR 2005, 582, 591: bei schuldloser Pflichtverletzung § 254 BGB analog.

443 Abrufbar unter: http://www.legislation.gov.uk/uksi/2002/2013/contents/made.

E-Commerce-Regulations unterfällt, das Recht der *rescission* hat, also die Aufhebung des Vertrages verlangen kann, sofern ein Gericht nicht anderweitig entschieden hat. Somit kann sich A im Beispielsfall von dem Vertrag mit B wegen Verstoßes gegen Reg. 11 (1) (b) E-CommerceReg lösen.[444]

Nach englischem Recht ergibt sich also aus der Umsetzung der E-Commerce-Richtlinie ein Lösungsrecht des A.

c) Regelwerke

Die PECL und die Unidroit-Prinzipien enthalten keine Regelungen zum E-Commerce.[445]

Gemäß Art. II.-7:201 (1) (b) (i) DCFR ist A anfechtungsberechtigt, wenn B den Irrtum des A verursacht hat („caused the mistake"). Der Fall, in dem der Erklärende keine Möglichkeit hatte, Eingabefehler zu korrigieren, soll von diesem Tatbestand umfasst sein.[446]

Zusätzlich ist im DCFR für Eingabefehler im elektronischen Geschäftsverkehr ein spezielles Anfechtungsrecht vorgesehen: Nach Art. II.-7:201 (1) (b) (iii) Alt. 2 DCFR kann eine Partei den Vertrag wegen Irrtums anfechten, wenn „die andere Vertragspartei den irrtumsbehafteten Vertragsschluss durch Verstoß gegen die Pflicht, Mittel zur Korrektur von Eingabefehlern bereitzustellen, verursacht hat."[447] Die Pflicht, der anderen Partei[448] Mittel zur Korrektur von

---

444 Ein Schadensersatzanspruch des Verbrauchers gegen den Unternehmer ist für den Fall, dass der Unternehmer keine Möglichkeiten zur Korrektur von Eingabefehlern bereitgestellt hat, nicht vorgesehen, vgl. Reg. 13 E-CommerceReg.

445 Zum PECL siehe aber das im Juni 2004 von einer Forschungsgruppe veröffentlichte Positionspapier, das eine ausführliche Ergänzung des Art. 4:103 PECL vorsieht. Danach sollten die PECL um ein eigenständiges Anfechtungsrecht für den Fall ergänzt werden, in dem die eine Partei der anderen keine Möglichkeit zur Korrektur von Eingabefehlern bereitgestellt hat („a party concluding a contract at another party's website may avoid the contract for mistake if the other party does not provide effective, accessible and technological means to identify and correct input errors prior to the transmission of a statement."). Dann hätte A im Beispielsfall ein Anfechtungsrecht. Das Positionspapier ist abrufbar unter http://www.sgecc.uos.de/media/downloads/04_06ecommerce.pdf.

446 Vgl. *v. Bar/ Clive*, DCFR, Art. II.-7:201, Comment D.

447 Die Vorschrift dient der Umsetzung der E-Commerce-Richtlinie. *v. Bar/ Clive*, DCFR, Art. II.-3:201, Notes 1.

448 Wenn in den Regelwerken von „der anderen Partei" die Rede ist, bedeutet dies, dass die Vorschrift auch zwischen Unternehmern (B2B-Verhältnis) gilt. Betrifft der

Eingabefehlern bereitzustellen, ist für Unternehmer ausdrücklich in Art. II.-3:201 (1) DCFR und Art. II.-3:105 (1) (c) DCFR verankert. B hat hier gegen diese Pflicht verstoßen. Der Irrtum des A ist auch im Sinne des Art. II-7:201 (1) (a) DCFR wesentlich.[449] A kann sich im Beispielsfall von dem Vertrag mit B gemäß Art. II.-7:201 (1) (b) (iii) Alt. 2 DCFR lösen.[450]

Daneben ist im DCFR in Art. II.-3:105 (3) DCFR ein besonderes Widerrufsrecht für den Fall vorgesehen, in dem ein Unternehmer gegenüber der anderen Partei einer in Art. II.-3:105 (1) DCFR genannten Pflicht nicht nachgekommen ist.[451] Es gilt die Frist des Art. II.-5:103 DCFR.

In Art. II.-3:201 (2) DCFR ist darüber hinaus ein spezieller Schadensersatzanspruch für den Fall vorgesehen, wenn der Unternehmer gegen die ausdrücklich geregelte vorvertragliche Pflicht verstößt, der anderen Partei Möglichkeiten zur Korrektur von Eingabefehlern bereitzustellen. Ein ähnlicher Schadensersatzanspruch ist in Art. II.-3:105 (4) DCFR für Verbraucher vorgesehen. Als Schaden kommt in Betracht, dass A an den für ihn nachteiligen Vertrag gebunden ist, von dem er sich allerdings nach dem DCFR jedenfalls durch Widerruf lösen kann. Auf das Problem, ob nach dem DCFR Rechtsfolge des Schadensersatzanspruches sein könnte, dass A sich von dem für ihn ungünstigen Vertrag lösen kann, wird nicht weiter eingegangen, weil die Regelungstechnik des DCFR in dieser Hinsicht keine Antworten erwarten lässt.

Nach der Feasibility Study könnte sich – die Anwendbarkeit der Feasibility Study vorausgesetzt – ein Anfechtungsrecht des A aus Art. 45 (1) (b) (iii) FS ergeben. Dort ist ein besonderes Anfechtungsrecht für den Fall geregelt, dass der andere Teil gegen eine in Kapitel 2 Abschnitt 1–5 geregelte vorvertragliche

---

Regelungsgehalt einer Vorschrift nur Verbraucher, ist die Verbrauchereigenschaft ausdrücklich in der Regelung genannt.

449 Zum Wesentlichkeitserfordernis bereits oben ausführlich, § 2 C. I. 3. c) bb) (3).

450 Auf das möglicherweise nach Art. II.-7:201 (1) (b) (i) DCFR („caused the mistake") bestehende Anfechtungsrecht kommt es dann nicht an, dazu *Ackermann/ Franck*, Validity, 177. *Jansen/ Zimmermann*, AcP 210 (2010), 196, 243 f. weisen darauf hin, dass es sich bei einem Eingabefehler nach der Richtlinie immer um einen Erklärungsirrtum handelt. Sie kritisieren deshalb die Systematik des Anfechtungstatbestandes und regen eine Neuformulierung an.

451 *Jansen*, Irrtumsanfechtung, 190 vertritt die Ansicht, das besondere Anfechtungsrecht nach Art. II.-7:201 (1) (b) (iii) Alt. 2 DCFR sei deshalb überflüssig. Siehe auch *Jansen/ Zimmermann*, AcP 210 (2010), 196, 244.

Pflicht verstoßen hat.[452] Gemäß Art. 26 (2) FS hat ein Unternehmer gegenüber der anderen Partei die Pflicht, im elektronischen Verkehr Möglichkeiten bereitzuhalten, Eingabefehler zu korrigieren. Möglicherweise ist der Anwendungsbereich bei einem Kommunikationsirrtum wegen Art. 45 (4) FS allerdings gar nicht erst eröffnet, wonach die Anfechtung allgemein bei einem „mistake over the terms of the contract" handelt.[453] Sofern Erklärungsirrtümer einen „mistake over the terms of the contract" darstellen, wäre A also von vornherein nicht anfechtungsberechtigt.

Jedenfalls hätte A nach der Feasibility Study ein Widerrufsrecht aus Art. 26 (6) (b) FS. Dort ist (im Verhältnis zur Anfechtung möglicherweise sogar abschließend)[454] ein Widerrufsrecht vorgesehen, wenn der Unternehmer gegenüber der anderen Partei gegen die in Art. 26 (2) FS genannte Pflicht verstoßen hat.[455] Da dies der Fall ist, hat A nach Art. 26 (6) (b) FS ein Widerrufsrecht. Es gilt die Frist des Art. 42 FS.

Wäre das CESL im Beispielsfall anwendbar, ist in Art. 48 (1) (b) (ii) CESL wie in der Feasibility Study ein spezielles Anfechtungsrecht vorgesehen, wenn „die andere Partei den irrtumsbehafteten Vertragsschluss durch Verletzung vorvertraglicher Informationspflichten nach Kapitel 2 Abschnitte 1 bis 4 verursacht" und dies zu einem wesentlichen Irrtum geführt hat. Art. 24 (2) CESL bestimmt, dass Händler der anderen Partei Möglichkeiten zur Korrektur von Eingabefehlern vorhalten müssen.[456] Da B dies hier nicht getan hat, könnte A demnach gemäß Art. 29 (3), Art. 48 (1) (b) (ii) iVm Art. 24 (3) (c) CESL anfechtungsberechtigt sein. Der Irrtum des A ist wesentlich im Sinne des Art. 48 (1) (a) CESL, siehe oben. A hat also – die Anwendbarkeit des CESL vorausgesetzt – gemäß Art. 48 (3) CESL iVm Art. 48 (1) (b) (i) CESL bzw. gemäß Art. 29 (3), Art. 48 (1) (b) (ii) iVm Art. 24 (3) (c) CESL ein Anfechtungsrecht.

---

452 *Jansen*, Irrtumsanfechtung, 190 weist darauf hin, dass es sich strenggenommen bei der Pflicht, Mittel zur Korrektur von Eingabefehlern bereitzuhalten, nicht um eine Informationspflicht handelt.

453 Siehe dazu bereits oben, § 2 C. I. 3. c). bb) (4) (a).

454 *Jansen*, Irrtumsanfechtung, 190.

455 Dies gilt ausdrücklich auch dann, wenn der andere Vertragsteil kein Unternehmer ist.

456 Dazu, dass es sich dabei bei genauer Betrachtung nicht um eine Informationspflicht handelt: *Jansen*, Irrtumsanfechtung, 190.

5. *Auswirkungen der Umsetzung der Verbraucherrechte-Richtlinie*

Ist A im Beispielsfall Verbraucher, sind besondere Vorschriften zu beachten, die in der Beziehung zwischen Verbrauchern und Unternehmern seit der Umsetzung der Verbraucherrechte-Richtlinie[457] gelten. Nach Art. 22 Satz 1 Verbraucherrechte-Richtlinie können Vereinbarungen über Zusatzleistungen zwischen Verbrauchern und Unternehmen nur ausdrücklich getroffen werden. Art. 22 Satz 2 Verbraucherrechte-Richtlinie sieht vor, dass der Verbraucher einen Erstattungsanspruch gegen den Unternehmer hat, wenn dieser die Zustimmung zu zusätzlichen Zahlungen dadurch herbeigeführt hat, dass er Voreinstellungen verwendet hat, die der Verbraucher hätte ablehnen müssen, um nicht zur Zahlung von Zusatzleistungen verpflichtet zu sein (sogenanntes „opt-out"-Modell).

a) Deutschland

In Deutschland wurde Art. 22 Verbraucherrechte-Richtlinie im Jahr 2014 durch § 312 a III BGB umgesetzt. Nach § 312 a III 2 BGB wird eine Vereinbarung, die auf eine über das vereinbarte Entgelt für die Hauptleistung hinausgehende Zahlung des Verbrauchers gerichtet ist, bei einem Vertrag im elektronischen Geschäftsverkehr[458] nur dann Vertragsbestandteil, wenn der Unternehmer die Vereinbarung nicht durch eine Voreinstellung herbeiführt. Die Regelung ist gemäß § 312 II Nr. 4 BGB auf Verträge über Reiseleistungen, die im Fernabsatz geschlossen werden, anwendbar.[459]

Hier haben der Verbraucher A (vgl. § 13 BGB) und der Unternehmer B (vgl. § 14 BGB) einen Reisevertrag über das Internet geschlossen, siehe oben. Dabei handelt es sich gemäß der Definition in § 312 i I 1 BGB um einen Vertrag im elektronischen Geschäftsverkehr, denn B hat sich zum Zweck des Vertragsschlusses

---

457 Richtlinie 2011/83/EU des Europäischen Parlaments und des Rates vom 25. Oktober 2011 über die Rechte der Verbraucher, zur Abänderung der Richtlinie 93/13/EWG des Rates und der Richtlinie 1999/44/EG des Europäischen Parlaments und des Rates sowie zur Aufhebung der Richtlinie 85/577/EWG des Rates und der Richtlinie 97/7/EG des Europäischen Parlaments und des Rates („Verbraucherrechte-Richtlinie"), abgedruckt in: *Schulze/ Zimmermann*, Basistexte, I.48, 390 ff.

458 Zum Problem, ob die Begrenzung des § 312 a III BGB auf den elektronischen Geschäftsverkehr gegen Art. 22 Verbraucherrechte-Richtlinie verstößt und der Anwendungsbereich nicht vielmehr für jegliche Verbraucherverträge eröffnet sein sollte: MüKo-*Wendehorst*, § 312 a Rn 60; Hk-BGB/ *Schulte-Nölke*, § 312 a Rn 5.

459 Es ist keine Ausnahme für Flugbuchungen vorgesehen. Insofern spricht der Wortlaut und die Systematik des § 312 II Nr. 4 BGB dafür, dass § 312 a III BGB auch auf Flugbuchungen anwendbar ist.

über die Erbringung von Dienstleistungen der Telemedien bedient. Die Vereinbarung über die Zahlung der Ausflüge haben A und B nicht ausdrücklich getroffen, vielmehr haben die Voreinstellungen auf der Website des B dazu geführt, dass A die Erklärung abgegeben hat, er wolle nicht nur eine Reise mit Flug und Hotel buchen, sondern auch zusätzlich Ausflüge. Gemäß § 312 a III 2 BGB wird die Vereinbarung über die Zahlung der Ausflüge somit nicht Vertragsbestandteil.

Dies hat keinen Einfluss auf den Vertrag; der Vertrag zwischen A und B bleibt nach § 312 a VI BGB im Übrigen wirksam. Zwischen A und B besteht also wegen der Umsetzung der Verbraucherrechte-Richtlinie ein wirksamer Vertrag nur über die Buchung der Flugreise inklusive Hotelübernachtungen.

b) England

In England wurde die Verbraucherrechte-Richtlinie durch die Consumer Contracts (Information, Cancellation and Additional Charges) Regulations 2013[460] umgesetzt, die ebenfalls 2014 in Kraft getreten sind. Gemäß Reg. 40 (1) 2013 Regulations sind im B2C-Verhältnis Zusatzzahlungen nur bei ausdrücklicher Zustimmung zu leisten. Eine solche Zustimmung besteht dann nicht, wenn die Zustimmung durch eine Voreinstellung zustande gekommen ist, Reg. 40 (2) 2013 Regulations. Die Vorschrift ist eng am Wortlaut des Art. 22 der Verbraucherrechte-Richtlinie orientiert. Sie ist auf Flugbuchungen anwendbar.[461] Reg. 40 (4) 2013 Regulations bestimmt, dass der Unternehmer dem Verbraucher bereits geleistete Zusatzzahlungen erstatten muss. Vorausgesetzt, dass A im Beispielsfall bereits gezahlt hat, kann er also die für die Ausflüge geleistete Zahlung von B zurückverlangen. Das Schicksal des Vertrages im Übrigen ist nicht ausdrücklich geregelt; aus Reg. 40 (4) 2013 Regulations lässt sich schließen, dass der Vertrag wie nach deutschem Recht im Übrigen wirksam ist.[462]

c) Regelwerke

Art. 22 Verbraucherrechte-Richtlinie hat nur Eingang in die Feasibility Study und das CESL gefunden. Nach Art. 88 FS bzw. Art. 71 (1) CESL ist eine Vereinbarung für den Verbraucher nicht bindend, wenn sie durch Voreinstellung

---

460 Im Folgenden 2013 Regulations. Abrufbar unter: http://www.legislation.gov.uk/uksi/2013/3134/contents/made.

461 *Beale*, Chitty on Contracts, Bd. 2, 38–073 Fn 459.

462 Vgl. *Beale*, Chitty on Contracts, Bd. 2, 38–397.

zustande gekommen ist.[463] A ist also nach der Feasibility Study und dem CESL nur an den Vertrag mit B über Flug und Hotel gebunden.

Hat A im Beispielsfall bereits die Ausflüge bezahlt, kann er diese Kosten nach der Feasibility Study gemäß Art. 88 FS und nach dem CESL gemäß Art. 71 (1) CESL von B ersetzt verlangen.

d) Weitere Auswirkungen der Umsetzung der Verbraucherrechte-Richtlinie

Ergänzend wird auf die Regelungen eingegangen, die sich aus der Umsetzung von Art. 9 Verbraucherrechte-Richtlinie ergeben. Art. 9 (1) Verbraucherrechte-Richtlinie sieht vorbehaltlich von Ausnahmen ein Widerrufsrecht des Verbrauchers vor, das ihm ermöglicht, einen Fernabsatzvertrag ohne Angabe von Gründen innerhalb von vierzehn Tagen zu widerrufen.

aa) Deutschland

Aus der Umsetzung von Art. 9 Verbraucherrechte-Richtlinie folgt, dass A als Verbraucher im Beispielsfall grundsätzlich ein Widerrufsrecht gemäß § 355 iVm § 312 g BGB hat, weil der Verbraucher A und der Unternehmer B einen Fernabsatzvertrag (§ 312 c BGB) geschlossen haben.[464] Dieses Widerrufsrecht müsste A innerhalb der Frist des § 355 II BGB (vierzehn Tage ab Erfüllung der Informationspflicht durch den Unternehmer) geltend machen.[465] Jedoch ist der Anwendungsbereich des Widerrufsrechts gemäß § 312 II Nr. 4 a BGB hier nicht eröffnet. Danach ist auf Verträge über Reiseleistungen nach § 651 a BGB nur

---

463 Die Regelungen in der Feasibility Study und dem CESL sind weitestgehend inhaltsgleich. Der Unterschied besteht darin, dass die Regelung des CESL über Art. 22 Verbraucherrechte-Richtlinie hinauszugehen scheint, als der Fall der Voreinstellung nicht der einzige Anwendungsfall sein soll („insbesondere"). Die Vorschrift des Art. 71 CESL entspricht § 312 a III BGB. Dazu siehe auch: Schmidt-Kessel/ *Looschelders/ Makowsky*, Art. 71 Rn 1 und 5; Schulze/ *Kieninger*, Art. 71 Rn 2.

464 Ein Teilwiderruf ist bei Teilbarkeit des Vertrages möglich, näher MüKo-*Wendehorst*, § 312 g Rn 8.
In Betracht kommt zudem möglicherweise ein Schadensersatzanspruch des A gegen B aus *culpa in contrahendo* (§§ 280 I iVm 311 II, 241 II BGB). Dies legt die Gesetzesbegründung nahe, BT-Drs. 14/6040, S. 173 (zu § 312 e BGB a.F.). Zu diesem Thema statt vieler: MüKo-*Wendehorst*, § 312 i Rn 108. Dabei besteht für A ein Beweisproblem und es stellt sich die Frage nach dem Erfordernis eines Vermögensschadens, dazu mwN: *Klimke*, CR 2005, 582, 587 f. Siehe auch: *Hager, J.*, Festschrift Georgiades, 2006, 205, 218 f.

465 MüKo-*Wendehorst*, § 312 i Rn 106: Es bestehe kein Bedarf für eine einheitliche Anfechtungs- und Widerrufsfrist, weil unterschiedliche Ziele verfolgt werden.

§ 312 a I, III, IV und VI BGB anwendbar, wenn diese Verträge im Fernabsatz geschlossen werden. Hier liegt ein Vertrag über Reiseleistungen nach § 651 a BGB vor, den A und B im Fernabsatz geschlossen haben, siehe oben. A hat also im Beispielsfall kein spezielles Widerrufsrecht gemäß § 355 iVm § 312 g BGB.

bb) England

Nach englischem Recht ergibt sich im Beispielsfall ein Widerrufsrecht des A wegen der Besonderheiten des Fernabsatzes aus Reg. 29 (1) 2013 Regulations, welche die Verbraucherrechte-Richtlinie in England umsetzen, das er ohne Angaben von Gründen innerhalb einer Frist von vierzehn Tagen ausüben kann. Dieses Widerrufsrecht besteht allerdings nicht im Rahmen von Personenverkehrsdiensten, Reg. 27 (2) (c) 2013 Regulations. A hat also nach englischem Recht ebenfalls kein allgemeines Fernabsatz-Widerrufsrecht.

cc) Regelwerke

Im DCFR ist ein allgemeines Widerrufsrecht für Verbraucher in Art. II.-5:201 (1) DCFR vorgesehen; dies ist aber gemäß Art. II.-5:201 (3) (a) DCFR bei Transportverträgen, für welche die Erfüllung einen spezifischen Termin oder Zeitraum vorsehen, ausgeschlossen.

Die Feasibility Study und das CESL sind, wie oben gezeigt, auf den Reisevertrag nicht anwendbar. Hilfsweise hätte A nach der Feasibility Study als Verbraucher grundsätzlich ein Widerrufsrecht gemäß Art. 40 (1) (a) FS bzw. Art. 40 (1) (a) CESL, das er ohne Angabe von Gründen innerhalb der Frist des Art. 42 FS bzw. Art. 42 CESL ausüben könnte.[466] Dieses Widerrufsrecht wäre allerdings nach Art. 40 (2) (h) FS bzw. Art. 40 (2) (i) CESL bei Verträgen ausgeschlossen, die im Zusammenhang mit Freizeitbetätigungen Dienstleistungen betreffen und für die Erfüllung einen spezifischen Termin oder Zeitraum vorsehen.

Im Ergebnis steht A nach keinem der Regelwerke ein allgemeines Widerrufsrecht zu.

---

§ 355 III 1 BGB a.F. sah noch eine Verlängerung der Widerrufsfrist (Erlöschen des Widerrufsrechts sechs Monate nach Vertragsschluss) vor, wenn der Unternehmer dem Kunden keine Möglichkeit eingeräumt hatte, Eingabefehler zu korrigieren. Grundsätzlich gilt nach deutschem Recht, dass sich die Anfechtungs- und Widerrufsrechte nicht ausschließen. Dazu statt vieler: Spindler/Schuster-*Schirmbacher*, BGB § 312 a Rn 18; siehe auch MüKo-*Fritsche*, § 355 Rn 34.

466 Zum Verhältnis von Anfechtungs- und Widerrufsrechten: *Schulze*, Widerrufsrechte, 151, 162 f.

6. *Vergleich*

Im Beispielsfall kommt nach beiden Rechtsordnungen und nach allen Regelwerken[467] zwischen A und B zunächst ein Vertrag mit dem Inhalt zustande, wie er objektiv erscheint – hier also über die Flugbuchung, die Hotelübernachtungen und die Ausflüge.

Nach der traditionellen Regelungssystematik des englischen Rechts ist der Erklärende A an diesen Vertrag ohne Lösungsmöglichkeit gebunden (hier Lösung 2). Da B den Irrtum des A nicht kannte und auch nicht kennen konnte, wirkt er sich auf der Auslegungsebene nicht aus. Es besteht ein wirksamer Vertrag mit dem Inhalt, wie er objektiv erscheint. Für ein mögliches Lösungsrecht ist der Verstoß gegen eine Sorgfaltspflicht entscheidend; die Situation wird nach englischem Recht grundsätzlich nicht als Willensproblem behandelt, sondern als Frage danach, welche Rolle die Verantwortlichkeit des einen Teils für den Irrtum des anderen Teils spielt. Diese Verantwortlichkeit wird bei einem Erklärungsirrtum, der aus dem Risikobereich des Erklärungsempfängers stammt, dem Erklärungsempfänger zugewiesen, der folglich weniger schutzwürdig ist als der Erklärende. Die unübersichtliche Gestaltung der Website reicht indes für eine solche Veranlassung nach dem traditionellen Ansatz des englischen Rechts nicht aus. Es steht die Selbstverantwortung der Parteien im Vordergrund. Der Erklärende hat also nach englischem Recht bei einem Erklärungsirrtum, der aus dem Risikobereich des Erklärungsempfängers stammt, im Grundsatz kein Lösungsrecht.

Nach der traditionellen Rechtslage in Deutschland hat A dagegen ein Anfechtungsrecht wegen Inhalts- oder Erklärungsirrtum gemäß § 119 I BGB. Dabei liegt der Schwerpunkt auf der Tatsache, dass A sich verklickt hat bzw. eine Erklärung abgegeben hat, über deren Bedeutung er sich geirrt hat; die Tatsachte, dass der Irrtum möglicherweise in den Verantwortungsbereich des B fällt, spielt auf der Ebene des Irrtumstatbestandes keine Rolle. Übt A sein Anfechtungsrecht aus, hat B gegen A grundsätzlich einen Anspruch auf Ersatz seines Vertrauensschadens gemäß § 122 I BGB. Jedoch wirkt sich auf dieser Ebene die Tatsache aus, dass der Irrtum des A aus dem Risikobereich des B stammt: Der Anspruch des B gegen A ist ausgeschlossen; in Betracht kommt § 122 II BGB oder eine Anspruchsminderung nach § 254 I BGB.

---

467 Dies gilt im Beispielsfall für die Feasibility Study und das CESL nur dann, wenn man die Anwendbarkeit der entsprechenden Regelungen auch auf einen Reisevertrag voraussetzt, siehe oben § 2 C. I. 3. c) aa).

Bei der Lösung des Beispielsfalles nach den Regelwerken geht es vor allem um die Frage, ob die unübersichtliche Gestaltung der Website eine „Verursachung des Irrtums" durch B im Sinne der entsprechenden Vorschriften darstellt. Nach den PECL scheint der Anwendungsbereich der in Frage kommenden Regelung innerhalb des Irrtumstatbestandes auf Irrtümer begrenzt zu sein, die auf einer falschen Tatsachenangabe des anderen Teils beruhen. In den anderen Regelwerken finden sich offene Verursachungstatbestände. Hier lautet die Voraussetzung nur, dass der andere Teil den Irrtum verursacht haben muss („caused the mistake"). Mit Blick auf das englische Recht lässt sich die Meinung vertreten, dass nicht jede Verursachung schlechthin gemeint ist, sondern nur eine Verursachung durch falsche Information. Dann ist A nach allen Regelwerken wie nach englischem Recht nicht zur Anfechtung berechtigt und an den Vertrag mit B inklusive der Ausflüge gebunden (hier Lösung 2). Versteht man den Anwendungsbereich des Irrtumstatbestandes im Fall der Verursachung dagegen weit, ist A nach den Unidroit-Prinzipien, dem DCFR, der Feasibility Study und dem CESL anfechtungsberechtigt (hier Lösung 1). Im Rahmen der Feasibility Study besteht dann das Problem, ob der Irrtumstatbestand überhaupt im Fall eines Erklärungsirrtums eröffnet ist.

Im Vergleich zeigt sich die unterschiedliche Konzeption des Irrtumsrechts. Nach traditionellem deutschen Recht steht hinter dem Gedanken, dass A sich im Beispielsfall von dem Vertrag mit B lösen kann, der Erklärungs- bzw. Inhaltsirrtum. Nach traditionellem englischen Recht und grundsätzlich auch den Regelwerken reicht das nicht aus; in der Feasibility Study führt ein Erklärungsirrtum vielleicht sogar dazu, dass der Erklärende überhaupt nicht anfechtungsberechtigt sein soll. Nach englischem Recht und den Regelwerken müssen im Grundsatz zusätzliche Voraussetzungen erfüllt sein; eine davon ist die Verursachung des Irrtums durch den anderen Teil. Der Irrtum muss allerdings durch eine fehlerhafte Information verursacht sein; Irrtümer, die nur allgemein durch die andere Partei veranlasst wurden, ohne dass sie sich auf eine fehlerhafte Information zurückführen lassen, genügen nicht. Die Tatsache, dass der Irrtum möglicherweise aus dem Risikobereich des anderen Teils stammt, führt allein nicht zu einem Lösungsrecht; es gibt keine Anfechtungsmöglichkeit. Hier zeigt sich der wesentliche Unterschied zu der willensgestützten Konzeption des deutschen Rechts.

Für eine Verursachung im Sinne des englischen Rechts sowie nach den Regelwerken reicht die unübersichtliche Gestaltung einer Website nicht aus, wie die Analyse des Beispielsfalls zeigt. Er ist vertraglich gebunden. Bei einem Vertragsschluss im Online-Handel, bei dem der Erklärungsempfänger, der Unternehmer ist, dem Nutzer keine Möglichkeiten zur Korrektur von Eingabefehlern gegeben hat, kommen dem Nutzer die E-Commerce-Regelungen zu Hilfe. Sie gelten nicht nur im Verhältnis von Verbraucher und Unternehmer, sondern auch im Verhältnis von Unternehmern untereinander. Nach deutschem Recht bleibt es beim Anfechtungsrecht; für ein besonderes Lösungsrecht besteht kein Bedarf. Nach englischem Recht wird die Risikoverteilung wiederhergestellt, die an sich das Recht der *misrepresentation* vorgibt: Der Erklärende hat ein Lösungsrecht, weil der Irrtum aus dem Verantwortungsbereich des Erklärungsempfängers stammt. Dieser Gedanke ist ebenfalls im DCFR, in der Feasibility Study und im CESL verankert.

Ist der Erklärende Verbraucher und der Erklärungsempfänger Unternehmer, gibt es zusätzliche Regelungen, die den Verbraucher schützen. Das Verbraucherschutzrecht setzt in zwei Situationen ein: bei intransparenten Vereinbarungen über Zusatzkosten im Online-Handel und allgemein bei Fernabsatzverträgen. Dann spielt der eventuelle Irrtum in der Erklärung des einen Teils keine Rolle. Vielmehr geht es jedenfalls bei intransparenten Vereinbarungen über Zusatzkosten darum, dass der andere Teil in den genannten Situationen für den Erklärungsirrtum des einen Teils (mit-) verantwortlich ist. Der Erklärende begibt sich in eine Situation, die der Erklärungsempfänger ausgestaltet hat und kontrollieren kann. Er ist im Verhältnis zum Erklärungsempfänger in einer schwächeren Position und schutzwürdig, weil sein Irrtum in den Verantwortungsbereich des anderen Teils fällt.

Konsequenterweise halten die Regelungstechniken des modernen Verbraucherschutzrechts als Reparaturmaßnahme für unsorgfältige Vertragsschlüsse nicht am Konzept der Anfechtung wegen Erklärungsirrtums fest. Die Anfechtung wegen Erklärungsirrtums ist für den Erklärenden auch aus verschiedenen Gründen nicht komfortabel. Er ist zunächst mit Beweisproblemen belastet.[468] Darüber hinaus stellt sich die Frage nach der Kompensation des Erklärungsempfängers bei durchgeführter Anfechtung. Zudem ist Rechtsfolge der Anfechtung in beiden Rechtsordnungen und den Regelwerken im Grundsatz die Gesamtnichtigkeit des Vertrages; A hat aber im Beispielsfall (und vermutlich in allen

468 Meist hat er als Verbraucher dafür keine Zeugen und kann den Irrtum nur schwer beweisen. Als Unternehmer kann er möglicherweise den Irrtum besser beweisen, wenn er nachweisen kann, dass ein Sachbearbeiter die Erklärung irrtümlich abgegeben hat. Zum Beweisproblem: MüKo-*Wendehorst*, § 312 a Rn 44; *Klimke*, CR 2005, 582, 590; *Mankowski*, Beseitigungsrechte, 560 Fn 148 mwN. Für Herabsetzung der Darlegungs- und Beweislast bei elektronischen Willenserklärungen: *Spindler*, Schuldrechtsreform, 470. Siehe auch *Dörner*, AcP 202 (2002), 363, 381.

vergleichbaren Fällen) daran kein Interesse. Schließlich muss der Erklärende sein Anfechtungsrecht als Gestaltungsrecht innerhalb einer bestimmten Frist ausüben. Demgegenüber hat etwa der Gedanke, wonach bei intransparenten Vereinbarungen über Zusatzkosten die Vereinbarung über die Zusatzkosten nicht Vertragsbestandteil wird, der Vertrag aber im Übrigen wirksam ist, den Vorteil einer eindeutigen Schutzmaßnahme, die durch die schwache Position des Verbrauchers, der sich in die Risikosphäre des Unternehmers begibt, gerechtfertigt ist.

II. Vom Erklärungsempfänger nicht erkannter und für ihn auch nicht erkennbarer Erklärungsirrtum, der auch sonst nicht in seinen Risikobereich fällt

1. Beispielsfall

A bucht auf dem Internetportal des B eine Reise. Auf der Website des B sind die Reiseziele mit den internationalen Flughafenkürzeln angegeben. A möchte nach San José in Nordamerika reisen, verklickt sich aber bei der Eingabe des Reiseziels und wählt das Flughafenkürzel „SJO" aus, was für San José in Costa Rica steht. A schließt die Buchung ab, indem er auf das Feld „Jetzt buchen" klickt. B bestätigt die Buchung des A und schickt ihm unter Nennung des Reiseziels in Costa Rica eine Rechnung über den Flug zu. Als B die Zahlung der Reiseleistung nach Costa Rica verlangt, verweigert dies A mit der Begründung, er habe das falsche Flughafenkürzel ausgewählt; eigentlich habe er den Flughafencode „SJC" anklicken wollen, der für den Flughafen von San José, USA, steht. B verlangt von A weiterhin die Zahlung der Reise nach Costa Rica.[469]

2. Mögliche Lösungen

Um den Beispielsfall zu lösen, gibt es drei Möglichkeiten. Lösung 1 lautet, dass die Erklärung des A in der Bedeutung gilt, wie ihr Inhalt objektiv erscheint, A sie aber anfechten kann. Im Beispielsfall besteht dann zwischen A und B ein Vertrag über die Vermittlung der Reise nach San José in Costa Rica, A hat aber ein Anfechtungsrecht. Diese Lösung trägt dem Vertrauen des B sowie des Rechtsverkehrs in den objektiven Erklärungsinhalt Rechnung. A kann sich überlegen, ob er an dem Vertrag festhalten oder ihn anfechten will – er hat also zwei Optionen. Insofern trägt diese Lösung dem Willen des A Rechnung. Um einen Interessensausgleich zu gewährleisten, kommt in Betracht, dass A dem B seinen

469 Fall angelehnt an LG München, 17.06.2008, 34 O 1300/08.

Vertrauensschaden ersetzen muss, denn B wird der Vertrag entzogen. Wenn er von A Schadensersatz für sein berechtigtes Vertrauen auf den Vertragsschluss verlangen kann, wird ein Interessensausgleich angestrebt.

Als weitere Lösung ist denkbar, dass die Erklärung des A mit dem Inhalt, wie er objektiv erscheint, wirksam und nicht wegen Irrtums anfechtbar ist (Lösung 2). Dann besteht im Beispielsfall zwischen A und B ein Vertrag über die Vermittlung der Reise nach San José in Costa Rica, von dem A sich nicht lösen kann. Dies trägt dem Grundsatz *pacta sunt servanda* Rechnung und entspricht den Interessen des B, der an dem Vertrag mit dem Inhalt, wie er objektiv erscheint, festhalten möchte. Lösung 2 stellt den Schutz des Rechtsverkehrs über den Willen des A.

Schließlich kommt in Betracht, dass zwischen den Parteien kein Vertrag zustande kommt (Lösung 3). Diese Lösung ist willenstheoretisch orientiert.[470] Die Erklärung des A weicht im Beispielsfall von seinem wirklichen Willen ab. Auf diesen Umstand könnte die Annahme gestützt werden, dass die Erklärung des A unwirksam ist. Auf die Erklärung des B käme es nicht mehr an, weil die Erklärung des A nichtig ist und zwischen A und B keine vertragliche Einigung besteht.

3. *Lösungen des deutschen und des englischen Rechts sowie der Regelwerke*

a) *Deutschland*

aa) Lösung 1: Wirksamkeit der Erklärung des A mit dem Inhalt, wie er objektiv erscheint, mit Anfechtungsmöglichkeit für A

Die Erklärungen müssen ausgelegt werden. Wegen des Vertragsschlusses über das Internet bestehen keine Besonderheiten. Maßgeblich ist die Auslegungsmethode nach dem objektiven Empfängerhorizont gemäß §§ 133, 157 BGB. Das Angebot auf Reisevermittlung auf der Website des B ist kein Angebot im Rechtssinne, sondern eine *invitatio ad offerendum*. Vielmehr hat A ein Angebot abgegeben, einen Vermittlungsvertrag über eine Reise abschließen zu wollen, als er auf das Eingabefeld „Jetzt buchen“ auf der Website des B klickte. Aus der Sicht

470 Dies würde der Sicht Savignys entsprechen, *v. Savigny*, System, § 135, 264. Siehe auch § 98 Vorentwurf Allgemeiner Teil (1881), Abdruck bei *Jakobs/ Schubert*, AT, 583. Auch im Entwurf der Ersten Kommission von 1887 war in § 98 E I für den Erklärungsirrtum als Rechtsfolge die Nichtigkeit vorgesehen, Abdruck bei *Jakobs/ Schubert*, AT, 612. Dieser Ansatz wurde im Zweiten Entwurf von 1895 aufgegeben, siehe § 94 E II, Abdruck bei *Jakobs/ Schubert*, AT, 640.

eines objektiven Empfängers hat diese Erklärung den Inhalt, dass A eine Reise nach San José in Costa Rica buchen wollte.

B hat die Buchung des A per E-Mail unter Angabe des Reiseziels in Costa Rica bestätigt. Wie oben gezeigt, kann die Auslegung einer Buchungsbestätigung im Einzelfall problematisch sein.[471] Hier ist sie allerdings eindeutig: Aus der Sicht eines objektiven Empfängers hat B mit der Buchungsbestätigung das Angebot des A auf Vermittlung einer Reise nach San José in Costa Rica angenommen, denn bei dem Kürzel „SJC" handelt es sich um einen klar zu verstehenden, internationalen Code für den Flughafen von San José in Costa Rica. Dafür, dass B eine Annahmeerklärung mit diesem Inhalt abgegeben hat, spricht im Übrigen auch die Rechnung, die B zeitlich nach der Buchungsbestätigung an A gesendet hat. Diese Rechnung erhielt einen Hinweis auf das Reiseziel in Mittelamerika (und nicht Nordamerika). Folglich hat B das Angebot des A angenommen.

Nach der Auslegung nach dem objektiven Empfängerhorizont gemäß §§ 133, 157 BGB kommt somit im Beispielsfall ein Vermittlungsvertrag (§ 675 I BGB) über die Reise nach Costa Rica zustande.[472]

A hat sich bei der Auswahl des Reiseziels verklickt, als er im Feld mit den Reisezielen das Feld mit dem Flughafencode „SJO" anklickte. Da ein Verklicken wie Verschreiben behandelt wird,[473] liegt ein Erklärungsirrtum vor. Dieser Erklärungsirrtum des A war zudem wesentlich, denn A hätte den Vertrag mit B ohne den Erklärungsirrtum nicht abgeschlossen. A hat also ein Anfechtungsrecht nach § 119 I Alt. 2 BGB.[474] Nach deutschem Recht wird der Beispielsfall nach Lösung 1 gelöst.

---

471 Siehe bereits oben, Fn 287.

472 Im Originalfall des Landgerichts München machte das Gericht keinerlei Ausführungen zum Vertragsschluss, LG München, 170.6.2008, 34 O 1300/08.

473 OLG Köln, 20.02.2001, 9 U 173/99 = NVersZ 2001, 351 (352); MüKo-*Armbrüster*, § 119 Rn 46; MüKo-*Säcker*, Einl. Rn 188 mwN.

474 In der Originalentscheidung machte das Gericht keine Ausführungen zur Irrtumskategorie (LG München, 17.06.2008, 34 O 1300/08, Rn 14). Aus dem im Urteil übermittelten Sachverhalt wird nicht deutlich, ob A sich nicht über die Bedeutung des Flughafenkürzels im Klaren war. Dann käme ein Inhaltsirrtum nach § 119 I Alt. 1 BGB in Betracht. Bei Verklicken liegt dagegen ein Erklärungsirrtum nach § 119 I Alt. 2 BGB vor. Die Entscheidung dieser Frage kann wegen der gleichen Rechtsfolge offenbleiben. In dem vom Landgericht München entschiedenen Fall spielte die Anfechtung deshalb keine Rolle, weil keine wirksame Anfechtungserklärung vorlag und die Anfechtungsfrist abgelaufen war.

bb) Bei Lösung 1: Schadensersatzanspruch des B gegen A

Nach deutschem Recht korrespondiert mit dem Anfechtungsrecht des A wegen Erklärungsirrtums grundsätzlich der Anspruch des B gegen A auf Ersatz seines Vertrauensschadens gemäß § 122 I BGB. Der Anspruch ist begrenzt auf das Erfüllungsinteresse (§ 122 I BGB am Ende). Im Beispielsfall wäre denkbar, dass B bereits für den Flug des A gegenüber der Fluggesellschaft in Vorleistung getreten ist. Dann könnte er diese Kosten, die ihm gegenüber der Fluggesellschaft entstanden sind, von A ersetzt verlangen.

b) England

aa) *At law:* Wirksamkeit der Erklärung mit dem Inhalt, wie er objektiv erscheint, ohne Anfechtungsmöglichkeit für A (Lösung 2)

Um die Erklärungen der Parteien auszulegen, ist der *objective test* anzuwenden. Bei einem Vertragsschluss über Internet gelten keine Besonderheiten.[475] Ein objektiver Dritter an der Stelle des B durfte glauben, dass A einen Vertrag über die Vermittlung einer Reise nach San José in Costa Rica schließen wollte.[476] B hat mangels Kenntnis oder Erkennbarkeit des Irrtums für ihn auch tatsächlich darauf vertraut, dass A mit ihm einen Vertrag über die Vermittlung einer Reise nach Costa Rica schließen möchte. Die Erklärung des A hat also nach der Auslegung unter Anwendung des *objective test* den Inhalt, dass er ein Angebot zum Abschluss eines Reisevermittlungsvertrags mit dem Ziel San José in Costa Rica abgegeben hat.

Der entgegenstehende Wille des A und damit der Erklärungsirrtum des A ist nach englischem Recht irrelevant, sofern der Erklärungsempfänger diesen Irrtum nicht erkannt hat und auch nicht erkennen konnte. Der Erklärende ist trotz des Irrtums an seine Erklärung gebunden.[477] In *Centrovincial Estates Plc v Merchant Investors Assurance Co Ltd* führte Slade J dazu aus:

> „[I]t is contrary to the well established principles of contract law to suggest that the offeror under a bilateral contract can withdraw an unambiguous offer, after it has been accepted in the manner contemplated by the offeror, merely because he made a mistake

475 Nachweise bereits oben, Fn 306.

476 Auch nach englischem Recht stellt die Anzeige auf der Website des B über die Vermittlung einer Reise nach Costa Rica kein Angebot im Rechtssinne dar, sondern eine *invitation to treat*. Vgl. dazu bereits oben, § 2 I. 3. b) aa).

477 Aus der Literatur statt vieler *Beale*, Chitty on Contracts, 32. Aufl., 2-004.

which the offeree neither knew nor could reasonably have known at the time when he accepted it."[478]

In diesem Fall stritten der Vermieter A und der Mieter B über die Höhe der sich aus einem Mietvertrag ergebenden Miete. Der Mietvertrag enthielt einen Abschnitt, wonach die Miete nach einer Mietanpassung jedenfalls nicht geringer ausfallen dürfe als die Miete, die vor der Mietanpassung gefordert war. A bot B eine Mietanpassung an, wonach die Jahresmiete von diesem Zeitpunkt an 65.000 GBP betragen sollte. Vor der angebotenen Mietanpassung betrug die Miete jährlich 68.320 GBP. B nahm das Angebot des A sofort an; A behauptete einen Irrtum. Da die Miete nach der Mietanpassung geringer wäre als vor der Mietanpassung und dies laut Mietvertrag ausgeschlossen sein sollte, könnte man die Meinung vertreten, B habe kein berechtigtes Vertrauen auf die geringere Miete im Angebot des A haben dürfen, weil er den Irrtum des A erkennen konnte.[479] Nach Überzeugung des Gerichts konnte das aber gerade nicht bewiesen werden. Richter Slade führte in einer rhetorischen Frage aus, dass A sich dann nicht von seiner irrtumsbehafteten Erklärung lösen kann:

„But in the absence of any proof, as yet, that the defendants either knew or ought reasonably to have known of the plaintiffs' error at the time when they purported to accept the plaintiffs' offer, why should the defendants now be allowed to resile from that offer?" [480]

In diesem Sinne führte Richter Mance in *OT Africa Line Ltd v Vickers Plc* aus, dass (nur) dann nach englischem Recht bei einem Irrtum kein Vertrag bestehe, wenn der Erklärungsempfänger „either knew or ought reasonably to have known that there had been a mistake".[481]

Im Beispielsfall hatte B weder Kenntnis noch fahrlässige Unkenntnis vom Irrtum des A. Also bleibt es dabei, dass die Erklärung des A so ausgelegt wird, dass sie den Inhalt hat, er biete B einen Vertragsschluss über die Vermittlung einer Reise nach San José in Costa Rica an. B hat dieses Angebot mit der Buchungsbestätigung schriftlich angenommen. Nach englischem Recht besteht zwischen A und B *at law* ein wirksamer Vertrag über die Vermittlung einer Reise nach Costa Rica.

---

478 [1983] Com LR 158.

479 Kritik am Urteil daher von *Atiyah*, (1986) 102 LQR 363. Der Fall ist deshalb bereits oben erwähnt, § 2 B. II. 3. b) (erkennbarer Erklärungsirrtum).

480 [1983] Com LR 158.

481 *OT Africa Line Ltd v Vickers Plc* [1996] C.L.C. 722 (725). Zu diesem Fall bereits oben, § 2 B. II. 3. b).

bb) Mögliche Rechtsmittel *in equity*

(1) Rescission wegen misrepresentation (Lösung 1)?

A kann sich von dem Vertrag mit B mit dem Inhalt „Reise nach Costa Rica" lösen, wenn er *in equity* die *rescission* des Vertrages verlangen kann. Voraussetzung dafür wäre, dass B den Irrtum des A durch eine *misrepresentation* verursacht hat. Da B nicht vorsätzlich gehandelt hat, käme *negligent* oder *innocent misrepresentation* in Betracht. Im Beispielsfall fehlt es allerdings bereits an einer *misrepresentation*, denn A hat den Vertrag nicht aufgrund einer falschen Tatsachenbehauptung des B geschlossen. *Rescission* wegen *misrepresentation* scheidet aus.

(2) Rescission wegen unilateral mistake (Lösung 1)?

Möglicherweise kann A wegen eines *unilateral mistake* die Aufhebung des Vertrages verlangen. Grundsätzlich berechtigt ein *unilateral mistake* nicht zur *rescission*. Voraussetzung dafür wäre, dass der Erklärungsempfänger den Irrtum des anderen Teils erkannt hat.[482] Dies ist hier nicht der Fall: B hat den Irrtum des A im Beispielsfall nicht erkannt und konnte ihn auch nicht erkennen. A kann nicht *in equity* die *rescission* des Vertrages verlangen.

cc) Zwischenergebnis

Nach englischem Recht besteht im Beispielsfall *at law* zwischen A und B ein Vertrag über die Vermittlung der Reise nach Costa Rica, von dem sich A nicht lösen kann (Lösung 2).

c) Regelwerke

aa) Lösung 2: Wirksamkeit der Erklärung mit dem Inhalt, wie er objektiv erscheint, ohne Anfechtungsmöglichkeit für A (PECL, DCFR, FS, CESL)

Die Erklärungen sind auszulegen. Art. 1:107 PECL bestimmt, dass für die Auslegung von Erklärungen die Vorschriften über die Vertragsauslegung anwendbar sind. Nach Art. 5:101 (3) PECL ist der Vertrag in dem Sinne auszulegen, den ihm vernünftige Personen von derselben Art wie die Parteien unter denselben Umständen geben würden. Nach dem DCFR und der Feasibility Study gilt

482 Statt vieler mwN *Beale*, Chitty on Contracts, 32. Aufl., 3-075. Siehe dazu auch bereits oben, § 2 B. I. 3. b) cc).

für die Auslegung der Erklärungen bzw. des Vertrags ebenfalls ein objektiver Maßstab.[483]

Aus der Sicht eines vernünftigen Dritten in der Lage der konkreten Parteien hat B nach dem PECL, dem DCFR und der Feasibility Study bereits mit der Anzeige auf seiner Website ein Angebot über den Abschluss eines Vermittlungsvertrages über eine Reise nach San José in Costa Rica abgegeben, Art. 2:201 (3) PECL bzw. Art. II.-4:201 (3) DCFR bzw. Art. 30 (3) FS. In Bezug auf die Feasibility Study gilt die Besonderheit, dass die Feasibility Study nur bei Kaufverträgen und mit dem Kauf verbundenen Dienstleistungen anwendbar ist.[484] Die Prüfung der entsprechenden Vorschriften erfolgt also im Folgenden nur hilfsweise. A hat das Angebot des B angenommen. Somit kommt nach dem PECL, dem DCFR und der Feasibility Study zwischen A und B ein Vertrag über die Vermittlung einer Reise nach Costa Rica zustande. Dies ist auch der Vertragsinhalt bei Auslegung des Vertrages nach Art. 5:101 (3) PECL (direkt) bzw. Art. II.-8:101 (3) (a) DCFR bzw. Art. 56 (3) FS.

Für die Auslegung der Erklärungen nach dem CESL gilt Art. 12 (1) CESL (Erklärung) bzw. Art. 58 (3) CESL (Vertrag). Dabei ist zu beachten, dass das CESL wie die Feasibility Study nicht auf Reiseverträge anwendbar ist.[485] Hilfsweise gilt, dass die Anzeige des B auf seiner Website nach dem CESL anders als nach dem PECL, dem DCFR und der Feasibility Study grundsätzlich gemäß Art. 31 (3) CESL kein Angebot im Rechtssinne darstellt. Es handelt sich um eine *invitatio ad offerendum*. Vielmehr hat A das Angebot zum Abschluss eines Vermittlungsvertrags über eine Reise nach San José in Costa Rica mit B gemacht. B hat dieses Angebot bestätigt und es aus der Sicht einer neutralen Person angenommen. Auch nach dem CESL kommt also im Beispielsfall – die Anwendbarkeit des CESL vorausgesetzt – zwischen A und B ein Vertrag über die Vermittlung einer Reise nach San José in Costa Rica zustande.

Möglicherweise kann A den Vertrag aber wegen eines Kommunikationsirrtums gemäß Art. 4:104 PECL iVm Art. 4:103 PECL anfechten. Art. 4:104 PECL („Inaccuracy in Communication") liest sich als Rechtsgrundverweis auf Art. 4:103 PECL („Fundamental Mistake as to Facts or Law"):

---

483 Die einschlägigen Vorschriften für die Auslegung der Erklärungen bzw. die Vertragsauslegung nach dem DCFR und der Feasibility lauten: Art. II.-8:201 (3) (a) DCFR (Erklärung) bzw. Art. II.-8:101 (3) (a) DCFR (Vertrag); Art. 12 (1) FS (Erklärung) bzw. Art. 56 (3) FS (Vertrag). Zur Auslegung aus objektiver Sicht nach den Regelwerken bereits oben, § 2 B. I. 3. c) aa).

484 Dazu bereits oben, § 2 C. I. 3. c) aa).

485 Dazu bereits oben ausführlich, § 2 C. I. 3. c) aa).

„An inaccuracy in the expression or transmission of a statement is to be treated as a mistake of the person who made or sent the statement and Article 4:103 PECL applies.“[486]

Zunächst müsste also ein Kommunikationsirrtum vorliegen (Art. 4:104 PECL). Dies ist der Fall, denn A hat sich bei der Auswahl des Reiseziels verklickt, sich also verschrieben und ein irrtumsbehaftetes Angebot auf Vermittlung eines Vertrages über eine Reise nach Costa Rica abgegeben. Folglich muss geprüft werden, ob die Voraussetzungen des Tatbestandes des Art. 4:103 PECL vorliegen.

Der Irrtum des A müsste gemäß Art. 4:103 (1) (b) PECL wesentlich sein. Dies ist der Fall, wenn ein objektiver Dritter in der Position des B – vorausgesetzt er hätte den Irrtum des A gekannt – wusste oder wissen musste, dass A, wenn er die Wahrheit gekannt hätte, den Vertrag nicht oder nur zu wesentlich anderen Bedingungen geschlossen hätte.[487] Bei hypothetischer Kenntnis des B vom Irrtum des A musste ein objektiver Dritter in der Position des B wissen, dass A ohne den Irrtum den Vertrag mit B über die Vermittlung einer Reise nach San José in Costa Rica nicht geschlossen hätte. Folglich liegt ein wesentlicher Irrtum des A vor.

Jedoch hat B dem A keine falschen Informationen vermittelt und dadurch den Irrtum des A verursacht (Art. 4:103 (1) (a) (i) PECL). Auch kannte B den Irrtum des A nicht, noch musste er ihn kennen, wobei es den Geboten von Treu und Glauben und des redlichen Geschäftsverkehrs widersprochen hätte, A in seinem Irrtum zu belassen (Art. 4:103 (1) (a) (ii) PECL). A hat also nach den PECL kein Anfechtungsrecht (Lösung 2).

Anders als Art. 4:104 PECL enthält Art. II.-7:202 DCFR für Kommunikationsirrtümer keinen ausdrücklichen Verweis auf den allgemeinen Irrtumstatbestand. Dort ist nur geregelt, dass Kommunikationsirrtümer als Irrtum der Person behandelt werden, welche die Aussage getroffen hat. Die Regelung ist so zu verstehen, dass durch sie auf die allgemeine Irrtumsregel des Art. II.-7:201 DCFR verwiesen wird.[488]

Im Beispielsfall kommt in Betracht, dass A gemäß Art. II.-7:202 DCFR iVm Art. II.-7:201 DCFR anfechtungsberechtigt ist. Die Vorschrift des Art. II.-7:201 DCFR ist sehr ähnlich formuliert wie Art. 4:103 PECL. Wie oben gilt hier gleichermaßen, dass im Beispielsfall zwar ein wesentlicher Kommunikationsirrtum

486 Vgl. Art. 3.2.3 PICC; Art. II.-7:202 DCFR; Art. 48 (3) CESL. Ein ausdrücklicher Verweis auf die allgemeine Irrtumsregelung des Art. 3.2.2 PICC bzw. Art. II.-7:201 DCFR fehlt in den Unidroit-Prinzipien bzw. im DCFR. Im CESL ist die Vorschrift über eine „inaccuracy in the expression“ Teil der allgemeinen Irrtumsregel.

487 Zum Maßstab bereits ausführlich oben, § 2 C. I. 3. c) bb) (1).

488 *v. Bar/ Clive*, DCFR, Art. II.-7:201 Comment I.

vorliegt. Es ist aber keine der in Art. II.-7:201 DCFR genannten Voraussetzungen der Anfechtbarkeit erfüllt. Demzufolge scheidet auch nach dem DCFR ein Anfechtungsrecht des A wegen Irrtums aus; A ist nach dem DCFR trotz des Irrtums an den Vertrag mit B ohne Lösungsmöglichkeit gebunden (Lösung 2).

Vorausgesetzt, die Feasibility Study ist im Beispielsfall anwendbar, stellt sich wegen Art. 45 (4) FS nach der Feasibility Study allgemein die Frage, ob der Anwendungsbereich des Art. 45 FS im Fall eines Erklärungsirrtums überhaupt eröffnet ist. Die Vorschrift ist sprachlich schlecht formuliert; der Regelungssinn nicht völlig eindeutig.[489] Selbst wenn man den Anwendungsbereich des Irrtumstatbestandes für Erklärungsirrtümer für eröffnet hält, hat A kein Anfechtungsrecht, weil die in Art. 45 FS genannten Voraussetzungen der Anfechtbarkeit nicht erfüllt sind.

Wäre das CESL im Beispielsfall anwendbar, wäre A möglicherweise nach Art. 48 (3) CESL anfechtungsberechtigt. In die Regelung zur Irrtumsanfechtung ist ein Absatz integriert, wonach ein Fehler in der Verlautbarung oder Übermittlung einer Erklärung als Irrtum der Person anzusehen ist, welche die Erklärung abgegeben oder übersandt hat. Der Wortlaut stimmt mit der entsprechenden Regelung der PECL und des DCFR überein;[490] anders als in den PECL und ähnlich dem DCFR fehlt ein Nachsatz, wonach die allgemeinen Voraussetzungen für die Anfechtbarkeit vorliegen müssen. Die Vorschrift ist aber nicht anders zu verstehen, als dass die Voraussetzungen erfüllt sein müssen. Zwar liegt hier ein wesentlicher Kommunikationsirrtum vor (vgl. oben), aber es ist keiner der Tatbestände des allgemeinen Irrtumstatbestandes erfüllt. A hat also – die Anwendbarkeit des CESL vorausgesetzt – nach dem CESL kein Anfechtungsrecht. Wie nach den anderen bisher untersuchten Regelwerken ist A auch nach dem CESL an den Vertrag mit B über die Vermittlung der Reise nach Costa Rica ohne Anfechtungsmöglichkeit gebunden (Lösung 2).

---

489 Art. 45 (4) FS lautet: „A party may not avoid a contract for mistake under this Article on the ground that one or both parties made a mistake over the terms of the contract." Zu dem Problem bereits oben ausführlich sowie mwN, § 2 C. I. 3. c) bb) (4) (a).

490 Dazu *Jansen*, Irrtumsanfechtung, 197, 200: Dies bedeute einen „Rückschritt". Die Vorschrift sollte neu formuliert werden; eine Lösung nach dem Vorbild der §§ 119 I, 122 BGB sei zu favorisieren.

bb) Lösung 1: Wirksamkeit der Erklärung mit dem Inhalt, wie er objektiv erscheint, mit Anfechtungsmöglichkeit für A (PICC)?

Nach den Unidroit-Prinzipien besteht zwischen A und B ebenfalls ein Vertrag über die Vermittlung der Reise nach Costa Rica (Art. 4.2 (2) bzw. Art. 4.1 (2) PICC); es gilt das oben Gesagte entsprechend.[491]

Im Unterschied zu den bereits untersuchten Regelwerken ist A nach den Unidroit-Prinzipien dann anfechtungsberechtigt, wenn ein wesentlicher Erklärungsirrtum vorliegt und B noch keine Dispositionen im Vertrauen auf den Vertragsschluss getroffen hat, Art. 3.2.3 iVm 3.2.2 (1) (b) PICC. Die Wesentlichkeit des Irrtums bestimmt sich danach, ob der Irrtum bei Vertragsschluss so bedeutsam war, dass eine vernünftige Person in der gleichen Lage wie die irrende Partei bei Kenntnis des wahren Sachverhalts den Vertrag zur zu wesentlich anderen Bedingungen oder überhaupt nicht abgeschlossen hätte, Art. 3.2.2 (1) PICC. Aus der Sicht eines neutralen Dritten an Stelle des A war der Irrtum, der zur Buchung einer Reise nach Mittelamerika statt nach Nordamerika führte, wesentlich. Dabei handelt es sich auch um einen Erklärungsirrtum, Art. 3.2.3 PICC.

Sofern B im Verhältnis zur Fluggesellschaft den Flugpreis für A noch nicht vorgestreckt hat, hat B noch nicht im Vertrauen auf den Vertrag gehandelt und A wäre also gemäß Art. 3.2.3 iVm 3.2.2 (1) (b) PICC grundsätzlich anfechtungsberechtigt.

Das Anfechtungsrecht dürfte im Übrigen nicht nach Art. 3.2.2 (2) PICC ausgeschlossen sein. Dies wäre der Fall, wenn der Irrtum des A auf grober Fahrlässigkeit beruhte (Art. 3.2.2 (2) (a) PICC) oder A das Irrtumsrisiko übernommen hätte (Art. 3.2.2 (2) (b) PICC). Beide Ausschlussgründe kommen im Beispielsfall nicht in Betracht.

A hat also nach den Unidroit-Prinzipien ein Anfechtungsrecht. Dieses Anfechtungsrecht besteht bei Abwandlung des Falles in dem Sinne, dass B bereits Vorleistungen getroffen hat, nicht.

cc) Bei Lösung 1: Schadensersatzanspruch des A gegen B (PICC)?

Möglicherweise kann A von B gemäß Art. 3.2.16 PICC Schadensersatz verlangen und so etwa die Loslösung von dem Vertrag mit B über die Reisevermittlung nach Costa Rica erreichen.[492] Nach der Systematik der Unidroit-Prinzipien

491 Wie nach dem CESL handelt es sich bei der Anzeige des B auf seiner Website nach Art. 2.1.2 PICC nicht um ein Angebot, sondern um eine *invitatio ad offerendum*.

492 Ein Schadensersatzanspruch nach den entsprechenden Vorschriften der anderen Regelwerke kommt von vornherein nicht in Betracht, denn es besteht, wie oben

korrespondiert mit dem Anfechtungsrecht des Erklärenden grundsätzlich ein Schadensersatzanspruch des Anfechtenden gegen den Anfechtungsgegner, und zwar auch dann, wenn der Anfechtungsberechtigte sich entscheidet, sein Anfechtungsrecht nicht auszuüben. Doch ist dafür Voraussetzung, dass der Erklärungsempfänger (hier B) den Anfechtungsgrund kannte oder kennen musste.[493] Wie oben gezeigt, ist A im Beispielsfall nach den Unidroit-Prinzipien zwar zur Anfechtung berechtigt, wenn B noch keine Dispositionen getroffen hat. B hatte aber keine (fahrlässige) Kenntnis vom Irrtum des A; B kannte den Irrtum des A nicht und konnte ihn auch nicht erkennen. A kann also nach den Unidroit-Prinzipien im Beispielsfall von B keinen Schadensersatz verlangen.

dd) Zwischenergebnis

Nach allen Regelwerken kommt im Beispielsfall zwischen A und B ein Vertrag mit dem Inhalt zustande, wie er objektiv erscheint („Reise nach Costa Rica"). Nach den PECL, dem DCFR, der Feasibility Study und dem CESL ist A ohne Lösungsmöglichkeit an diesen Vertrag gebunden (Lösung 2). Die Feasibility Study bietet Anlass dazu, dass darüber gestritten werden kann, ob der Anwendungsbereich der Irrtumsvorschrift im Fall eines Erklärungsirrtums überhaupt eröffnet ist. Nach den Unidroit-Prinzipien ist A in dem besonderen Fall zur Anfechtung berechtigt, in welchem B noch keine Dispositionen getroffen hat (Lösung 1).

4. *Vergleich*

In dieser Fallgruppe zeigen sich die grundlegenden konzeptionellen Unterschiede zwischen den untersuchten Rechtsordnungen untereinander sowie den Regelwerken im Bereich des Irrtumsrechts.

In Deutschland gilt zunächst das von A objektiv Erklärte als Vertragsinhalt, aber A hat wegen des Erklärungsirrtums ein Anfechtungsrecht (Lösung 1). Dieses Recht korrespondiert mit dem Anspruch des B auf Ersatz seines Vertrauensschadens gegen A gemäß § 122 I BGB.

Dagegen ist A in England im Grundsatz ohne Lösungsmöglichkeit an den Vertrag mit dem Inhalt, wie er objektiv erscheint, gebunden (Lösung 2).

---

gezeigt, kein Anfechtungsrecht des A, was aber Voraussetzung für den Schadensersatzanspruch ist. Dazu bereits oben, § 1 B. III.

493 Art. 3.2.16 PICC: „Irrespective of whether or not the contract has been avoided, the party who knew or ought to have known of the ground for avoidance is liable for damages so as to put the other party in the same position in which it would have been if it had not concluded the contract."

Lösung 2 wird auch nach den Regelwerken erzielt: Die Erklärung des A ist mit dem Inhalt, wie er objektiv erscheint, wirksam und nicht anfechtbar. In den Unidroit-Prinzipien ist für den besonderen Fall, dass B noch keine vermögensrechtlichen Dispositionen getroffen hat, ein Anfechtungsrecht vorgesehen. Grundsätzlich berechtigt der von A allein verantwortete Erklärungsirrtum nach den Regelwerken jedoch nicht zur Anfechtung.

A muss sich also im Fall des vom Erklärungsempfänger nicht erkannten und für ihn auch nicht erkennbaren Erklärungsirrtums nach englischem Recht und nach den Regelwerken am objektiven Inhalt seiner Erklärung festhalten lassen. Da B den Erklärungsirrtum des A nicht erkannt hat und auch nicht erkennen konnte, ist sein Vertrauen auf das objektiv Erklärte in vollem Umfang schutzwürdig und zwar in Form des Erfüllungsinteresses: Der Vertrag mit dem Inhalt, wie er objektiv erscheint, ist wirksam. In der Folge ist A trotz des Irrtums an den Vertrag mit B gebunden. Lösung 2 schützt die Interessen des B und das Vertrauen des Rechtsverkehrs darauf, dass das, was erklärt wurde, auch Bestand hat.

Nach dem deutschen Modell werden grundsätzlich die Interessen des A stärker als die des B geschützt; A kann sich auf den Erklärungsirrtum berufen und sich so vom Vertrag lösen. Indes wird durch den Schadensersatzanspruch des B gegen A gemäß § 122 I BGB ein Interessensausgleich hergestellt. B wird zwar der Vertrag genommen, aber er kann seinen Vertrauensschaden von A ersetzt verlangen. Sein Vertrauen wird dabei nicht überschießend kompensiert, denn der Umfang des Schadensersatzanspruches ist begrenzt auf das Erfüllungsinteresse.

Im Vergleich mit den bereits untersuchten Fallgruppen wird deutlich, dass bei konsequenter Anwendung der Auslegungsmethode nach dem objektiven Empfängerhorizont und unter Hinzuziehung der Vorverhandlungen im Rahmen der Auslegung nur zwei Anwendungsfälle für § 122 II BGB verbleiben: Diese Fälle sind der von der anderen Partei veranlasste Erklärungsirrtum und der für sie nachträglich erkennbare Erklärungsirrtum. Allerdings ist ein von der anderen Partei veranlasster Erklärungsirrtum nur schwer vorstellbar; für den oben untersuchten Beispielsfall gibt es überdies eine Spezialregelung. Insofern ist der für den Erklärungsempfänger nachträglich erkennbare Erklärungsirrtum der einzige Fall, in dem es auf die Wertung des § 122 II BGB ankommt.[494] Dadurch, dass bei der Auslegung der Erklärungen eine Interessenabwägung vollzogen, also bereits auf Auslegungsebene gewürdigt wird, ob der Erklärungsempfänger in

494 So besonders deutlich: *Kramer*, Grundfragen, 175, 194 ff.; *Mittelstädt*, Auslegung, 317; Staudinger-*Singer*, § 119 Rn 40, § 122 Rn 17: „Die Anwendung des § 122 Abs. 2 ist daher auf den […] Fall beschränkt, dass der Erklärungsempfänger den Irrtum erst nach dem Vertragsschluss bemerkt."

seinem Vertrauen auf den Inhalt der Erklärung des anderen Teils schutzwürdig ist, gibt es in allen anderen Fällen keinen Bedarf für die innerhalb von § 122 II BGB getroffene Wertung.

Die Fallgruppe hat den aus deutscher Sicht „typischen" Erklärungsirrtum zum Inhalt, bei dem der Erklärungsempfänger den Erklärungsirrtum des Erklärenden nicht erkannt hat und auch nicht erkennen konnte. Denkt ein deutscher Rechtswissenschaftler an § 119 I Alt. 2 BGB, stellt er sich vermutlich diese Situation vor. Die zuvor behandelten Fallkonstellationen sind Sonderfälle. Bei der Frage, wie der Beispielsfall nach den Regelwerken zu lösen ist, liegt für den deutschen Rechtswissenschaftler deshalb nahe, die Antwort im Artikel über Kommunikationsirrtümer zu finden (Art. 4:104 PECL). Jedoch zeigt die Untersuchung, dass an dieser wichtigen Stelle der Rechtsfolgenverweis des Art. 4:104 PECL in die Leere führt:[495] Zwar liegt ein wesentlicher Kommunikationsirrtum vor, auf den grundsätzlich Art. 4:103 PECL anwendbar ist. Es liegt aber nach allen Regelwerken keine der Voraussetzungen der Anfechtbarkeit nach dem allgemeinen Irrtumstatbestand vor, weil B in keiner Weise Verantwortung für den Erklärungsirrtum des A trägt.

Nach den Unidroit-Prinzipien ist A nur bei Abwandlung des Falles anfechtungsberechtigt, wenn B noch keine Dispositionen im Vertrauen auf den Vertrag getroffen hat, also nicht schutzwürdig ist.

Der Wortlaut des Art. 45 (4) FS lässt die Deutungsmöglichkeit zu, dass der Erklärende nicht zur Anfechtung berechtigt sein soll, wenn er einem Erklärungsirrtum unterliegt. Die ungenaue sprachliche Fassung zeigt bereits, dass es sich dabei um eine schlecht formulierte Vorschrift handelt. Im zeitlich nachfolgenden CESL enthält der Artikel zur Irrtumsanfechtung diesen Absatz dann auch nicht mehr. Die Untersuchung zeigt aber, dass sich im Beispielsfall für A deshalb nichts ändert. Im Ergebnis ist A nach allen Regelwerken wie nach englischem Recht und anders als nach deutschem Recht nicht anfechtungsberechtigt (Lösung 2).

Im Vergleich zeigt sich, dass der Wille des A nur nach deutschem Recht geschützt wird; A kann sich auf den Erklärungsirrtum berufen und vom Vertrag lösen. Im englischen Recht sowie den Regelwerken gibt dagegen ein Risikogedanke die Lösung vor: Da A den Irrtum selbst zu verantworten hat, trägt er allein das Risiko und kann sich nicht von dem Vertrag mit B lösen.

---

495 So auch deutlich: *Harke*, ZEuP 2006, 326, 328: „Leerlauf von Art. 4:104 [ist] kein Zeichen guter Regelungstechnik."

D. Exkurs: eBay-Fälle

I. Überblick

1. *Vorbemerkung*

In Deutschland wie auch in England spielt die private Internetnutzung eine immer größere Rolle. In beiden Ländern verfügen etwa gleich viele Personen über Internetzugang.[496] Die Nutzer verwenden das Internet vermehrt zum Ein- und Verkauf von Waren.[497] Es besteht dabei die Möglichkeit, die Waren in Online-Shops zu kaufen oder in einer Internetauktion zu erwerben.

Gegenstand des vorliegenden Exkurses sind Rechtsstreitigkeiten, die in Deutschland im Zusammenhang mit dem Internetauktionshandel entschieden worden sind. Grund dafür ist, dass sich in diesen Fällen Abgrenzungsfragen im Bereich des Erklärungsirrtums stellen. Wegen der großen wirtschaftlichen Bedeutung der Internetauktionsplattform eBay beschränkt sich die Untersuchung auf Verkaufsgeschäfte, die über diese Plattform abgewickelt wurden.[498] In der Diskussion über die Regelungen zur Irrtumsanfechtung in den Regelwerken wurde auf jene Fälle eingegangen, weil sich hier die fortbestehende Bedeutung des Anfechtungsrechts wegen Erklärungsirrtums zeige.[499] Diese These wird im Rahmen des Exkurses überprüft.

Schwerpunkt der Untersuchung ist die Entwicklung in der deutschen Rechtsprechung; auf die Lösung nach englischem Recht bzw. nach den Regelwerken wird am Ende des Kapitels im Rahmen eines Kurzvergleichs eingegangen.

Der Exkurs ist in zwei Fallgruppen unterteilt. In den untersuchten Fällen ist immer der Verkäufer A derjenige, der sich auf einen Erklärungsirrtum beruft,

---

496 *Statistisches Bundesamt*, Jahrbuch, 207: 85 Prozent der privaten Haushalte waren im Jahr 2015 in der Bundesrepublik Deutschland mit Internetzugang ausgestattet. *Office for National Statistics*, Statistical bulletin, 2: In Großbritannien verfügten im gleichen Jahr 86 Prozent der privaten Haushalte über Internetzugang.

497 *Statistisches Bundesamt*, Jahrbuch, 208 f.: 33 Prozent der Personen nutzten das Internet im Jahr 2015 in Deutschland zum Verkauf von Waren und Dienstleistungen. *Office for National Statistics*, Statistical bulletin, 7: 76 Prozent der Erwachsenen in Großbritannien nutzten das Internet im gleichen Jahr für Online-Shopping. Im Jahr 2008 waren es noch 53 Prozent.

498 Im Jahr 2014 hatte das Unternehmen vierzehn Millionen aktive Mitglieder in Deutschland, jurisPK-Internetrecht/ *Heckmann*, Kap. 4.3 Rn 3.

499 *Jansen*, Irrtumsanfechtung, 196 unter Hinweis unter anderem auf das Urteil des OLG Oldenburg, 27.09.2006, 4 U 25/06 = NJW-RR 2007, 268, auf das unten ausführlich eingegangen wird, § 2 D. III. 2.

und der (potentielle) Käufer B derjenige, der auf der Wirksamkeit des Vertrages besteht. Der Verkäufer handelt überwiegend selbst und nicht durch Hilfspersonen.

2. *Deutschland: Rechtliche Ausgangslage*

Bei einem Verkauf über eBay stellt der Verkäufer einen Gegenstand in das Auktionsportal und kann die Dauer der Auktion selbst festlegen. Um einen Verkauf des Artikels unter Wert zu verhindern, hat er die Möglichkeit, einen höheren Startpreis zu wählen – doch muss er dann auch höhere Auktionsgebühren zahlen.[500] Die untersuchten Fälle sind dadurch gekennzeichnet, dass das Geschäft zu einem Preis abgeschlossen wurde, der den Erwartungen des Verkäufers in keiner Weise entsprach.[501]

Die rechtlichen Rahmenbedingungen einer eBay-Auktion sind inzwischen durch die Rechtsprechung geklärt. Bei eBay-Auktionen handelt es sich nicht um Versteigerungen im Sinne des § 156 BGB,[502] denn der Vertragsschluss kommt nicht durch Zuschlag, sondern durch Zeitablauf zustande.[503] Es kommen also die allgemeinen Vorschriften zum Vertragsschluss zur Anwendung (§§ 145 ff. BGB). Das Angebot des Verkäufers steht unter der aufschiebenden Bedingung, dass es vom Höchstbietenden innerhalb der Laufzeit der Auktion angenommen werden kann.[504] Der Vertrag kommt dann mit demjenigen zustande, der im Zeitpunkt

500 Die Gebühren sind in den eBay-AGB geregelt. Im Folgenden wird auf die AGB mit dem Stand vom 12. März 2014 Bezug genommen, abrufbar unter: http://pages.eBay.de/help/policies/user-agreement.html.

501 In einem Fall des Amtsgerichts Bremen betrug der erzielte Kaufpreis beispielsweise 1/4000 des Marktwertes (AG Bremen, 25.05.2007, 9 C 142/07 – Werder-Bremen-Stammkarten); in einem Fall, den das Oberlandesgericht Koblenz zu entscheiden hatte (OLG Koblenz, 03.06.2009, 5 U 429/09 – Porsche), betrug der in der Auktion erzielte Preis rund ein 1/15.000 des Marktwertes (5,50 Euro zu 75.000 Euro). Zu beiden Fällen ausführlich unten, § 2 D. II. 2. (Werder-Bremen-Stammkarten) bzw. § 2 D. III. 2. (Porsche).

502 *Oechsler*, NJW 2015, 665 weist darauf hin, dass diese Ansicht im Grunde auch nicht mehr vertreten wird.

503 BGH, 03.11.2004, VIII ZR 375/03 = NJW 2005, 53 (54); zuletzt: BGH, 24.08.2016, VIII ZR 100/15 Rn 19.

504 Aus der neueren Rechtsprechung: BGH, 08.06.2011, VIII ZR 305/10 Rn 16 = NJW 2011, 2643; BGH, 24.08.2016, VIII ZR 100/15 Rn 20 mwN. Es handelt sich nicht um eine bloße *invitatio ad offerendum*. Zur Diskussion statt vieler: *Muscheler/ Schewe*, Jura 2000, 565. Nach der Rechtsprechung des Bundesgerichtshofs ist das Angebot auch bestimmt genug, BGH, 07.11.2001, VIII ZR 13/01 Rn 31 (zu *invitatio ad offe-*

des Ablaufs der Auktionsfrist der Höchstbietende ist. Dies sehen auch die Allgemeinen Geschäftsbedingungen des Unternehmens vor;[505] sie sind bei der Auslegung der Parteierklärungen als Grundlage heranzuziehen.[506]

Neben der Möglichkeit, einen Artikel im Rahmen einer Auktion zu verkaufen, kann der Verkäufer den Artikel zu einem von ihm festgelegten Preis zum Verkauf anbieten. Das ist die so genannte „Sofort-Kaufen"-Option, § 6 Nr. 2 eBay-AGB. Beim Sofortkauf gibt der Verkäufer durch Einstellen des Artikels ein Angebot ab, das der Käufer annimmt, indem er den „Sofort-Kaufen"-Button anklickt und schließlich bestätigt, § 6 Nr. 4 eBay-AGB.

Der Verkäufer kann eine eBay-Auktion abbrechen, wenn er einen Fehler in der Angebotsbeschreibung gemacht oder sich bei der Angabe des Start- oder Mindestpreises geirrt hat, § 6 Nr. 6 eBay-AGB. Nach der Rechtsprechung des Bundesgerichtshofs ist ein Abbruch der Auktion dann möglich, wenn ein Grund vorliegt, der auch nach dem Bürgerlichen Gesetzbuch zur Lösung vom Vertrag berechtigt; im Fall eines Erklärungsirrtums nach § 119 I Alt. 2 BGB kann die Auktion also abgebrochen werden.[507] Bricht der Verkäufer die Auktion ohne einen zum Auktionsabbruch berechtigenden Grund ab, kommt ein Vertrag mit demjenigen zustande, der zum Zeitpunkt des Auktionsabbruchs Höchstbietender war.[508]

---

rendum), Rn 35 (zu Bestimmtheit) = NJW 2002, 363 – ricardo.de; BGH, 03.11.2004, VIII ZR 375/03 = NJW 2005, 53 (54 ff.). Aus der Literatur statt vieler: *Oechsler*, NJW 2015, 665 f. mwN; *Stieper*, MMR 2015, 627, 628. Siehe auch: *Wagner*, Verbraucherschutz, 64 mwN.

505 Derjenige, der den Artikel einstellt, gibt ein verbindliches Angebot ab, den Kaufgegenstand an den Höchstbietenden zu verkaufen, § 6 Nr. 2 eBay-AGB. Dieses Angebot wird vom Bietenden unter der aufschiebenden Bedingung angenommen, dass er bei Auktionsablauf Höchstbietender ist, § 6 Nr. 5 eBay-AGB.

506 OLG Hamm, 14.12.2000, 2 U 58/00 = NJW 2001, 1142 Rn 95. Siehe auch: BGH, 07.11.2001, VIII ZR 13/01 Rn 36 ff. = BGHZ 149, 129 = NJW 2002, 363 – ricardo.de; Urteilskritik bei: *Wenzel*, NJW 2002, 1550. Aus der Literatur statt vieler: *Stieper*, MMR 2015, 627, 628.

507 Siehe BGH, 23.09.2015, VIII ZR 284/14 Rn 16. Es muss auch dann ein zum Auktionsabbruch berechtigender Grund vorliegen, wenn die Auktion noch länger als zwölf Stunden läuft: BGH, 10.12.2014, VIII ZR 90/2014 Rn 14 = NJW 2015, 1009.

508 Kritik und alternative Lösungsvorschläge bei *Stieper*, MMR 2015, 627, 629 ff.

II. Erste Fallgruppe: Verklicken bei „Sofort-Kaufen"-Option statt Mindestpreis im Rahmen einer eBay-Auktion

1. Probleme der ausgewählten Fälle und mögliche Lösungen des deutschen Rechts

In den Fällen der ersten Gruppe hat der Verkäufer einen Artikel zum Sofortkauf angeboten, und zwar zum Preis von 1 Euro. Im Rechtsstreit beruft er sich auf ein Verklicken: Er habe die Option des Verkaufs im Rahmen einer Auktion mit dem Startpreis in Höhe von 1 Euro wählen wollen, aber irrtümlich die „Sofort-Kaufen"-Option mit dem Preis von 1 Euro angeklickt. Da ein Verklicken wie ein Erklärungsirrtum behandelt wird,[509] behauptet er das Vorliegen eines Erklärungsirrtums gemäß § 119 I Alt. 2 BGB.

Für diese Fälle gibt es nach dem deutschen Recht zwei Lösungsmöglichkeiten. Zum einen kommt in Betracht, dass zwischen den Parteien ein Kaufvertrag über den Gegenstand zum Preis von 1 Euro besteht, von dem sich der Verkäufer aber durch Anfechtung wegen Erklärungsirrtums lösen kann. Der Erklärungsirrtum, nicht aber das Gewollte ist hier stets für den Käufer erkennbar, so dass ein Anspruch des Käufers gegen den Verkäufer auf Schadensersatz nach § 122 I BGB gemäß § 122 II BGB entfällt. Bei Ausübung des Anfechtungsrechts schuldete der Verkäufer dem potentiellen Käufer also nicht den Ersatz seines Vertrauensschadens. Zum anderen ist nach dem Bürgerlichen Gesetzbuch denkbar, dass nach Auslegung der Erklärungen kein Vertrag besteht.[510]

2. Ausgewählte Fälle

In einer Entscheidung des Amtsgerichts Bremen stritten die Parteien um den Verkauf zweier Stammkarten für die Spiele des Fußballvereins Werder-Bremen über eBay.[511] Die Parteien A und B hatten schon zuvor über den Verkauf der Karten verhandelt, konnten sich aber über den Preis für die Karten nicht einigen. A hatte dann die beiden Stammkarten über die „Sofort-Kaufen"-Option zum Preis von 1 Euro bei eBay eingestellt. Wenige Minuten später bestellte B die Karten, deren Marktwert bei etwa 4.000 Euro lag. Nur sehr kurze Zeit danach informierte ihn A darüber, es habe sich um einen Fehler gehandelt; er habe die Karten nicht zum Sofortkauf, sondern im Rahmen einer Auktion verkaufen wollen. Er habe sich bei der Auswahl der Verkaufsoptionen verklickt. B verlangte

509 Statt vieler: MüKo-*Armbrüster*, § 119 Rn 46.

510 Dazu oben ausführlich, § 2 B. II. 3. a) (erkennbarer Erklärungsirrtum).

511 AG Bremen, 25.05.2007, 9 C 142/07.

von A Übergabe und Übereignung der Werder-Bremen-Stammkarten zum Preis von 1 Euro, was A verweigerte.

Im Urteil bejaht das Gericht einen wirksamen Kaufvertrag. A habe ein bindendes Angebot zum Verkauf der Stammkarten für 1 Euro abgegeben, als er die Ware auf die Auktionsplattform einstellte. B habe dieses Angebot durch Anklicken der Schaltfläche „Kaufen" angenommen.[512]

Den Vertrag habe A indes wirksam angefochten. Es liege ein Erklärungsirrtum im Sinne des § 119 I Alt. 2 BGB vor. Im Rahmen der Beweiswürdigung konnte sich das Gericht davon überzeugen, dass A die Karten nicht zum Sofortkauf anbieten, sondern eine Auktion starten wollte. Er habe zum Einstellen der Karten eine Software verwendet, bei der unter Anwendung einer Drag & Drop-Funktion leicht eine Verwechslung möglich gewesen sei. Für das Vorliegen eines Irrtums spreche außerdem, dass die eBay-Gebühren in diesem Fall bereits den Kaufpreis überstiegen hätten. Vor allem aber habe A bereits in den Vorverhandlungen mit B deutlich gemacht, dass er die Karten nicht für unter 4.000 Euro verkaufen wollte. Letztlich habe B den Irrtum des A erkennen müssen. Aufgrund des Wertunterschieds sei für jeden objektiven Empfänger erkennbar gewesen, dass es sich „faktisch um ein Schenkungsangebot *ad incertas personas* gehandelt hätte".[513] Denn der normale Wert einer Stammkarte übersteige den Preis von 1 Euro um ein Vielfaches.

Ähnlich gelagert ist ein Fall des Amtsgerichts Kassel.[514] A hatte ein neuwertiges iPhone des US-amerikanischen Unternehmens Apple samt Zubehör auf eBay in der „Sofort-Kaufen"-Option zum Festpreis von 1 Euro angeboten. B nahm dieses Angebot an und verlangte von A Übergabe und Übereignung des iPhone samt Zubehör zum Preis von 1 Euro. A verweigerte dies und berief sich auf einen Erklärungsirrtum: Er habe sich verklickt und das Mobilfunkgerät eigentlich im Rahmen einer Auktion mit dem Startpreis von 1 Euro in die Internetauktionsplattform einstellen wollen.

Die Entscheidung des Gerichts folgt den Überlegungen, die auch der Entscheidung des Amtsgerichts Bremen zugrunde lagen. Es bestehe ein Kaufvertrag über das iPhone zum Preis von 1 Euro. A könne sich aber auf einen Erklärungsirrtum gemäß § 119 I Alt. 2 BGB berufen und deshalb den Vertrag mit B anfechten. A habe sich bei der Wahl der „Sofort-Kaufen"-Option verklickt. Der Sofortkauf sei aus Sicht des Verkäufers nur dann sinnvoll, wenn der angegebene Preis in gewisser Weise dem entspreche, was er sich als angemessenen Preis vorstellt.[515] Da ein

512 AG Bremen, 25.05.2007, 9 C 142/07 Rn 20.
513 AG Bremen, 25.05.2007, 9 C 142/07 Rn 23 und 25.
514 AG Kassel, 23.04.2009, 421 C 746/09.
515 AG Kassel, 23.04.2009, 421 C 746/09 Rn 7.

iPhone mindestens 500 Euro wert sei, sei fernliegend, dass A das Mobilfunkgerät für 1 Euro zum Verkauf anbieten wollte. Außerdem spreche für das Vorliegen eines Erklärungsirrtums des A, dass sich in seiner Artikelbeschreibung der Hinweis befunden habe: „Sofort-Kauf möglich. Viel Spaß beim Bieten!".

In einem weiteren Fall, den das Landgericht Köln entschied, ging es um den Verkauf eines Whirlpools für sechs Personen über eBay, dessen Marktwert 8.000 Euro betrug.[516] A gab ein Angebot zum Verkauf eines Whirlpools mit „Sofort-Kaufen"-Option zum Preis von 1 Euro ab, die Verpackungs- und Versandkosten sollten 398 Euro betragen. B nahm dieses Angebot an. Er verlangte von A Übergabe und Übereignung des Whirlpools zum Preis von 1 Euro. A verweigerte dies: Es habe sich einer seiner Mitarbeiter verklickt; A habe den Whirlpool im Rahmen einer Auktion mit dem Startpreis von 1 Euro verkaufen wollen.

Auch hier lag ein wirksamer Kaufvertrag vor, den A indes nach § 119 I Alt. 2 BGB anfechten konnte. Das Landgericht Köln zeigte sich davon überzeugt, dass sich ein Mitarbeiter des A bei der Auswahl der Verkaufsoption verklickt habe.[517] Der hohe Marktwert des Whirlpools spreche dagegen, dass A den Preis von 1 Euro im Rahmen der „Sofort-Kaufen"-Option für angemessen gehalten habe. Wie auch das Amtsgericht Bremen[518] führte das Landgericht Köln das Argument an, es hätte sich bei dem Angebot des A faktisch um ein Schenkungsangebot gehandelt, weil die eBay-Gebühren den Kaufpreis übersteigen würden.[519] Wie in den Fällen des Amtsgerichts Bremen[520] und des Amtsgerichts Kassel[521] liege ein evidentes Missverhältnis zwischen Sofortkauf-Angebot und Wert vor. Der Erklärungsirrtum des A sei deshalb aus Sicht eines objektiven Empfängers offensichtlich gewesen.[522]

Abweichend entschied das Amtsgericht Moers in einem ähnlichen Fall.[523] Es ging um den Verkauf eines Pkw-Anhängers, der nach den Festsetzungen zum Streitwert etwa 900 Euro wert gewesen sein muss. A hatte den Anhänger (vermutlich für 1 Euro) mit der „Sofort-Kaufen"-Option auf eBay eingestellt. B hatte dieses Angebot angenommen und verlangte von A Übergabe und Übereignung

---

516 LG Köln, 30.11.2010, 18 O 150/10.

517 Der Mitarbeiter stand im Rechtsstreit als Zeuge wohl nicht zur Verfügung. Jedenfalls wurde er nicht vernommen.

518 AG Bremen, 25.05.2007, 9 C 142/07 – Werder-Bremen-Stammkarten.

519 LG Köln, 30.11.2010, 18 O 150/10 Rn 26.

520 AG Bremen, 25.05.2007, 9 C 142/07 – Werder-Bremen-Stammkarten.

521 AG Köln, 23.04.2009, 421 C 746/09 – iPhone.

522 LG Köln, 30.11.2010, 18 O 150/10 Rn 28.

523 AG Moers, 11.2.2004, 532 C 109/03 = NJW 2004, 1330.

des Anhängers gegen Zahlung von 1 Euro. A behauptete einen Erklärungsirrtum, weil er sich bei der Auswahl der Verkaufsoption verklickt habe und eigentlich eine Auktion mit dem Mindestpreis von 1 Euro habe starten wollen.

Das Gericht verwarf die Verteidigung des A. Zwar habe A einen Erklärungsirrtum gemäß § 119 I Alt. 2 BGB behauptet, aber nicht bewiesen. A sei beweisfällig gewesen. Für den einzig angebotenen Beweis, die Parteivernehmung des A, fehle es an den Voraussetzungen des § 447 ZPO. Im Urteil wird ergänzend die Frage des rechtsmissbräuchlichen Verhaltens des B (§ 242 BGB) angesprochen, dieses aber im Ergebnis verneint. A sei an den Kaufvertrag mit B über den Pkw-Anhänger zum Preis von 1 Euro gebunden.

Die Entscheidung des Amtsgerichts Moers überrascht.[524] Nach den mitgeteilten Tatsachen hätte wohl eine Beweiswürdigung nähergelegen, wie sie den Entscheidungen des Amtsgerichts Bremen[525], des Amtsgerichts Kassel[526] und des Landgerichts Köln[527] zugrunde lagen. Darüber hinaus hätte sich das Gericht wohl prozessual mit der Frage auseinandersetzen müssen, ob nicht wenigstens statt nach § 448 ZPO eine Parteivernehmung von Amts wegen in Betracht gekommen wäre, also ob nicht aufgrund der äußeren Umstände, insbesondere im Hinblick auf den erheblichen Unterschied zwischen dem Verkaufspreis und dem Wert des Vertragsgegenstandes, bereits „einiger Beweis" für die Behauptung des Erklärungsirrtums erbracht worden sei.[528] Es lässt sich daher die Ansicht vertreten, dass in dem Fall die Voraussetzungen der Anfechtbarkeit wegen Erklärungsirrtums gemäß § 119 I Alt. 2 BGB vorgelegen haben.[529]

3. *Zwischenergebnis*

In den Fällen der ersten Fallgruppe besteht zwischen den Parteien ein Vertrag mit dem Inhalt, wie er objektiv erscheint. Materiellrechtlich ist der Verkäufer aber wegen Erklärungsirrtums nach § 119 I Alt. 2 BGB zur Anfechtung berechtigt.

Die Analyse der Entscheidung des Amtsgerichts Moers macht das prozessuale Problem des anfechtenden Verkäufers deutlich. Soweit er, wie in fast allen untersuchten Fällen, allein gehandelt hat, befindet er sich in einer Beweisnot.

---

524 Deshalb kritisch *Hirsch*, BGB AT, 208 Rn 525.

525 AG Bremen, 25.05.2007, 9 C 142/07 – Werder-Bremen-Stammkarten.

526 AG Köln, 23.04.2009, 421 C 746/09 – iPhone.

527 LG Köln, 30.11.2010, 18 O 150/10 – Whirlpool.

528 So die Formulierung der Voraussetzungen der Parteivernehmung von Amts wegen in der Rechtsprechung, vgl. etwa BGH, 05.07.1989, VIII ZR 334/88 = NJW 89, 3222 (3223).

529 So auch *Hirsch*, BGB AT, 82 Rn 138 sowie 208 Rn 525.

Der anfechtende Verkäufer wird den ihm obliegenden Beweis umso eher führen können, als sein Erklärungsirrtum offensichtlich und für jedermann, somit auch für die Gegenseite, klar erkennbar ist. Das bedeutet: Je deutlicher der Erklärungsirrtum für jeden erkennbar ist, umso eher wird der Verkäufer ihn beweisen können und auch im Rechtsstreit erfolgreich sein. Gelingt ihm der Beweis des Erklärungsirrtums nicht, verlagert sich die Entscheidung in der Tendenz weg von Fragen des Irrtumsrechts hin zu einer allgemeinen Billigkeitsüberprüfung und damit zu den wesentlichen Problemen der zweiten Fallgruppe.

III. Zweite Fallgruppe: Vertippen bei Eingabe des Startpreises einer eBay-Auktion

1. Probleme der ausgewählten Fälle und mögliche Lösungen des deutschen Rechts

In der zweiten Fallgruppe geht es um Tippfehler des Verkäufers im Rahmen einer Auktion. Es wird zwischen Fällen unterschieden, in denen die Auktion abgeschlossen wurde (indes meist zu einem unangemessenen Preis, nämlich zu einem Bruchteil des objektiven Verkehrswerts der Sache), und solchen Fällen, in denen nach einem Auktionsabbruch der Vertrag nur zu einem geringen Preis zustande kam.

Der Verkäufer beruft sich in allen Fällen der zweiten Gruppe darauf, er habe versehentlich einen zu geringen Startpreis angegeben, sich also bei der Abgabe des Angebots verschrieben. Dies ist die Behauptung eines Erklärungsirrtums nach § 119 I Alt. 2 BGB. Umgekehrt beruft sich der Käufer, der auf der Abwicklung des Vertrages besteht, darauf, der Verkäufer habe bewusst einen niedrigen Startpreis gewählt, allein seine Erwartungen seien enttäuscht worden; es handele sich daher allenfalls um einen unbeachtlichen Motivirrtum.

In den Fällen der zweiten Gruppe ist für den Käufer B weder erkennbar, dass sich der Verkäufer A geirrt hat, noch was jener eigentlich erklären wollte. Es ist deshalb nicht möglich, im Rahmen der Auslegung der Erklärung des A einen Kaufpreis im Rahmen der vom Verkäufer A eigentlich gewollten Auktion festzulegen. Der Wille des Verkäufers zielt auf den Verkauf des Artikels an den Höchstbietenden zu dem bestmöglichen Preis. In dem Zeitpunkt, in dem der Verkäufer den Gegenstand bei eBay zum Verkauf einstellt, hat er keine konkrete Vorstellung davon, zu welchem Preis er den Artikel verkaufen wird. Die Auslegung der Erklärung des Verkäufers A ergibt also, dass er keinen konkreten Preis erklären will. Selbst wenn der Verkäufer eine Preisvorstellung hätte, wäre sie für den Käufer B nicht erkennbar. Es ist Wesen der Auktion, dass unklar ist, zu welchem Gebot der Artikel bei Auktionsende verkauft wird, denn das Ergebnis der Auktion ist nicht vorhersehbar. Auch lässt sich nicht feststellen, ob B bei Durchführung der Auktion überhaupt den Zuschlag erhalten hätte. Eine Auslegungslösung nach dem Willen des A kommt deshalb von vornherein nicht in Betracht.

Wie bereits oben gezeigt, besteht bei einem Erklärungsirrtum, der nicht aus dem Verantwortungsbereich des Erklärungsempfängers stammt und den jener auch nicht erkannt hat oder erkennen konnte, grundsätzlich die Möglichkeit, dass die Erklärung des A nichtig ist und deshalb zwischen den Parteien kein Vertrag besteht. Allerdings ist dies nicht die Lösung des geltenden deutschen Rechts.

Als mögliche Lösung des deutschen Rechts ist in den Fällen der zweiten Gruppe allein denkbar, dass zwischen den Parteien ein Vertrag mit dem Inhalt besteht, wie er objektiv erscheint, der Verkäufer aber ein Anfechtungsrecht wegen Erklärungsirrtums (§ 119 I Alt. 2 BGB) hat.[530]

Dabei kommt es entscheidend darauf an, ob der Verkäufer den Erklärungsirrtum beweisen kann. Gelingt ihm der Beweis nicht, kann das deutsche Recht darauf auf zwei Arten reagieren: Es kommt infrage, dass ein Vertrag mit dem Inhalt, wie er objektiv erscheint, besteht, der Vertrag aber aus Schutzwürdigkeitserwägungen im Rahmen von § 138 I BGB oder § 242 BGB nicht durchsetzbar ist. Wegen des Missverhältnisses zwischen Leistung und Gegenleistung könnte der Vertrag gemäß § 138 I BGB sittenwidrig sein. Das Bestehen auf die Erfüllung des über eBay geschlossenen Kaufvertrages über einen wertvollen Gegenstand zu einem besonders niedrigen Preis könnte gemäß § 242 BGB rechtsmissbräuchlich sein, wenn das Erfüllungsinteresse des B nicht schutzwürdig ist, weil das Bestehen auf den Vertrag ihm einen unangemessenen Vorteil bringen würde.

2. *Ausgewählte Fälle*

In einem Fall des Oberlandesgerichts Oldenburg ging es um den Verkauf eines Pkw über eBay.[531] A hatte als Startpreis für die Auktion 1.000 GBP angegeben. In der Beschreibung des Pkw hatte A einen Link zu seiner eigenen Firmenhomepage eingefügt, auf der als Festpreis für den Pkw 15.000 Euro angegeben waren, was wohl in etwa dem Marktwert des Pkw entsprach. B war mit 1.751 GBP Höchstbietender der Auktion. B verlangte von A die Herausgabe des Pkw Zug um Zug gegen Zahlung von 2.531,32 Euro, was A verweigerte. A trug vor, er habe statt

530 Dazu bereits oben, § 2 C. II. 3. a) (vom Erklärungsempfänger nicht erkannter und für ihn auch nicht erkennbarer Erklärungsirrtum).

531 OLG Oldenburg, 27.09.2006, 4 U 25/06 = NJW-RR 2007, 268.

1.000 GBP als Startpreis für die Auktion 10.000 GBP angeben wollen. Er sei nicht an den Vertrag mit B über den Verkauf des Pkw gebunden, weil er wirksam die Anfechtung erklärt habe.

Das Oberlandesgericht Oldenburg folgte dieser Argumentation; A habe wirksam die Anfechtung wegen Erklärungsirrtums gemäß § 119 I Alt. 2 BGB erklärt. In der Beweiswürdigung zog das Gericht den Umstand heran, dass A auf seiner Homepage den Pkw zum Preis von 15.000 Euro angeboten hatte. Deshalb habe es sich bei dem Startpreis von 1.000 GBP nicht um ein Mindestangebot gehandelt, mit dem A überhaupt Kunden für das Geschäft habe interessieren wollen.[532] Darauf, dass A bei Einstellen des Startpreises für die Auktion möglicherweise fahrlässig gehandelt habe, komme es nicht an.

Demgegenüber folgte das Landgericht Köln in einem Fall über den Verkauf eines Rübenroders der Argumentation des beklagten Verkäufers nicht.[533] A hatte einen Rübenroder in einer Auktion mit dem Startpreis von 1 Euro auf der Internetplattform zum Verkauf eingestellt. Zugleich hatte er die Landmaschine für 60.000 Euro zum Sofortkauf angeboten, ein Preis, der im Bereich des Marktwerts eines Rübenroders lag. B hatte mit 51 Euro das Höchstgebot abgegeben. Er verlangte von A Übergabe und Übereignung des Rübenroders zum Preis von 51 Euro. A verweigerte dies und brachte vor, er habe sich vertippt; er habe einen Mindestpreis von 60.000 Euro angeben wollen. B verlangte von A Schadensersatz, nachdem A vorgebracht hatte, die Maschine inzwischen an C verkauft zu haben.

Das Gericht entschied, dass zwischen A und B ein wirksamer Vertrag über den Verkauf des Rübenroders zum Preis von 51 Euro zustande gekommen war.

Das Gericht zeigte sich vom Vorliegen eines Erklärungsirrtums nicht überzeugt. Nach Überzeugung des Gerichts, das A gemäß § 141 ZPO persönlich angehört hatte, war die für einen Irrtum erforderliche Fehlvorstellung bei A nicht gegeben.[534] A hatte sich darauf berufen, aufgrund mangelnder Sprachkenntnisse nicht alles verstanden und trotzdem die Eingaben zum Mindestpreis gemacht zu haben. Mit Verweis auf die Rechtsprechung führte das Gericht aus, dass keinem Irrtum unterliege, wer eine Erklärung abgibt, ohne ihren Inhalt genau zu kennen. Zudem habe im konkreten Fall nichts dafür gesprochen, dass die Sprachkenntnisse des A nicht ausreichend gewesen wären. A habe sich vielmehr nicht um den Widerspruch zwischen dem niedrigen Startpreis und dem viel höheren

---

532 OLG Oldenburg, 27.09.2006, 4 U 25/06 Rn 27.

533 LG Köln, 24.05.2006, 28 O 567/05.

534 LG Köln, 24.05.2006, 28 O 567/05 Rn 17.

Angebot zum Sofortkauf gekümmert. Insofern habe der äußere Erklärungstatbestand dem Willen des A entsprochen, so dass kein zur Anfechtung berechtigender Erklärungsirrtum vorgelegen habe.[535]

A könne sich auch nicht auf den Grundsatz von Treu und Glauben, § 242 BGB, berufen. A habe bewusst den Startpreis von 1 Euro gewählt und den Widerspruch zum „Sofort-Kaufen"-Preis nicht aufgeklärt. Es sei bei eBay üblich, dass man auch bei wertvolleren Gegenständen mit einem niedrigen Startpreis beginne, um Gebühren zu sparen, die bei einem höheren Startpreis berechnet werden. A habe leicht das Risiko eines niedrigen Kaufpreises ausschließen können, indem er einen höheren Startpreis für die Auktion angegeben hätte.[536] Also sei A an den Vertrag mit B gebunden und wegen des Weiterverkaufs des Rübenroders an C zur Zahlung von Schadensersatz an B verpflichtet.

Ebenfalls ohne Erfolg berief sich der Verkäufer in einem Rechtsstreit vor dem Oberlandesgericht Koblenz auf eine Anfechtung wegen Erklärungsirrtums.[537] Zwischen den Parteien war ein Kaufvertrag über einen Porsche Carrera streitig. A hatte den Porsche, der ungefähr 75.000 Euro wert war, in einer Auktion mit dem Startpreis von 1 Euro angeboten. Bereits nach wenigen Minuten hatte A die Auktion vorzeitig abgebrochen und zeitgleich in einer anderen Auktion neu eingestellt, in der das Fahrzeug an C für 73.450 Euro verkauft wurde. Zum Zeitpunkt des Abbruchs der ersten Auktion war B mit einem Gebot von 5,50 Euro Höchstbietender; sein Maximalgebot lag bei 1.100 Euro. A focht den Vertrag wegen Erklärungsirrtums an. Nachdem A den Vertrag mit Rücksicht auf die zweite Auktion nicht erfüllen wollte, forderte B von A Schadensersatz.

Das Gericht entschied, dass zwischen A und B ein Kaufvertrag über den Porsche zum Preis von 5,50 Euro zustande gekommen war. Ein Auktionsabbruch sei nur möglich, wenn ein zur Anfechtung berechtigender Grund vorliege; ein solcher sei aber nicht hinreichend vorgetragen.[538] Da A nicht ausreichend dargelegt habe, worin der Erklärungsirrtum gelegen haben sollte, sei er nicht zur Anfechtung wegen Erklärungsirrtums nach § 119 I Alt. 2 BGB und damit auch nicht zum Auktionsabbruch berechtigt gewesen. Der Kaufvertrag zwischen A und B über den Porsche zum Preis von 5,50 Euro sei wirksam.[539]

---

535 LG Köln, 24.05.2006, 28 O 567/05 Rn 18.

536 LG Köln, 24.05.2006, 28 O 567/05 Rn 19.

537 OLG Koblenz, 03.06.2009, 5 U 429/09.

538 *Wenn*, jurisPR-ITR 16/2009 Anm. 4 weist darauf hin, dass in dem Fall völlig unklar ist, warum der Verkäufer die Auktion abgebrochen hat.

539 OLG Koblenz, 03.06.2009, 5 U 429/09 Rn 14.

Das Gericht befand indes, das Verlangen des Käufers sei rechtsmissbräuchlich gemäß § 242 BGB. Die Annahme einer den Rechtsmissbrauch begründenden unangemessenen Benachteiligung komme nur in krassen Ausnahmefällen in Betracht. Ein solcher Ausnahmefall liege vor. Der Preis habe sich nicht mehr im Bereich eines „Schnäppchens" bewegt, also „eines besonders günstigen, aber doch noch im erwartbaren Rahmen liegenden Preises"[540], sondern es habe ein extremes Missverhältnis zwischen Leistung und Gegenleistung vorgelegen, das auch jedem verständigen Betrachter ohne weiteres erkennbar gewesen sei. B habe nicht erwarten können, den Porsche für das geringe Gebot zu erwerben.

Ergänzend führte das Gericht aus, dass, hätte A den Porsche bei einem Wert von rund 75.000 Euro in einem Internetportal zu einem Preis von 5,50 Euro zum Verkauf angeboten, ein Erklärungsirrtum, der zur Anfechtung berechtige, auf der Hand gelegen hätte.[541]

Im Ergebnis lag nach Auffassung des Oberlandesgerichts Koblenz rechtsmissbräuchliches Verhalten vor. A war nicht an den Vertrag mit B über den Verkauf des Porsche zum Preis von 5,50 Euro gebunden.[542]

Soweit das Oberlandesgericht Koblenz die Voraussetzungen der Anfechtbarkeit verneint, ist der Entscheidung zuzustimmen. Eine Anfechtung nach § 119 I Alt. 2 BGB kommt nur in Betracht, wenn der Verkäufer sich bei Angabe des Startpreises der Auktion verschreibt. Hierfür ergab sich aus dem mitgeteilten Sachvortrag nichts, jedenfalls war ein solcher Vortrag nicht bewiesen.[543]

Ob der Fall jedoch heute in Bezug auf § 242 BGB nach den vom Oberlandesgericht formulierten Grundsätzen entschieden werden würde, ist nach der neueren Rechtsprechung des Bundesgerichtshofs fraglich. In einer Entscheidung aus dem Jahr 2014 hat der Bundesgerichtshof in einem ähnlichen Fall nicht nur die Voraussetzungen der Anfechtbarkeit, sondern auch die Voraussetzungen eines Rechtsmissbrauchs verneint.[544] In diesem Fall stritten die Parteien über einen Kaufvertrag über einen VW Passat. A hatte den gebrauchten Pkw im Rahmen einer auf zehn Tage angelegten Auktion zum Startpreis von 1 Euro angeboten. B hatte dieses Angebot als einziger Bieter bereits nach zehn Minuten angenommen: Er gab als Mindestgebot 1 Euro an, als Maximalgebot 555,55 Euro. Andere Gebote wurden nicht abgegeben. Der Verkäufer A brach die Auktion am

540 OLG Koblenz, 03.06.2009, 5 U 429/09 Rn 13.

541 OLG Koblenz, 03.06.2009, 5 U 429/09 Rn 14.

542 Die Fallgestaltung im Rübenroder-Fall sei mit dem zu entscheidenden Fall nicht vergleichbar, OLG Koblenz, 03.06.2009, 5 U 429/09 Rn 15.

543 Vgl. *Höhne*, jurisPR-ITR 9/2009 Anm 5.

544 BGH, 12.11.2014, VIII ZR 42/14.

Folgetag ab und teilte B mit, er habe außerhalb von eBay einen Käufer gefunden. In einer zweiten Nachricht behauptete A einen Irrtum: Er hätte sich vertippt und tatsächlich einen Festpreis von 4.000 Euro angeben wollen. B verlangte von A Schadensersatz wegen Nichterfüllung.

Nach Überzeugung des Bundesgerichtshofs lag ein wirksamer Kaufvertrag zwischen A und B über den VW Passat zum Preis von 1 Euro vor, von dem sich A nicht durch Anfechtung lösen konnte. Die Vorinstanz, das Oberlandesgericht Thüringen, hatte entschieden, der von A behauptete Erklärungsirrtum sei nicht bewiesen. A habe sich erst in der zweiten Nachricht auf das Vertippen berufen. Zudem handele es sich beim Unterschied von 1 Euro zu 4.000 Euro um kein typisches Vertippen.[545] Dieser Überzeugung schloss sich der Bundesgerichtshof an.[546]

Der Vertrag sei auch nicht wegen § 138 I BGB nichtig. Das Missverhältnis zwischen Leistung und Gegenleistung führe nicht zur Nichtigkeit des Kaufvertrags wegen Sittenwidrigkeit, weil keine besonderen Umstände vorlägen, wonach B eine verwerfliche Gesinnung vorzuwerfen sei.[547] Der besondere Reiz einer eBay-Auktion sei für den Käufer, ein „Schnäppchen" erwerben zu können; gleichzeitig sei für den Verkäufer durch den Bietmechanismus gewährleistet, dass er einen vorteilhaften Preis erzielen könne. Bei der Abgabe des Gebots müsse sich der Bieter deshalb nicht an den Marktwert halten.[548] Insofern habe B nicht mit verwerflicher Gesinnung gehandelt, als er einen deutlich unter dem Marktwert liegenden Preis als Maximalgebot abgab.

Nach Ansicht des Bundesgerichtshofs hatte B auch nicht rechtsmissbräuchlich im Sinne des § 242 BGB gehandelt. Der Bundesgerichtshof nahm zur oben untersuchten Entscheidung des Oberlandesgerichts Koblenz Stellung. Bei einer eBay-Auktion trage der Verkäufer das Risiko eines Verkaufs unter Wert.[549] Der Bundesgerichtshof kam zu dem Schluss, A habe das Risiko durch einen niedrigen Startpreis selbst gesetzt und dieses Risiko habe sich schließlich verwirklicht, als er die Auktion frühzeitig abbrach. Es stelle kein rechtsmissbräuchliches Verhalten dar, wenn B von dem niedrigen Endgebot profitieren wollte. In der Konsequenz war A an den Kaufvertrag mit B über den VW Passat zum Preis von

545 OLG Thüringen, 15.01.2014, 7 U 399/13 Rn 27.
546 BGH, 12.11.2014, VIII ZR 42/14 Rn 8.
547 BGH, 12.11.2014, VIII ZR 42/14 Rn 9.
548 BGH, 12.11.2014, VIII ZR 42/14 Rn 10.
549 BGH, 12.11.2014, VIII ZR 42/14 Rn 12.

1 Euro gebunden; wegen des Weiterverkaufs an C war er gegenüber B schadensersatzpflichtig.[550]

Neueren Entscheidungen lässt sich entnehmen, dass der Bundesgerichtshof an der Rechtsprechung festhält, wonach der Verkäufer das Risiko eines Verkaufs unter Wert trägt, auch wenn der Käufer dies möglicherweise ausnutzen will. Jüngere Entscheidungen zeigen außerdem eine Tendenz auf, wonach sich der Bundesgerichtshof in eBay-Fällen mit der Frage nach dem rechtsmissbräuchlichen Verhalten nicht vertieft auseinandersetzt. In einem Verfahren über den Verkauf eines Jugendstilheizkörpers mit einem Marktwert von etwa 4.000 Euro entschied der Bundesgerichtshof zulasten des Verkäufers.[551] Als der Verkäufer A die Aktion mit dem Startpreis von 1 Euro abbrach, hatte B mit 112 Euro das höchste Gebot abgegeben. A behauptete, er sei zum Auktionsabbruch berechtigt, weil es sich bei B um einen unseriösen Bieter gehandelt hätte.[552] Der Bundesgerichtshof verneinte dies. Obwohl die Frage des Rechtsmissbrauchs im Hinblick auf die Wertverhältnisse zumindest im Raum stand, klärte der Bundesgerichtshof jene Frage jedoch nicht.

Im Fall der Versteigerung eines Stromaggregats im Wert von 8.500 Euro, bei welcher der Bieter beim Abbruch der Auktion mit einem Gebot von 1 Euro das Höchstgebot abgegeben hatte, erörterte der Bundesgerichtshof die Frage des Rechtsmissbrauchs ungeachtet der erheblichen Wertdifferenz ebenfalls nicht.[553] Der Verkäufer hatte ein Verklicken behauptet, konnte dies aber nicht beweisen. Kern der Entscheidung ist die gerichtliche Auslegung der eBay-AGB zur vorzeitigen Auktionsbeendigung (§ 9 Nr. 11 eBay-AGB).

In einer Entscheidung über den Verkauf eines gebrauchten VW Golf 6 bestätigte der Bundesgerichtshof die Rechtsprechungslinie zur Sittenwidrigkeit und beschäftigte sich auch nicht mit der Frage nach dem Rechtsmissbrauch.[554] Der Verkäufer A hatte den Pkw zu einem Startpreis von 1 Euro zur Auktion

---

550 Der Bundesgerichtshof stützte den Anspruch auf § 437 Nr. 3 iVm §§ 280 I, III, 281 I BGB. Mangels Sachmangels für allgemeines Leistungsstörungsrecht: *Stadler*, JA 2015, 229, 230. Kritisch ebenfalls *Lorenz*, LMK 2015, 365443; *Riehm*, JuS 2015, 355, 356 f.

551 BGH, 23.09.2015, VIII ZR 284/14 = NJW 2016, 395.

552 Ob rechtsmissbräuchliches Verhalten nach § 242 BGB vorliegt, wenn der Bieter ein „Abbruchjäger" ist, also eine Person, die auf den frühzeitigen Abbruch der Auktion durch den Versteigerer spekuliert, ist bislang nicht höchstrichterlich entschieden, BGH, 24.08.2016, VIII ZR 182/15 – Yamaha-Motorrad.

553 BGH, 10.12.2014, VIII ZR 90/14 = NJW 2015, 1009.

554 BGH, 24.08.2016, VIII ZR 100/15.

eingestellt und im Verlauf der Auktion von einem anderen Benutzerkonto bei seiner eigenen Auktion mitgeboten. Ohne Berücksichtigung der Eigengebote des Verkäufers hätte der klagende B mit 1,50 Euro das höchste Gebot abgegeben. Zu diesem Preis verlangte B den Pkw, dessen Marktwert etwa bei 17.000 Euro lag, von A heraus. Im Zentrum der Entscheidung steht die Frage nach der Wirksamkeit der Parallelgebote. Im Ergebnis besteht nach Ansicht des Bundesgerichtshofs zwischen den Parteien ein Kaufvertrag über den Pkw zum Preis von 1,50 Euro.

3. Zwischenergebnis

Vertippt sich der Verkäufer im Rahmen einer Internetauktion bei der Festlegung des Mindestgebotes, besteht zwischen den Parteien ein wirksamer Kaufvertrag; der Verkäufer ist aber wegen eines Erklärungsirrtums nach § 119 I Alt. 2 BGB materiellrechtlich zur Anfechtung berechtigt.

Indes haben sich die Gerichte hier überwiegend nicht davon überzeugen können, dass ein Erklärungsirrtum vorlag. Denn wie in den Fällen der ersten Fallgruppe besteht zwar zwischen dem Kaufpreis und dem Marktwert des Gegenstandes ein deutliches Missverhältnis. Anders als in der ersten Fallgruppe kann aber aufgrund dieses Missverhältnisses nicht darauf geschlossen werden, dass der Erklärungsirrtum für den anderen Teil erkennbar und damit beweisbar war.

Nur im Fall, über den das Oberlandesgericht Oldenburg zu entscheiden hatte,[555] erschien wohl plausibel, dass der Verkäufer bei der Eingabe des Startpreises die Ziffer Null vergessen hatte (1.000 statt 10.000).

Ansonsten gilt, dass unter Berücksichtigung der Besonderheiten eines Auktionsverkaufs über eine Internetplattform ein besonders niedriges Mindestgebot nicht ungewöhnlich ist. Der Verkäufer vertraut darauf, angesichts der Vielzahl der Marktteilnehmer zumindest ein in etwa am Marktpreis orientiertes Höchstgebot zu erreichen. Er hofft dabei, dass unter Ausnutzung der Bieterdynamik dieses Höchstgebot deutlich über dem Preis liegt, den er im freihändigen Verkauf für den Auktionsgegenstand erzielen könnte. Sollte der Verkäufer sich bei der Eingabe des Mindestgebots vertippt haben, ist dies dann weder für den konkreten Bieter, der auf ein günstiges „Schnäppchen" hofft und nach der Rechtsprechung auch hoffen darf, noch sonst für jedermann erkennbar. Nun ist nach der Konzeption des Bürgerlichen Gesetzbuchs auf materiellrechtlicher Ebene unerheblich, ob die andere Partei den Erklärungsirrtum erkannt hat oder

---

555 OLG Oldenburg, 27.09.2006, 4 U 25/06 = NJW-RR 2007, 268.

der Irrtum für sie erkennbar ist. Mangels Erkennbarkeit für den anderen Teil kann der Verkäufer in den untersuchten Fällen den Erklärungsirrtum aber ganz überwiegend nicht beweisen. Die Gerichte haben in den Fällen der zweiten Gruppe keine Grundlage für eine Beweiswürdigung im Sinne des beweisbelasteten Verkäufers. Eine Parteivernehmung nach § 448 ZPO scheidet aus, weil eben auch „einiger Beweis" für die Behauptung des Erklärungsirrtums nicht erbracht wurde.

Da das Verbraucherschutzrecht für den veräußernden Verbraucher nicht zur Anwendung kommt,[556] bleibt dann nur der Verweis auf die äußerste Grenze der Sittenwidrigkeit nach § 138 BGB oder des Rechtsmissbrauchs nach § 242 BGB, deren Voraussetzungen im Hinblick auf die erforderlichen subjektiven Elemente in den untersuchten Fällen nicht gegeben sind. Aus den Besonderheiten der Vertragsanbahnung einer Internetauktion folgt nämlich, dass die verwerfliche Gesinnung nicht allein aufgrund des krassen Missverhältnisses vermutet werden kann und der Bietende nicht mit verwerflicher Gesinnung handelt, wenn er ein niedriges Mindestgebot abgibt und sich ein „Schnäppchen" erhofft.[557] Außerdem handelt der Bieter nach der von der Rechtsprechung vorgenommenen Risikoverteilung nicht rechtsmissbräuchlich, wenn er von dem selbstbestimmten Handeln des Anbieters profitiert, der einen höheren Mindestpreis für die Auktion hätte setzen können und selbst entschieden hat, die Auktion abzubrechen.

Der Verkäufer ist im Ergebnis ohne Lösungsmöglichkeit an den Vertrag gebunden. Beruft er sich auf einen Erklärungsirrtum nach § 119 I Alt. 2 BGB, ist dies für ihn aufgrund der strukturellen Beweisnot, in der er sich befindet, nur von begrenztem Nutzen.

IV. Ausblick: Rechtsvergleichende Überlegungen

1. Erste Fallgruppe: Verklicken bei „Sofort-Kaufen"-Option statt Mindestpreis im Rahmen einer eBay-Auktion

In der ersten Fallgruppe beruft sich der Verkäufer A darauf, er habe sich bei der Wahl der Verkaufsoption vertippt. Er habe eine Internetauktion mit einem bestimmten Mindestpreis starten wollen und den Gegenstand nicht im Rahmen der „Sofort-Kaufen-Option" für 1 Euro verkaufen wollen. In diesen Fällen

556 Der Verbraucher wird nach der gesetzlichen Konzeption nur als Erwerber und nicht als Veräußerer geschützt. Statt vieler BGH, 10.12.2014, VIII ZR 90/14 Rn 20 = NJW 2015, 1009.

557 *Wagner/ Zenger*, MMR 2015, 103, 105 weisen darauf hin, dass dies sonst das „Ende des ‚Marktplatzes' eBay" bedeuten würde.

weichen der Marktwert des Gegenstandes und der Verkaufswert in Höhe von 1 Euro auffällig voneinander ab. Wegen dieses Missverhältnisses von Leistung und Gegenleistung liegt in diesen Fällen nahe, dass A sich geirrt hat. Für den anderen Vertragsteil B ist also in diesen Fällen der Erklärungsirrtum erkennbar, nicht aber das vom Verkäufer tatsächlich Gewollte.

Wie oben gezeigt, wird der Fall des erkennbaren Erklärungsirrtums in England im Wege der Auslegung gelöst: Bei Anwendung des *objective test* kommt bereits kein Vertrag zustande.[558] Auch nach den PECL ist bei einem erkennbaren Erklärungsirrtum denkbar, dass die Auslegung der Erklärungen ergibt, dass wegen der Erkennbarkeit des Irrtums für den anderen Teil kein Vertrag besteht. Möglicherweise kommt zwischen den Parteien aber nach den PECL zunächst ein Vertrag über den Verkauf des Gegenstandes für 1 Euro zustande, von dem sich A jedoch durch Anfechtung wegen Irrtums lösen kann (Art. 4:104 iVm Art. 4:103 (1) PECL).[559]

---

558 Siehe oben, § 2 B. II. 3. b).
Bei Internetauktionen gelten in England keine Besonderheiten hinsichtlich des Vertragsschlusses. Dazu statt vieler aus rechtsvergleichender Sicht: *Wagner*, Verbraucherschutz, 50 ff. mwN. Argos Ltd musste zum Beispiel im Jahr 2005 Bestellungen über Fernsehgeräte, die online für 0,49 GBP statt 349,99 GBP ausgepreist waren, nicht nachkommen, weil der Vertrag über den Verkauf der TV-Geräte zum Preis von 0,49 GBP *void* war. Bericht der BBC zu diesem Fall: http://news.bbc.co.uk/2/hi/uk_news/4204002.stm.
Möglicherweise kommt es in England seltener als in Deutschland zu Rechtsstreitigkeiten, weil sich die Online-Shops durch Klauseln in ihren Allgemeinen Geschäftsbedingungen (terms and conditions) schützen. In den AGB des Unternehmens Argos Ltd. ist etwa inzwischen der Vertragsschluss gesondert geregelt, wonach die Annahme des Unternehmens erst bei Versand und nicht mit der automatisch versandten Bestellbestätigung erklärt wird. Außerdem werden „pricing errors" in den AGB explizit erwähnt, wonach das Unternehmen den Verbraucher bei Auftauchen eines „pricing errors" über diesen Irrtum zu informieren und dem Verbraucher die Möglichkeit zu geben, die Bestellung zum korrekten Preis zu bestätigen oder zu stornieren.

559 Siehe oben, § 2 B. II. 3. c). Dort auch zu den anderen Regelwerken ausführlich. Da die Regelwerke nicht in Kraft getreten sind, gibt es kein Rechtsprechungsmaterial. Es ist also unklar, welche Rolle Beweisprobleme nach den PECL sowie den anderen Regelwerken in der Praxis spielen.

2. *Zweite Fallgruppe: Vertippen bei Eingabe des Startpreises einer eBay-Auktion*

In den untersuchten Fällen, in welchen sich der Verkäufer A darauf beruft, sich bei der Eingabe des Startpreises einer Internetauktion verschrieben zu haben, ist dieser Erklärungsirrtum für den anderen Vertragsteil B ganz überwiegend nicht erkennbar. A konnte das Vorliegen eines Erklärungsirrtums nicht glaubhaft machen; die Gerichte hielten den behaupteten Irrtum für nicht erwiesen.

Nach dem oben Gezeigten ist A in einem Fall, in dem B nicht erkannt hat und auch nicht erkennen konnte, dass A sich verschrieben hat, nach englischem Recht sowie nach den PECL ohne Lösungsmöglichkeit an den Vertrag mit B gebunden: Nach englischem Recht wie nach den PECL berechtigt der für den anderen Teil nicht erkennbare Erklärungsirrtum bereits auf materiellrechtlicher Ebene nicht zur Anfechtung.[560]

V. Ergebnis

Dem Erklärungsirrtum nach § 119 I Alt. 2 BGB kommt durch Rechtsstreitigkeiten auf dem Gebiet von Internetauktionen neue Bedeutung zu. In den untersuchten Fällen wird der Verkäufer privat, also nicht gewerblich tätig. Es handelt sich bei den Fällen des Erklärungsirrtums somit nicht um „seltene, atypische Fälle, [die] typischerweise Unternehmer" treffen.[561] Dabei wird im Vergleich mit dem englischen Recht und den Regelwerken deutlich, dass die deutsche Regelung zum Erklärungsirrtum besonders offen gestaltet ist: Es ist eine Besonderheit des deutschen Rechts, wenn auf Tatbestandsebene nicht danach unterschieden wird, ob der Erklärungsirrtum für den anderen Teil erkennbar war oder nicht. Im englischen Recht und den PECL spielt die Erkennbarkeit des Irrtums für den anderen Teil dagegen bereits auf Tatbestandsebene eine entscheidende Rolle.

Die Untersuchung zeigt, dass die vermeintlich offene Regelung des § 119 I Alt. 2 BGB dem anfechtenden Verkäufer dann nichts nützt, wenn er den Erklärungsirrtum vor Gericht nicht beweisen kann. Im Prozess kommt es bei der Beweiswürdigung doch auf die Erkennbarkeit des Erklärungsirrtums für den anderen Teil an. Zudem wird deutlich, dass im Rahmen von § 138 I BGB und § 242 BGB besondere Wertungen für eBay-Versteigerungen getroffen werden. Zentral für diese Wertungen sind klare Risikozuweisungen zulasten des Verkäufers. Im

560 Siehe oben, § 2 C. 3. b) (England); § 2 II. 3. c) (PECL sowie andere Regelwerke).

561 So auch *Jansen*, Irrtumsanfechtung, 196.

Ergebnis ist der Verkäufer in diesen Fällen an den für ihn ungünstigen Vertrag mit dem Käufer gebunden.

Obwohl das Irrtumsrecht des englischen Rechts und der Regelwerke auf den ersten Blick völlig unterschiedliche Ergebnisse erwarten lassen würden, zeigt der Exkurs ein anderes Bild. In den hier zuerst untersuchten Fällen (Vertippen bei Verkaufsmöglichkeit) kommt in Deutschland zunächst ein Vertrag zustande, von dem sich der Verkäufer aber durch Anfechtung lösen kann. In England und den PECL besteht bereits kein Vertrag oder der Verkäufer ist ebenfalls anfechtungsberechtigt.[562] Entscheidet sich der Verkäufer für die Anfechtung, ist er im Ergebnis nach beiden untersuchten Rechtsordnungen und den Regelwerken nicht an den für ihn ungünstigen Vertrag gebunden.

Die Untersuchung der Fallgruppen im Hauptteil der Studie hat gezeigt, dass der Erklärende in den Fällen, in welchen der Erklärungsempfänger den Erklärungsirrtum nicht erkannt hat und er für ihn auch erkennbar ist, nur nach deutschem Recht anfechtungsberechtigt ist; nach englischem Recht und den Regelwerken besteht eine Bindung an den Vertrag.[563] In der zweiten Gruppe der im Exkurs untersuchten Fälle, also in den Fällen, in welchen sich der Verkäufer im Rahmen einer eBay-Auktion bei der Eingabe eines Startpreises vertippt hat, ohne dass dies für den anderen Teil erkennbar war, sind demnach auf den ersten Blick die größten Unterschiede zwischen dem deutschen und dem englischen Vertragsrecht sowie den Regelwerken zu erwarten. Die Analyse der Fälle auf dem Gebiet von eBay-Auktionen führt indes zu dem Ergebnis, dass der Verkäufer in diesen Fällen auch in Deutschland ohne Lösungsmöglichkeit ganz überwiegend an den für ihn ungünstigen Vertrag mit dem Käufer gebunden ist, weil er den Erklärungsirrtum vor Gericht nicht beweisen kann. Die strukturellen Beweisprobleme desjenigen, der sich auf den Erklärungsirrtum beruft, führen zu einer Annäherung des deutschen und des englischen Rechts sowie der Regelwerke. Dies mildert den Vorwurf ab, es handele sich bei der Modellregelung der Regelwerke, wonach ein Erklärungsirrtum nur dann zur Anfechtung berechtigt, wenn der Erklärungsempfänger jenen Irrtum kannte oder kennen musste, um eine „als ungerecht empfundene Regelung“[564]. Der zu Beginn des Exkurses erwähnten These, die Rechtsprechung zu eBay-Fällen mache die Bedeutung der Anfechtung wegen Erklärungsirrtums deutlich, kann somit nicht voll zugestimmt werden.

---

562 Siehe oben, § 2 B. II. 3. b) (England); § 2 B. II. 3. c) (PECL sowie andere Regelwerke).

563 Siehe dazu ausführlich oben, § 2 C. 3. b) (England); § 2 C. II. 3. c) (PECL sowie andere Regelwerke).

564 So aber *Jansen*, Irrtumsanfechtung, 196.

§ 3 Zusammenfassung und Gesamtergebnis

An dieser Stelle werden die Ergebnisse der einzelnen Fallgruppen kurz zusammengefasst und es wird eine abschließende Bewertung getroffen.

A. Erste Fallgruppe: Erklärungsirrtum und Gewolltes vom Erklärungsempfänger erkannt bzw. für ihn nur erkennbar

I. Übereinstimmender Erklärungsirrtum

Die Studie beginnt mit dem Fall, in welchem sich beide Parteien bei Vertragsschluss irren, nach Vertragsschluss aber eine der beiden Parteien die andere an dem Inhalt, wie er objektiv erscheint, festhalten will, weil dieser Inhalt für sie vorteilhafter ist als der ursprünglich von beiden Parteien gewollte Vertragsinhalt.

Die Lösung des Falles ist nach den untersuchten Rechtsordnungen und den Regelwerken einheitlich. Die Erklärung des Erklärenden ist mit dem Inhalt wirksam, wie er ihn zunächst gewollt hat, und die Erklärung des Erklärungsempfängers wird auch in diesem Sinne ausgelegt, so dass zwischen beiden Parteien ein Vertrag zu dem von beiden Parteien zunächst Gewollten besteht.

In Deutschland wird dieses Ergebnis durch Anwendung der *falsa demonstratio*-Regel erreicht. Diese Auslegungsregel ist im Bürgerlichen Gesetzbuch nicht kodifiziert. Typisches Beispiel für die *falsa demonstratio* ist der Haakjöringsköd-Fall des Reichsgerichts (RG 08.06.1920, II 549/19 = RGZ 99, 147). Dieser Fall, in dem es wohl um einen übereinstimmenden Inhaltsirrtum (§ 119 I Alt. 1 BGB) und nicht um einen Erklärungsirrtum (§ 119 I Alt. 2 BGB) geht, verdeutlicht, was der Rechtssatz *falsa demonstratio non nocet* bedeutet: Wenn der Erklärungsempfänger die Erklärung des Erklärenden nicht so verstanden hat, wie ihr Inhalt objektiv erscheint, sondern übereinstimmend mit dem Erklärenden in dem Sinne, wie sie der Erklärende gemeint hat, gilt die Erklärung in diesem Sinn. Die Willenserklärung des Erklärenden wird also in dem von ihm zunächst gewollten Sinne ausgelegt und die Willenserklärung des Erklärungsempfängers auch. Es kommt ein Vertrag mit dem Inhalt zustande, über den beide Parteien einig waren.

In den PECL ist dies in den Auslegungsregeln für Verträge ausdrücklich kodifiziert: Ein Vertrag wird nach dem gemeinsamen Parteiwillen ausgelegt, selbst wenn dieser nicht mit dem Wortlaut der Erklärungen übereinstimmt, Art. 5:101 (1) PECL. Ob und wie nach den PECL die Auslegung von Erklärungen zu erfolgen hat, ist unklar, weil die PECL keine speziellen Regelungen für die Auslegung von Erklärungen enthalten. In der Studie wird dem Ansatz gefolgt, dass für die Auslegung von Erklärungen die Vorschriften über die Vertragsauslegung entsprechend gelten, vgl. Art. 1:107 PECL. Dann kann die Erklärung des Erklärenden wie in Deutschland im Sinne des von ihm zunächst Gewollten ausgelegt werden und die Erklärung des Erklärungsempfängers ebenfalls. Nach den PECL sind beide Parteien also wie nach deutschem Recht an den Vertrag gebunden, den sie ursprünglich abschließen wollten.

In den anderen Regelwerken ist die Situation nicht ausdrücklich geregelt; der Ausgangspunkt für die Auslegung von Erklärungen ist deshalb objektiv (Art. 4.2 (2) PICC; Art. II.-4:102 (1) DCFR; Art. 12 (1) FS; Art. 12 (1) CESL). Zwar sind die Erklärungen aus der Sicht einer „vernünftigen Person" auszulegen, aber diese Person hat die Kenntnis der konkreten Parteien. Insofern kommt man auch nach den anderen Regelwerken zum gleichen Ergebnis wie nach den PECL: Beide Erklärungen können so ausgelegt werden, wie sie von den Parteien ursprünglich gewollt waren. Es besteht eine Einigung über das Gewollte. Das Gleiche ergibt sich aus den Regelungen der anderen Regelwerke über die Vertragsauslegung: Es gibt in den anderen Regelwerken wie in den PECL eine Spezialregelung, wonach der gemeinsame Parteiwille für die Auslegung des Vertrages maßgeblich ist, auch wenn dieser Wille in den Erklärungen nicht zum Ausdruck gekommen ist.[565]

Im englischen Vertragsrecht ist für die Auslegung grundsätzlich der *objective test* maßgeblich. Auslegungsgegenstand ist in England anders als nach dem Bürgerlichen Gesetzbuch weniger die einzelne Parteierklärung als der Vertrag. Traditionell spielt für die Auslegung von Verträgen nach englischem Recht der Parteiwille eine untergeordnete Rolle; eine Auslegungsregel ähnlich der *falsa demonstratio*-Regel, die Teil des deutschen Rechts ist, ist nicht in gleichem Maße gebräuchlich. Die Untersuchung zeigt, dass man in England dennoch zum gleichen Ergebnis kommt wie in Deutschland und nach den Regelwerken. Entweder erreicht man dieses Resultat, in dem man bei Anwendung des *objective test* den Kontext der Parteierklärungen miteinbezieht *(contextual approach)* oder bereits die zwischen den Parteien tatsächlich bestehende (subjektive) Einigung für entscheidend hält. Darüber hinaus hat bei einem schriftlichen Vertrag die Partei, die von dem Vertragsdokument mit dem Inhalt, wie er objektiv erscheint, benachteiligt ist, die Möglichkeit, *in equity* auf *rectification* wegen *fundamental common mistake* zu klagen. Dann wird das Vertragsdokument gerichtlich so geändert, dass es den Inhalt hat, über den sich beide Parteien zunächst einig waren.

565 Art. 4.1 (1) PICC; Art. II.-8:101 (1) DCFR; Art. 56 (1) FS; Art. 58 (1) CESL.

Die Untersuchung führt zu dem Ergebnis, dass der Fall des übereinstimmenden Erklärungsirrtums nach beiden Rechtsordnungen und allen Regelwerken gleich gelöst wird; die Anwendung der Auslegungsmethoden führt zu identischen Ergebnissen, obwohl die Methoden im Ausgangspunkt verschieden sind.

II. Erkannter und durchschauter Erklärungsirrtum

Im Unterschied zum Fall des übereinstimmenden Erklärungsirrtums unterliegt im Fall des erkannten und durchschauten Erklärungsirrtums nur eine Partei (hier der Erklärende) einem Erklärungsirrtum. Die andere Partei (hier der Erklärungsempfänger) erkennt dies und weiß auch, was der Erklärende ohne den Irrtum erklärt hätte. Sie will einen Vorteil aus dem Vertrag mit dem Inhalt, wie er objektiv erscheint, ziehen.

Um den Fall des erkannten und durchschauten Erklärungsirrtums zu lösen, kommen zwei Ansätze in Betracht: Zum einen ist denkbar, dass zwischen den Parteien keine vertragliche Bindung besteht, zum anderen ist möglich, dass die Parteien an einen Vertrag gebunden sind, dessen Inhalt dem wahren und vom Erklärungsempfänger erkannten Willen des Erklärenden entspricht.

Nach dem deutschen und dem englischen Recht sowie den Regelwerken ist der Erklärende nicht an den Vertrag gebunden, dessen Inhalt er nicht gewollt hat.[566]

Die Frage, ob der Erklärungsempfänger an das vom Erklärenden Gewollte gebunden ist, wird nicht einheitlich beantwortet.

In Deutschland werden die Parteierklärungen so ausgelegt, dass ein Vertrag mit dem Inhalt besteht, den A gewollt hat. Die Auslegung erfolgt entweder entsprechend der Auslegungsregel *falsa demonstratio non nocet*, wie dies etwa die Entscheidung des Reichsgerichts im bereits in der Einführung erwähnten Quadratruten-Fall (RG 29.10.1907, III 151/07 = RGZ 66, 427) verdeutlicht, oder durch Auslegung aus der Sicht eines objektiven Erklärungsempfängers gemäß §§ 133, 157 BGB.

In den PECL ist der Fall ausdrücklich geregelt. Die Erklärung des Erklärenden wird nach Art. 1:107 PECL iVm Art. 5:101 (2) PECL wie in Deutschland so ausgelegt, dass sie seinem wahren Willen entspricht. Die Erklärung des Erklärungsempfängers (im Beispielsfall „Ich nehme Ihr Angebot an.“) hat den Inhalt, dass

566 In dem zu Beginn der Studie in der Einführung dargestellten Hasenfell-Fall *Hartog v Colin & Shields* [1939] 3 All E.R. 566 besteht also nach englischem Recht zwischen den Parteien zumindest kein Vertrag über den Verkauf der Hasenfelle zum Preis pro Gewicht.

er das Angebot des Erklärenden mit dem vom Erklärenden gewollten Inhalt annimmt, Art. 1:107 iVm Art. 5:101 (3) PECL. Zwischen den Parteien besteht also wie nach deutschem Recht eine Einigung über den vom Erklärenden gewollten und vom Erklärungsempfänger erkannten Inhalt. Dies ist bei direkter Anwendung des Art. 5:101 (2) PECL auch das Ergebnis der Vertragsauslegung: Der Vertrag wird danach in der dem Willen der ersten Partei entsprechenden Weise ausgelegt, wenn feststeht, dass eine Partei den Vertrag in einem bestimmten Sinne verstanden wissen wollte und diese Absicht der anderen Partei bei Vertragsschluss nicht entgangen sein konnte.

In den anderen Regelwerken ist bereits im Abschnitt über die Auslegung von Erklärungen geregelt, dass sich bei einem vom Erklärungsempfänger erkannten und durchschauten Irrtum die vom Erklärenden gewollte und vom Erklärungsempfänger erkannte Bedeutung eines Ausdrucks durchsetzt (Art. II.-8:201 (2) Alt. 1 DCFR; Art. 12 (2) Alt. 1 FS; Art. 12 (2) Alt. 1 CESL). Wie in den PECL ist dies auch im Abschnitt über die Vertragsauslegung angeordnet.[567] Nur in den Unidroit-Prinzipien fehlt eine entsprechende Regelung im Abschnitt über die Auslegung von Erklärungen wie auch über die Vertragsauslegung; es gilt daher nach Art. 4.2 (2) PICC bzw. Art. 4.1 (2) PICC der allgemeine, objektive Maßstab. Dies führt zu keinem anderen Ergebnis als nach den anderen Regelwerken, denn bei Hinzuziehung der Vorverhandlungen kann aus der Sicht eines objektiven Dritten der Vertrag in dem vom Erklärenden gewollten und vom Erklärungsempfänger erkannten Sinne ausgelegt werden. Auch nach den Unidroit-Prinzipien hat der Vertrag also den vom Erklärenden gewollten Inhalt.

In England gibt es keine „authority“ für die Frage, ob im Fall des vom Erklärungsempfänger erkannten und von ihm durchschauten Erklärungsirrtums ein Vertrag mit dem Inhalt besteht, der dem Willen des Erklärenden entspricht. Zunächst kann festgestellt werden, dass die Auslegung nach englischem Recht grundsätzlich nach objektiven Kriterien zu erfolgen hat und eine gewisse Zurückhaltung besteht, den Willen einer Partei über den Inhalt der Erklärung zu stellen, wie er objektiv erscheint. Die Analyse einer nordirischen Gerichtsentscheidung zeigt allerdings, dass der Richter einen Fall des vom Erklärungsempfänger erkannten und durchschauten Erklärungsirrtums im Wege der Auslegung im Sinne des vom Erklärenden Gewollten löste. Im Schrifttum wird dieser Ansatz indes kritisiert. Bei einem schriftlichen Vertragsdokument kann der Vertragsinhalt aber jedenfalls durch Klage des Erklärenden auf *rectification* wegen

567 Art. II.-8:101 (2) Alt. 1 DCFR; Art. 56 (2) Alt. 1 FS; Art. 58 (2) Alt. 1 CESL.

fundamental unilateral mistake so geändert werden, dass der Vertrag den Inhalt hat, den der Erklärende gewollt und den der Erklärungsempfänger erkannt hat.[568]

Nach Auslegung der Erklärungen kommt also einheitlich kein Vertrag mit dem Inhalt zustande, wie er objektiv erscheint. Nach dem deutschen Recht und den Regelwerken besteht vielmehr ein Vertrag mit dem Inhalt des vom Erklärenden Gewollten. Trotz im Vergleich mit dem deutschen Recht und den Regelwerken unterschiedlichen Ausgangspunktes bei der Auslegung erscheint dies auch nach dem englischen Recht zumindest möglich.

III. Erkennbarer und durchschaubarer Erklärungsirrtum

Im Fall des für den Erklärungsempfänger erkennbaren und durchschaubaren Erklärungsirrtums hat der Erklärungsempfänger im Unterschied zu dem Fall, in dem er den Erklärungsirrtum des Erklärenden tatsächlich erkannt und durchschaut hat, den Erklärungsirrtum des Erklärenden und das von ihm Gewollte nicht erkannt. Der Erklärungsempfänger hätte in diesem Fall bloß erkennen können, dass der Erklärende bei Abgabe seiner Erklärung einem Erklärungsirrtum unterlag und auch, was der Erklärende eigentlich erklären wollte.

Nach den untersuchten Rechtsordnungen und den Regelwerken sind drei verschiedene Lösungswege möglich. Es kommt in Betracht, dass ein Vertrag mit dem Inhalt besteht, wie er objektiv erscheint, sich der Erklärende aber von diesem Vertrag durch Anfechtung lösen kann, oder an diesen Vertrag ohne Lösungsmöglichkeit gebunden ist. Außerdem ist denkbar, dass die Parteien an einen Vertrag gebunden sind, der dem wahren und für den Erklärungsempfänger erkennbaren Willen des Erklärenden entspricht. In diesem Fall hat aber möglicherweise der Erklärungsempfänger ein Anfechtungsrecht.

Nach dem deutschen Recht gibt es zwei Möglichkeiten, um den Fall zu lösen. Nach der Mehrheitsmeinung wirkt sich die Tatsache, dass der Erklärungsempfänger nicht nur den Erklärungsirrtum des Erklärenden hätte erkennen können, sondern auch das vom Erklärenden Gewollte, bereits bei der Auslegung der Erklärungen aus. Zumindest dann, wenn die Gesamtumstände der Erklärung des Erklärenden für den Erklärungsempfänger evident waren, kann dieser Ansicht nach die Erklärung des Erklärenden im Sinne des vom Erklärenden Gewollten ausgelegt werden. Die Erklärung des Erklärungsempfängers könne als Annahme dieser Erklärung ausgelegt werden, wenn sie lautet, er nehme das Angebot des

568 Vermutlich würde also im in der Einführung dargestellten Hasenfell-Fall *Hartog v Colin & Shields* [1939] 3 All E.R. 566 zwischen den Parteien ein Vertrag über den Verkauf der Hasenfelle zum Preis pro Stück bestehen.

Erklärenden an. Nach der Mehrheitsmeinung des deutschen Rechts besteht bei einem erkennbaren und durchschaubaren Erklärungsirrtum also ein Vertrag mit dem Inhalt, wie ihn der Erklärende gewollt hat. Der Erklärungsempfänger kann sich aber von diesem Vertrag durch Anfechtung wegen Inhaltsirrtums gemäß § 119 I Alt. 1 BGB lösen.

Anderer Ansicht nach ist eine Auslegung der Parteierklärungen in dem eben beschriebenen Sinne nicht möglich. Vielmehr habe die Erklärung des Erklärenden nach Auslegung aus der Sicht eines objektiven Dritten den Inhalt, wie er nach dem Vertragsdokument erscheint. Die Erklärung des Erklärungsempfängers sei eine Annahmeerklärung, sofern er lediglich erklärt, er wolle das Angebot des Erklärenden annehmen. Dann liegt eine Einigung über den Inhalt der Erklärung vor, wie er objektiv erscheint, und es kommt zwischen den Parteien ein Vertrag mit dem Inhalt zustande, wie er objektiv erscheint. Allerdings könne sich der Erklärende wegen eines Erklärungsirrtums von diesem Vertrag durch Anfechtung gemäß § 119 I Alt. 2 BGB lösen. In diesem Fall könne der Erklärungsempfänger vom Erklärenden nicht den Ersatz eines eventuellen Vertrauensschadens verlangen, denn dieser Anspruch entfalle nach § 122 II BGB.

Nach beiden zum deutschen Recht vertretenen Ansichten ist der Vertrag bei erfolgter Anfechtung nichtig, § 142 I BGB.

Nach dem englischen Recht stehen sich ebenfalls zwei Lösungsmöglichkeiten gegenüber, und zwar entweder keine vertragliche Bindung der Parteien oder ein Vertrag mit dem Inhalt nach dem Willen des Erklärenden. Nach der Mehrheitsmeinung sind die Parteien nach der Auslegung nach dem *objective test* nicht vertraglich gebunden. Tendenzen im Schrifttum zeigen den Weg auf, dass ein schriftliches Dokument durch Klage auf *rectification* wegen *fundamental unilateral mistake* im Sinne des vom Erklärenden Gewollten berichtigt werden kann; indes widerspricht dies wohl der überwiegenden Meinung.

Dagegen ist in den Regelwerken mit Ausnahme der Unidroit-Prinzipien ausdrücklich geregelt, dass sich auch bei bloßer Erkennbarkeit des wahren Willens für den Erklärungsempfänger der wirkliche Wille des Erklärenden als Inhalt des Vertrages bei der Auslegung durchsetzt (Art. 5:101 (2) PECL direkt).[569] Dies gilt

569 Art. II.-8:101 (2) DCFR; Art. 56 (2) Alt. 2 FS; Art. 58 (2) Alt. 2 CESL. In den Unidroit-Prinzipien fehlt im Abschnitt über die Vertragsauslegung eine spezielle Auslegungsregel. Es gilt der objektive Maßstab der Auslegung, Art. 4.1 (2) PICC. Auch bei Anwendung dieses Maßstabs hat der Vertrag den Inhalt, wie ihn der Erklärende gewollt hat, weil die Vorverhandlungen bei der Auslegung hinzugezogen werden dürfen und insofern aus der Sicht eines objektiven Dritten nichts Anderes als Vertragsinhalt gelten kann als der Vertrag mit dem vom Erklärenden gewollten Inhalt.

auch für die Auslegung der Erklärungen (Art. 1:107 iVm Art. 5:101 (2) PECL).[570] Möglicherweise kann sich der Erklärungsempfänger aber durch Anfechtung von diesem Vertrag lösen.

Nach dem englischen Recht ist der Erklärende also von vornherein nicht vertraglich gebunden. Nach dem deutschen Recht führen beide Ansichten ebenfalls zu diesem Ergebnis; nach erfolgter Anfechtung besteht keine Bindung an den Vertrag. Dies ist auch eine mögliche Lösung nach den Regelwerken, wenn sich der Erklärungsempfänger durch Anfechtung von dem Vertrag mit dem Inhalt, wie ihn der Erklärende tatsächlich gewollt hat, lösen kann. Nach beiden Rechtsordnungen und den Regelwerken bestünde dann zwischen den Parteien im Fall des erkennbaren und durchschaubaren Erklärungsirrtums kein Vertrag.

IV. Zwischenergebnis zur ersten Fallgruppe

In der ersten Fallgruppe wurden Fälle untersucht, in denen der Erklärungsempfänger Kenntnis oder zumindest nur aufgrund von Fahrlässigkeit keine Kenntnis vom Erklärungsirrtum des Erklärenden sowie des von ihm Gewollten hatte (übereinstimmender Erklärungsirrtum; erkannter und durchschauter Erklärungsirrtum; erkennbarer und durchschaubarer Erklärungsirrtum). In beiden Rechtsordnungen sowie den Regelwerken herrscht Einigkeit darüber, dass diese Fälle durch Auslegung gelöst werden. Die Tatsache, dass sich der Erklärende in diesen Fällen verschrieben hat, tritt somit überwiegend nicht als Erklärungsirrtum, der Rechtsfolgen auslöst, in Erscheinung.

Innerhalb der ersten beiden Unterfallgruppen (übereinstimmender Erklärungsirrtum; erkannter und durchschauter Erklärungsirrtum) herrscht bei der Lösung des Falles nach dem deutschen und dem englischen Recht sowie den Regelwerken Einigkeit: Im Fall des übereinstimmenden Erklärungsirrtums sowie im Fall des vom Erklärungsempfänger erkannten und durchschauten Erklärungsirrtums besteht keine Bindung der Parteien an den Vertrag mit dem Inhalt, wie er objektiv erscheint. Vielmehr besteht (sogar nach englischem Recht) eine Bindung des Erklärungsempfängers an das vom Erklärenden Gewollte.

Die Spannung, die zwischen den alternativen Möglichkeiten Auslegung oder Nichtigkeit in beiden Rechtsordnungen und den Regelwerken besteht, tritt im Fall des für den Erklärungsempfänger nur erkennbaren und durchschaubaren Erklärungsirrtums deutlich zu Tage. Vermutlich wird der Fall jedenfalls nach

570 Art. II.-8:201 (2) Alt. 2 DCFR; Art. 12 (2) Alt. 2 FS; Art. 12 (2) Alt. 2 CESL. Nach den Unidroit-Prinzipien gilt ein objektiver Maßstab, Art. 4.2 (2) PICC, was zu keinem anderen Ergebnis führt.

deutschem und englischem Recht im Ergebnis einheitlich gelöst. Nach der Mehrheitsmeinung kommt in Deutschland zwar zunächst ein Vertrag mit dem Inhalt, wie ihn der Erklärende gewollt hat, zustande. Der Erklärungsempfänger ist dann aber anfechtungsberechtigt und bei erfolgter Anfechtung ist der Vertrag nichtig. Nach englischem Recht besteht bereits nach der Auslegung keine vertragliche Bindung. Es lässt sich feststellen, dass innerhalb der beiden Rechtsordnungen in Rechtsprechung und Literatur ähnliche Argumente vorgebracht werden, wie der Fall zu lösen sei. Die Lösung nach den Regelwerken stimmt mit der Meinung überein, die im deutschen Schrifttum mehrheitlich vertreten wird: Es besteht ein Vertrag mit dem Inhalt, der dem vom Erklärenden Gewollten entspricht.

B. Zweite Fallgruppe: Vom Erklärungsempfänger erkannter bzw. für ihn erkennbarer Erklärungsirrtum

I. Erkannter Erklärungsirrtum

Im Fall des vom Erklärungsempfänger erkannten Erklärungsirrtums unterliegt der Erklärende einem Erklärungsirrtum. Der Erklärungsempfänger weiß dies; er hat den Erklärungsirrtum des Erklärenden aber nicht durchschaut, das heißt er konnte nicht erkennen, was der Erklärende eigentlich erklären wollte.

Als Lösung des Falles kommen nach dem deutschen und dem englischen Recht sowie den Regelwerken zwei Möglichkeiten in Betracht: Es wird erörtert, ob kein Vertrag mit dem Inhalt besteht, wie er objektiv erscheint, oder ob eine Bindung an diesen Vertrag besteht, der dann aber anfechtbar ist.

In Deutschland wird wohl mehrheitlich die Ansicht vertreten, es komme kein Vertrag zustande. Die Auslegung habe gemäß §§ 133, 157 BGB nach dem objektiven Empfängerhorizont zu erfolgen. Die Erklärung des Erklärenden sei wegen der Kenntnis des Erklärungsempfängers von seinem Irrtum nicht auslegungsfähig: Ein objektiver Dritter in der Person des Erklärungsempfängers wusste, dass der Erklärende die Erklärung mit dem Inhalt, wie er objektiv erscheint, nicht abgeben wollte. Nimmt der Erklärungsempfänger auf dieses Angebot Bezug, indem er erklärt, er nehme das Angebot des Erklärenden an, kann der Inhalt dieser Erklärung nicht ermittelt werden. Zwischen den Parteien besteht dann kein Vertrag.

Vereinzelt wird die Meinung vertreten, die Erklärung des Erklärenden könne trotz der Kenntnis des Erklärungsempfängers vom Erklärungsirrtum des Erklärenden ausgelegt werden. Sie habe den Inhalt, wie er objektiv erscheint. Erklärt der Erklärungsempfänger lediglich, er nehme das Angebot des Erklärenden an, könne diese Erklärung als Annahme des Angebots ausgelegt werden und es bestehe eine Einigung über den Inhalt, wie er objektiv erscheint. Indes sei der Erklärende wegen Erklärungsirrtums nach § 119 I Alt. 2 BGB anfechtungsberechtigt. Da der Erklärungsempfänger Kenntnis vom Erklärungsirrtum des Anfechtenden hatte, entfalle der nach dem Bürgerlichen Gesetzbuch grundsätzlich bestehende Anspruch des Erklärungsempfängers gegen den Anfechtenden auf Ersatz eines Vertrauensschadens nach § 122 II BGB.

In England führt die Auslegung der Erklärungen nach dem *objective test* vermutlich dazu, dass kein Vertrag besteht. Der Lösungsansatz ähnelt insofern dem, was auch in Deutschland von der Mehrheitsmeinung diskutiert wird. Nach dem englischen Recht liegt dem der Gedanke zugrunde, dass ein objektiver Dritter in der Person des Erklärungsempfängers nicht auf den objektiven Gehalt der Erklärung des Erklärenden vertrauen kann, weil der Erklärungsempfänger den Irrtum des Erklärenden erkannt hat. Anders als nach dem deutschen Recht steht die Anfechtungslösung nicht im Raum. Es ist jedoch unklar, ob ein englisches Gericht auch so entscheiden würde. Denn das Problem, das der Beispielsfall stellt, wurde bisher nur von einem englischen Richter anhand eines Urteils des Court of Appeal von Singapur am Rande angesprochen; es wurde bislang in England nicht höchstrichterlich gelöst.

Nach den Regelwerken ist wie nach dem deutschen Recht die Ansicht vertretbar, dass kein Vertrag zustande kommt. Jedenfalls für die PECL und den DCFR wird wie nach dem deutschen Recht die Meinung vertreten, im Fall des erkannten Erklärungsirrtums bestehe ein Vertrag mit dem Inhalt, wie er objektiv erscheint, von dem sich der Erklärende aber durch Anfechtung lösen könne.

Nach allen Regelwerken gilt für die Auslegung der Erklärungen bzw. des Vertrages ein objektiver Maßstab. Nach den PECL sind die Erklärungen bzw. der Vertrag in dem Sinne auszulegen, den ihm vernünftige Personen von derselben Art der Parteien unter denselben Umständen geben würden, Art. 1:107 iVm Art. 5:101 (3) PECL bzw. Art. 5:101 (3) direkt. Die Vorschriften über die Auslegung von Erklärungen in den anderen Regelwerken mit Ausnahme der Unidroit-Prinzipien[571] unterscheiden sich von den PECL in der Formulierung, weshalb der Auslegungsmaßstab unklar ist. Nach dem DCFR ist für die Auslegung von Erklärungen die Sicht einer vernünftigen Person maßgeblich (Art. II.-8:201 (3) DCFR); nach der Feasibility Study und dem CESL sind Erklärungen so auszulegen, wie erwartet werden kann, dass die Person, an die sie gerichtet ist, sie versteht (Art. 12 (1) FS; Art. 12 (1) CESL). Der in den PECL und den Unidroit-Prinzipien enthaltene Zusatz, wonach die Sicht eines neutralen Dritten

571 Art. 4.2 (2) PICC.

„of the same kinds as the parties in the same circumstances" entscheidend ist, fehlt. Für die Vertragsauslegung gilt dagegen nach dem DCFR und dem CESL die Sicht einer vernünftigen Person (Art. II.-8:101 (3) DCFR; Art. 58 (3) CESL), nach der Feasibility Study sind Verträge wie nach den PECL und den Unidroit-Prinzipien aus der Sicht einer vernünftigen Person von derselben Art der Parteien unter denselben Umständen auszulegen (Art. 56 (3) FS). Unabhängig von diesen Ungenauigkeiten in der Formulierung und der unzureichenden Abstimmung der Vorschriften über die Auslegung von Erklärungen mit denen über die Auslegung von Verträgen lässt sich wie nach dem deutschen Recht die Meinung vertreten, dass nach den Regelwerken die Erklärung des Erklärenden aus der Sicht eines objektiven Dritten nicht auslegungsfähig ist, weil diese Person wusste, dass der Erklärende nicht das erklärt hat, was er erklären wollte. Selbst wenn die Erklärung der anderen Partei ausgelegt werden kann, besteht dann wie nach deutschem Recht ein Einigungsmangel und zwischen den Parteien kommt kein Vertrag zustande.

Die für die PECL und den DCFR vertretene Meinung, es bestehe nach Auslegung der Erklärungen ein Vertrag mit dem Inhalt, wie er objektiv erscheint, der Erklärende sei aber anfechtungsberechtigt, ist deshalb wohl unrichtig. Selbst wenn man von einem Vertragsschluss mit dem Inhalt, wie er objektiv erscheint, ausgeht, bestehen überdies erhebliche Schwierigkeiten, einen Anfechtungsgrund zu bestimmen. Anders als nach dem deutschen Recht kann das Anfechtungsrecht des Erklärenden nämlich nicht allein darauf gestützt werden, dass sich der Erklärende im Beispielsfall verschrieben hat. Vielmehr müssen für die Anfechtbarkeit wegen eines Kommunikationsirrtums (Art. 4:104 PECL) die Voraussetzungen des allgemeinen Irrtumstatbestandes, Art. 4:103 PECL, vorliegen. Es handelt sich zwar um einen wesentlichen Kommunikationsirrtum; ansonsten ist aber fraglich, worauf das Anfechtungsrecht des Erklärenden gestützt werden kann. In Betracht kommt, dass der Erklärende den Vertrag wegen Irrtums anfechten kann, weil die andere Partei Kenntnis von dem wesentlichen Kommunikationsirrtum der ersten Partei hatte und es den Geboten von Treu und Glauben und des redlichen Geschäftsverkehrs widersprach, die irrende Partei in ihrem Irrtum zu belassen, Art. 4:104 iVm 4:103 (1) (a) (ii) Alt. 1 PECL.[572] Die Kenntnis des anderen Teils vom Irrtum des Erklärenden reicht allein nicht aus;

572 Nach den anderen Regelwerken könnte sich aus Art. 3.2.3 iVm Art. 3.2.2 (1) (a) Alt. 1 PICC; Art. II.-7:202 iVm Art. II.-7:201 (1) (b) (ii) Alt. 1 DCFR; Art. 48 (4) iVm Art. 48 (1) (b) (iii) Alt. 1 CESL ein Anfechtungsrecht ergeben. Ob der Erklärende nach der Feasibility Study anfechtungsberechtigt sein soll, ist bereits wegen Art. 45 (4) FS im Fall des Erklärungsirrtums fraglich.

vielmehr muss ein Verstoß gegen eine sich aus Treu und Glauben ergebende Informationspflicht hinzukommen. Im untersuchten Beispielsfall fällt die Begründung einer solchen Informationspflicht allerdings schwer, was zeigt, dass die überzeugende Lösung auch nach den Regelwerken nicht die Anfechtungslösung ist, sondern die Auslegungslösung.

Nach beiden untersuchten Rechtsordnungen wie auch nach den Regelwerken wird der Fall des erkannten Erklärungsirrtums somit wohl einheitlich im Wege der Auslegung gelöst; im Zentrum der Lösung steht die Frage nach der Einigung und nicht nach dem Irrtum.

II. Erkennbarer Erklärungsirrtum

Im Unterschied zum Fall des vom Erklärungsempfänger erkannten Erklärungsirrtums liegt im Fall des für den Erklärungsempfänger nur erkennbaren Erklärungsirrtums bei dem Erklärenden ein Erklärungsirrtum vor, der Erklärungsempfänger weiß dies aber nicht. Er hätte lediglich erkennen können, dass sich der Erklärende bei der Abgabe seiner Erklärung geirrt hat.

Als Lösung des Falles kommen die gleichen Möglichkeiten in Betracht, wie wenn der Erklärungsempfänger tatsächliche Kenntnis vom Erklärungsirrtum des Erklärenden hat: Entweder besteht ein anfechtbarer Vertrag, sofern die Auslegung möglich ist, oder es besteht mangels Einigung keine vertragliche Bindung, weil die Erklärung des Erklärenden nicht auslegungsfähig ist.

Nach der wohl mehrheitlich in der Literatur des deutschen Rechts vertretenen Meinung erfolgt die Auslegung der Erklärung nach dem objektiven Empfängerhorizont, §§ 133, 157 BGB. Entscheidend ist der Inhalt der Erklärung, wie er objektiv erscheint. Der Erklärungsempfänger nimmt in seiner Annahmeerklärung auf diese Erklärung Bezug; seine Erklärung richtet sich nach dem Inhalt der Erklärung des Erklärenden. Es besteht somit ein Vertrag mit dem Inhalt, wie er objektiv erscheint. Der Erklärende hat aber ein Anfechtungsrecht wegen Erklärungsirrtums nach § 119 I Alt. 2 BGB. Die Erkennbarkeit des Erklärungsirrtums des Erklärenden für den Erklärungsempfänger spielt also nicht bereits bei der Auslegung der Erklärungen eine Rolle; sie entfaltet erst auf Sekundärebene ihre Wirkung: Ficht der Erklärende den Vertrag an, ist er gegenüber dem Erklärungsempfänger nicht schadensersatzpflichtig, weil der Erklärungsempfänger seinen Erklärungsirrtum hätte erkennen können (§ 122 II BGB).

Nach einer anderen Ansicht in der Literatur verlangt die Erkennbarkeit des Erklärungsirrtums für den Erklärungsempfänger dagegen bereits auf der Auslegungsebene Berücksichtigung. Wenn aus der Sicht eines objektiven Dritten, der alle Umstände der Vertragsverhandlungen kennt, erkennbar sei, dass sich der Erklärende bei der Abgabe der Erklärung geirrt habe, sei deutlich, dass der Erklärende eine Erklärung mit dem objektiv erkennbaren Wortsinn nicht habe abgeben wollen. Das Ergebnis der Auslegung könne nicht der objektive Wortsinn der Erklärung sein. Dann fehlt es für die mit der Erklärung des Erklärenden korrespondierende Annahmeerklärung des Erklärungsempfängers an einem Bezugspunkt für die Auslegung, so dass zwischen den Parteien kein Vertrag zustande kommt.

Diese Lösungsmöglichkeiten sind auch nach den Regelwerken denkbar. Der Maßstab für die Auslegung der Erklärungen und des Vertrages ist nach allen Regelwerken objektiv, wobei sich bei den im Vergleich zu den PECL und den Unidroit-Prinzipien moderneren Textstufen das bereits oben beschriebene Problem stellt, dass die Vorschriften über die Auslegung von Erklärungen anders als die der PECL verfasst und nicht mit denen über die Vertragsauslegung abgestimmt sind.[573] Der Auslegungsmaßstab ist in diesen Regelwerken ungenauer formuliert als in den PECL und den Unidroit-Prinzipien.

Bei Zustandekommen eines Vertrags mit dem Inhalt, wie er objektiv erscheint, könnte der Erklärende nach allen Regelwerken anfechtungsberechtigt sein. Dies gilt nach der Feasibility Study möglicherweise deshalb nicht, weil dort im allgemeinen Irrtumstatbestand ein Absatz enthalten ist, wonach ein Erklärungsirrtum nicht zur Anfechtung berechtigen soll.

Voraussetzung der Anfechtbarkeit nach den PECL, den Unidroit-Prinzipien, dem DCFR und dem CESL ist, dass der Erklärungsirrtum des Erklärenden ein wesentlicher Kommunikationsirrtum ist, der für den Erklärungsempfänger erkennbar war und auf den der Erklärungsempfänger den Erklärenden nach den Geboten von Treu und Glauben und des redlichen Geschäftsverkehrs hätte hinweisen müssen.[574] Der Anfechtungstatbestand ist der gleiche wie bei einem vom anderen Teil erkannten Kommunikationsirrtum, nur in der Alternative der Erkennbarkeit. Bei der Lösung des Falles muss dann im Einzelfall abgewogen werden, ob eine Hinweispflicht bestand.

In England kommt wie im Fall des vom Erklärungsempfänger erkannten Erklärungsirrtums nach Auslegung der Erklärungen nach dem *objective test* wahrscheinlich kein Vertrag zustande.

Die Lösung des Falles ist also nach den untersuchten Rechtsordnungen und den Regelwerken sehr ähnlich wie in dem Fall, in welchem der Erklärungsempfänger

---

573 Siehe oben, § 3 B. I.

574 Art. 4:104 iVm Art. 4:103 (1) (a) (ii) Alt. 2 PECL sowie Art. 3.2.3 iVm Art. 3.2.2 (1) (a) Alt. 2 PICC; Art. II.-7:202 iVm Art. II.-7:201 (1) (b) (ii) Alt. 2 DCFR; Art. 48 (4) iVm Art. 48 (1) (b) (iii) Alt. 2 CESL.

tatsächliche Kenntnis vom Erklärungsirrtum des Erklärenden hat. In Deutschland und nach den Regelwerken ist sowohl denkbar, dass kein Vertrag besteht, als auch, dass ein anfechtbarer Vertrag besteht. In England besteht keine vertragliche Bindung. Besonders beachtenswert erscheint die im deutschen Schrifttum vertretene Auffassung, die sich von der Anfechtungslösung entfernt; sie verneint auch bei bloßer Erkennbarkeit des Erklärungsirrtums für den anderen Teil das Zustandekommen des Vertrages. Es fällt auf, dass dann das Ergebnis der Falllösung mit dem nach dem englischen Recht erzielten Resultat übereinstimmt.

III. Zwischenergebnis zur zweiten Fallgruppe

In der zweiten Fallgruppe wurden Fälle untersucht, in denen der Erklärungsempfänger zwar Kenntnis vom Erklärungsirrtum des Erklärenden hatte oder hätte erkennen können, nicht aber von dem vom Erklärenden Gewollten (erkannter bzw. erkennbarer Erklärungsirrtum).

In England steht bei der Lösung der Fälle klar die Auslegung im Vordergrund, es geht nicht um Irrtumsfragen. Die Auslegung nach dem *objective test* führt dazu, dass nach englischem Recht in beiden Unterfallgruppen zwischen den Parteien kein Vertrag besteht.

Nach dem deutschen Recht und nach den Regelwerken werden zur Lösung der beiden Unterfallgruppen die gleichen Argumente vorgebracht. Nach dem deutschen Recht und den Regelwerken kommen als alternative Lösungsmöglichkeiten zwei Möglichkeiten in Betracht. Zum einen ist denkbar, dass die Erklärung des Erklärenden aus objektiver Empfängersicht nicht auslegbar ist und dann wegen Einigungsmangels kein Vertrag besteht. Zum anderen kommt in Betracht, dass eine vertragliche Bindung der Parteien besteht, der Erklärende sich von diesem Vertrag aber wegen Irrtums lösen kann.[575] Bei einer Anfechtungslösung reicht es nach dem deutschen Recht aus, dass sich der Erklärende verschrieben hat. Nach den Regelwerken ist dies allein für die Anfechtbarkeit nicht ausreichend.

575 Innerhalb der Regelwerke gilt insofern eine Einschränkung, dass die Anfechtungsmöglichkeit nach der Feasibility Study möglicherweise nicht in Betracht kommt. Es kommt in Betracht, dass die Anfechtung wegen Kommunikationsirrtums von vornherein ausgeschlossen ist. Bejaht man eine vertragliche Bindung, weil die Erklärung des Erklärenden sowie des Erklärungsempfängers aus der Sicht eines neutralen Dritten auslegbar ist, ist der Erklärende also nach der Feasibility Study an diesen Vertrag mit dem Erklärungsempfänger gebunden und kann sich von diesem Vertrag nicht lösen.

In den Regelwerken ist das Anfechtungsrecht des Erklärenden daran gebunden, dass der Erklärungsempfänger durch fehlende Aufklärung über den erkannten bzw. für ihn erkennbaren Irrtum veranlasst hat. Maßstab für die Frage, ob eine Hinweispflicht besteht, sind die Grundsätze von Treu und Glauben und des redlichen Geschäftsverkehrs. Ob der Erklärende zur Anfechtung berechtigt ist, unterliegt also nach den Regelwerken einer Abwägung im Einzelfall.

In Deutschland ist das Anfechtungsrecht des Erklärenden dagegen unabhängig von einer möglichen Verursachung durch den Erklärungsempfänger ausgestaltet und es ist keine Abwägung erforderlich: Hat sich der Erklärende in den Beispielsfällen verschrieben, also nicht objektiv das erklärt, was er erklären wollte, ist er anfechtungsberechtigt.

C. Dritte Fallgruppe: Für den Erklärungsempfänger nicht erkennbarer Erklärungsirrtum

I. Vom Erklärungsempfänger nicht erkannter und für ihn auch nicht erkennbarer Erklärungsirrtum, der aber möglicherweise in seinen Risikobereich fällt

Im Unterschied zu den Fällen der ersten beiden Gruppen hat der Erklärungsempfänger in den in der dritten Fallgruppe untersuchten Fällen weder Kenntnis noch fahrlässige Unkenntnis vom Erklärungsirrtum des Erklärenden und auch nicht von dem, was der Erklärende eigentlich erklären wollte.

Um den Fall des für den Erklärungsempfänger nicht erkennbaren, aber von ihm veranlassten Erklärungsirrtums zu lösen, gibt es nach dem deutschen und dem englischen Recht sowie nach den Regelwerken im Grundsatz zwei Möglichkeiten: Entweder besteht ein Vertrag mit dem Inhalt, wie er objektiv erscheint, von dem sich der Erklärende aber lösen kann, oder es besteht ein Vertrag mit dem Inhalt, wie er objektiv erscheint, von dem sich der Erklärende nicht lösen kann.

Nach dem deutschen Recht kommt vorbehaltlich des Verbraucherschutzrechts nach Auslegung der Erklärungen nach dem objektiven Empfängerhorizont gemäß §§ 133, 157 BGB zunächst ein Vertrag mit dem Inhalt zustande, wie er objektiv erscheint, der Erklärende kann sich aber von diesem Vertrag lösen. Er hat wegen eines Erklärungsirrtums ein Anfechtungsrecht (§ 119 I Alt. 2 BGB). Im Fall der Anfechtung trifft § 122 II BGB nur für den Fall der Kenntnis und den Fall des Kennenmüssens eine besondere Risikozuweisung. Das bedeutet, dass der Erklärende im Fall des für den Erklärungsempfänger nicht erkennbaren Erklärungsirrtums dem Erklärungsempfänger grundsätzlich einen eventuellen

Vertrauensschaden des Erklärungsempfängers nach § 122 I BGB ersetzen muss. Dies gilt vorbehaltlich besonderer Regelungen des E-Commerce.

Nach englischem Recht erfolgt die Auslegung nach der Methode des *objective test*. Nach der traditionellen Rechtslage des englischen Rechts sind beide Parteien bei einem von der anderen Partei veranlassten Irrtum, der nicht durch eine falsche Tatsachenangabe herbeigeführt wurde, an den Vertrag mit dem Inhalt gebunden, wie er objektiv erscheint. Dies gilt, sofern keine Spezialregelungen zum E-Commerce oder verbraucherschutzrechtlichen Regelungen einschlägig sind.

Indes muss sich eine Rechtsordnung vermutlich realistischer Weise nur dann dem Problem eines von der anderen Partei veranlassten Erklärungsirrtums stellen, wenn dem Fall ein Sachverhalt zugrunde liegt, in dem die Parteien den Vertrag über das Internet geschlossen haben. Eine mögliche Ausgangssituation ist dann, dass die Parteien den Vertrag über das Internet schließen und dem Erklärenden ein Eingabefehler unterläuft, der ihm zunächst nicht auffällt, weil ihm nicht möglich war, seine Eingabe zu überprüfen. Denkbar ist, dass der Eingabefehler deshalb passiert, weil die andere Partei den Prozess der Erklärungsabgabe intransparent gestaltet, indem er Voreinstellungen verwendet. Im untersuchten Beispielsfall kommt es dazu, dass der Erklärende Zusatzleistungen bucht, die er bei einer transparenten Gestaltung des Bestellprozesses – also ohne Voreinstellungen – nicht gebucht hätte.

Es zeigen sich die eben dargestellten Unterschiede in der Grundkonzeption des deutschen und englischen Rechts: Nach deutschem Recht hat der Erklärende ein Lösungsrecht wegen Erklärungsirrtums, nach englischem Recht ist er dagegen an den Vertrag mit dem Erklärungsempfänger gebunden.

Nach den Regelwerken werden die Erklärungen bzw. der Vertrag ebenfalls aus objektiver Sicht ausgelegt.[576] In der Folge besteht eine Einigung über den Inhalt, wie er objektiv erscheint. Jedenfalls nach den PECL ist der Erklärende wie nach englischem Recht grundsätzlich ohne Lösungsmöglichkeit vertraglich gebunden. Nach den anderen Regelwerken ist für die Anfechtbarkeit die Frage entscheidend, ob man den Anfechtungstatbestand wegen Verursachung des Irrtums durch den anderen Teil so versteht, dass darunter jede Verursachung eines Irrtums fällt oder nur ein durch falsche Tatsachenangaben hervorgerufener Irrtum. Im Vergleich mit dem englischen Recht spricht viel dafür, dass in den

576 Art. 1:107 iVm Art. 5:101 (3) PECL bzw. Art. 5:101 (3) PECL direkt; Art. 4.1 PICC bzw. Art. 4.2 (2) PICC; Art. II.-8:201 (3) (a) DCFR bzw. Art. II.-8:101 (3) (a) DCFR; Art. 12 (1) FS bzw. Art. 56 (3) FS; Art. 12 (1) CESL bzw. Art. 58 (3) CESL.

Regelwerken kein offener Verursachungstatbestand geschaffen werden sollte, sondern die Verursachung, die durch falsche Tatsachenangaben hervorgerufen wurde, entscheidend für die Anfechtbarkeit ist. In der Feasibility Study ist die Anfechtung in Art. 45 (4) FS wegen „mistake over the terms of the contract" ausgeschlossen. Vermutlich handelt es sich dabei um einen missglückten Klarstellungsversuch, dass der Erklärende bei einem vom Erklärungsempfänger nicht veranlassten und von ihm auch nicht erkannten oder für ihn erkennbaren Erklärungsirrtum nicht anfechtungsberechtigt sein soll.

Insgesamt zeigen sich die unterschiedlichen Konzeptionen im Irrtumsrecht. In Deutschland hat der Erklärende im Fall des für den Erklärungsempfänger nicht erkennbaren, aber von ihm veranlassten Erklärungsirrtums ein Anfechtungsrecht wegen Erklärungsirrtums. Maßgeblich ist allein die Diskrepanz zwischen Wille und Erklärung. Nach dem englischen Recht und wohl auch nach den Regelwerken ist der Erklärende dagegen grundsätzlich an den Vertrag mit dem Erklärungsempfänger mit dem Inhalt, wie er objektiv erscheint, gebunden, auch wenn der Irrtum wegen der möglichen Veranlassung im Verantwortungsbereich des Erklärungsempfängers liegt. Nach englischem Recht und den Regelwerken bestünde nur dann ein Lösungsrecht des Erklärenden, wenn die Verursachung des Irrtums durch den Erklärungsempfänger eine *misrepresentation* darstellt, also eine Verursachung des Irrtums durch falsche Information. Der Irrtum, den der andere Teil nicht erkannt hat, der für ihn nicht erkennbar war und auch nicht durch eine Fehlinformation verursacht wurde, der Irrtum also, der allein auf einem inneren Vorgang des Erklärenden beruht, hat keine Auswirkung auf Auslegungsebene und führt auch nicht zur Anfechtbarkeit.

In der besonderen Konstellation des Beispielsfalls kommen dem Erklärenden allerdings die Regeln des E-Commerce und – die Verbrauchereigenschaft des Erklärenden vorausgesetzt – das Verbraucherschutzrecht zu Hilfe. In bestimmten, typisierten Situationen des Vertragsschlusses (unübersichtliche Gestaltung des Bestellformulars im E-Commerce, intransparente Vereinbarung über Zusatzkosten, Fernabsatz) werden dem Erklärenden konkrete Lösungsmöglichkeiten angeboten. Sie stellen in einem Fall, in dem die Verursachung des Irrtums nach der traditionellen Rechtslage des englischen Rechts und grundsätzlich wohl auch nach den Regelwerken nicht ausreicht, um eine Rechtsfolge auszulösen, eine Risikoverteilung her, die berücksichtigt, dass der Irrtum aus dem Verantwortungsbereich des Erklärungsempfängers stammt. Dabei gelten die E-Commerce-Regeln nicht nur in der Beziehung von Verbrauchern und Unternehmern, sondern auch zwischen Unternehmern; das Verbraucherschutzrecht sieht Regelungen nur gegenüber Verbrauchern vor.

Die E-Commerce-Regelungen bestimmen, dass der Erklärende, der also auch ein Unternehmer sein kann, im Ergebnis nach beiden Rechtsordnungen und den im Vergleich zum PECL und den Unidroit-Prinzipien jüngeren Regelwerken bei einem Vertragsabschluss über eine unübersichtlich gestaltete Website ein Lösungsrecht hat. Die Umsetzung der Verbraucherrechte-Richtlinie im deutschen und englischen Recht sowie in der Feasibility Study und dem CESL führt dazu, dass der erklärende Verbraucher von vornherein nicht an solche Vereinbarungen gebunden ist, die durch eine Voreinstellung herbeigeführt wurden.

Die E-Commerce-Regeln sowie die Regelungen zum Verbraucherschutz machen deutlich, dass die Bindung des Erklärenden an den Vertrag bei einem Erklärungsirrtum, der in den Risikobereich des Erklärungsempfängers fällt, ein Unbehagen auslöst, für das Lösungsmöglichkeiten gesucht werden. Hinter den E-Commerce-Regeln steht die Idee der Schaffung von Obliegenheiten, welche die Entstehung eines Erklärungsirrtums von vornherein verhindern sollen. Das Verbraucherschutzrecht schafft in den genannten Spezialfällen eindeutige Schutzmechanismen für den Verbraucher. Das Anfechtungsrecht wegen Erklärungsirrtums nach deutschem Modell wird im Verbraucherschutzrecht offenbar als ungenügend angesehen; es spielt nach der modernen Konzeption auf europäischer Ebene keine Rolle, stattdessen gelten Sonderregelungen.

II. Vom Erklärungsempfänger nicht erkannter und für ihn auch nicht erkennbarer Erklärungsirrtum, der auch sonst nicht in seinen Risikobereich fällt

Im Unterschied zum Fall des für den Erklärungsempfänger nicht erkennbaren, aber von ihm veranlassten Erklärungsirrtums hat der Erklärende seinen Irrtum im Fall des vom Erklärungsempfänger nicht erkannten und für ihn auch nicht erkennbaren Erklärungsirrtums allein, also ohne jegliches Zutun des Erklärungsempfängers zu verantworten.

Nach dem deutschen und dem englischen Recht sowie den Regelwerken gibt es zwei mögliche Lösungen für den Fall des vom Erklärungsempfänger nicht erkannten und für ihn auch nicht erkennbaren Erklärungsirrtums: Entweder sind die Parteien an den Vertrag mit dem Inhalt, wie er objektiv erscheint, gebunden oder es besteht ein Vertrag mit dem Inhalt, wie er objektiv erscheint, von dem sich der Erklärende aber durch Anfechtung lösen kann.

In Deutschland werden die Erklärungen objektiv ausgelegt, §§ 133, 157 BGB. Es kommt dann ein Vertrag mit dem Inhalt zustande, wie er objektiv erscheint. Der Erklärende ist aber wegen des Erklärungsirrtums gemäß § 119 I Alt. 2 BGB anfechtungsberechtigt. Sofern der Erklärungsempfänger einen Vertrauensschaden geltend machen kann, muss der Anfechtende ihm diesen Schaden gemäß § 122 I BGB ersetzen.

In England und nach den Regelwerken sind die Erklärungen bzw. der Vertrag ebenfalls aus objektiver Sicht auszulegen.[577] In der Folge besteht zwischen den Parteien ein Vertrag mit dem Inhalt, wie er objektiv erscheint. Von diesem Vertrag kann sich der Erklärende anders als nach dem deutschen Recht nicht lösen.

Zwar enthalten die Regelwerke mit Ausnahme der Feasibility Study eine Regelung, wonach ein Fehler in der Verlautbarung einer Erklärung als Irrtum der Person anzusehen ist, welche die Erklärung abgegeben hat, und der allgemeine Irrtumstatbestand anwendbar ist (Art. 4:104 PECL; Art. 3.2.3 PICC; Art. II.-7:202 DCFR; Art. 48 (3) CESL). Man könnte deshalb darauf schließen, dass der Erklärende nach diesen Regelwerken wie nach dem deutschen Recht anfechtungsberechtigt ist. Doch hat der Artikel zum Kommunikationsirrtum mit dem Paragrafen über den Erklärungsirrtum im Bürgerlichen Gesetzbuch nichts gemein; der Rechtsgrundverweis des Artikels über den Kommunikationsirrtum auf den allgemeinen Irrtumstatbestand ist für den deutschen Rechtswissenschaftler an dieser Stelle irreführend. Dafür, dass der Erklärungsirrtum des Erklärenden Rechtsfolgen auslöst, ist nach den Regelwerken wie nach dem englischen Recht Voraussetzung, dass der Irrtum im Verantwortungsbereich des Erklärungsempfängers verortet werden kann. Hat der Erklärungsempfänger den Erklärungsirrtum des Erklärenden nicht erkannt und konnte ihn auch nicht erkennen, liegen die Voraussetzungen des allgemeinen Irrtumstatbestandes nicht vor und der Erklärungsirrtum ist deshalb folgenlos. Nach allen Regelwerken berechtigt ein Erklärungsirrtum nur dann zur Anfechtung, wenn der Erklärungsempfänger den Irrtum, nicht aber das Gewollte kennt, oder der Irrtum, nicht aber das Gewollte für ihn erkennbar war.[578] Dies ist eine klare Entscheidung gegen das willensbasierte System des deutschen Rechts und für das Veranlassungsmodell des englischen Rechts. Versteht man den Absatz im Anfechtungstatbestand der Feasibility Study, wonach ein „mistake over the terms of the contract“ nicht zur Anfechtung berechtigen soll, in dem Sinn, dass der Erklärende bei einem für den

577 In England erfolgt die Auslegung nach der Methode des *objective test*. Für die Regelwerke gelten die bereits oben in Fn 576 zitierten Vorschriften.

578 Dem Anschein nach besteht jedenfalls außer nach den PECL und den Unidroit-Prinzipien auch ein Anfechtungsrecht bei einem vom Erklärungsempfänger veranlassten Erklärungsirrtum. Zu den Problemen, die im Fall des vom Erklärungsempfänger veranlassten Erklärungsirrtums vor allem wegen des Wesentlichkeitserfordernisses bestehen, bereits oben, § 3 I.

Erklärungsempfänger nicht erkennbaren Erklärungsirrtum kein Anfechtungsrecht haben soll, ist dieser Absatz der Feasibility Study also systemkonform.

III. Zwischenergebnis zur dritten Fallgruppe

In beiden Unterfallgruppen der dritten Fallgruppe gibt es zum einen die Möglichkeit, dass zwischen den Parteien ein Vertrag mit dem Inhalt, wie er objektiv erscheint, zustande kommt und der Erklärende an diesen Vertrag gebunden ist. Die andere Möglichkeit ist, dass ein Vertrag besteht, der Erklärende sich aber von diesem Vertrag lösen kann.

Die Lösungswege des deutschen und des englischen Rechts sowie der Regelwerke unterscheiden sich in den beiden Unterfallgruppen im Grundsatz nicht. Nach dem deutschen Recht hat der Erklärende in beiden Unterfallgruppen grundsätzlich ein Anfechtungsrecht wegen Erklärungsirrtums. Nach dem englischen Recht und den Regelwerken ist der Erklärende dagegen im Grundsatz an den Vertrag mit dem Erklärungsempfänger mit dem Inhalt gebunden, wie er objektiv erscheint.

Im Fall des für den Erklärungsempfänger nicht erkennbaren, aber von ihm veranlassten Erklärungsirrtums wird deutlich, dass die moderne Lösung des europäischen Verbraucherschutzrechts sich vom Konzept der Anfechtbarkeit wegen Erklärungsirrtums entfernt hat. Die Implementierung der entsprechenden Richtlinien in Deutschland und England und einigen Regelwerken führen dann zu einheitlichen Lösungen jenseits der Anfechtung.

Im Fall des für den Erklärungsempfänger nicht erkennbaren Erklärungsirrtums ist der Erklärende nur nach dem deutschen Recht anfechtungsberechtigt. Nach dem englischen Recht und den Regelwerken ist er ohne Lösungsmöglichkeit an den Vertrag mit dem Erklärungsempfänger mit dem Inhalt gebunden, wie er objektiv erscheint.

D. Exkurs: eBay-Fälle

Der Exkurs verdeutlicht das Beweisproblem, das der Erklärende bei einem Erklärungsirrtum hat. Die Analyse der eBay-Fälle macht deutlich, dass nach dem deutschen Recht im Ergebnis ein auffälliger Unterschied zwischen dem für den Erklärungsempfänger erkennbaren und dem für ihn nicht erkennbaren Erklärungsirrtum besteht. Bei einem für den Erklärungsempfänger erkennbaren Erklärungsirrtum ist der Erklärende nach dem deutschen Recht materiellrechtlich zur Anfechtung wegen Erklärungsirrtums gemäß § 119 I Alt. 2 BGB berechtigt. Je klarer das Vorliegen eines Erklärungsirrtums für jedermann erkennbar ist, desto eher wird der Erklärende das Vorliegen des Erklärungsirrtums vor Gericht beweisen können und im Rechtsstreit Erfolg haben.

Bei einem für den Erklärungsempfänger nicht erkennbaren Erklärungsirrtum hat der Erklärende nach dem deutschen Recht ebenfalls materiellrechtlich ein Anfechtungsrecht wegen Erklärungsirrtums (§ 119 I Alt. 2 BGB). Jedoch befindet sich der Erklärende vor Gericht in einer strukturellen Beweisnot. Hat er allein gehandelt, kann er das Vorliegen des Erklärungsirrtums häufig nicht beweisen und ist dann an den für ihn ungünstigen Vertrag mit dem Erklärungsempfänger mit dem Inhalt, wie er objektiv erscheint, gebunden.

E. Gesamtergebnis

Wie in der Einführung zu dieser Studie dargestellt, bestehen bei einem Erklärungsirrtum auf den ersten Blick zwischen dem deutschen und dem englischen Recht erhebliche Unterschiede. Das Vorhaben, eine zufriedenstellende Regelung für ein gemeinsames europäisches Regelwerk zu finden, ist somit von Anfang an mit Zweifeln vorbelastet.

Die vorliegende Studie zeigt jedoch ein anderes Bild. In der ersten Fallgruppe (Erklärungsirrtum und Gewolltes vom Erklärungsempfänger erkannt bzw. für ihn nur erkennbar) und in der zweiten Fallgruppe (Vom Erklärungsempfänger erkannter bzw. für ihn erkennbarer Erklärungsirrtum) bestehen bei der Lösung der Fälle wenige Unterschiede. Irrtumsfragen sind hier nicht zentral, vielmehr ist die Auslegungsmethode für die Falllösung entscheidend.

Es wird deutlich, dass es im deutschen Recht auf die Wahl der Auslegungsmethode häufig nicht ankommt; subjektive und objektive Auslegung kommen in den untersuchten Fällen der ersten und zweiten Fallgruppe zu gleichen Ergebnissen.

Wird bereits auf Auslegungsebene die Kenntnis bzw. die Erkennbarkeit des Erklärungsirrtums und des vom Erklärenden Gewollten für den Erklärungsempfänger berücksichtigt, hat der Tatbestand der Irrtumsanfechtung gemäß § 119 I Alt. 2 BGB nur einen kleinen Anwendungsbereich. Auf die Regelung des § 122 I BGB kommt es in der Folge in diesen Fällen nicht an, weil der Erklärungsempfänger in seinem Vertrauen auf den Vertragsinhalt, wie er objektiv erscheint, nicht schutzwürdig ist; der Anwendungsbereich der Vorschrift ist bereits nicht eröffnet.

In England kommt man in den Fällen der ersten und zweiten Gruppe zu ähnlichen Ergebnissen wie in Deutschland. Das englische Recht befindet sich im Bereich der Auslegung in einem Entwicklungsprozess, wodurch der traditionell im Irrtumsrecht bestehende Gegensatz zwischen dem deutschen und dem englischen Recht kaum in Erscheinung tritt.

Die Regelwerke unterscheiden sich in den Fällen der ersten und zweiten Gruppe untereinander nur sehr gering. Insgesamt stehen sie dem deutschen Recht näher als dem englischen Recht; im Fall des für den Erklärungsempfänger nur erkennbaren Erklärungsirrtums gehen sie vermutlich sogar über das deutsche Recht hinaus, weil sie eine klare Richtung vorgeben, die den Willen des Erklärenden schützt.

Mag dieses Ergebnis für die Fälle der ersten und zweiten Gruppe bereits überraschen, so erstaunt das Ergebnis der dritten Fallgruppe (Für den Erklärungsempfänger nicht erkennbarer Erklärungsirrtum) umso mehr.

Die Umsetzung des von der Europäischen Union vorgegebenen Verbraucherschutzrechts im Bereich des E-Commerce führt im vermutlich einzig denkbaren Fall eines vom Erklärungsempfänger veranlassten Erklärungsirrtums zu ähnlichen Lösungen, weil bei einem Vertragsschluss über das Internet die Rechtsfolgen des vom Erklärungsempfänger verursachten Erklärungsirrtums im deutschen und im englischen Recht sowie in den modernen Regelwerken speziell geregelt sind.

Bei der Untersuchung des für den Erklärungsempfänger nicht erkennbaren Erklärungsirrtums werden zwar in der Theorie die konzeptionellen Unterschiede zwischen den beiden Rechtsordnungen untereinander sowie zu den Regelwerken deutlich. Der Erklärende ist in England und nach allen Regelwerken ohne Lösungsmöglichkeit an den Vertrag mit dem Inhalt, wie er objektiv erscheint, gebunden. Dagegen kann sich der Erklärende nach dem deutschen Recht darauf berufen, dass er sich verschrieben hat: Wegen des Erklärungsirrtums hat er ein Anfechtungsrecht. Allerdings zeigt die Untersuchung der praktischen Fälle innerhalb des Exkurses zu den eBay-Fällen, dass der Erklärende zwar materiellrechtlich anfechtungsberechtigt ist. Im Prozess kann er aber einen für den Erklärungsempfänger nicht erkennbaren Erklärungsirrtum ganz überwiegend nicht beweisen und ist dann wie nach dem englischen Recht und den Regelwerken trotz des Erklärungsirrtums an den Vertrag mit dem Erklärungsempfänger mit dem Inhalt, wie er objektiv erscheint, gebunden.

Die Studie führt also zu dem Ergebnis, dass auf dem Gebiet des Erklärungsirrtums zwischen dem deutschen und dem englischen Recht sowie den Regelwerken trotz unterschiedlicher Ausgangspunkte deutliche Gemeinsamkeiten bestehen.

Anhang

A. Textsammlung

I. Deutschland

§ 119 BGB: Anfechtbarkeit wegen Irrtums

(1) Wer bei der Abgabe einer Willenserklärung über deren Inhalt im Irrtum war oder eine Erklärung dieses Inhalts überhaupt nicht abgeben wollte, kann die Erklärung anfechten, wenn anzunehmen ist, dass er sie bei Kenntnis der Sachlage und bei verständiger Würdigung des Falles nicht abgegeben haben würde.

§ 122 BGB: Schadensersatzpflicht des Anfechtenden

(1) Ist eine Willenserklärung nach § 118 nichtig oder auf Grund der §§ 119, 120 angefochten, so hat der Erklärende, wenn die Erklärung einem anderen gegenüber abzugeben war, diesem, andernfalls jedem Dritten den Schaden zu ersetzen, den der andere oder der Dritte dadurch erleidet, dass er auf die Gültigkeit der Erklärung vertraut, jedoch nicht über den Betrag des Interesses hinaus, welches der andere oder der Dritte an der Gültigkeit der Erklärung hat.

(2) Die Schadensersatzpflicht tritt nicht ein, wenn der Beschädigte den Grund der Nichtigkeit oder der Anfechtbarkeit kannte oder infolge von Fahrlässigkeit nicht kannte (kennen musste).

§ 133 BGB: Auslegung einer Willenserklärung

Bei der Auslegung einer Willenserklärung ist der wirkliche Wille zu erforschen und nicht an dem buchstäblichen Sinne des Ausdrucks zu haften.

§ 157 BGB: Auslegung von Verträgen

Verträge sind so auszulegen, wie Treu und Glauben mit Rücksicht auf die Verkehrssitte es erfordern.

II. Regelwerke

1. Principles of European Contract Law (PECL)

Art. 1:107 PECL: Application of the Principles by Way of Analogy

These Principles apply with appropriate modifications to agreements to modify or end a contract, to unilateral promises and to other statements and conduct indicating intention.

Article 4:103 PECL: Fundamental Mistake as to Facts or Law

(1) A party may avoid a contract for mistake of fact or law existing when the contract was concluded if:
  (a) (i) the mistake was caused by information given by the other party; or
    (ii) the other party knew or ought to have known of the mistake and it was contrary to good faith and fair dealing to leave the mistaken party in error; or
    (iii) the other party made the same mistake, and
  (b) the other party knew or ought to have known that the mistaken party, had it known the truth, would not have entered the contract or would have done so only on fundamentally different terms.

(2) However a party may not avoid the contract if:
  (a) in the circumstances its mistake was inexcusable, or
  (b) the risk of the mistake was assumed, or in the circumstances should be borne, by it.

Article 4:104 PECL: Inaccuracy in Communication

An inaccuracy in the expression or transmission of a statement is to be treated as a mistake of the person who made or sent the statement and Article 4:103 applies.

Article 4:117 PECL: Damages

(1) A party who avoids a contract under this Chapter may recover from the other party damages so as to put the avoiding party as nearly as possible into the same position as if it had not concluded the contract, provided that the other party knew or ought to have known of the mistake, fraud, threat or taking of excessive benefit or unfair advantage.

Article 5:101 PECL: General Rules of Interpretation

(1) A contract is to be interpreted according to the common intention of the parties even if this differs from the literal meaning of the words.

(2) If it is established that one party intended the contract to have a particular meaning, and at the time of the conclusion of the contract the other party could not have been unaware of the first party's intention, the contract is to be interpreted in the way intended by the first party.

(3) If an intention cannot be established according to (1) or (2), the contract is to be interpreted according to the meaning that reasonable persons of the same kind as the parties would give to it in the same circumstances.

2. *UNIDROIT Principles of International Commercial Contracts (PICC)*

Article 3.2.2 PICC: Relevant mistake

(1) A party may only avoid the contract for mistake if, when the contract was concluded, the mistake was of such importance that a reasonable person in the same situation as the party in error would only have concluded the contract on materially different terms or would not have concluded it at all if the true state of affairs had been known, and
   (a) the other party made the same mistake, or caused the mistake, or knew or ought to have known of the mistake and it was contrary to reasonable commercial standards of fair dealing to leave the mistaken party in error; or
   (b) the other party had not at the time of avoidance reasonably acted in reliance on the contract.

(2) However, a party may not avoid the contract if
   (a) it was grossly negligent in committing the mistake; or
   (b) the mistake relates to a matter in regard to which the risk of mistake was assumed or, having regard to the circumstances, should be borne by the mistaken party.

Article 3.2.3 PICC: Error in expression or transmission

An error occurring in the expression or transmission of a declaration is considered to be a mistake of the person from whom the declaration emanated.

Article 3.2.16 PICC: Damages

Irrespective of whether or not the contract has been avoided, the party who knew or ought to have known of the ground for avoidance is liable for damages so as to put the other party in the same position in which it would have been if it had not concluded the contract.

Article 4.1 PICC: Intention of the parties

(1) A contract shall be interpreted according to the common intention of the parties.

(2) If such an intention cannot be established, the contract shall be interpreted according to the meaning that reasonable persons of the same kind as the parties would give to it in the same circumstances.

Article 4.2 PICC: Interpretation of statements and other conduct

(1) The statements and other conduct of a party shall be interpreted according to that party's intention if the other party knew or could not have been unaware of that intention.

(2) If the preceding paragraph is not applicable, such statements and other conduct shall be interpreted according to the meaning that a reasonable person of the same kind as the other party would give to it in the same circumstances.

3. *Draft Common Frame of Reference (DCFR)*

Article II.-7:201 DCFR: Mistake

(1) A party may avoid a contract for mistake of fact or law existing when the contract was concluded if:
   (a) the party, but for the mistake, would not have concluded the contract or would have done so only on fundamentally different terms and the other party knew or could reasonably be expected to have known this; and
   (b) the other party;
      (i) caused the mistake;
      (ii) caused the contract to be concluded in mistake by leaving the mistaken party in error, contrary to good faith and fair dealing, when the other party knew or could reasonably be expected to have known of the mistake;
      (iii) caused the contract to be concluded in mistake by failing to comply with a pre-contractual information duty or a duty to make available a means of correcting input errors; or
      (iv) made the same mistake.

(2) However a party may not avoid the contract for mistake if:
   (a) the mistake was inexcusable in the circumstances; or
   (b) the risk of the mistake was assumed, or in the circumstances should be borne, by that party.

Article II.-7:202 DCFR: Inaccuracy in communication may be treated as mistake

An inaccuracy in the expression or transmission of a statement is treated as a mistake of the person who made or sent the statement.

Article II.-7:214 DCFR: Damages for loss

(1) A party who has the right to avoid a contract under this Section (or who had such a right before it was lost by the effect of time limits or confirmation) is entitled, whether or not the contract is avoided, to damages from the other party for any loss suffered as a result of the mistake, fraud, coercion, threats or unfair exploitation, provided that the other party knew or could reasonably be expected to have known of the ground for avoidance.

(2) The damages recoverable are such as to place the aggrieved party as nearly as possible in the position in which that party would have been if the contract had not been concluded, with the further limitation that, if the party does not avoid the contract, the damages are not to exceed the loss caused by the mistake, fraud, coercion, threats or unfair exploitation.
(3) In other respects the rules on damages for non-performance of a contractual obligation apply with any appropriate adaptation.

Article II.-8:101 DCFR: General rules

(1) A contract is to be interpreted according to the common intention of the parties even if this differs from the literal meaning of the words.
(2) If one party intended the contract, or a term or expression used in it, to have a particular meaning, and at the time of the conclusion of the contract the other party was aware, or could reasonably be expected to have been aware, of the first party's intention, the contract is to be interpreted in the way intended by the first party.
(3) The contract is, however, to be interpreted according to the meaning which a reasonable person would give to it:
  (a) if an intention cannot be established under the preceding paragraphs; or
  (b) if the question arises with a person, not being a party to the contract or a person who by law has no better rights than such a party, who has reasonably and in good faith relied on the contract's apparent meaning.

Article II.-8:201 DCFR: General rules

(1) A unilateral juridical act is to be interpreted in the way in which it could reasonably be expected to be understood by the person to whom it is addressed.
(2) If the person making the juridical act intended the act, or a term or expression used in it, to have a particular meaning, and at the time of the act the person to whom it was addressed was aware, or could reasonably be expected to have been aware, of the first person's intention, the act is to be interpreted in the way intended by the first person.
(3) The act is, however, to be interpreted according to the meaning which a reasonable person would give to it:
  (a) if neither paragraph (1) nor paragraph (2) applies; or
  (b) if the question arises with a person, not being the addressee or a person who by law has no better rights than the addressee, who has reasonably and in good faith relied on the contract's apparent meaning.

Article 12 FS: Unilateral statements or conduct

(1) A unilateral statement indicating intention is to be interpreted in the way in which it could be expected to be understood by the person to whom it is addressed.

(2) However, if the person making the statement intended an expression used in it to have a particular meaning and the other party was aware, or could be expected to have been aware, of this intention, the expression is to be interpreted in the way intended by the person making the statement.

(3) Articles 57 to 63 apply with appropriate adaptations to the interpretation of unilateral statements indicating intention.

(4) The rules on defects in consent in Chapter 5 apply with appropriate adaptations to unilateral statements indicating intention which are intended to have legal effect.

(5) In this Article any reference to a statement includes a reference to conduct which can be regarded as the equivalent of a statement.

Article 45 FS: Mistake

(1) A party may avoid a contract for mistake of fact or law existing when the contract was concluded if:
   (a) the party, but for the mistake, would not have concluded the contract or would have done so only on fundamentally different terms and the other party knew or could be expected to have known this; and
   (b) the other party:
      (i) caused the mistake;
      (ii) knew or could be expected to have known of the mistake and caused the contract to be concluded under a mistake by not pointing out the relevant information, provided that good faith and fair dealing would have required a party aware of the mistake to point it out;
      (iii) caused the contract to be concluded in mistake by failing to comply with a precontractual information duty under Chapter 2, Sections 1–5; or
      (iv) made the same mistake.

(2) A party may not avoid a contract for mistake if:
   (a) the mistake was inexcusable in the circumstances; or
   (b) the risk of the mistake was assumed, or in the circumstances should be borne, by that party.

(3) In determining whether good faith and fair dealing required a party to point out that the other is mistaken about relevant information for the purposes of paragraph (1)(b)(ii), regard is to be had to all the circumstances, including:
   (a) whether the party had special expertise;
   (b) the cost to the party of acquiring the relevant information;
   (c) the ease with which the other party could have acquired the information by other means;
   (d) the nature of the information; and
   (e) the apparent importance of the information to the other party.
(4) A party may not avoid a contract for mistake under this Article on the ground that one or both parties made a mistake over the terms of the contract.

Article 53 FS: Damages for loss

A party who has the right to avoid a contract under this Section (or who had such a right before it was lost by the effect of time limits or confirmation) is entitled, whether or not the contract is avoided, to damages from the other party for loss suffered as a result of the mistake, fraud, threats or unfair exploitation, provided that the other party knew or could be expected to have known of the relevant circumstances.

Article 56 FS: General rules on interpretation of contracts

(1) A contract is to be interpreted according to the common intention of the parties even if this differs from the normal meaning of the expressions used in it.
(2) If one party intended an expression used in the contract to have a particular meaning, and at the time of the conclusion of the contract the other party was aware, or could be expected to have been aware, of this intention, the expression is to be interpreted in the way intended by the first party.
(3) Unless otherwise provided in the preceding paragraphs, the contract is to be interpreted according to the meaning which a reasonable person would give to it in the circumstances.

5. *Common European Sales Law (CESL)*

Article 12 CESL: Unilateral statements or conduct

(1) A unilateral statement indicating intention is to be interpreted in the way in which the person to whom it is addressed could be expected to understand it.
(2) Where the person making the statement intended an expression used in it to have a particular meaning and the other party was aware, or could be expected

to have been aware, of that intention, the expression is to be interpreted in the way intended by the person making the statement.

(3) Articles 59 to 65 apply with appropriate adaptations to the interpretation of unilateral statements indicating intention.

(4) The rules on defects in consent in Chapter 5 apply with appropriate adaptations to unilateral statements indicating intention.

(5) Any reference to a statement referred to in this Article includes a reference to conduct which can be regarded as the equivalent of a statement.

Article 48 CESL: Mistake

(1) A party may avoid a contract for mistake of fact or law existing when the contract was concluded if:
  (a) the party, but for the mistake, would not have concluded the contract or would have done so only on fundamentally different contract terms and the other party knew or could be expected to have known this; and
  (b) the other party:
    (i) caused the mistake;
    (ii) caused the contract to be concluded in mistake by failing to comply with any pre-contractual information duty under Chapter 2, Sections 1 to 4;
    (iii) knew or could be expected to have known of the mistake and caused the contract to be concluded in mistake by not pointing out the relevant information, provided that good faith and fair dealing would have required a party aware of the mistake to point it out; or
    (iv) made the same mistake.

(2) A party may not avoid a contract for mistake if the risk of the mistake was assumed, or in the circumstances should be borne, by that party.

(3) An inaccuracy in the expression or transmission of a statement is treated as a mistake of the person who made or sent the statement.

Article 55 CESL: Damages for loss

A party who has the right to avoid a contract under this Chapter or who had such a right before it was lost by the effect of time limits or confirmation is entitled, whether or not the contract is avoided, to damages from the other party for loss suffered as a result of the mistake, fraud, threats or unfair exploitation, provided that the other party knew or could be expected to have known of the relevant circumstances.

Article 58 CESL: General rules on interpretation of contracts

(1) A contract is to be interpreted according to the common intention of the parties even if this differs from the normal meaning of the expressions used in it.

(2) Where one party intended an expression used in the contract to have a particular meaning, and at the time of the conclusion of the contract the other party was aware, or could be expected to have been aware, of that intention, the expression is to be interpreted in the way intended by the first party.

(3) Unless otherwise provided in paragraphs 1 and 2, the contract is to be interpreted according to the meaning which a reasonable person would give to it.

B. Literaturverzeichnis

Ackermann, Thomas/ Franck, Jens-Uwe, Validity, in: Leible, Stefan/ Lehmann, Matthias (Hg.), European Contract Law and German Law, Aalphen aan den Rijn 2014, 167 (zit.: *Ackermann/ Franck*, Validity)

Andrews, Neil, Contract Law, Cambridge 2011 (zit.: *Andrews*, Contract Law)

– Interpretation of written contracts in England, (2014) 2 Russ. L.J. 12 (zit.: *Andrews*, (2014) 2 Russ. L.J. 12)

– „The Devil is in the Detail“: Procedural and Substantive Aspects of the Interpretation of Written Contracts in England, in: Adolphsen, Jens u. a. (Hg.), Festschrift für Peter Gottwald zum 70. Geburtstag, München 2014, 23 (zit.: *Andrews*, Festschrift Gottwald)

Anwaltkommentar Schuldrecht, herausgegeben von Barbara Dauner-Lieb, Thomas Heidel, Manfred Lepa, Gerhard Ring, Bonn 2002 (zit.: Anwaltkommentar-*Bearbeiter*)

Atiyah, Patrick S., The Hannah Blumenthal and classic contract law, (1986) 102 LQR 363 (zit.: *Atiyah*, (1986) 102 LQR 363)

– Essays on Contract, reprint, Oxford 1990 (zit.: *Atiyah*, Essays)

Atiyah, Patrick S./Smith, Stephen A., Atiyah's Introduction to the Law of Contract, 6. Auflage, Oxford 2005 (zit.: *Atiyah/ Smith*, Contract)

Bamberger, Heinz Georg/ Roth, Herbert (Hg.), Kommentar zum Bürgerlichen Gesetzbuch (zit.: Bamberger/Roth-*Bearbeiter*)

Band 1: §§ 1–610, CISG, herausgegeben von Heinz Georg Bamberger und Herbert Roth, 3. Auflage, München 2012

Bar, Christian von/ Zimmermann, Reinhard (*Übersetzer*), Grundregeln des Europäischen Vertragsrechts, Teile I und II, Deutsche Ausgabe, herausgegeben von der Kommission für Europäisches Vertragsrecht, München 2002 (zit.: *v. Bar/ Zimmermann*, Grundregeln)

Beale, Hugh G., Mistake and Non-Disclosure of Facts – Models for English Contract Law, Oxford 2012 (zit.: *Beale*, Mistake)

– The „Europeanisation" of Contract Law, in: Halson, Roger (Hg.), Exploring the Boundaries of Contract, Aldershot u. a. 1996, 23 (zit.: *Beale*, Europeanisation)

Beale, Hugh G./ Bishop, William D./ Furmston, Michael P., Contract – Cases and Materials, London 2008 (zit.: *Beale/ Bishop/ Furmston*, Contract)

Beale, Hugh G./ Fauvarque-Collon, Bénédicte/Rutgers, Jacobien/Tollon, Denis/ Vogenauer, Stefan, Cases and Materials on Contract Law, 2. Auflage, Oxford u. a. 2010 (zit.: *Beale/ Fauvarque-Collon/ Rutgers/ Tollon/ Vogenauer*, Cases)

Beatson, Jack/ Burrows, Andrew S./ Cartwright, John, Anson's Law of Contract, 30. Auflage, Oxford u. a. 2016 (zit.: *Beatson/ Burrows/ Cartwright*, Anson's Law of Contract)

Bork, Reinhard, Allgemeiner Teil des Bürgerlichen Gesetzbuchs, 4. Auflage, Tübingen 2016 (zit.: *Bork*, BGB AT)

Brox, Hans, Einschränkung der Irrtumsanfechtung, Karlsruhe 1960 (zit.: *Brox*, Irrtumsanfechtung)

Brox, Hans/*Walker, Wolf Dietrich*, Allgemeiner Teil des BGB, 40. Auflage, München 2016 (zit.: Brox/ *Walker*, BGB AT)

Bürgerliches Gesetzbuch – Handkommentar, herausgegeben von Heinrich Dörner u. a., 8. Auflage, Baden-Baden 2014 (zit.: Hk-BGB/ *Bearbeiter*)

Bundesrechtsanwaltskammer (Hg.), Stellungnahme der Bundesrechtsanwaltskammer zur Machbarkeitsstudie der Europäischen Kommission zu einem Europäischen Vertragsrecht, erarbeitet durch den Ausschuss Europäisches Vertragsrecht, BRAK-Stellungnahme-Nr. 38/2011, Juni 2011, abrufbar unter: https://www.brak.de/zur-rechtspolitik/stellungnahmen-pdf/stellungnahmen-deutschland/2011/juni/stellungnahme-der-brak-2011-38.pdf (zuletzt abgerufen am 15.03.2018, zit.: *Bundesrechtsanwaltskammer*, Stellungnahme)

Burrows, Andrew S., Construction and Rectification, in: Burrows, Andrew S./ Peel, Edwin (Hg.), Contract Terms: The Oxford-Norton Rose Law Colloquium, Oxford 2007, 77 (zit.: *Burrows*, Construction)

Canaris, Claus-Wilhem, Die Vertrauenshaftung im deutschen Privatrecht, München 1971 (zit.: *Canaris*, Vertrauenshaftung)

Cartwright, John, Unequal Bargaining – A Study of Vitiating Factors in the Formation of Contract, Oxford 1991 (zit.: *Cartwright*, Bargaining)

– The rise and fall of mistake in the English law of contract, in: Sefton-Green, Ruth (Hg.), Mistake and Duties to Inform in European Contract Law, Cambridge 2005, 65 (zit.: *Cartwright*, Rise)

– Unilateral Mistake in the English Courts: Reasserting the Traditional Approach, [2009] Sing. J.L.S. 226 (zit.: *Cartwright*, [2009] Sing. J.L.S. 226)
– Defects of Consent in Contract Law, in: Hartkamp, Arthur S. u. a. (Hg.), Towards a European Civil Code, 4. Auflage, Nimwegen 2011, 537 (zit.: *Cartwright*, Defects)
– Misrepresentation, Mistake and Non-Disclosure, 3. Auflage, London 2012 (zit.: *Cartwright*, Misrepresentation)
– Contract Law – An Introduction to the English Law of Contract for the Civil Lawyer, 3. Auflage, Oxford u. a., 2016 (zit.: *Cartwright*, Contract)

Cartwright, John/ Schmidt-Kessel, Martin, Defects in Consent: Mistake, Fraud, Threats, Unfair Exploitation, in: Dannemann, Gerhard/ Vogenauer, Stefan (Hg.), The Common European Sales Law in Context, Interactions with English and German Law, Oxford 2013, 373 (zit.: *Cartwright/ Schmidt-Kessel*, Defects)

Chen-Wishart, Mindy, Contract Law, 5. Auflage, Oxford 2015 (zit.: *Chen-Wishart*, Contract)

Chitty, Joseph (Begr.), The Law of Contracts, bearbeitet von Hugh G. Beale

Band I, General Principles, 31. Auflage, London 2012 sowie 32. Auflage, London 2015 (zit.: *Beale*, Chitty on Contracts)

Band II, Specific Contracts, 32. Auflage, London 2015 (zit.: *Beale*, Chitty on Contracts, Bd. 2)

Common European Sales Law (CESL): Commentary, herausgegeben von Reiner Schulze, Baden-Baden 2012 (zit.: Schulze-*Bearbeiter*)

Czarnecki, Mark Andre, Vertragsauslegung und Vertragsverhandlungen: Eine rechtsvergleichende Untersuchung, Tübingen 2016 (zit.: *Czarnecki*, Vertragsauslegung)

Davies, Paul S., Rectifying the Course of Rectification, (2012) 75 MLR 412 (zit.: *Davies*, (2012) 75 MLR 412)

Deutscher Anwaltverein (Hg.), Position Paper of the German Bar Association (Deutscher Anwaltverein) by the Legislative Committee „European Contract Law“ on the Feasibility Study for a future instrument in European Contract Law Presented by the Commission Expert Group on European Contract Law, 3 May 2011, Position Paper No 37/2011, June 2011, abrufbar unter: https://anwaltverein.de/de/newsroom/id-2011-37?file=files/anwaltverein.de/downloads/newsroom/stellungnahmen/2011/DAV-Stellungnahme-Feasibil ty-Study-Versandtext.pdf (zuletzt abgerufen am: 15.03.2018, zit.: *Deutscher Anwaltverein*, Position Paper)

Deutscher Notarverein (Hg.), Stellungnahme zur Feasibility Study on European Contract Law, 3. Juni 2011, abrufbar unter: http://www.dnotv.de/stellungnahmen/

feasibility-study-on-european-contract-law/ (zuletzt abgerufen am: 15.03.2018, zit.: *Deutscher Notarverein*, Stellungnahme)

Deutsches Bundesministerium der Justiz (Hg.), Stellungnahme der Bundesregierung zur Durchführbarkeitsstudie der Expertengruppe für Europäisches Vertragsrecht vom 3. Mai 2011, Juni 2011 (zit.: *Bundesministerium der Justiz*, Stellungnahme)

Dickson, Brice, Law in Northern Ireland, 2. Auflage, Oxford 2013 (zit.: *Dickson*, Northern Ireland)

Dodsworth, Timothy J., The Underlying Values of German and English Contract Law, Diss. Warwick 2015 (zit.: *Dodsworth*, Values)

Dörner, Heinrich, Rechtsgeschäfte im Internet, AcP 202 (2002), 363 (zit.: *Dörner*, AcP 202 (2002), 363)

Drexelius, Matthias, Irrtum und Risiko – Rechtsvergleichende Untersuchungen und Reformvorschläge zum Recht der Irrtumsanfechtung, Frankfurt am Main u. a. 1964 (zit.: *Drexelius*, Irrtum)

Der Entwurf für ein Gemeinsames Europäisches Kaufrecht – Kommentar, herausgegeben von Martin Schmidt-Kessel, München 2014 (zit.: Schmidt-Kessel/ *Bearbeiter*)

Erman – Bürgerliches Gesetzbuch, Handkommentar mit AGG, EGBGB (Auszug), ErbbauRG, LPartG, ProdHaftG, UKlaG, VBVG, VersAusglG und WEG, 15. Auflage, Köln 2017 (zit. Erman-*Bearbeiter*)

Band I, herausgegeben von Harm Peter Westermann, Barbara Grunewald und Georg Maier-Reimer

Ernst, Wolfgang, Irrtum – ein Streifzug durch die Dogmengeschichte, in: Zimmermann, Reinhard (Hg.), Störungen der Willensbildung bei Vertragsschluss, Tübingen 2007, 1 (zit.: *Ernst*, Irrtum)

Schulze, Reiner/ Zimmermann, Reinhard (Hg.), Europäisches Vertragsrecht – Basistexte, 5. Auflage, Baden-Baden 2016 (zit.: *Schulze/ Zimmermann*, Basistexte)

Faust, Florian, Bürgerliches Gesetzbuch Allgemeiner Teil, 5. Auflage, Baden-Baden 2016 (zit.: *Faust*, BGB AT)

Flume, Werner, Allgemeiner Teil des Bürgerlichen Rechts, Zweiter Band, Das Rechtsgeschäft, 4. unveränderte Auflage, Berlin u. a. 1992 (zit.: *Flume*, Rechtsgeschäft)

Furmston, Michael P. u. a., Cheshire, Fifoot and Furmston's Law of Contract, 15. Auflage, Oxford 2007 (zit.: *Furmston*, Contract)

Glatt, Christoph, Vertragsschluss im Internet – Die Artikel 9 bis 11 der E-Commerce-Richtlinie und ihre Umsetzung im deutschen Recht, ZUM 2001, 390 (zit.: *Glatt*, ZUM 2001, 390)

Goodhart, Arthur L., Mistake and Frustration in English Contract Law, in: Juristische Fakultät der Universität Basel (Hg.), Aequitas und Bona Fides, Festgabe zum 70. Geburtstag von August Simonius, Basel 1955, 99 (zit.: *Goodhart*, Festschrift Simonius)

Gordley, James, The Philosophical Origins of Modern Contract Doctrine, Oxford 1991 (zit.: *Gordley*, Origins)

Grigoleit, Hans Christoph, Irrtum, Täuschung und Informationspflichten in den European Principles und in den Unidroit-Principles, in: Schulze, Reiner/ Ebers, Martin/ Grigoleit, Hans Christoph (Hg.), Informationspflichten und Vertragsschluss im Acquis communautaire, Tübingen 2003, 201 (zit.: *Grigoleit*, Irrtum)

– Die Europäische Kommission und ein Gemeinsames Europäisches Kaufrecht, ZSE 9 (2011) 560 (zit.: *Grigoleit*, ZSE 9 (2011) 590)

Häcker, Birke, Consequences of Impaired Consent Transfers – A Structural Comparison of English and German Law, München 2009 (zit.: *Häcker*, Consequences)

Härting, Niko, Internetrecht, 6. Auflage, München 2017 (zit.: *Härting*, Internetrecht)

Hager, Günter, Rechtsmethoden in Europa, Tübingen 2009 (zit.: *Hager*, Rechtsmethoden)

– Strukturen des Privatrechts in Europa: eine rechtsvergleichende Studie, Tübingen 2012 (zit.: *Hager*, Strukturen)

Hager, Johannes, Der Vertragsschluss im Internet, in: Stathopoulos, Michael/ Beys, Kostas/Doris, Philippos/ Karakostas, Ioannis (Hg.), Festschrift für Apostolos Georgiades zum 70. Geburtstag, München 2006, 205 (zit.: *Hager, J.*, Festschrift Georgiades)

Hamburger, Philip A., The Development of the Nineteenth-Century Consensus Theory of Contract, (1989) 7 Law & Hist. Rev. 241 (zit.: *Hamburger*, (1989) 7 Law & Hist. Rev. 241)

Hammen, Horst, Die Bedeutung Friedrich Carl von Savignys für die allgemeinen dogmatischen Grundlagen des Deutschen Bürgerlichen Gesetzbuches, Berlin 1983 (zit.: *Hammen*, Bedeutung)

Harke, Jan Dirk, Irrtum und culpa in contrahendo in den Grundregeln des Europäischen Vertragsrechts: Eine Kritik, ZEuP 2006, 327 (zit.: *Harke*, ZEuP 2006, 327)

Haupt, Peter, Die Entwicklung der Lehre vom Irrtum beim Rechtsgeschäft seit der Rezeption, Weimar 1941 (zit.: *Haupt*, Entwicklung)

Heiss, Helmut, Formmängel und ihre Sanktionen – Eine privatrechtsvergleichende Untersuchung, Tübingen 1999 (zit.: *Heiss*, Formmängel)

Hirsch, Christoph, BGB Allgemeiner Teil, 9. Auflage, Baden-Baden 2016 (zit.: *Hirsch*, BGB AT)

Historisch-Kritischer Kommentar zum BGB, Tübingen 2003 (zit.: HKK-BGB/ *Bearbeiter*)

Band 1, Allgemeiner Teil, §§ 1–240, herausgegeben von Matthias Schmoeckel, Joachim Rückert und Reinhard Zimmermann

Höhne, Focke, Rechtsmissbrauch bei Ersteigerung eines Pkws zu einem weit unterhalb des tatsächlichen Wertes liegenden Preis – Anmerkung zu LG Koblenz 10. Zivilkammer, Urteil vom 18.3.2009, 10 O 250/08, jurisPR-ITR 9/2009 Anm. 5 (zit.: *Höhne*, jurisPR-ITR 9/2009 Anm. 5)

Hoffmann, Helmut, OLG München: Onlinebuchung einer Flugreise – Anmerkung zu OLG München, Beschluss vom 15.11.2002, 19 W 2631/02 (LG München I), MMR 2003, 274 (zit.: *Hoffmann*, MMR 2003, 274)

Ibbetson, David J., A Historical Introduction to the Law of Obligations, Oxford 1999 (zit.: *Ibbetson*, Introduction)

Jacobsohn, Adolf, Die Anfechtung stillschweigender Willenserklärungen wegen Irrtums, JherJb 56 (1910), 329 (zit.: *Jacobsohn*, JherJb 56 (1910), 329)

Jakobs, Horst Heinrich/ Schubert, Werner (Hg.), Die Beratung des Bürgerlichen Gesetzbuchs in systematischer Zusammenstellung der unveröffentlichten Quellen, Berlin u. a. 1985

1. Teilband, Allgemeiner Teil, §§ 1–240 (zit.: *Jakobs/ Schubert*, AT)

Jansen, Nils, Binnenmarkt, Privatrecht und europäische Identität, Tübingen 2004 (zit.: *Jansen*, Binnenmarkt)

– Irrtumsanfechtung im Vorschlag für ein Gemeinsames Europäisches Kaufrecht, in: Schulte-Nölke, Hans/ Zoll, Frederyk/ Jansen, Nils (Hg.), Der Entwurf für ein optionales europäisches Kaufrecht, München 2012, 169 (zit.: *Jansen*, Irrtumsanfechtung)

Jansen, Nils/ Zimmermann, Reinhard, Was ist und wozu der DCFR?, NJW 2009, 3401 (zit.: *Jansen/ Zimmermann*, NJW 2009, 3401)

– Vertragsschluss und Irrtum im europäischen Vertragsrecht: Textstufen transnationaler Modellregelungen, AcP 210 (2010), 196 (zit.: *Jansen/ Zimmermann*, AcP 210 (2010), 196)

Juris PraxisKommentar Internetrecht, herausgegeben von Dirk Heckmann, 4. Auflage, Saarbrücken 2014 (zit.: jurisPK-Internetrecht/ *Bearbeiter*)

Kischel, Uwe, Rechtsvergleichung, München 2015 (zit.: *Kischel*, Rechtsvergleichung)

Klimke, Dominik, Korrekturhilfen beim Online-Vertragsschluss – Die Verpflichtung des Unternehmers zur Bereitstellung von Eingabekorrekturhilfen im elektronischen Geschäftsverkehr, CR 2005, 582 (zit.: *Klimke*, CR 2005, 582)

Kling, Michael, Sprachrisiken im Privatrechtsverkehr – Die wertende Verteilung sprachenbedingter Verständnisrisiken im Vertragsrecht, München 2008 (zit.: *Kling*, Sprachrisiken)

Köhler, Helmut, BGB Allgemeiner Teil – Ein Studienbuch, 41. Auflage, München 2017 (zit.: *Köhler*, BGB AT)

Kötz, Hein, Undogmatisches: rechtsvergleichende und rechtsökonomische Studien aus dreißig Jahren, Tübingen 2005 (zit.: *Kötz*, Undogmatisches)

– Europäisches Vertragsrecht, 2. Auflage, Tübingen 2015 (zit.: *Kötz*, Vertragsrecht)

Kramer, Ernst A., Grundfragen der vertraglichen Einigung – Konsens, Dissens und Erklärungsirrtum als dogmatische Probleme des österreichischen, schweizerischen und deutschen Vertragsrechts, München u. a. 1972 (zit.: *Kramer*, Grundfragen)

– Der Irrtum beim Vertragsschluss – Eine weltweit rechtsvergleichende Bestandsaufnahme, Zürich 1998 (zit.: *Kramer*, Irrtum)

– Bausteine für einen „Common Frame of Reference“ des europäischen Irrtumsrechts, ZEuP 2007, 247 (zit.: *Kramer*, ZEuP 2007, 247)

Kramer, Ernst A./ Probst, Thomas, Defects in the Contracting Process, Int. Enc. Comp. L., Band VII: Contracts in General, Teilband 2, Kapitel 11, Tübingen 2008, 1 (zit.: *Kramer/ Probst*, Defects)

Kummer, Maximilian, Sprachprobleme und Sprachrisiken – Lösungsansätze des Draft Common Frame of Reference, Tübingen 2016 (zit.: *Kummer*, Sprachprobleme)

Lahusen, Benjamin, Alles Recht geht vom Volksgeist aus: Friedrich Carl von Savigny und die moderne Rechtswissenschaft, Berlin 2013 (zit.: *Lahusen*, Volksgeist)

Lando, Ole, My life as a lawyer, ZEuP 2002, 508 (zit.: *Lando*, ZEuP 2002, 508)

Lando, Ole/ Beale, Hugh G. (Hg.), Principles of European Contract Law, Parts I and II Combined and Revised, Den Haag u. a. 2000 (zit.: *Lando/ Beale*, PECL)

Larenz, Karl/ Wolf, Manfred, Allgemeiner Teil des Bürgerlichen Rechts, 9. Auflage, München 2004 (zit.: *Larenz/ Wolf*, BGB AT)

Leenen, Detlef, Der „vertragsgemäße Gebrauch“ der Mietsache als Problem der Rechtsgeschäftslehre, MDR 1980, 353 (zit.: *Leenen*, MDR 1980, 353)

– BGB Allgemeiner Teil: Rechtsgeschäftslehre, 2. Auflage, Berlin u. a. 2015 (zit.: *Leenen*, BGB AT)

Lehmann, Matthias/ Gohling, Stefan, Interpretation, in: Leible, Stefan/ Lehmann, Matthias (Hg.), European Contract Law and German Law, Aalphen aan den Rijn 2014, 275 (zit.: *Lehmann/ Gohling*, Interpretation, 275)

Lobinger, Thomas, Irrtumsanfechtung und Reurechtsausschluß, AcP 195 (1995), 274 (zit.: *Lobinger*, AcP 195 (1995), 274)

Looschelders, Dirk, Das allgemeine Vertragsrecht des *Common European Sales Law*, AcP 212 (2012), 584 (zit.: *Looschelders*, AcP 212 (2012), 584)

Lorenz, Stephan, Der Schutz vor dem unerwünschten Vertrag, München 1997 (zit.: *Lorenz*, Schutz)

– BGH: Grobes Missverhältnis zwischen Leistung und Gegenleistung bei Internetauktion – Anmerkung zu BGH, Urteil vom 12.11.2014 – VIII ZR 42/14 (OLG Jena), LMK 2015, 365443 (zit.: *Lorenz*, LMK 2015, 365443)

Lorenz, Stephan/ Riehm, Thomas, Lehrbuch zum neuen Schuldrecht, München 2002 (zit.: *Lorenz/ Riehm*, Schuldrecht)

MacMillan, Catharine, Mistaken Arguments: The Role of Argument in the Development of a Doctrine of Contractual Mistake in Nineteenth-Century England, in: Lewis, Andrew/ Lobban, Michael (Hg.), Law and History: Current Legal Issues, Band 6, Oxford 2003, 285 (zit.: *MacMillan*, Arguments)

– Mistakes in Contract Law, Oxford u. a. 2011 (zit.: *MacMillan*, Mistakes)

Manchester, A. H., A Modern Legal History of England and Wales 1750–1950, London 1980 (zit.: *Manchester*, History)

Mankowski, Peter, Beseitigungsrechte – Anfechtung, Widerruf und verwandte Institute, München 2003 (zit.: *Mankowski*, Beseitigungsrechte)

Martens, Sebastian A. E., Einigungsmängel im EU-Kaufrecht, in: Schmidt-Kessel, Martin (Hg.), Ein einheitliches europäisches Kaufrecht? Eine Analyse des Vorschlags der Kommission, München 2012, 179 (zit.: *Martens*, Einigungsmängel)

Maultzsch, Felix, Streitentscheidung und Normbildung durch den Zivilprozess – Eine rechtsvergleichende Untersuchung zum deutschen, englischen und US-amerikanischen Recht, Tübingen 2010 (zit.: *Maultzsch*, Streitentscheidung)

– Art. 58–65: Auslegung, in: Schmidt-Kessel, Martin (Hg.), Ein einheitliches europäisches Kaufrecht? Eine Analyse des Vorschlags der Kommission, München 2012, 203 (zit.: *Maultzsch*, Auslegung)

– Interpretationsregeln des CFR aus rechtsvergleichender Sicht, GPR 2011, 114 (zit.: *Maultzsch*, GPR 2011, 114)

McKendrick, Ewan, Contract Law, 9. Auflage, Basingstoke 2011 (zit.: *McKendrick*, Contract Law)

– Contract Law – Text, Cases and Materials, 5. Auflage, Oxford 2012 (zit.: *McKendrick*, Contract Law – Cases)

McLauchlan, David, A Contract Contradiction, (1999) 30 Victoria University of Wellington Law Review 175 (zit.: *McLauchlan*, (1999) 30 Victoria University of Wellington Law Review 175)

– Objectivity in Contract, (2005) 24 University of Queensland Law Journal, 479 (zit.: *McLauchlan*, (2005) 24 University of Queensland Law Journal, 479)

– The „Drastic“ Remedy of Rectification for Unilateral Mistake, (2008) 124 LQR 608 (zit.: *McLauchlan*, (2008) 124 LQR 608)

– Chartbrook Ltd v Persimmon Homes Ltd: commonsense principles of interpretation and rectification?, (2010) 126 LQR 8 (zit.: *McLauchlan*, (2010) 126 LQR 8)

McMeel, Gerard/ Grigoleit, Hans Christoph, Interpretation of Contracts, in: Dannemann, Gerhard/ Vogenauer, Stefan (Hg.), The Common European Sales Law in Context, Oxford 2013, 341 (zit.: *McMeel/ Griegoleit*, Interpretation)

Medicus, Dieter/ *Petersen, Jens*, Allgemeiner Teil des BGB, 11. Auflage, Heidelberg 2016 (zit.: Medicus/ *Petersen*, BGB AT)

Michaels, Ralf, The Functional Method of Comparative Law, in: Reimann, Mathias/ Zimmermann, Reinhard (Hg.), The Oxford Handbook of Comparative Law, Oxford, 2006, 339 (zit.: *Michaels*, Method)

Mittelstädt, Morten, Die Auslegung empfangsbedürftiger Willenserklärungen – Eine Kritik des herrschenden Methodendualismus, Tübingen 2016 (zit.: *Mittelstädt*, Auslegung)

Morgan, Jonathan, Great Debates in Contract Law, Basingstoke 2012 (zit.: *Morgan*, Debates)

Münchener Kommentar zum Bürgerlichen Gesetzbuch (zit.: MüKo-*Bearbeiter*)

Band 1: Allgemeiner Teil (§§ 1–240, ProstG, AGG), herausgegeben von Franz Jürgen Säcker, Roland Rixecker, Hartmut Oetker und Bettina Limperg, 7. Auflage, München 2015

Band 2: Schuldrecht, Allgemeiner Teil (§§ 241–432), herausgegeben von Franz Jürgen Säcker, Roland Rixecker, Hartmut Oetker, Bettina Limperg, 7. Auflage, München 2016

Muscheler, Karlheinz/ Schewe, Markus, Die invitatio ad offerendum auf dem Prüfstand, Jura 2000, 565 (zit.: *Muscheler/ Schewe*, Jura 2000, 565)

Nolan, Donal, Offer and Acceptance in the Electronic Age, in: Burrows, Andrew/ Peel, Edwin (Hg.), Contract Formation and Parties, Oxford 2010, 61 (zit.: *Nolan*, Offer)

Oebike, Burkhard, Wille und Erklärung in der Dogmengeschichte der letzten beiden Jahrhunderte, Emsdetten 1935 (zit.: *Oebike*, Wille)

Oechsler, Jürgen, Der vorzeitige Abbruch einer Internetauktion und die Ersteigerung unterhalb des Marktwerts der Sache, NJW 2015, 665 (zit.: *Oechsler*, NJW 2015, 665)

Office for National Statistics, Statistical bulletin: Internet Access – Households and Individuals: 2015. Use of the internet by adults in Great Britain including mobile access, activities, shopping, security and storage, 6 August 2015, abrufbar unter: https://www.ons.gov.uk/peoplepopulationandcommunity/householdcharacteristics/homeinternetandsocialmediausage/bulletins/internetaccesshouseholdsandindividuals/2015-08-06#internet-shopping (zuletzt abgerufen am: 15.03.2018, zit.: *Office for National Statistics*, Statistical bulletin)

O'Sullivan, Janet/ Hilliard, Jonathan, The Law of Contract, 5. Auflage, Oxford 2012 (zit.: *O'Sullivan/ Hilliard*, Contract)

Palandt, Otto (Begr.), Bürgerliches Gesetzbuch mit Nebengesetzen, bearbeitet von Gerd Brudermüller u. a., 76. Auflage, München 2017 (zit.: Palandt-*Bearbeiter*)

Principles, Definitions and Model Rules of European Private Law: Draft Common Frame of Reference (DCFR), Full Edition, München 2009 (zit.: *v. Bar/ Clive*, DCFR)

Band I, herausgegeben von Christian von Bar und Eric Clive

Ramberg, Christina, E-commerce, in: Hartkamp, Arthur S. u. a. (Hg.), Towards a European Civil Code, 3. Auflage, Nimwegen 2004, 229 (zit.: *Ramberg*, E-commerce)

Recht der elektronischen Medien – Kommentar, herausgegeben von Gerald Spindler und Fabian Schuster, 3. Auflage, München 2015 (zit.: Spindler/ Schuster-*Bearbeiter*)

Riehm, Thomas, BGB AT: Abbruch einer Internetauktion und grobes Missverhältnis zwischen Leistung und Gegenleistung – Anmerkung zu BGH, Urteil vom 12.11.2014 – VIII ZR 42/14, JuS 2015, 355 (zit.: *Riehm*, JuS 2015, 355)

Rüthers, Bernd/ *Stadler, Astrid*, Allgemeiner Teil des BGB, 18. Auflage, München 2014 (zit.: Rüthers/ *Stadler*, BGB AT)

Savigny, Friedrich Carl von, System des heutigen römischen Rechts, Band 3, Berlin 1840 (zit.: *v. Savigny*, System)

Schermaier, Martin Josef, Europäische Geistesgeschichte am Beispiel des Irrtumsrechts, ZEuP 1998, 60 (zit.: *Schermaier*, ZEuP 1998, 60)

– Die Bestimmung des wesentlichen Irrtums von den Glossatoren bis zum BGB, Wien u. a. 2000 (zit.: *Schermaier*, Bestimmung)

Schmidt, Jessica, Der Vertragsschluss: ein Vergleich zwischen dem deutschen, französischen, englischen Recht und dem CESL, Tübingen 2013 (zit.: *Schmidt*, Vertragsschluss)

Schollmeyer, Mario, Selbstverantwortung und Geschäftsgrundlage: Zurechnung und Haftung bei Geschäftsgrundlagenstörungen gemäß § 313 BGB, Tübingen 2014 (zit.: *Schollmeyer*, Selbstverantwortung)

Schomburg, Gerhard, Mehr Verbraucherschutz bei Kosten für Nebenleistungen – Die Regelungen des neuen § 312a Abs. 2 bis 6 BGB, VuR 2014, 18 (zit.: *Schomburg*, VuR 2014, 18)

Schulze, Reiner, Die Widerrufsrechte im Vorschlag für ein Gemeinsames Europäisches Kaufrecht, in: Schulte-Nölke, Hans/ Zoll, Frederyk/ Jansen, Nils (Hg.), Der Entwurf für ein optionales europäisches Kaufrecht, München 2012, 151 (zit.: Schulze, Widerrufsrechte)

Schulze, Reiner/ Zoll, Fryderyk, Europäisches Vertragsrecht, 1. Auflage, Baden-Baden 2015, sowie 2. Auflage, Baden-Baden 2017 (zit.: *Schulze/ Zoll*, Vertragsrecht)

Schwaab, Dirk, Zum Irrtum beim Vertragsschluß, Frankfurt am Main u. a. 2000 (zit.: *Schwaab*, Irrtum)

Schwarze, Roland, Vorvertragliche Verständigungspflichten, Tübingen 2001 (zit.: *Schwarze*, Verständigungspflichten)

Sefton-Green, Ruth, General introduction, in: Sefton-Green, Ruth (Hg.), Mistake and Duties to Inform in European Contract Law, Cambridge 2005 (zit.: *Sefton-Green*, Introduction)

Simpson, Alfred W. B., Innovation in Nineteenth Century Contract Law, (1975) 91 LQR 247 (zit.: *Simpson*, (1975) 91 LQR 247)

Singer, Reinhard, Selbstbestimmung und Verkehrsschutz im Recht der Willenserklärungen, München 1995 (zit.: *Singer*, Selbstbestimmung)

Slade, C. J., The Myth of Mistake in the English Law of Contract, (1954) 70 LQR 385 (zit.: *Slade*, (1954) 70 LQR 385)

Soergel, Kommentar zum Bürgerlichen Gesetzbuch, 13. Auflage, Stuttgart u. a. 1999 (zit.: Soergel-*Bearbeiter*)

Band 2, Allgemeiner Teil 2, §§ 104–240, herausgegeben von Wolfgang Siebert

Spark, Gareth, Vitiation of Contracts: international contractual principles and English law, Cambridge 2013 (zit.: *Spark*, Vitiation)

Spindler, Gerald, Schuldrechtsreform und elektronischer Geschäftsverkehr, in: Dauner-Lieb, Barbara/ Konzen, Horst/ Schmidt, Karsten (Hg.), Das neue Schuldrecht in der Praxis, Köln u. a. 2003, 459 (zit.: *Spindler*, Schuldrechtsreform)

Stadler, Astrid, Pkw für 1 EUR: Ein rechtmäßiges eBay-Schnäppchen – Anmerkung zu BGH, 12.11.2014 – VIII ZR 42/14, JA 2015, 229 (zit.: *Stadler*, JA 2015, 229)

Statistisches Bundesamt, Statistisches Jahrbuch 2016 – Deutschland und Internationales, Wiesbaden 2016 (zit.: *Statistisches Bundesamt*, Jahrbuch)

Staudingers Kommentar zum Bürgerlichen Gesetzbuch mit Einführungsgesetz und Nebengesetzen (zit.: Staudinger-*Bearbeiter*)

Buch 1: Allgemeiner Teil, §§ 90–124; 130–133, herausgegeben von Steffen Klumpp, Reinhard Singer und Malte Stieper, Neubearbeitung Berlin 2017

Buch 1: Allgemeiner Teil, §§ 139–163 (Allgemeiner Teil 4 b), herausgegeben von Reinhard Bork und Herbert Roth, Neubearbeitung 2015

Stevens, Robert, Objectivity, Mistake and the Parol Evidence Rule, in: Burrows, Andrew S./ Peel, Edwin (Hg.), Contract Terms: The Oxford-Norton Rose Law Colloquium, Oxford 2007, 101 (zit.: *Stevens*, Objectivity)

Stieper, Malte, Vorzeitige Beendigung einer eBay-Auktion – Ausgestaltung von Willenserklärungen durch AGB als Herausforderung für die Rechtsgeschäftslehre, MMR 2015, 627 (zit.: *Stieper*, MMR 2015, 627)

Stoljar, S. J., Mistake and Misrepresentation – A Study in Contractual Principles, London 1968 (zit.: *Stoljar*, Mistake)

Tögel, Stephan, Der Irrtum bei Vertragsschluss und dessen Risiko für den Vertragspartner – Rechtsvergleichend betrachtet am Beispiel des deutschen und österreichischen Rechts, des englischen Rechts sowie des DCFR und des CESL, Hamburg 2016 (zit.: *Tögel*, Irrtum)

Treitel, Guenter H., An Outline of the Law of Contract, 6. Auflage, Oxford 2004 (zit.: *Treitel*, Contract)

Treitel, Guenter H. (Begr.), Treitel on the Law of Contract, bearbeitet von Edwin Peel, 13. Auflage, London 2011 (zit.: *Peel*, Treitel on the Law of Contract)

Trupp, Andreas, Die Bedeutung des § 133 BGB für die Auslegung von Willenserklärungen, NJW 1990, 1346 (zit.: *Trupp*, NJW 1990, 1346)

UNIDROIT Principles of International Commercial Contracts, herausgegeben vom International Institute for the Unification of Private Law (UNIDROIT), 3. Auflage, Rom 2010 (zit.: PICC)

Vogenauer, Stefan, Construction and Interpretation: Comparative Observations, in: Burrows, Andrew S./ Peel, Edwin (Hg.), Contract Terms: The Oxford-Norton Rose Law Colloquium, Oxford 2007, 134 (zit.: *Vogenauer*, Construction)

– Auslegung von Verträgen, in: Basedow, Jürgen/ Hopt, Klaus J./ Zimmermann, Reinhard (Hg.), Handwörterbuch des Europäischen Privatrechts, Band I, Tübingen 2009, 134 (zit.: *Vogenauer*, Auslegung)

Wagner, Sandra Vivian, Verbraucherschutz bei Vertragsschluss im Internet – Ein Vergleich zwischen englischem und deutschem Recht, Berlin 2010 (zit.: *Wagner*, Verbraucherschutz)

Wagner, Tobias/ Zenger, Ralph, „Schnäppchenpreis" bei einer eBay-Auktion – Anmerkung zu BGH, 12.11.2014, VIII ZR 42/14, MMR 2015, 103 (zit.: *Wagner/ Zenger*, MMR 2015, 103)

Wenn, Matthias, Erfüllung eines Vertrags bei deutlichem Missverhältnis zwischen Marktwert und über eBay erzieltem Kaufpreis – Anmerkung zu OLG Koblenz 5. Zivilsenat, Beschluss vom 03.06.2009, 5 U 429/09, jurisPR-ITR 16/2009 Anm. 4 (zit.: *Wenn*, jurisPR-ITR 16/2009 Anm. 4)

Wenzel, Henning, Vertragsschluss bei Internetauktion – ricardo.de, NJW 2002, 1550 (zit.: *Wenzel*, NJW 2002, 1550)

Wieling, Hans, Falsa demonstratio non nocet, Jura 1979, 524 (zit.: *Wieling*, Jura 1979, 524)

Wolf, Jörg/ Neuner, Manfred, Allgemeiner Teil des Bürgerlichen Rechts, 11. Auflage, München 2016 (zit.: *Wolf/ Neuner*, BGB AT)

Woon, Walter, The Applicability of English Law in Singapore, in: Tan, Kevin (Hg.), The Singapore Legal System, 2. Auflage, Singapur 1999 (reprint 2003), 230 (zit.: *Woon*, Applicability)

Zimmermann, Reinhard, The Law of Obligations. Roman Foundations of the Civilian Tradition, Oxford 1996 (zit.: *Zimmermann*, Obligations)

– Comparative Law and the Europeanization of Private Law, in: Reimann, Mathias/ Zimmermann, Reinhard (Hg.), The Oxford Handbook of Comparative Law, Oxford, 2006, 539 (zit.: *Zimmermann*, Comparative Law)

– Die Auslegung von Verträgen: Textstufen transnationaler Modellregelungen, in: Lobinger, Thomas u. a. (Hg.), Festschrift für Eduard Picker zum 70. Geburtstag, Tübingen 2010, 1353 (zit.: *Zimmermann*, Festschrift Picker)

Zweigert, Konrad/ Kötz, Hein, Einführung in die Rechtsvergleichung, 3. Auflage, Tübingen 1996 (zit.: *Zweigert/ Kötz*, Rechtsvergleichung)

www.ingramcontent.com/pod-product-compliance
Ingram Content Group UK Ltd.
Pitfield, Milton Keynes, MK11 3LW, UK
UKHW020713041026
15590UKWH00002B/632

9 783631 766675